晚明清初思想十论（增订版）

王汎森 著

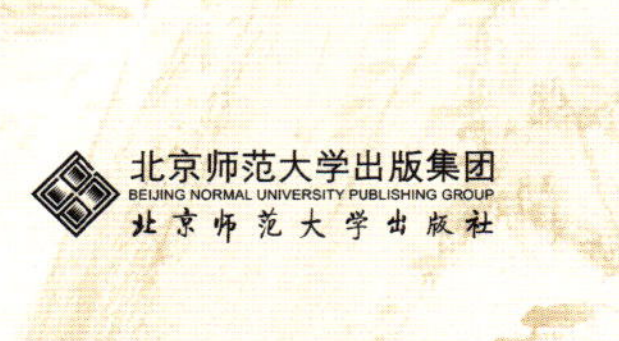

增订版序

“关联呼应”——历史与经验之间

在这篇短序中，我想试着思考一下，这本书中所讨论的各种明清思想学术的问题，究竟与我们今天的生活经验有什么可能的关联？在这里想先提到一点：我个人认为人文学科各有分工，各有职司，一个现象可以从各个学科的角度去接近、了解、分析，在分工之余，各个学科最后亦应该对话、合作，形成跨领域的见解。所以，以下的讨论中对现代任何人文学科并没有倚轻倚重的评价。

我注意到近现代历史研究中经常出现两种现象：第一，是过度屈历史以就当代；第二，是过度屈历史以就其他学科。关于前者，历史工作者常常为了求史学研究能与现实发生立即的关联，而不顾历史事实的复杂性。有时候是为了呼应现实致用，有时是为了呼应当代流行的史学潮流，以致“只顾听来悦耳”，不管历史上发生了什么，在“历史的理想”与“历史的事实”之间形成了巨大的紧张。关于后者，现代史学似乎有一种倾向，认为历史只有在被组入某种理论之中，它才有思想的价值，而我个人一向认为不是只有哲学或抽象理论才涉及“思之事物”，复杂而多样的历史也可以有超越特定时空限制的长远、浓厚的思想意涵。

事实上，许多带有长远、普遍意义的著作，也是受到特定“境况”的激发才出现的。人类对某些“境况”的反应，并非只有个别的价值，有时候是因相近似的“境况”出现，使得特定的讯息仍然具有价值，有时从个别“境况”所孕育的讯息，在“关联呼应”到现实时，也可能生发出长远的意义。所以不一定是要从特定历史环境中步步抽离出的理论才可能有长远的意义，也不一定是要将历史组入一个巨大的理论建构，经过不断抽象化，不断用各种理论加以装点，才有长远的意义。譬如《史记》，或历史小说《三国演义》中的故事，它们都是一时的，却也可以是永恒的。当它们不断地被引述、不经意地忆起并与现实的经验关联时，它们便具有长远的意义。这些史事可能不断地“关联呼应”着现实，而且还将不断地“关联呼应”着未来。在这里使用“关联呼应”（correlated）一词[①]，只是想强调由历史定律或寄望历史重演所得到的解答，不是历史唯一的功用。“关联呼应”是更复杂的东西，其中有许多种层次。况且，历史上许多宗教礼仪、秩序，甚至具有更长远意义的事物，最初都只是一连串历史事件。

在这里我想举本书中所选的与省过会、日谱有关的几篇论文为例，说明这些文章除了在重建被忽略的历史之外，它们还“关

---

① “关联呼应”是保罗·田立克（Paul Tillich，1886—1965）《系统神学》中的核心观念，请参看保罗·田立克著，龚书森、尤隆文、郑华志、卢恩盛译：《系统神学》三卷（台南，东南亚神学院协会台湾分会，1988）。

联呼应"我们今天所关心的隐私权、透明性、自我的修养等问题。

第一，这些实例提醒人们思考古代隐私与现代隐私权的差别。大家同意"隐私"是个人在处理人我之间的分际，在与他人相处之时，要暴露多少让他人了解我，这是自古亘今不断改变的。自古到今皆有隐私观念，依社会、时代不同，从历史纵深可以追索这些观念的变化。第二是关于对（自我生活）界域的经营与掌控（boundary management）的问题。人不能遗世独立，要与人互动才能塑造人格。从此意涵看，隐私是一种对（自我生活）界域的经营与掌控，那么在我所研究的案例中，古人如何从事对（自我生活）界域的经营与掌控，而近代人又如何进行此事？此外，现代隐私权的讨论中，涉及一种当事人并不知晓，并不觉得被冒犯的侵犯隐私行为，有点像是"非礼勿视"的问题。那么在古代什么是"非礼勿视"，在现代什么是"非礼勿视"？

第三，从这几篇论文中可以看到一种有趣的现象。一方面在同一个道德社团中的人应该在公众之前尽情公开暴露自己的隐私、意念、过错，以便反省自己，同时也让同一个社群中的人清楚看到，以便帮助自己改正错误，并且认为这是道德教养与自我进步的不二法门；另一方面却是尽量避免暴露身体的任何敏感的部分。针对这一奇特的现象，我们可以问各式各样的问题，譬如暴露"隐私"与"分享"的界限在哪里。依本书中所收的这几篇论文来说，在道德热情驱使下的暴露是"分享"，可是肌肤的暴露与窥视都属于"隐私"。

在网络时代，我们正经历一个类似的情境。2015 年 2 月的

《科学》（*Science*）的封面标题是“隐私权的结束”（The End of Privacy），耸动地宣称网络时代，人们已经不再有隐私，而这些隐私，往往是人们自己暴露出来的，这使得“隐私”与“分享”的区别再度成为世人关注的问题。一方面人们极力保护自己的“隐私”，不想让人知道；另一方面人们却又大量“分享”自我希望他人知道的部分。有的人认为是“隐私”的，其他人认为是“分享”；早先认为是“分享”的，说不定过一段时间会认为那是“隐私”；有的时代认为是“隐私”的，有的时代认为那是“分享”；有的时代认为这是“分享”，在下一个时代则认为是无可让渡的“隐私”。关于讨论“隐私”与“分享”的区别，一般应是在“同一事物”的前提下，探究其为“隐私”或“分享”。就“同一事物”而言，他人认为“隐私”者，我却愿意与人“分享”，可能是基于两类原则：一、对于什么是“隐私”有不同的想象；他人认为隐私者，我却认为非属隐私。二、虽然我也赞同该事物属于“隐私”，但基于一定原因或理由，我仍自愿地同意与人“分享”；而我可能会因所涉隐私之不同或分享对象之不同，而有不同程度的分享。“隐私”与“分享”之间的原则、界限究竟是什么，它们的时代演变如何，都是很值得深入挖掘的。①

另一方面，人的主体性有相当大一部分是靠个人的隐私来维持的，当个人隐私被强迫剥夺时，人成了精神上的赤身裸体，其

---

① 在撰写隐私这一部分时，我受益于与林子仪教授的口头讨论及意见，详细讨论请见林子仪教授《公共隐私权》和《隐私权法制的新议题：监控与隐私自我管理》两篇论文，收录于台湾大学法学院、财团法人马氏思上文教基金会编：《第五届马汉宝讲座论文汇编》（台北，财团法人马氏思上文教基金会，2015）。

主体性可能会消失殆尽。所以，当公开省过不是一种“分享”时，则“隐私”的政治性议题便值得带进来思考。而且“分享”与“隐私”之间的界限真的是这么清楚吗？省过会中的所谓“分享”，是不是强化了道德的或权力上的阶级秩序？总之，古今之间的参照互映，都可以扩大我们的“心量”，帮助现代人理解自己的境况。

但是，我们不只要从历史中抽绎出我们今天所关心的问题的可能答案，同时也想了解历史中的世界与我们今天的世界不同，甚至想从研究历史中，学会问那些人们早已忘了怎么问的问题。

最后，我还想谈到一点：人类有很强的冲动要一致化、一元化，要寻找定律，要极大化自己的基盘来解释过去与未来。而我个人倾向于发掘多元、竞逐的历史，其中尽可能包括被压抑的层面。我个人认为历史研究的结论，虽然不一定可以立即运用到现在，但它们都有助于扩大人类对治乱兴衰、成败倚伏，以及万象社会的理解。

在想象史学与现实的关系时，我个人一再强调龚自珍《尊史》中的“大出入”的态度。“大出入”所凭借的资源来自各个方面。以前人认为历史要与“经”，或“礼”互相夹持，不管我们是否同意这方面的观点，都必须承认过去发扬这种观点的人，往往把历史作为“经”“礼”的附庸，不愿赋予史学独立的地位。20世纪的史学逐渐走向专业、独立，这是一个很大的进步，但是人们思考历史时，往往也就局限于史学，而忽略了如果我们考虑史学的现实作用时，“大出入”的“出”的部分也相当重要。这是我在回顾本书各章时，想要特别强调的一点。

※ ※ ※ ※ ※ ※ ※ ※ ※ ※ ※ ※ ※ ※ ※

大约十五年前，在复旦大学葛兆光教授的鼓励下，我将之前多年发表的、与晚明清初思想学术有关的论文辑成《晚明清初思想十论》，作为复旦大学出版社的“十论”丛书中的一册，并在2004年出版。这些论文背后其实有一个更为广大的计划，即我计划多年的“明清思想转型”，而收在书中的论文是“转型”研究的一部分。

在《十论》成书之后这十几年，因缘际会，我又写成了几篇跟这个时段有关的论文，趁这次再版的机会，把它们收在本书的“附录”中，以供参考。这几篇论文似乎有一个特色，即是从生活史、社会史的层面对于明清思想史做更进一步的探索。

事实上在“转型”这一个大题目之下，除了上述论文之外，这一二十年，我写过很多草稿。本来我是希望趁这次再印的机会，将其中一部分仔细整理成一篇很长的导论，但是因为我目前正纠缠在另一个著述计划中，为免分心，所以几经考虑之后，暂时先放弃这个想法，等将来有机会再着手。本书重印的过程中，承林胜彩先生校读全书，要特别在这里感谢他。

序

二十几年前，当我开始撰写这方面的论文时，我的史学观念是这样的：就思想论思想是思想史的根本工作，但同时思想史应该广泛地与许多领域相结合。我的想象是思想之于社会就像血液透过微血管运行周身，因此，它必定与地方社群、政治、官方意识形态、宗教、士人生活等复杂的层面相关涉，故应该关注思想观念在实际生活世界中的动态构成，并追寻时代思潮、心灵的复杂情状。因此，我在选题时，往往回避一般所熟悉的大论述，而较常从一些被各种思想史、学术史著作所忽略的问题、文献、人物着手，并从下列三点着墨：第一，特别注意思想世界中多种元素间互相竞争、互相渗透，以及思想家如何运用其思想资源说服群众的过程，而不是把思想看作静止不动之物；第二，如果能力及史料许可，我愿意多关注地方、乡里层次的思想活动；第三，我希望多揭显出活生生的个人在思想活动中的面目，如果可能，还希望能写成引人入胜的故事，因为我相信史家最原始的任务是故事讲述者。二十几年间，我陆续撰写了将近二十篇明清思想学术史的论文，这些论文大多集中在16、17世纪，也多与“明清思想转型”这个大问题有关。在编辑此书时，我把前述文章分成两部分：我保留一些篇幅较长的文章，准备扩大改写成《明清思想的转型》一书；至于收在这里的十篇，则大致按时代排列下来，它们虽然仍与“明清思想转型”有关，但是这些文章显示，这个思想转型不是单数的，而是复数的，由心学到考证学是其中一条主线，但不是唯一的。事实上在16至17世纪那一百多年间，思想文化的各个方面都起了深刻微妙的变化，其实际情况要比我们想象的复杂得多，也丰富得多，收在本书的十篇文章大致涉及其中的五个面相。

明代后期的思想与社会发生了大海般的变化，这方面的论著相当多，我并没有能力通盘讨论相关问题，此处只能针对与本书所收文章有关的几点略作讨论：

第一，南宋以下之思想，基本上走的是内在超越之路。但从明代中叶正德、嘉靖以后，社会、文化、思想一时俱变。在社会方面，商业活动与城市文化的发达，使习俗世界产生了重大的大变化，它的新样貌及渗透力对内在超越之路产生冲击，对价值观念、道德的标准、人性论的最根本成分等产生了深刻的改变。一如海浪拍向海岸，随着地形的不同而溅出不同的水花，故内在超越的思想也出现了许多微妙的转折。

第二，晚明是一个思想解放的时代，但儒家内部也出现一种深刻的焦虑与不安，思想之间的界域非常不稳定。一方面是因为心学大盛之后，将真理的根源安放在个人的“良知”之上，既然是以“心”为基础，则佛、道与儒家的内在资源之间便变得很难清楚划分。在儒学内部，因为客观外在的标准相对并不明显，所以思想家之间争论不休，呈现了多元纷呈的局面，对于诸多争论不休的思想问题缺乏一个可以作最后判断的“最高法庭”。随着争论愈来愈紧张，寻找“最高法庭”的焦虑也更深。同时，理学内部程朱与陆王之争非常激烈，而这些争论不可避免地牵涉到特定文献的真伪及性质。

第三，三教合一及三教互相竞逐，是晚明思想的一大特色，这种竞合的现象不只发生在有名的文化精英身上，在乡里的层次也非常明显。当时成佛成仙的目标对许多人有非常大的吸引力，连成圣的“圣”究竟是儒家意义的圣人或佛道意义的圣人，都是游移不定的，所以如何将信徒由对方扳回，成了一件迫切的工作。当然在思潮竞逐的过程中，思想家也常常曲折地改变自己原有的思想内容，以涵括信徒的需要，借以保持住自己的优越性。

本书文章的第一个主题，便是晚明到清初思想界既活络却又充满不安定、各种思想元素相互竞逐又相互影响的情况。从《明代后期的造伪与思想争论》一文中可以看出当时思想界对几个问题争论不休，却又找不到坚实证据支持己见，于是出现一种以“作伪”来击垮对方的情形。我在文中借明代后期思想界的一个“妄人”丰坊及他所伪作的石经《大学》，来探讨它与当时思想界的争论。《大学》是宋明思想最核心的经典，围绕着它的争论难计其数，而各家之差异，实牵涉到各种根本主张的不同。由这一部伪书的出现，以及它能迅速吸引大量一流思想家的注意，可以看出当时思想界对程朱、陆王的聚讼，以及对《大学》文本之争的深刻焦虑。此外，透过这一本伪书及它的支持者们所作的诠释，也可以钩稽出当时一种修正王学的思想动向，它逐渐成为一种思想的隐流，这一隐流后来慢慢形成气候，成为思想交迭过程中的一个主旋律。

关于三教合一及三教互相竞争的情况，论著已多，我比较感兴趣的是这种界域模糊、竞争又异常激烈的局面，对通俗儒家产生的深刻挑战。在《明末清初儒学的宗教化》一文中，我谈到晚明的通俗宗教提供了极有影响力的"现世报"的信仰，认为人可以用自己的手打开命运的大门，这对于基本上认为"道德"与"幸福"不能轻易画上等号的儒家思想是相当大的挑战。另一方面，宋明理学相当哲学化，他们将传统文化中宗教或神秘的成分去除殆尽，所以当17世纪的儒者们面临佛、道、耶及通俗信仰从宗教面而来的冲击时，并没有多少资源可以对抗。在这篇文章中我讨论一批并不特别闻名的学者如何一步一步以佛、道教为模型重新诠释儒家经典，使之成为一个类似宗教系统的努力。本文所讨论的主要为许三礼，但我同时也谈到王启元、文翔凤等人类似的活动。虽然在明中叶以降民间宗教蓬勃发展的情况下，像上述这些坚持将儒家改成一种宗教的人，可能只是少数，但在思想史中一些陈陈相因的命题之外，这批人对儒学的重新诠释和改造，无疑有其特殊意义。这个研究除了关心明清思想史外，也试着为清末民初的孔教运动和日据台湾的"儒宗神教"的鸾堂运动，提供一个历史脉络。

明末清初正是天下多故的时代，一方面是内政混乱，一方面是外敌的挑战，这种深刻的危机感，往往促使人们调动各种资源来应付时局，物质上如此、思想上亦复如此，因此清初出现许多反省批判传统政治思想的呼声。其中有一位奇人潘平格，他四处奔走，到处论战，并宣扬一套“求仁”的哲学。过去钱穆等人讨论潘平格时，相当受限于材料。在《潘平格与清初的思想界》一文中，我利用了比较完整的文本，试着对他的思想与那个时代进行讨论。文中提到潘平格的思想反映了当时思想界的两股趋势。第一股趋势是“破”的，是对宋明理学进行深刻反省，剔去其形而上化玄远的成分，这也是学界对潘氏思想介绍较多的方面。第二股是“立”的趋势，是随着内外政治社会问题而日渐兴起的治平天下之学。治平天下是传统士大夫最为普遍的一个理想，但明代心学中有越来越重视个人内在世界的探索而忽略了一己之外社群、国家事务的倾向，所以当潘氏到处大声疾呼时，人们竟多少感到诧异。潘氏用稍嫌夸张的论调指出“治平天下”才是孔孟的正脉，可是在这个大风气下，他并未能在礼乐兵农的问题上有任何实际建树。我们今天读《求仁录》，觉得全书只到“笃志力行”而止，并未指导人们应该力行些什么。潘平格之所以吸引人，是由于他将心性与治平之学作了巧妙的结合，以治平之学为人性之真体，能实践治平之学即能践性。而从与潘氏交往之士所留下的蛛丝马迹中，可以看出潘氏之所以吸引人，正是因为他在“破”与“立”等方面都击中了这一代人共同的焦虑与关怀：旧的传统需要改进，而治平之学亟须倡导。这两点其实便是清初思想中最重要的特征。

本书的第二个主题是思想家的社会角色。它涉及两方面的问题。第一是思想家在乡里社会中如何善用其思想资源介入当地的社会活动，说服当地群众，逐步建立起他们在当地思想文化活动中的领导地位，而这种地位又增强了其思想的说服力，慢慢形成一个基地。而一代思潮的形成，正有赖于这类分散据点的联结。我们知道理学家的社会活动层面很多（如修宗谱、组乡约、领导丈量土地等），目前也有一些研究，在这里我则举出一个前人所较忽略的层面，即心学家以其独特的思想资源，到处扮演时代心灵的指导者或心理治疗者的角色。在《明代心学家的社会角色》中，我以颜钧到处宣称他的学说可以“急救心火”为例，说明心学家广泛涉入社会，在一个各种宗教力量并存的地方，提供一套心理认知、修为方法及价值系统，扮演了心理指导者的角色，并观察心学家与其他思潮竞争之时，如何在现实社会中发挥功能，如何说服人们，如何建立其思想权威，并逐步成为领导性的力量。

从明末到清初，士人的“社会角色”在根本性质上发生了变化。清初心学家逐渐没落，思想界出现一群新崛起的精英，他们以新的态度反省时代的困局，并提出一套新的政治方案，然而他们的政治思维在清朝政治格局的庞大压力之下，也不得不进行相应的调整。诚如余英时先生在《朱熹的历史世界》及《宋明理学与政治文化》中指出的，宋代士人企望“得君行道”，明代王学在高压政治下转向“觉民行道”，清初这一群新士人走的是与前述两者不同的路，用陈瑚的话说：“当初吾辈讲学，岁有岁会，月有月会，旬有旬会，季有季会。大家考德课业，严惮切磋……那时节觉得此心与天地相通，与千圣百王相接，未免起了妄想，出则致君泽民，做掀天揭地事业，处则聚天下英才而教之，如濂洛关闽诸儒一般。不想时异事殊，两愿都不得遂。”在“得天行道”“觉民行道”两愿都不得遂的情况下，他们的政治想象与政治语言都变了，他们的眼光转而关注“县”以下的地方社会，努力地想将一套儒家的理想安放在乡里的层次。在《清初的下层经世思想》中，我讨论了清初的一种乡治思想，以陆世仪、陈瑚在昆山附近的一个小村庄——蔚村——所做的社区营造工作为实例，以两人针对村里层次的政治、军事及社会福利所发表的理论性文字（如《蔚村三约》）作为思想架构，来探讨这些主张“乡为王道之所由基”的思想家的乡治理论与实践。本文并探讨传统政治思想及政治制度的一个阙如面，即对县以下社会始终缺少经营擘划，这个层次也始终处于近似“无治”的状态，而陆世仪、陈瑚等人则规划以儒生的自发性组织来担负起下层社会的工作。而这种眼光向下的政治倾向，也可以在同代大儒如顾炎武、王夫之、黄宗羲等人身上看到。

本书所收的第三组文章是有关道德意识的转化，在这方面我还有《明末清初的人谱与省过会》一文，请读者参看。收在此书的两篇文章，涉及三个层面：第一，是道德意识的转变；第二，自我修养方式的改变；第三，由修身日记这一类文本中所保留下来的材料，去观察从晚明到清初，定义一个道德人的标准有何不同，清初士人的修省内容与明代心学之间存在何种差异，而其间的不同正显示着思想世界的重大转变。

《明末清初的一种道德严格主义》的出发点有两个。第一，是如何恰当地解读这一时期的思想文献。前面说过，十六七世纪正是商业文化、城市文化等大规模地改变人们生活内容的时代，“习俗”的改变使得如何在思想系统中恰当地安排“习”“俗”

“欲”等成分，成为刻不容缓的议题。但是如何既容受这些世俗的成分却又保留住道德的标准，是一件非常艰难的工作。而解读相关的文献时，我们也需要时刻留心。我的印象是时下有些论著太过强调当时思想言论中“欲”的成分，因而过度强调思想解放的层面，有时只是摘引一两句话，便将之夸张到不可思议的程度。事实上，解读任何思想文献时，应该将其放在两种脉络中，一个是作者全部著作的脉络，一个是社会政治文化的脉络，如果忽视了这两个脉络，不但会错估分量的轻重，也可能对意义产生根本的误解。第二，是表面上看来相当近似的概念，其指涉内容可能随着时代的变化而形成严重分裂。在《明末清初的一种道德严格主义》一文中，我谈到自王阳明的道学革新运动以来，已对现实中人性的问题作了很大的调整。凡是程朱思想中超越与世俗严格区分的两种境界，阳明及其后学大多收归于一种境界。但是这种尽量将现实涵括到新学体系中的作法，却引出了两个值得讨论的问题。首先是伦理学中“是”与“应该”的分别。有些思想家虽然承认在描述人性的理想状态“是”什么时应该有所变化，但在“应该”的层面上，却仍努力找出一种办法以维持道德严格性，也就是在这个关键点上，16 至 17 世纪的思想界产生了分歧。有一种倾向于进一步的解放，有一种仍然想在自然人性论的前提下，坚持住道德的标准，而且这种要求在明清改朝换代之后，随着知识分子深重的负疚感而更趋严格。而呼应现实不断修正思想体系的结果，事实上也导致了心性之学一步一步的衰歇。

在精神修养的传统中，自我与自我的关系，自我对自我所进行的操持与锻炼的方式不断地变化，其变化本身即是一部历史论著的题材。我在《人谱与省过会》及此书所收的《日谱与明末清初思想家》中，都在探讨一种在17世纪相当流行的省过方式——撰写“修身日记”，并将其作为互相批评、互相提撕的根据。“修身日记”的兴起有其历史背景，与佛道教的激荡分不开，而其形式的产生也有重要的思想史意涵。《日谱与明末清初思想家》是一篇思想史与生活史相结合的研究，旨在说明四事：第一，晚明通俗宗教及善书的流行，与明末清初修身日记的大量出现；第二，修身日记反映17世纪思想界的几种变化，包括由玄转实，由悟转修的倾向；第三，在晚明那种知识分子群体性活动风起云涌，动辄聚集千百人的讲会逐步消歇，老师与学生当面印证的场合渐少之后，日记所扮演的角色以及规过会的兴起；第四，修身日记的流通仍然局限在士大夫之间，不像功过格等善书那样普及群众，故它反映一种平民精神的衰退，而由日记的内容中又可以看出社会救济色彩衰落，以及天与祓罪等宗教色彩的日趋平淡。同时，我们还可以从省察的标准看出，“礼”的分量愈来愈重，而且不是家礼或时礼，而是一些久已不行的古礼。罪恶感的起源与晚明不大一样了，不只是计较念头上的善恶、行为上的对错，还加上是否能谨守经书中的古礼等细节。颜元早已说过，他所提倡的古礼大部分是千百年不曾实行过的，那么它们在清初再现，并且成为自我省改的重要依据，其实与顾炎武、陈确、张履祥等所提倡的“礼治社会”合拍。同时，它也标识着一种由数百年来向“内”省察的传统转为向“外”（礼、行为主义）翻转的倾向。

本书的第四个主题是晚明讲学文化的衰落。我大胆地作了一个划分，即“明型文化”及“清型文化”，尤其是在一代精英的文化活动及生活方式方面，前后两朝确有不同。我们已经相当清楚，晚明讲学文化极盛，他们到处集会结社、到处开讲会，在城市与乡村间东奔西跑。文人的人际网络成为很重要的社会资本，他们或者到处请人作序，或借由各种集会、刻书的方式，以经营其生活圈。而独特的生活风格往往成为累积社会声名的资本，使得不少文人排斥循规蹈矩而力求突出自己生活的特色，也就是以一种类似“自我表演”的方式引起文人社会的注目。但是，从晚明到清初，随着思想及政治气候的改变，讲学文化、文人文化逐渐衰落下去，逐渐取而代之的是一种比较循谨中庸的生活方式。在《清初士人的悔罪心态与消极行为》一文中，我提到探讨明清思想文化时，我们将太多心力放在清学的兴起，而忽略了明代文化的衰落，其中最令人困惑的是两个问题：第一，晚明文化中那种洒脱、“侈放”的风格，何以在清代慢慢就看不到了？第二，晚明心学家的讲会、结社，何以在清代渐渐不再成为主流？在这篇文章中，我讨论了当时的一些消极性行为，它们的特色是一系列的“不”。不过这里必须强调一点，就是那些“不”虽然多起于晚明，盛于改朝换代之后，但是那些“不”所指向的，并非骤然消逝，而是经过数十年的时间，才逐渐失去主流地位。当然，失去主流地位并不表示它们已经不存在，这两者之间的分野必须特别在此加以强调。

“不”的后面有一个非常辽阔的领域，但是人们却选择其中特定几种，它们本身带有对话性。消极性的行为有两种，一种是对旧的、一种是对新的。对旧朝的消极行动，表现为对晚明文人文化、讲学文化的追悔与排斥；对新朝的消极行为，则表现为尽量切断社会接触，自我边缘化，不进入新朝的政治空间，不与现实政权有实际的交涉。不过此处要特别强调，在政治或社会上消极，在学术文化上并不一定消极，反而可能是非常积极，不能一概而论。本文分成三个部分，在第一部分中，我描述了当时很流行一些负面性的“罪”“愧”“悔”“弃”的意识。在第二部分中，我探讨清初大量士人“不入城”、焚弃儒服、不入县庭的事例，并说明明亡前的不入城与清初不入城意义上的不同。第三部分则讨论当时的一些特殊现象，即不赴讲会、不结社、一书不两序、不收门徒。以上几种现象，在时间上相互重叠，它们直接或间接地透露三点：第一是不满明代后期的文人文化；第二则是在不承认新朝的政治正当性的同时，还有拒斥明代城市文化的意思；第三是不满明代后期的讲学文化。而这三者都是明代后期士人文化的核心成分。所以上述现象的出现，一方面是旧文化精英在政治文化活动上的自我边缘化，一方面也代表着明代士人特质逐渐退居边缘，甚至消逝。

最后，本书中的《明末清初思想中的宗旨》与《清初思想趋向与〈刘子节要〉》主要是在观测思想世界中由多元到一元的变化，同时也讨论当时思想世界的转向与清代官方正统意识形态的成立之间的套叠关系。

《刘子节要》现今可能已经不存在，却是清初思想界聚讼纷纭的焦点。[①] 刘宗周无疑是明末思想界的核心人物，而《节要》一书乃是后人对他思想体系的偷梁换柱，所以这本书就像一个风向球，标示着一代风气的转变。我在文中透过一些零星的线索，推测围绕着这一本书的争论究竟对清初思想史有何意义。当时人显然借着《节要》一书以淡化刘宗周和朱子学说之间的矛盾，代表一种删改、压抑王学传统以求合于朱子学复兴的倾向，而读书人自动自发的举动、若隐若现的努力，却意外地对清朝官方意识形态之成立起了推波助澜的作用。《明末清初思想中之“宗旨”》一文，则探讨清初思想家对“宗旨”的看法之不同，以及对当时学术思想史撰写体例所产生的新要求。文中指出晚明心学基本上容许每家“宗旨”以多元并存的方式供人探讨，但到清初却出现一种要求思想定于一元，而且是定于程朱的情势，要求学术史应该阐述一种正确的学说，而不再平等论列众家的说法。但此时的宋学是一种清朝风格的宋学，与宋代之宋学并不完全相同，它的主流地位后来被考证学所取代。

不过这里要强调，此时之所谓一元，并不表示整个学术界大抵已经趋于一致。中国思想史上恐怕没有任何时期的思想活动是完全一致的。清初的几位大思想家是先形成了一个具有高度说服性的层级架构，人们相信这个架构有其合理性，有作为、有理想的人，应该尽可能地追求或攀爬上这个架构的最高层，这种向往及追求才是趋动学风往某一方向移动的关键。在清初，这个新的

① 此序撰于2004年，当年未能找到《刘子节要》一书，后来林胜彩博士于上海图书馆寻获此书，并将其整理出版。参见恽日初著：《刘子节要（附恽日初集）》，林胜彩点校，钟彩钧校订，台北，“中央研究院”中国文哲研究所，2015。

理想层级的最高点是清朝风格的宋学，后来则是考证学。在思想世界中，没有人能完全真正支配他人的心思，但是带动风潮的人往往靠着他们的思想工作，创建了一个新的层级，吸引士人们在其层级架构下各展长才，这种时候，让人们自由竞争便是一种最有效的支配。

最后我想说明一点：现代人文学科受自然科学与社会科学的影响太大，重论文而轻专书，处在这个风气之下，我竟也无法抗俗，好好随着自己的兴趣与关注写一部书，所以呈现在这里的只是一批论文。这是学风下的宿命，我不能不感到歉然，也有一些无奈。

我对出版书总是非常犹疑与踌躇的。过去几年，有几家出版社曾鼓励我将相关文章整理成书，但我迟迟不曾动手，原因就在那种挥之不去的踌躇。在这里我要特别谢谢葛兆光兄，他暂时打断了我的犹豫。同时要谢谢张艺曦学弟，他为我编校此书。

王汎森

2004 年 11 月

目　录

明代心学家的社会角色

——以颜钧的“急救心火”为例[①]

明代心学家广泛涉入社会，扮演多种角色，所以在研究他们的历史时，应该以社会史及生活史来补充思想史。一方面是因为这也是其思想学说中不可分割的一部分，另一方面也可以看出在与其他思潮竞争之时，他们在现实社会中所发挥的功能，他们如何说服人们，如何帮助建立其思想权威，并逐步成为领导性的力量。不过，关于思想家的社会角色，过去研究很少，本文只是一个尝试，希望借明代后期发生在江西南昌的一个个案，也就是颜钧与罗汝芳的初遇，来说明心学家所扮演的类似心理咨商者的角色，并以它来说明一个有心理疾病的人在心学与程朱、心学与净明道之间依违徘徊，最后被泰州王门健将颜钧治愈而成为泰州学派领导人的过程。

---

① 本文写作过程中承陈弱水先生及程玉瑛女士提供宝贵意见，特此致谢。

一、颜钧的三种社会角色

关于这个个案的研究在过去是不容易进行的。过去对于这饶富历史意义的一幕，大多通过黄宗羲（1610—1695）的《明儒学案》去理解，但颜钧的文集在他生前及死后皆未曾刊行，故黄宗羲显然并未读过颜钧的重要遗稿。[①] 后来的学者更未能读到，所以有关他的讨论总是围绕着有限的二手数据在进行。[②]

《颜钧集》在20世纪90年代经黄宣民先生点校整理，重新刊行于世。从这一部新刊印的集子，我们比较清楚地看到颜钧在当时所扮演的三种角色，第一是小区改善运动者，第二是打破士庶分别的讲学活动者，第三是类似心理咨商或治疗者的角色。在颜钧身上看到的，在明季心学家——尤其是泰州学派其他一些人身上，也多少可以看到。此处先谈他作为一个小区运动者的角色。

目前为止，我们对心学家从事的社会事业了解不多。不过从一些二手文献中可以得到一个印象，江西吉安地区的心学家——不限于王门中的那一派——颇热心于小区改善的工作。从一份对江西乐安县西南流坑村董氏的研究中，便看到王学之聚会讲学深

---

① 《颜钧集》，黄宣民点校，北京，中国社会科学出版社，1996。

② 《颜钧集》的由隐而现本身便反映几种问题。首先，泰州学派那种纯任己心，纵横恣肆的思想显然与明末清初兴起的一种严明整肃的实学思潮不合，所以有关人士的著作大多就此隐没不彰。清代考证学兴起之后，对明代那种游谈无根、凭着一点主观的生命体验便到处招摇的学风深以为病，故不可能欣赏。而思潮与书籍的刊行流布虽不必然有“银丁扣”般一对一的关系，但是其影响是异常明显的，在某一个思潮之下，某一类书便大量刊行，而与此思潮不相干的书也就沉没得无影无踪。在清代考证学最盛的时代，明代中晚期一些原先没有声光的著作是不太出现的，细考出版史便知，而《颜钧集》便是其中之一。

入一个村庄的情形。江右王门学者对流坑村的小区与教化工作投注相当心力。流坑村的董燧（1503—1586）是该地第一个求学于泰州王艮（1483—1541）之人，此后他又将子侄及族人，介绍给江右的邹守益（1491—1562）、聂豹（1487—1563）、罗洪先（1504—1564）作学生。董燧在当地主持重修董氏大宗祠，规划该村的小区环境建设，同时还在当地举办各种讲学，合董氏一族组“圆通之会”，邀邹守益等人前来讲学，并主持修纂族谱。王门弟子在整个江西地区扮演广泛而深入的角色，他们到处办乡约、修族谱，由于当地田赋的挥洒、诡寄、隐匿，以及新置田地不在国家登记之中等，使得田地负担之摊派日益不均，王门弟子协助政府，奔走各地，推动丈田造册工作，讲堂变成直接督催各地乡绅参与丈田之指挥所，而“仁者与天地万物同一体”之哲学也成为他们推动诸生积极参与之哲学根据。[①] 出身江西的颜钧、何心隐（1517—1579）虽是泰州王门，但是他们在当地从事的小区工作与江右王门颇为近似。

颜钧悟道之后所做的第一件重要工作便是在他家乡从事小区工作，先从一村做起，然后逐步扩大，希望在三个月以内，在一个乡的范围中完成小区风俗的改善工作。

颜钧于1504年出生于江西永新三都中陂村，十二岁开始读书，来年随父赴江苏常熟为训导，同时就读于常熟学宫，此后，父亲连年多病，最后在他十七岁那一年病逝，他与兄长颜钦、颜铸护送灵柩归里。同年，长兄颜钦被推为粮长，因而家道中落，

---

① 以上均见梁洪生：《江右王门学者的乡族建设——以流坑村为例》，载《新史学》，8卷1期，1997年3月，43～82页。关于董燧求学泰州王门，参见吴宣德：《江右王学与明中后期江西教育发展》，218页，南昌，江西教育出版社，1996。

故失学居家，“且不得娶，欲动，又几丧生”。[1] 颜钧失学居家，精神苦闷的日子一直持续到1528年二十五岁时。这一年他的堂兄颜钥从外地归来，给他一本手抄的《传习录》。值得注意的是，阳明（王守仁，1472—1529）《传习录》在当时吸引大批中下层读书人，而且解决了许多人精神上的困惑。王学的传播，不只是靠《明儒学案》或其他书中所出现的那些精英，事实上，有一大群散在各地的中下层知识分子起了相当大的作用。当颜钧陷入极度苦闷之时，是阳明《传习录》解救了他。颜氏读到“精神心思，凝聚融结，如猫捕鼠，如鸡覆卵”时，为之感奋不已。[2] 而罗汝芳也是在极度苦闷时，其父授予一本《传习录》，才初步打开他的心结。罗父当然不是莫明其妙地提供这一本书，因为他是一位中下层的王学信徒。同样的苦闷，同样的《传习录》，同样的中下层王学者，同样的解答，这些讯息似乎反映了共同的时代精神。

颜钧再三玩味《传习录》，经过七日夜的静坐后得到开悟，然后又潜居山谷中九个月，才回家与母亲、兄长见面，并开始他聚众演讲耕读孝悌的活动。他在《自传》中形容说他的母亲非常高兴颜钧的表现，遂“发引众儿媳、群孙、奴隶、家族、乡闾老壮男妇”，几近七百余人，聚集在一起，由母亲命他“讲耕读正好作人，讲作人先要孝弟，讲起俗急修诱善，急回良心，如童时系念父母，常得欢心”，这样五日、十日地讲，“果见人人亲悦，家家协和，踊跃奋励，虽少小童牧，尽知惭悔省发，皆知叩谢父母长上，竟为一家一乡快乐风化，立为萃和之会”。颜钧的“三

---

① 颜钧：《履历》，见《颜钧集》，33页。

② 黄宣民：《前言》，1页，见《颜钧集》。

都萃和会”顾名思义，他的工作已经由中陂村扩及三都乡了，该会举行半个月后，一乡老壮男妇聚集在他母亲之前叩首说：“我乡老壮男妇，自今以后，始知有生住世都在暗室中鼾睡，何幸际会慈母母子唤醒也。”一个月后，“士农工商皆日出而作业，晚皆聚宿会堂，联榻究竟”，三个月后，“老者八九十岁，牧童十二三岁，各透心性灵窍，信口各自吟哦，为诗为歌，为颂为赞”，村庄中歌诗不绝，“喧赫震村谷，闾里为仁风也”。[①] 这三个月的小区工作因为颜母病丧而中止。但这三个月的经历对他有很大的影响，《自传》中说他觉得此段经历，与仲尼相鲁三月大治相仿佛，“可即风化天下之大本也”。[②] 守母丧毕，他开始出外游学，先在吉安地区流连，进谒这个地区的王门弟子，他将这三个月的经验及将它推展到全天下的抱负告诉他们，但是吉安地区的王门弟子们多不同意，“皆不识男子所诣，且恣疑叹：‘古之狂简，恐不类子。’”[③] 此后他转师刘邦采、徐樾（？—1552），然后师事王艮。

颜钧一生到处讲学，常有“三月为程”一语，我们有理由推测，他到处讲学的一个宗旨，就是要将他家乡的经历推行各地。不过，他的工作并不是要形成社会力量以抗衡政府或挑战政府的意识形态，相反的，是为了更有效地维持秩序与传统的伦理价值。故其讲学的内容大多是要人安于自己的“分”，和睦相处，体谅他人的处境而给予同情的了解之类。

接着要谈颜钧的第二种社会角色，即他作为一个草根性启蒙者的身份。

---

① 颜钧：《自传》，见《颜钧集》，24 页。

② 同上注。

③ 颜钧：《明羑八卦引》，见《颜钧集》，12 页。

颜钧早年举办的“三都萃和会”，是聚士农工商会讲一个月，他们白天外出工作，晚上聚宿“会堂”，联榻参求。“会及两月，老者八九十岁，牧童十二三岁，各透心性灵窍”①，足见从士、农、工、商至牧童、老者，皆是他教化的对象。颜钧的《急救心火榜文》中也充分反映出他想跨越士大夫阶层，下及群众，故他说救心火馆的对象是“四方远迩仕士耆庶，及赴秋闱群彦与仙禅、贤智、愚不肖等”②。颜钧本人在南昌同仁祠“得千五百友”③，在泰州、如皋、江都各盐场流连的三年多，从他学习者“但未记录姓名有几千百众也”④。沧州守胡政为他召州县官吏、师生、民庶近八千人，斋道禅林亦聚数千⑤，甚至在他被逮系狱时，也创“开元会”讲道理使得狱囚感动万分⑥，足见他确有一套办法可以下及最底层之群众。此外像韩贞（？—1585）及颜钧的学生何心隐等人亦能如此。韩贞的故乡发生动乱，地方官吏“令化灾民”，先生遂“驾小舟，遍历村落，作诗户喻之”。⑦ 韩贞闲暇时，在劳动人民之间讲儒学，“虽田夫、樵子，未尝不提命之”⑧，“无问工、贾、佣、隶，咸从之游”，而且常趁着秋收后到各村讲学，歌声在村中此起彼落。⑨ 这一类的例子非常之多，说明它们可能是儒家历史中唯一一次下及草根阶层的讲学活

---

① 颜钧：《自传》，见《颜钧集》，24 页。

② 颜钧：《急救心火榜文》，见《颜钧集》，2 页。

③ 颜钧：《自传》，见《颜钧集》，25 页。

④ 黄宣民：《颜钧年谱》，见《颜钧集》，132 页。

⑤ 黄宣民：《颜钧年谱》，见《颜钧集》，140 页。

⑥ 《附录一·明史儒林传（摘录）》，见《颜钧集》，86 页。

⑦ 许子平等：《乐吾韩先生遗事》，见《颜钧集》，194 页。

⑧ 许子平等：《乐吾韩先生遗事》，见《颜钧集》，191 页。

⑨ 耿定向：《陶人传》，见《颜钧集》，188 页。

动，而这股力量一直到 17 世纪左右才逐渐消退。

第三，要谈颜钧作为心理咨询者的角色。

颜钧在三十六岁，也就是母丧九年之后才到泰州从学于王艮门下，他在向王艮问学一年之后，趁科考回江西，于嘉靖十九年（1540）在南昌同仁祠贴出《急救心火榜文》，通过讲学活动来安顿人们的心灵，同时，也带有心理咨商的作用。

心学家扮演心理咨询的例子相当多，前来求助者的心理问题也有程度轻重之不同，有些只是对生命意义感到困惑，有的是心理疾病。我们如果换一个角度去读心学家文集中那些师生问答的记录，就会发现除了哲学讨论之外，也有一些心理咨商的记录。老师通常是熟练的观察者，可以看出学生的问题并给予适当的引导。在传统中国社会，佛、道及其他民间宗教都提供这方面的协助，有的心学家也扮演起心理治疗的角色，而他们与佛道或其他民间宗教之间常常处在竞逐的状态，遇到心疾，有人声称禅宗才能救助，有人认为找心学家才是正途。

江右王门的胡直（1517—1585）在《困学记》中便提供一个有趣的故事。胡直说他自己有心疾，原想飘然遐举离世独立，后来因为友人的劝告，拜访江右王门的罗洪先。罗氏最初并不甚喜谈良知，也不尽信阳明之学，专门以“主静无欲”教诲他们，胡氏虽然不是感到非常契合，但是也因为罗氏的“无欲”之训而知严取予之义。后来他拜访陈大伦，陈氏创明经书院，又延请乡绅邓钝峰居于院中为侣。邓氏是魏校（1483—1543）弟子，亦曾游于欧阳德（1496—1554）之门，后来专意于禅。胡直向他请教时，钝峰说：

> 汝病乃火症，当以禅治。

邓钝峰乃邀他每日静坐，“其功以休心无杂念为主，其究在见性”，这样坐了六个月，有一天他的心思忽然开悟，“自无杂念，洞见天地万物，皆吾心体。喟然叹曰：‘予乃知天地万物非外也。’自是事至亦不甚起念，似稍能顺应，四体咸鬯泰”，最重要的是胡氏十余年的心火之病改善了，晚上可以睡觉了。[①] 但是，他的心理疾病仍然没有痊愈，过了一段时间后，胡氏又“因起念，遂失初悟”。在极端困闷之时，他向阳明大弟子钱德洪（1496—1575）求助，“钱公发明颇详”，但是他当时并不同意。突然有一天，同诸君游九成台，“坐地方欠身起，忽复悟天地万物果非在外。印诸子思‘上下察’，孟子‘万物皆备’，程明道‘浑然与物同体’，陆子‘宇宙即是吾心’，靡不合旨”。胡氏的心病其实仍未完全解决，不过在他心中却因为对治自己心理问题的经历而隐隐然在儒释之间分出高下。[②]

在这里，我们看到一个被心理疾病所困扰，上下求索，但又不能得到解决的例子。有人建议他向禅求救，有人建议他向心学家求解。他先是以禅医其“火症”，最后则是心学家钱德洪施以援手。胡直形容自己的心理疾病为“火症”，颜钧弟子何心隐的友人阮中和治清江境内“火疾”数十人的“火疾”，也应该是指心理方面的治疗。[③]

“心火”并不是一个陌生的名词，汉代今古文之争有一个小

---

① 黄宗羲：《明儒学案》，521 页，北京，中华书局，1985。

② 同上书，522 页。

③ 侯外庐：《中国思想通史》第 4 册，960 页，北京，人民出版社，1957。“火症”一词，明代文集中经常出现，譬如刘元卿《刘聘君全集》中的《二生小传》，描述刘孟材因禅坐而得“火病”。参见《刘聘君全集》卷七，51～52a 页，收入《四库全书存目丛书》集部第 154 册，台南，庄严文化事业有限公司，1997。

题目，即如果以五脏与五行相配拟，究竟心是土脏还是火脏，古文家主前者，今文家主后者。[①] “心火”后来渐渐地用来指心理问题，一般是指心生烦恼而躁动，如火之上炎。唐代诗人白居易（772—846）《感春》诗“忧喜皆心火，荣枯是眼尘”，杜荀鹤（846—904）有诗“心火不销双鬓雪，眼泉难濯满衣尘”[②]，明代人也常使用“心火”一词。如魏校《庄渠遗书》中《与郑婿若曾》说：“火之为害更宜慎重，不必药饵，不必针砭，只是清心无为，便是上妙方也。”又说：“心为君主，自焚则死。”“诸痛痒疮皆属心火。”[③] 又如江右王门万廷言也说“心，火也，性本躁动，夙生又不知费多少薪槱蕴积之，故光明外铄，附物蔓延，思虑烦而神气竭”[④]。

在颜钧的种种文字中，“心火”一语一再出现。有时候他又说成是“名利心火”，足见他主要是指因为汲汲追求“名利”而烦恼不得解脱所引起的心理问题。从他的文字可以看出，科举的残酷竞争及它所带来的高度挫折感，以及商业社会的汲汲求利，乃至于生活的困顿，及赋役负担、饥馑等都是造成“心火”的重要原因。

因为本文是以颜钧治愈罗汝芳的“心火”为例，而罗氏的心

---

① 陈寿祺：《五经异义疏证》，见《重编本皇清经解》第 18 册，卷一二五〇，13507 页，台北，汉京文化事业有限公司，1980。

② 白居易：《感春》，见《白居易集笺校》，1190 页，朱金城笺校，上海，上海古籍出版社，1988。杜荀鹤：《下第东归道中作》，见《全唐诗》第 20 册，7959 页，北京，中华书局，1960。

③ 魏校：《庄渠遗书》卷十五，20b～21a 页，见《景印文渊阁四库全书》第 1227 册，台北，台湾商务印书馆，1986。

④ 黄宗羲：《明儒学案》，509 页。

火是由科举挫败引发的，故此处只讨论科举与心火的关系。

对于明代士人而言，科举压力是造成心火的最主要原因。关于当时科举对士人及心灵的挫折感，学者已有讨论。[①] 有意思的是，唐代杜荀鹤的“心火”诗也是因科举下第而作的。颜钧弟子程学颜、罗汝芳等都是因会试不第，极端困惑之下与他见面而受其感化的。[②] 而颜钧在《急救心火榜文》中也说“今逢大比，开科求贤，人才云集，乃自淮扬携友而敬（迳）返棹洪都，择止同仁之祠为聚”[③]。颜钧抓住科考的场合必有许多因落第而产生心理困惑的士人的机会，在同仁祠设馆讲“急救心火”。

二、颜钧、罗汝芳与“急救心火”

颜钧在士大夫圈中崛起的一个关键性时刻便是在南昌同仁祠中治愈罗汝芳的心火之疾。

罗汝芳是江西南城人，比颜钧小十一岁。罗氏早年服膺明初程朱儒者薛瑄（1389—1464）之学，却在遇到颜钧之后皈依王门，这一戏剧化的转变过程，是明代思想史中极富趣味的一幕。黄宗羲的《明儒学案》卷三十四中是这样说的：

> （罗汝芳）少时读薛文清语，谓：“万起万灭之私，乱吾心久矣。今当一切决去，以全吾澄然湛然之体。”决志行之。

---

① 余英时：《士商互动与儒学转向：明清社会史与思想史之一面相》，见郝延平、魏秀梅主编：《近世中国之传统与蜕变：刘广京院士七十五岁祝寿论文集》上册，5～7页，台北，“中央研究院”近代史研究所，1998。

② 颜钧：《程身道传》，见《颜钧集》，22页。

③ 颜钧：《急救心火榜文》，见《颜钧集》，2页。

> 闭关临田寺，置水镜几上，对之默坐，使心与水镜无二，久之而病心火。偶过僧寺，见有榜急救心火者，以为名医，访之，则聚而讲学者也。先生从众中听良久，喜曰："此真能救我心火。"问之，为颜山农……先生自述其不动心于生死得失之故，山农曰："是制欲，非体仁也。"先生曰："克去己私，复还天理，非制欲，安能体仁？"山农曰："子不观孟子之论四端乎？知皆扩而充之，若火之始然，泉之始达，如此体仁，何等直截！故子患当下日用而不知，勿妄疑天性生生之或息也。"先生时如大梦得醒。明日五鼓，即往纳拜称弟子，尽受其学。[①]

上面这个故事可以分成两部分来看，第一部分是罗汝芳因力行薛瑄决去万起万灭之私的方法，同时对水镜静坐而得"心火"之病。当时罗汝芳显然综合了两种传统，一是薛瑄决去万起万灭之私的主张，二是对水镜静坐的办法。第二部分是他如何遇到颜钧，然后颜氏如何医治了他的心病。兹更引史料，对上述两个阶段作较深入一点的析述。

罗汝芳早年的心病是一次刻骨铭心、终身难忘的经历。他在不少文字中都反复提到他如何得到"心火"之病，如《盱坛直诠》中这样记载：

> 辛卯（1531）学宪东沙张公刻颁二子粹言，师（罗汝芳）悦玩之，内得薛文清公一条云，万起万灭之私乱吾心久矣，今当一切决去，以全吾澄然湛然之体。若获拱璧，焚香

① 黄宗羲：《明儒学案》，760～761页。

> 扣首，矢心必为圣贤。立簿日记功过，寸阴必惜，屏私息念，如是数月，而澄湛之体未复。壬辰，乃闭户临田寺中，独居密室，几上置水一盂、镜一面，对坐逾时，俟此中与水镜无异，方展书读之，顷或念虑不专，即掩卷复坐，习以为常，遂成重病。①

他也曾说：

> 年至十五，方就举业，遇新城张洵水先生讳玑，为人英爽高迈，且事母克孝，每谓人须力追古先。于是一意思以道学自任，却宗习诸儒各样工夫，屏私息念，忘寝忘食，奈无人指点，遂成重病。②

在另外一个场合中罗氏这样回忆：

> 某初日夜想做个好人，而科名宦业，皆不足了平生，却把《近思录》、《性理大全》所说工夫，信受奉行，也到忘食寝、忘死生地位。病得无奈，却看见《传习录》说诸儒工夫未是，始去寻求象山、慈湖等书。然于三先生所谓工夫，每有挂碍。病虽小愈，终沉滞不安。③

以上几段文字记录了一个渴切寻道的年轻人，因为求索个人生命存在的问题，而由程朱一派改宗陆王心学的过程。当时想必有许许多多人发生了类似的改变，而造成了心学的大行。

---

① 罗汝芳：《盱坛直诠》，219页，台北，广文书局，1977。

② 黄宗羲：《明儒学案》，781页。

③ 黄宗羲：《明儒学案》，789～790页。

前面提到，罗汝芳先前读了薛瑄“万起万灭之私，乱吾心久矣。今当一切决去，以全吾澄然湛然之体”，决定刻苦实行。这一段话，是薛氏《理学粹言》中的一段，最末句今本作“湛然之性”。[①] 一个现代读者如果打开《理学粹言》一书，很快便会见到这段文字，顺着读下来，便会发现整本小册子都在讲无欲、讲制欲、讲去念。[②] 罗汝芳很兴奋地照着做，想尽办法要制欲、要去念、要达到无欲的境界，但是心病也很快就出现了。罗汝芳的父亲对阳明思想有相当的了解，他发现罗汝芳的病状后，原本以为他是在性方面“斲丧”过度，后来知道其子所患是心病，故给他一本《传习录》：

> 前峰公谓师（罗汝芳）由斲丧，咎之。师乃直述其故，曰儿病由内非由外也，惟得方寸快畅，于道不逆，则不药可愈。前峰公遂授以阳明王先生《传习录》，指以致良知之旨，师阅之大喜，日玩索之，病瘥。[③]

这里提到罗汝芳读《传习录》后“病瘥”，但是，实际的故事并不这样简单。真正把他从心病解救出来的是颜钧。

前面已经提到过，颜钧是王艮的弟子，他服膺王艮的《乐学

---

① 薛瑄撰：《薛瑄全集》下册，孙玄常等点校，1506 页，太原，山西人民出版社，1990。

② 譬如：“一念之非即遏之，一动之妄即改之。”（《薛瑄全集》下册，1506 页）“念虑一毫杂妄即非仁，便当克去。”（同上书，1506 页）“惟无欲最高，有欲则低矣。”（同上书，1508 页）“先儒曰：‘欲心一萌，便思义理以胜之。’即窒欲之要也。”（同上书，1509 页）“一念之欲不能制，而祸流于滔天。”（同上书，1513 页）“人欲尽而天理见，如水至清而宝珠露，人欲深而天理昏，如水至浊而宝珠暗。此先儒之常说，但先儒以气禀言，瑄以人欲言。”（同上书，1520 页）

③ 罗汝芳：《盱坛直诠》，219～220 页。

歌》，故说："引发乐学，透入活机，会而通之。知是昭心之灵，乐是根心之生。""破荒信、彻良知，洞豁乐学。"但颜氏到处游历，发现到处都有"心火"的问题——"人人心火，忙里堪舆，各各心红，营为宇宙。咸将秉彝同然，竟自支分灭息，汩没天真。"[①] 此处"忙里堪舆"的"堪舆"二字，为"天地"之意，《淮南子·天文训》"堪舆徐行，雄以音知雌"，许慎便注曰"堪、天道也，舆、地道也"[②]，所以颜钧的意思是"忙里天地"，也就是说整个天地皆忙忙碌碌之意。天下人忙忙碌碌，为名为利，将人心原来所共有的良知湮没了，而有"免心""攻心""欲心""去心""困心""贪心""戕心"，他要人知道人生所有常变、顺逆、安恬、烦恼、拆裂，皆是由命定于天，"岂用人心火而得探求之耶"！他要"单洗思虑嗜欲之盘结，鼓之以快乐，而除却心头炎火"，要人人"先正其心，完复天真"。[③] 他并且希望官府能容他设"馆"，专门救人"心火"。

这里面有一点值得注意，即他提的急救心火"馆"。在南昌同仁祠，是临时借用原有的公共空间，但颜钧有时也提及"会所"。譬如他在扬州讲学时便设有"会所"，邀请会众进行每次五日的讲学[④]，这五天的食宿都在"会所"内。这种"会所"可能不是临时性的场地。王畿（1498—1583）不时提到的"会所"，也当与此同性质。供给五日食宿及建立这种"会所"显然需要相

---

① 以上见颜钧：《急救心火榜文》，见《颜钧集》，1～2页。

② 刘文典：《淮南鸿烈集解》卷三，82页，上海，上海书店出版社，《民国丛书》影印本，1996。

③ 颜钧：《急救心火榜文》，见《颜钧集》，2～3页。

④ 颜钧：《扬城同志会约》，见《颜钧集》，29页。

当财力，所以颜钧在《道坛志规》中说办“道坛”的前提是要能“理财”[①]，我们现在没有数据可以说明他们资金的来源。

颜钧虽然知道明帝国对任何私人组织都很戒惧，即使这些组织宣称自己从事的是教导人们安分守己，以辅翊王化为目标，也一样引起侧目。任何组织，不管他们宣称要如何辅翼朝廷，还是被朝廷以高度警戒的眼光注视着。颜钧在《急救心火榜文》中，便非常戒慎恐惧地表示“先从申道宗藩、二院三司达尊，广扩忘分薄势之度，宏开好善兴贤之仁，容农假馆，救人心火，以除糜烂，翊赞王化，倡明圣学”[②]，表示他扮演的是帮助政府维持教化，维持既定秩序的角色，希望各级长官容许他开馆。[③]

他所提出解救“心火”的办法是“单洗思虑嗜欲之盘结，鼓之以快乐，而除却心头炎火”。“专辟形骸凡套之□锁，舞之以尽神而尽涤性上逆障”[④]，是鼓舞性中原有之乐，正面地扶持人心中原有的善端，而不是消极压制心中之欲望。

颜钧上面这些话显然是针对程朱一派压制欲望而说的。他同时也不认为佛道家的修心炼度是正确的办法。[⑤] 颜氏敌视佛教的态度，在各种文字中亦有所表露。[⑥] 故他在《榜文》中宣称自己所要医治的，不只是士农工商，而且包括仙禅[⑦]，我们似乎不能

---

① 颜钧：《道坛志规》，见《颜钧集》，31 页。

② 颜钧：《急救心火榜文》，见《颜钧集》，2 页。

③ 衡诸颜山农与他的学生何心隐之命运，一曾被逮捕，一被杖杀，而罪名都有些勉强，他们触法的原因之一，恐怕与发展、鼓动民众不无关系。

④ 颜钧：《急救心火榜文》，见《颜钧集》，3 页。

⑤ 同上书，2 页。

⑥ 如颜钧《论三教》一文中记：“天下有混二氏者，盍反观内省，自心自知，孰虚孰实，可亲可弃哉?”见《颜钧集》，16 页。

⑦ 颜钧：《急救心火榜文》，见《颜钧集》，2 页。

忘记，心学家虽然从佛、道那里吸收了许多养分，但他们最终仍要与佛、道相争持。王艮在泰州撤神佛像，作《孝弟箴》，颜钧也是排斥二氏，写了《论三教》痛斥佛、道。[①] 而他的学生韩贞也是在极端苦闷中，先是求长生，继闻樵夫朱恕（1501—1583）讲孔孟，才豁然改宗。韩氏也说“长生久视，吾弗为之”[②]。他们都刻意想将人从程、朱及佛、道那里扳过来。

颜钧与罗汝芳初见面，罗汝芳自述他如何用力于不动心于生死得失的学问，颜钧一听，马上回答说“是制欲，非体仁也”。罗汝芳说“克去己私，复还天理，非制欲，安能体仁”，颜钧反驳说他是“患当下日用而不知，忽妄疑天性生生之或息也”。[③] 而颜钧用以治疗罗汝芳“心火”的办法便是鼓舞他扩充善端，反对罗氏原来压抑欲念的做法。对此，贺贻孙（1605—1688）所作《颜山农先生传》中有更畅快淋漓的描述：

> 先生（颜钧）一见即斥曰：“子死矣，子有一物，据子心，为大病，除之益甚，幸遇吾，尚可活也。”罗公曰：“弟子习澄湛数年，每日取明镜止水，相对无二，今于死生得失不复动念矣。”先生复斥曰：“是乃子之所以大病也，子所为者，乃制欲，非体仁也。欲之病在肢体，制欲之病乃在心矣。心病不治，死矣。”[④]

颜钧当即要罗汝芳“放心”，要他一切放松，不要把捉，而且要

---

① 颜钧：《论三教》，见《颜钧集》，15～16页。

② 许子平等：《乐吾韩先生遗事》，见《颜钧集》，190、193页。

③ 黄宗羲：《明儒学案》，760～761页。

④ 贺贻孙：《颜山农先生传》，见《颜钧集》，82页。

他自信其心，唯有自信其心才能放心。颜氏显然认为人们不应该持有两个心的观念，也就是以一心去压制另外一个心，敉继续说：

> 子不闻放心之说乎！人有沉痾者，心怔怔焉。求秦越人决脉，既诊，曰："放心，尔无事矣。"其人素信越人之神也，闻言不待针砭而病霍然。已，有负官帑千金者，入狱，遽甚。其子忽自商持千金归，示父曰："千金在，可放心矣。"父信其子之有千金，虽荷校负铰铛，不觉其身之轻也。夫人心有所系则不得放，有所系而强解之又不得放。夫何故？见不足以破之也。蛇师不畏蛇，信咒术足辟蛇也。幻师不畏水火，信幻术足辟水火也。子惟不敢自信其心，则心不放矣。不能自见其心，则不敢自信，而心不放矣。①

从上面引文中的"其人素信越人之神""信咒术足辟蛇也"等点，可以看出他对"自信其心"提到何种高度。认为只要能使一个人自信其心，甚至比之为"咒术""幻术"。他诊测罗汝芳之心理状况说罗氏正是不能自信其心，所以也不能放心，故说：

> 观子之心，其有不自信者耶！其有不得放者耶！子如放心，则火然而泉达矣。体仁之妙，即在放心。初未尝有病子者，又安得以死子者耶！②

从以上的对话看来，颜钧认为人们应该积极自信，以求放心。王阳明时常讲"自信"其良知，颜钧颇为忠于这一个思想。此外，

---

① 贺贻孙：《颜山农先生传》，见《颜钧集》，82页。

② 同上书，82～83页。

颜钧在“急救心火”的榜文中，处处讲一个“乐”字，认为求圣的路子本来就不是痛苦、枯槁、压制自我欲望的事，应该是快快乐乐地把良知原有的善端发展出来，这也颇符合王艮的观念。

当时罗汝芳所经历的是两套不同的观念。一派主张压制欲念，一派主张发舒善念，讲究自然。所以当罗汝芳告诉颜钧说他“昨遘危疾而生死能不动心”[①] 时，颜钧“俱不取”。在他看起来，这是硬压心使之不动，不自然，健康的办法应是以自然的态度去面对世上的危疾动荡。

贺贻孙的《颜山农先生传》中说罗汝芳闻言之后“如脱缰锁，病遂愈”[②]。不过，根据新发现的颜钧文集中《著回何敢死事》一文，则罗汝芳是参与听讲二十日夜，归学三月，才“豁然醒”的。这个治愈的过程自然以颜钧亲述的为可信。何以罗汝芳得听讲二十日夜，又归学三月，才豁然醒悟？显然是除了口头讲的道理外，颜钧还传授一套实际的修养工夫，其中宗教意味相当强烈，从《明儒学案》中并未能看出这一层，而《颜钧集》中有一些非常不易理解的文章专门讨论这方面的工夫，如《明羑八卦引》《邱隅炉铸专造性命》等。颜钧时常提到《易经》的“七日来复”一语，并说如果能与他共修七日，便有结果，如能修一月或修一年更好，如修三年，则道大成。颜钧不时提到《易经》的“七日来复，利有攸往”，他导引修行也以闭关七日为期，这似乎是心学传统中相当重要的一节，与他们对良知的认识有关。明代心学家常常提到《易经》的复卦，王畿即曾与门人谈到七日来复

---

① 见《近溪子续集》卷上，12～13 页，转引自程玉瑛：《晚明被遗忘的思想家：罗汝芳（近溪）诗文事迹编年》，10 页，台北，广文书局，1995。

② 贺贻孙：《颜山农先生传》，见《颜钧集》，83 页。

与良知之关系，说："《易》为君子谋，《复》其见天地之心，良知者，造化之灵机，天地之心也。"[①] 颜钧之所谓七日闭关法详见于其《引发九条之旨》一文，文中强调"圣神教世克制《复卦》七日闭关□□功，摄伏初生三月之赤心，使皆自知时习日用之保养此赤'心'三月后，方可出入顺利有攸往，自天子至于庶民，无老少男女圣凡，同此天性神能，无增益也"。看来颜氏的七日闭关最终也是要人复其良知。他说凡有志闭关七日者，必须"择扫楼居一所，摊铺联榻"，然后在榻上正坐，任他指点。他要每人用绢包住双目，昼夜不可解开，并以棉絮塞住双耳，紧闭唇齿，不出一言，两手擎拳，不动一指，两足趺跏，不许伸缩，肩背直耸，不能惰慢，"垂头若寻，回光内照。如此各各自加严束，此之谓闭关"。"夫然后又从而引发各各内照之功，将鼻中吸收满口阳气，津液漱噀，咽吞直送，下灌丹田，自运旋滚几转，即又吸噀津液，如样吞灌，百千轮转不停"，这样持续二日、三日不停，虽汗流浃背，亦不许搽拭，骨节疼痛也不许欠伸休息，直到无法承受，才允许解去缠缚，"倒身鼾睡，任意自醒，或至沈睡，竟日夜尤好，醒后不许开口言笑，任意长卧七日"，然后听颜钧在每人耳际密语——"各人此时此段精神，正叫清明在躬，形爽气顺，皆尔连日苦辛中得来，即是道体黜聪，脱胎换骨景象。须自辗转，一意内顾深用，滋味精神，默识天性"。颜氏要人静卧七日之后方许起身，梳洗衣冠，礼拜天地、皇上、父母、孔孟、师尊，然后再在颜钧身边"听受三月，口传默受，神聪仁知，发

---

① 王畿：《建初山房会籍申约》，见《龙溪王先生全集》卷二，35 页，收入《四库全书存目丛书》集部第 98 册，台南，庄严文化事业有限公司，1997。

明《大学》《中庸》，浑融心性阖辟”。[①] 没有文字数据记载罗汝芳曾经经历过前述这一段工夫，不过从罗汝芳听讲二十日夜，归学三月而后大悟，与上述的工夫时程颇为吻合，足可推测罗氏曾经历这一段过程。

值得注意的是，此后罗氏所为时文，是“一日弄笔泻文数篇，新异悦人”，接着于嘉靖二十二年（1543）中试，来年（1544）联捷成进士。从泻文数篇，及新异动人，皆可看出原先被压制的心一旦柔软了，则新的东西如喷泉般泻出。而明代科举考试竞争愈益激烈，所写文章能否尖新，常常是能否中举的一个重要因素。从此，罗汝芳这位进士竟拜服在颜钧这个布衣之下，而且侍奉唯谨，终生不易。

罗汝芳成为颜钧的信徒后，思想风貌有了极大的改变。譬如他对“克己复礼”的新诠释，解“克”为“能”，意思是“能由己之仁扬礼、明礼”。[②] “克己”一向被解释为“克去己私”，属于压抑的，但罗氏改之为发舒心中原有之仁。他不再主张压抑欲望，而是提倡鼓舞心中原有之“乐”。嘉靖四十四年（1565）他与王时槐（1522—1605）论学时，谈论何谓本心，王时槐请问说：“岂无方便可指示处？”罗汝芳便说：“莫如乐，第从乐而入可也。”[③] 这段对话相当能反映其思想特质。

又如他不断地希望人们不应“把捉”，不应专务“扫却”：

---

① 《颜钧集》，37～38页。

② 罗汝芳：《柬许敬庵郡守》，见《罗明德公文集》卷五，6～7页，明崇祯五年刊本。

③ 罗汝芳：《盱坛直诠》，267页。

> 问：扫尽浮云而见青天白日，与吾儒宗旨同否？
>
> 曰：后世诸儒亦有错认，以此为治心工夫者，然与孔孟宗旨，则迥然冰炭也。[1]

又如他反对以镜喻心的话，可能也是针对早年对镜静坐的一种反省——

> 吾心觉悟的光明，与镜面光明却有不同。何则？镜面光明与尘垢原是两个，吾心先迷后觉，却是一个。当其觉时，即迷心为觉。则当其迷时，亦即觉心为迷也。夫除觉之外，更无所谓迷，而除迷之外，亦更无所谓觉也。故浮云天日，尘埃镜光，俱不足为谕，若必欲寻个譬喻，莫如即个冰之与水，犹为相近也。[2]

整体而言，如果把罗汝芳和颜钧相遇的历程弄清楚，对他的思想宗旨便能有更清楚的把握。罗氏强调不须把持，浑沦顺适。《明儒学案》说："先生之学，以赤子良心、不学不虑为的，以天地万物同体、彻形骸、忘物我为大。此理生生不息，不须把持，不须接续，当下浑沦顺适。工夫难得凑泊，即以不屑凑泊为工夫，胸次茫无畔岸，便以不依畔岸为胸次，解缆放船，顺风张棹，无之非是。学人不省，妄以澄然湛然为心之本体，沉滞胸膈，留恋景光，是为鬼窟活计，非天明也。"[3] 后半段所指述的是早期罗汝芳的状况，前半段则是改宗后的罗汝芳的境界，他不时使用

---

① 罗汝芳：《罗近溪先生明道录》卷七，17 页，台北，广文书局，1997。

② 同上书，18a 页。

③ 黄宗羲：《明儒学案》，762 页。

“浑沦顺适”一语，即用以象征一种不须把捉、良知自然会在不断涌现的心识中呈现作主的状态。

本来这个故事到这里就应该结束了。可是，因为罗汝芳一生在回忆到“心火”之时再三提到他对镜、水静坐，使心与之合一，不由得令人好奇这是从何处得到的修养方法。罗氏总是说他从成童以来即“以孔圣为的”，“毅然以兴起斯道为己任”，[①] 然后读薛瑄语而大受感动。但是，他未说他立簿日记功过，同时置水一盂、镜一面，与之对坐究竟是从何而来的灵感。

写日记不是一件新鲜事，翻开中国日记史，从宋代以来便出现许多日记，可是罗氏不是寻常地写日记，而是“立簿日记功过”，而且是在晚明袁了凡（1533—1606）提倡功过格之前。至于与水、镜对坐，在儒学传统中似无前例，应该另有其他渊源。这个渊源显然是净明道。[②] 此处拟从秋月观暎的《中国近世道教の形成》转引三条资料来说明之。第一，《灵宝净明院行遣式》中记净明弟子所必备之物中便有“净明记功过簿”[③]，此外，在《太上灵宝净明入道品》中还说：

> 如欲降未来之愆，即当置一小册，日录所为，其有欺心，自不可形于纸者是也。凡有似此，即速改之，则法术自灵。如或违之，则灾咎立至。[④]

---

① 罗汝芳：《盱坛直诠》，218页。

② 贺贻孙的《颜山农先生传》只说罗汝芳“始罗为诸生，慕道极笃”。所谓“慕道极笃”的“道”可以是儒也可以是道。见贺贻孙：《颜山农先生传》，见《颜钧集》，82页。

③ 《灵宝净明院行遣式》，10页，见《道藏·洞玄部》，转引自秋月觀暎：《中國近世道教の形成》，175页，东京，创文社，1978。

④ 见《道藏·洞玄部》，转引自秋月觀暎：《中國近世道教の形成》，175页。

至于对着水、镜静坐，也可以在同书中看到一些端倪：

> 凡得净明法者，当自畏惧，逐日恭敬君上，孝悌六亲，克苦修行，勤诚济拔，心中常如负人不可报之恩，思有必可报之意，则怡声下气，无恚无怒，正得净明之体。坐卧处常置一鉴、一盂水，则自知吾立法之意。①

“水”“镜”这两件东西在净明道中有特殊意义。《净明忠孝全书》中说“要得此心如镜之明，如水之净”②，则“水”“镜”正好是净、明二字象征。不过罗汝芳大概不会读到《灵宝净明院行遣式》及《太上灵宝净明入道品》之类的书，他可能只是从生活环境中得到的影响。

罗汝芳的生长环境，相当方便他接触净明道。净明道的大本营在江西，它的本山玉隆万寿宫在南昌郊外西山上，它的重要根据地铁柱宫就在江西省城南昌中。罗汝芳生在南城，距南昌不太远，可以说，他就生长在净明道的文化圈中。而当时的思想界，三教合一的现象相当盛行，故在罗氏心中，薛瑄的“决去万起万灭之私”，与净明道的对水、镜静坐以求心与之合一，都可以并存而未觉得严重的格格不入。

何况，净明道与理学之间，本来就有不少相近之处。净明道吸收了许多理学的成分，元代的净明派大师刘玉说净明只是正心诚意，忠孝只是扶植纲常，忠孝之道非为长生，只要死而不昧忠

① 《太上灵宝净明入道品》，2页，见《正统道藏》第17册，台北，新文丰出版公司，1988。

② 黄元吉编：《玉真先生语录内集》，见《净明忠孝全书》卷三，11页，见《正统道藏》第41册。

孝之心，即可位列仙班。他还称周程朱张为“天人”，认为他们“皆自仙佛中来”，认为朱熹“自是武夷洞天神仙出来，扶儒教一遍”[①]，《净明忠孝全书》卷六《中黄先生问答》中说“净明教中所谓真人者，非谓吐纳、按摩、休粮、辟谷而成真也，只是惩忿窒欲，改过迁善，明理复性，配天地而为三极，无愧人道，谓之真人”[②]。净明经典中不断强调欲净则理明，这一类话与理学实在相差不大，而理学中人也有人特别欣赏他们（如高攀龙，1562—1626）。其实，连心学祖师王阳明也与净明道有过关系。大家都知道王阳明到江西南昌岳父家迎娶之夜，突然失踪，后来被发现他在铁柱宫与道士对坐。这个铁柱宫在南昌，是净明道最重要的根据地。[③] 后来阳明被贬谪贵州途中与铁柱宫道士重逢，这位道士对阳明还有过一番劝解。

此外，从罗汝芳的一篇《二小子传》中，可以看出罗氏与净明道的另一层线索。罗氏这篇文章中写他的两个儿子罗轩、罗辂与道教的关系。罗辂，法名罗贯玄，他死前频频揽镜自照，并示其父奏疏一通，“乃欲焚其日记频年持诵功课簿，具疏以上呈斗府者也”[④]。

《二小子传》中提到罗辂的师父是胡中洲，但是并未说明他是什么道派的人物。我在《龙溪王先生全集》中找到了一通《祭

---

① 黄元吉编：《玉真先生语录内集》，见《净明忠孝全书》卷三，1页；《玉真先生语录外集》，见《净明忠孝全书》卷四，6～7页。均收入《正统道藏》第41册。

② 黄元吉编：《净明忠孝全书》卷六，5～6页，见《正统道藏》第41册。

③ 从《铁柱延真万年宫纪录类编》（明洪武十年熊常静编辑本及明正德十五年邓继禹编辑本）即可看出铁柱宫之地位了。参见秋月觀暎：《中國近世道教の形成》，66页。

④ 罗汝芳：《罗明德公文集》卷四，25a页。

胡东洲》，其中记胡氏与王畿的一段对话：

> 因谓予曰：栖（胡东洲）之受业于先生（王畿），实刘师符玄老人启之，将以广教也，老人年一百余岁，得回谷之旨，发明内要延命之术，后遇刁虚子，受净明忠孝性宗。[①]

由文中所说胡氏"受净明忠孝性宗"，可证胡东洲是属于净明派道。王畿便说"东洲之学，得于师传，以净明忠孝为入门"[②]。

胡中洲即是胡东洲。为什么我们可以确定这一点呢？因为王畿在这一篇祭文中说"去年春，复僦居于越，聚处月余。……秋初，偕近溪罗君携其二子同往岭南，赴凝斋公之约"[③]，而《二小子传》中正好记胡中洲与罗氏父子同赴岭南之事。

王畿这一篇文字不但印证了罗汝芳一家与净明道的密切关系，同时也说明了心学与净明道之间交流的情形。净明道士胡东洲说他自己拜在王畿门下，是受其师刘符玄之嘱咐，目的是"将以广教也"，足见净明道士认为心学这一边有他们可以汲取的东西。对于晚明儒释道的关系，我们通常只留意心学家如何吸收佛道的东西来改造儒家，却很少留意佛道教也汲汲于吸收心学家的养分，胡东洲的自白是一个有力的证明。而上面这一段因缘也为明代三教之间疆界难明、互为水乳的情形，提供了另一个见证。

---

① 王畿：《龙溪王先生全集》卷十九，18页，明万历四十三年重刊本。

② 同上书，21页。

③ 同上书，21b页。

三、结　论

以上是借颜钧与罗汝芳的初遇谈明代心学家作为心理咨商者的角色。我先从颜氏的三种社会角色谈起，然后，将重点放在他到处开馆急救心火的工作，而罗汝芳与颜氏之初遇，正是颜氏这方面工作中最为人所重视的个案。在分析这个个案时，我特别谈到罗汝芳如何因程朱学派的“制欲”及对水镜静坐，而得心疾，然后颜钧以王学中“乐学”的宗旨及一套修养功夫治愈了他。最后我还借着罗汝芳的对水镜静坐及以日记记功过二事，追索他与净明道的关系，并以此说明了当时三教交融的实况。

颜钧的故事提醒我们，第一，从颜钧治愈罗汝芳的个案看来，颜氏所发展出来的一套治疗心火的办法，宗教成分相当浓厚，有很强的“个人宗教”（individual religion）的色彩，这也使得颜氏在与佛道相角力时得以把人们从佛、道那里扳过来。第二，明代有一部分心学家从事相当广泛的社会工作，他们虽然宣称自己的工作是辅翼王化，是在帮助官府，但是他们的实际工作却绕过了政治，直接面对大众，从事由下而上的事业。颜钧等人的例子提醒我们心学家的社会角色是值得广泛搜集资料加以深入探讨的问题。在研究明代思想史时，如果能加入生活史与社会史的面向，当能更深刻地把握他们的动向。第三，我们在这篇文字中所看到的心学家的三种角色，在清代几乎都消失了。何以明代心学家的平民性、社会性和生活性逐步消逝，以及儒家性格在明清两代的转折，都是值得再深入思考的问题。

明代后期的造伪与思想争论

——丰坊与《大学》石经[①]

这是一篇短文章，写明代历史上的一个小人物丰坊。在历史上，丰坊（约1500—1570）被当作一个“妄人”看待。明代流行的几部笑话书中，常记载有关丰坊的谐谑故事。[②] 尤其是黄宗羲的一篇《丰南禺别传》，更把这个“妄人”的博雅、机智、狂妄、怪异写得淋漓尽致。在历史上，丰坊还以造伪闻名。而他所造的《大学》石经，因为联系到一个理学史上的重大问题，竟在学界广泛流传，引起无数的争论。这样一位“妄人”的一生之所以值得讨论，是因为我们仿佛可以从他狂妄变幻的作为中，看出一些隐藏的思想史或心态史的意义来。

丰坊造伪似乎在表达他自己对当时理学界争论不休的论题的响应——尤其是对那些几乎完全没有历史材料可作最后论断，而却又极密切地关联着理学争论的问题。他的作伪同时也代表当时一种反朱子学，但也不太满意于王学的倾向。他的想法每具创新

---

① 本文修订时参考了王裕民先生的评论文字，谨此致谢。

② 江盈科：《雪涛谐史》，见王利器辑：《历代笑话集》，247页，上海，上海古籍出版社，1981。

性，但处在一个保守的时代，故不断地以造伪来创新。

丰坊所伪作的诸书中，以关涉《大学》的石经《大学》为最重要。《大学》一书可以说是七、八百年来中国思想界最重要的文献之一。这部书论述了“国身通一”的哲理，也即是把从个人修身到治国平天下的八个步骤，作最简洁而系统的论述。但在理学史中，也因为朱子（1130—1200）为它作了一篇短短的《格物补传》并将《大学》经文重编为经一章传十章，而产生缠绕不休的争论。

也许是因为《大学》这部书与理学发展结合太密，所以理学思潮的变动常影响到这部文献的形式或内容，而过去几百年中，《大学》的各种改本数目之多[①]，多少也反映了理学家之间思想的差异。尤其是心学大兴之后，王阳明提出《大学》古本来取代朱子的新本。《大学》古本的出现也使得这部自朱子以来几乎稳定下来的文献，重新开启了变动的可能。丰坊的石经《大学》便是在阳明《大学古本傍注》刊布后四十几年出现的。

一种文化活动之兴盛也必须有其生态环境，造伪也必须有其读者群或市场。那么是什么条件使得造伪可以盛行？《大学》石经这样一部破绽百出的书，之所以在明代中晚期受到许多名流学者之推重，与当时流行的好奇好秘及造伪的风气有关。[②]

明季好印丛书[③]，而丛书中又有一大堆冠以“奇”“秘”“逸”

---

① 李纪祥：《两宋以来〈大学〉改本之研究》，台北，台湾学生书局，1988。

② 顾颉刚：《崔东壁遗书序》，见《崔东壁遗书》，51～55页，上海，上海古籍出版社，1983。

③ Wu Kuang-ching，“Ming Printing and Printers，” *Harvard Journal of Asiatic Study*，Vol. 7 No. 3（Feb. 1943），p. 248.

之书名，如《秘册汇函》《宝颜堂秘籍》《古今逸史》《秘书九种》等。吾人固不应说凡有此“奇”“秘”为标题之书皆出于此时[①]，但是却不能否认这是当时的一个特殊现象。当时人之好奇好秘好逸之风，充分表现在《汉魏丛书》所收文献上，该书中一些奇而秘的汉、魏之书，便极可能出自后人之手。又如《汉杂事秘辛》，相传出自杨慎（1488—1559）之手，被收入《秘册汇函》之中，且被许多人看成是汉代文献。[②] 其实所谓伪书，不一定全部是假的，蒙文通（1894—1968）认为：“明代学者所见古文献远较清人为多，他们常常把这些佚文辑为一帙，刊刻流通。但由于他们在方法上不谨严，常有杂凑窜改之事，故清人常以伪作视之，而不屑一顾。实际上这些东西常常都是有根据的。”[③] 无论如何，好秘、好奇的心理提供托源于先秦或汉魏的奇书、逸书一个不错的市场，而文学复古运动，又给造作古文献的人某种程度的自炫与满足感。受此运动影响下最高等的作品，在后人看来往往是假古董。他们愈逼似古人，价值愈高，如果能骤然读之如见秦汉间人更好。[④] 在这股风潮下，如能造出可以乱古人之真的文献，不但不被视为不诚实，反而能够以此骄人。王世贞（1526—1590）

---

① 譬如清代有《龙威秘书》（清乾隆五十九年刊本）、《秘书廿一种》（清康熙七年刊本）。参见上海图书馆编：《中国丛书综录》第一册，144～145页，上海，上海古籍出版社，1982。

② 《汉杂事秘辛》是《秘册汇函》中之一种，见《中国丛书综录》第一册，45页。林庆彰在《丰坊与姚士粦》中也指出明季搜集奇秘之书的爱好与作伪风气之兴起有所关联，见氏著：《丰坊与姚士粦》，3页，硕士学位论文，东吴大学，1978。案：本文的撰写受益于《丰坊与姚士粦》一文。

③ 蒙默编：《蒙文通学记》，9页，北京，生活·读书·新知三联书店，1993。

④ 关于这一点，陈登原论之甚详，见氏著：《国史旧闻》，1435～1443页，台北，明文书局，1984。

《艺苑卮言》中有一段话很含蓄地表达这种心态，他大致是说如果有人成功地伪造一件古文献，而它又能广为流传，为人所信，则可证该人非常精熟于古代的文献，如果有人因为无知而上当，那么作伪者是不任其咎的。[①] 这一段话点出了当时一种心态，认为有本事造作与先秦典籍同级的文献是一件值得欣赏的事。连编书的人也有类似的心态。当有人质疑《古微书》的编者孙瑴说他所辑入的一些纬书可信性不高时，孙瑴辩论说："予小子亦窃有爱焉，曰，爱其古。"在此原则下，他编《古微书》时的《略例》中便这样说了："所遇图纬诸家，虽细，录也，虽伪，收也。"[②] 王世贞曾伪造一篇《短长说》，并宣称是农夫翻田时所获。过了几年，这部文献竟被凌稚隆收入《史记评林》中，好似当成是真的古代文献。[③]

在这些作伪者中，丰坊自然是最有名的。丰坊出身四明的望族，自幼受到最好的古典教育。其父丰熙（1468—1537）是詹事府的一个中级官员。当明武宗的堂弟，也就是后来的世宗入承大统时，因世宗欲尊其本生父兴献王为兴献帝，爆发了所谓"大礼议"。这个事件成为明代中期的一件大事，缠夹经年，牵涉极广，获罪大臣之多，也是史所罕见。丰熙反对世宗尊本生父。在1524年，也即是嘉靖三年，丰氏与一群官员上奏劝谏，世宗未答，但这群官员在左顺门外呼喊着明太祖的庙号，世宗大怒，将

① 王世贞：《艺苑卮言》卷二，9页，见丁福保辑：《历代诗话续编》，台北，艺文印书馆，1951。

② 以上见孙瑴：《古微书·自序》，1a页，《墨海金壶》本；《古微书·略例》，1a页。

③ 凌稚隆：《史记评林》卷首，55～78页，台北，兰台书局，1968。

所有官员记名下狱。[①] 丰熙是这群抗议官员的领袖之一，故被严惩，降调到福建镇海卫，十三年后，死于任所。

在大礼议中，两位明代最出名的作伪者都卷进去了——丰坊与杨慎，他们两人皆反对世宗，也都遭到处罚。丰坊跟随父亲行动而下狱，杨慎则被降调云南。接着丰坊被转至通州的一个低级职位，嘉靖八年，他因病求去，不过心中仍渴望被升官，并竭力寻找各种管道。他拜访过乡贤张邦奇（1483—1544），张是位理学家，《明儒学案》中有传。张氏当时负责国史馆，拒绝举荐丰坊。

嘉靖十七年，丰坊觉得不能再等，他给世宗上了一道奏折，表示他父亲过去所作并非出自本心，并建议世宗为自己的本生父称宗入庙。丰坊的策略似乎奏效，在大礼议十三年后，世宗正准备着手进行追封本生父亲，他与几位大臣商量要晋升丰坊，但被张邦奇所反对，世宗遂命丰坊去国史馆待命。在久候无消息后，丰坊抑郁地回到四明，后来戏剧性地改名为“道生”[②]，这两个字明显的是由《论语》中“君子务本，本立而道生”而来，丰坊似乎在考虑作一点“务本”的事，或许是写一本动人心目的书吧。

前面提到过，丰家是四明望族，从南宋以来，丰家几乎每代都出过一个有名望的人，除此之外，他的家庭还以藏书丰富的“万卷楼”闻名，其中有许多宋元抄本。根据近人研究，范钦所

---

① 孟森：《明代史》，220～267 页，台北，华世出版社，1977，尤其是 234～235 页。

② 林庆彰：《丰坊与姚士粦》，7～20 页。

建天一阁便是以万卷楼藏书为基础。[1] 在丰坊的时代，能有机会接近这么多宋元善本的读书人并不多，故这个万卷楼成了丰坊造伪的秘密武库。清代的全祖望（1705—1755）乃说丰氏“自以家有储书，故谬作《河图》石本、《鲁诗》石本、《大学》石本，则以为清敏得之秘府……贻笑儒林，欺罔后学，皆此数万卷为之厉也”[2]。

但除了富藏秘本，丰坊还有极佳的书法造诣，他的一些书法作品仍被保存在台北“故宫博物院”，而他为初学书法的人所写的《童学书程》也相当有名[3]，丰氏尤其擅长三体石经中之篆体[4]，而那正是伪造石经之类古籍所不可缺的技术。这么多好条件集合于一身，丰坊是可以作出一些事业的，不过他选择了一条奇特的路来表现自己——一些古本经书开始从他的藏书楼中“出土”了。借着它们，丰坊这位不得意的读书人，开始介入一些学界久争不决的问题，譬如有《尚书》文本的争论，丰氏便有《古书世学》[5]，有《诗经》文本的争论，丰氏也有《鲁诗世学》。

---

① 全祖望：《天一阁藏书记》，见《鲒埼亭集》，883～884 页，台北，华世出版社，1977。陈登原：《天一阁藏书考》，20～21 页，南京，金陵大学中国文化研究所，1932。

② 全祖望：《天一阁藏书记》，见《鲒埼亭集》，884 页。

③ 丰坊：《书诀》，见《美术丛书》三集第六辑，台北，广文书局，无出版年；《童学书程》，见《丛书集成续编》第 98 册，台北，新文丰出版公司，1989。

④ 沈曾植《海日楼札丛》有一条说：“丰考功篆书唐人早春诗屏，余从论古斋得之，索价六十金，留余斋中两月，雅根不济，乃以归穆琴，奇迹也。体用三体石经悬针法，而笔力峻绝。以近代篆家儗之，虽完白纯劲处，似犹有逊。”见沈曾植：《海日楼札丛》，333 页，台北，华世出版社，1975。

⑤ 平岡武夫：《豐坊と古書世學》（上），载《東方學報》，第 15 册第 3 分，1942 年 11 月，32～79 页；《豐坊と古書世學》（下），载《東方學報》，第 15 册第 4 分，1943 年 6 月，87～155 页。林庆彰：《丰坊与姚士粦》，42～43 页。并参考顾炎武：《日知录》（《国学基本丛书》本）卷一，66～68 页。

但是以上诸书皆不如《大学》石经引人注目。丰坊当然了解当时学界为了新出的王阳明古本《大学》与朱子阵营燃起无休的争端，同时他也清楚两边都提不出任何足以说服对方的证据，这是一个天大的机会，可以吸引知识界的注意。于是丰氏决定作一部石经《大学》。但是，丰氏所作的《大学》石本既未支持朱熹，也不全支持王阳明，而是一本与他们都不相干，但又同时打击两者的本子，这似乎代表着他的态度，也就是对程朱、陆王一起反对的态度，在当时应代表一群不属于这针锋相对的两派的人对“道学”的另一种看法。

丰氏对道学的态度在黄宗羲与全祖望写他的文章中有所透露。从黄宗羲的《丰南禺先生别传》中，我们知道丰坊每得余钱，便要雇道士设醮坛以诅咒三件东西，倭寇、伪道学与禅僧、蚊蝇以及臭虫[①]，这必然是三件他最为痛恨的东西。先谈倭寇。从丰坊的《万卷楼集》中，我们看到丰坊的故乡如何受到倭寇之掠袭，不但屋舍遭毁，而且伤了他最亲爱的祖母。[②] 蚊蝇蚤虱则是藏书楼所最忌讳而又最难根除之物，这必定使丰坊伤透脑筋。至于伪道学则主要是朱子，间亦涉及王阳明。这三件都是丰坊所欲除之而后快又恨不能及的，故想借宗教迷信之力去除之。

上述三者中以他对伪道学的态度与本文最为相关。丰坊不曾直接对阳明学发表过评论，但对朱子学却再三痛詈。丰氏说朱子

---

① 陈乃乾编：《黄梨洲文集》，83～84 页，北京，中华书局，1959。这个故事在明季似乎极为流行，李绍文的《皇明世说新语》（明万历三十八年刊本）中载此故事（19 页），王世贞的《艺苑卮言》亦载之（卷六，11～12 页）。

② 丰坊：《万卷楼遗集》卷四，14b 页，明万历四十五年本。关于倭寇侵扰这个地区的情形，参见柳诒徵：《江苏明代倭寇事辑》，见《柳诒徵史学论文集》，上海，上海古籍出版社，1991。

食贫无计，故售书为活，而唯一一种开拓市场的办法是东抄西袭凑成新说。为了能吸引人，朱子解“子见南子”时，说南子是卫灵公之妾而与孔子有染。丰坊也极力抨击朱子的卦变图说是牧童竖子之儿戏，决不登大雅之堂。至于易图，丰坊责备朱子说，朱子的口气好似自己生于天地开辟之初，且曾为伏羲之师，曾亲授伏羲卦变图，而伏羲又照着画卦。丰氏说，要不然朱子何能宣称他的易图已完全掌握了伏羲画卦的精神？

关于明代官方颁布的《四书大全》中独尊朱注的原因，丰氏也有奇解，他说：《四书大全》的编纂者是杨荣（137？—1440），而杨荣的夫人姓朱，所以他特尊朱注，而不是因为朱注有任何优越性。[①]

对朱子的私生活，丰坊亦极尽捏造刻薄之所能事。他说朱子曾是史弥远家的西席，由于史氏与杨皇后有私，所以朱子可以得到机会向杨皇后求得一个官职。[②] 全祖望曾考出这个故事的无稽，因为朱子与史弥远（1164—1233）既不是同一朝人，而且朱熹也从不曾作史家的西席，反倒是杨简（1140—1225）曾为史弥远之子的老师。丰坊不但造伪此说，而且将之归源于元代朱子学者郝陵（生卒年不详）。[③] 他的策略似乎是，既然此说出自一位

---

① 陈乃乾编：《黄梨洲文集》，83～84 页。至于子见南子故事，参见杨伯峻：《春秋左传注》，1597 页，北京，中华书局，1981。至于《四书大全》的编纂过程，见李晋华：《明代敕撰书考附引得》，33 页，台北，成文出版社，1966。案：明代开国皇帝朱元璋曾想上溯朱子为其祖先，而迎合上意的士大夫也曾想以朱元璋与朱熹同姓标榜朱子，参见吴晗：《朱元璋传》，202、212 页，上海，生活·读书·新知三联书店，1949。清代谢济世则曾表示明代所以尊朱注，是因为皇帝姓朱之故。

② 脱脱等：《宋史》，8656～8658 页，北京，中华书局，1977。

③ 全祖望：《鲒埼亭集》，1139～1140 页。

尊朱的学者，那么它的可信度是不容置疑的了。

但丰氏对朱子最大攻击则是在《大学》版本的问题上。朱子工作中影响后来最大的自然是为《大学》增《格物补传》，且调整文本之顺序，而丰坊也抓住这一点大作文章。由于南宋以下朱子学盛，故虽然从文献上看，阳明所标举的《大学》古本才是《礼记》中《大学》一篇真正的面貌，但当时士子宁可信朱而不愿信《礼记》，认为与朱不合的，即与孔子不合，阳明自己便曾感慨地说学者为了信朱子而不惜背孔子。① 即使到了清初，张夏所辑《雒闽源流录》中还是责备阳明之提出古本是“倒置经文”。②

不过阳明仍有许多信徒，譬如与阳明同时之郑晓（1499—1566）便很庄严地宣称阳明复古本为大功。③ 围绕着《大学》古本今本之争虽然激烈，但因为先秦关于《大学》的史料极少，所以没有一个“最高法庭”来定最后的是非。

当人们翘盼着“最高法庭”的出现时，在1562年，也就是阳明《大学》古本刊布四十多年后，有一个谣言开始在知识圈传播，即有一种石经本《大学》被发现了。支持《大学》古本的郑晓恰也是这一石经本的主要支持者。而刊刻《百陵学山》的王文禄则是主要报道者。王是浙江的一个中层士人，以收集各种奇而秘的抄本著称④，作为一个出版家，王氏必定到处寻访可以打开市场的好稿子，嘉靖四十一年（1562）时，他在上海遇见丰坊，丰

① 桥川时雄等主编，王云五等重编：《续修四库全书提要》（三），1280页，台北，台湾商务印书馆，1972。

② 张夏：《雒闽渊流录》卷十五，9b页，清康熙二十一年刻本。

③ 同上注。

④ 见《海盐县图经》卷十四《儒林传》，5页，转引自林庆彰：《丰坊与姚士粦》，2页。

告诉他，他有一份魏三体石经拓片，而《大学》赫然在其中。两年后，丰坊口头告诉王文禄这部《大学》的内容，他们一拍即合，接着王文禄便将此石本《大学》刊在他的《百陵学山》中。

王文禄之所以相信丰坊的话，是因为郑晓也在他的著作《古言》中提到这一部政和年间以篆书上石的石经拓片。王文禄说，因为郑晓是不妄语的学者，而他的书中所说的又与丰坊的话相同，两相对照，则丰氏之言决非空穴来风。① 这是王文禄所谓的求证工作，但事实上，郑晓也是因丰坊之言而有《古言》中的一番说辞。②

丰坊不但对当时学界争论不休的核心问题掌握得极为清楚，他也充分了解人们在是非难明之下所能接受的证据是什么。当时阳明心学非常兴盛，受到我心即是天理思想的影响，人们主观的成分浓厚，常常因无客观共认的判准而争执不下。当时所谓客观而有权威的文献，通常就是不受主观意见染指的文献——新出土的，或新自外国传回的本子，自然最为人们所信服。丰氏充分明白这一点，故他宣称他有外国本《尚书》。

丰坊之所以会提出“外国本”，有他独特的经验背景。比起当时许多中国人来说，丰坊相当明白当时日本及朝鲜的行情。丰坊世居四明，日本及朝鲜贡使常在该处登陆，再从四明驿乘船，由浙省河川及大运河向北京而行。③ 所以丰家在此地极有机会与日本及朝鲜贡使接近。

丰氏虽然不得意于官场，却是四明地区相当有声望的书法

---

① 王文禄：《〈大学〉石经古本序引》，2～3页，《百陵学山》本。

② 林庆彰：《丰坊与姚士粦》，49页。

③ 参见木宫泰彦著：《中日交通史》（下），陈捷译，270页，上海，商务印书馆，1931。

家，深为来华的日本人所看重。他与日本遣明使的交往还保留在策彦周明（1501—1579）《初渡集》《再渡集》等日记及文件中（今编成《策彦和尚入明遗文集成》）。在各种笔札中，策彦不断表示丰坊是“当世第一”文人，“诗文字画妙于天下”，并说他在日本等“外夷”颇有名气——“飞英声于外夷避陬”。[①] 则与丰氏有接触的贡使或许不只策彦一人。值得注意的是，策彦与丰坊笔谈中的一个主题便是《尚书》的问题[②]，则丰氏之所以大胆宣称他见过“外国本”《尚书》与他和日本人的周旋也有一些蛛丝马迹的关系。在说明“外国本”《尚书》的来由时，丰氏充分明

---

① 嘉靖十八年九月二十五日，策彦给丰坊的门生柯雨窗书简问：

“此去南北二京、苏杭二州，才子之出群拔萃者，今有几人，仄闻本府人丰解元，诗也文也为当世第一，近寓南京，是否？大凡以诗文鸣天下者，乞一一示谕，余纵虽不识其面，且识其名则足矣。”（牧田諦亮：《策彦入明記の研究》〔上〕，90 页，东京，法藏馆，1951）

十月五日，策彦又给柯雨窗信，出示他在日本与友人酬唱之联句稿，索序于丰坊，信中说：

“兹闻丰解元老大人，诗文字画妙于天下。公曾受业于其门，可仰羡矣。余与乡友所唱酬之联句稿一册，即今录奉以露丑拙，伏冀烦大手笔，序于颠，跋于末，非公之绍价（介），难遂素愿。”（同上书，94 页）

不过策彦等使者预定在十月十日出发到北京，在十月九日时柯雨窗告诉策彦丰坊答应写序，但不愿速落笔，后经柯雨窗斡旋，丰坊才于十月十二日交稿，题为《城西联句序》。（同上书，97 页）

嘉靖二十年九月廿日，策彦才首度与丰坊见面，他在日记上写“谒丰解元，予呈短书，书曰：承闻，老大人文物德望冠中华，况飞英声于外夷遐陬，生夙抱荆识之愿，今日何幸亲纳拜于钧床下，感荷弗胜，恐欣无涯。”（同上书，237 页）

后来在策彦第二次入使时，他与丰坊于嘉靖二十七年再度见面，相谈甚欢，丰坊为策彦写《谦斋记》（见同上书，327 页），《记》中丰坊说“策彦上人凡再至，十年前余已知其人”。此次见面策彦与丰坊笔谈，丰坊曾问及策彦对《尚书》的看法。见牧田諦亮：《策彦入明記の研究》（下），175 页，京都，法藏馆，1955。案：丰坊为策彦所写文字原迹目前仍保留在日本，其照片见前引书，94、172～173 页。

② 见平岡武夫：《豐坊と古書世學》（上），载《東方學報》，第 15 册第 3 分，1942 年 11 月；《豐坊と古書世學》（下），载《東方學報》，第 15 册第 4 分，1943 年 6 月。

了在真实中包谎言的技巧，所以他先说明代中期以来，一些失传的典籍先后在日本寻得，因为它们较少改篡或增损，故比中国的本子更为可靠，“外国本”遂成为权威性的代名词，丰氏熟悉欧阳修《日本刀歌》中“徐福行时书未焚，逸书百篇今尚存”的句子[①]，所以他推想日本有秦焚以前的经书。他也知道此后陆续有不少经籍传到日本。[②] 他也知道有一些中土失传文献陆续传回中国，抓住这个线索，丰坊伪称他的祖先在高丽贡使前来明廷时，曾亲自接待，故得到完整无缺的版本。而事实上，他所指的日本及高丽贡使从未在他所说的年代来过。[③]

丰氏也为《大学》石经编了一个与某一不能怀疑的史实接上线索的版本史。他告诉王文禄，当唐代编《五经正义》时，《礼记》一经是完整的，不过文本顺序有些错乱。当宋室南迁时，大量的古代文献留在北方被金人摧毁了，所以南宋的学者无法得读[④]，在这些或毁或未能南移的文献中有三体石经，它们是最为可靠的版本。由于南宋的朱子不曾读过，所以他错将《大学》分为经一章传十章。

这一段故事谎中藏谎，将他自己伪作的石经不偏不倚地摆在历史的拼图中，与任何所知的历史几乎都不相矛盾，只是在那些

---

① 丰坊在嘉靖二十七年为日本入明使策彦周明所写的《谦斋记》一文的开头几句便是“日本昔被箕子之化，而徐市避秦航海，携古诗书以去，实出坑焚之前，欧阳公所谓令严不许传中国者是也”。见牧田諦亮：《策彦入明記の研究》（上），326 页。

② 顾炎武：《日知录》，66～67 页。关于流传日本文献之研究，如郑梁生：《元明时代东传日本的文献》，93～104 页，台北，文史哲出版社，1984。

③ 永瑢等：《四库全书总目提要》（七），经部，书类存目一，99 页，上海，商务印书馆，1931。

④ 王文禄：《〈大学〉石经古本序引》，4b 页。

没有材料可以证佐或没有材料可以否证的空隙之间搭建自己的系谱。他非常聪明地既攻击朱熹也抵挡王阳明。由于朱子不能读石经拓片，故错分《大学》为经一传十，可是王阳明也不全对，因为十三经中《礼记》的文本顺序颠倒，故王阳明尊十三经本中《礼记》的《大学》为古本，也还是错的。他攻击朱熹并不足奇，但他同时也抵挡阳明，其实是为自己铺路。因为他的石经《大学》在文字上几乎与阳明的古本《大学》相同，但他挪动了文字顺序。顺序上的改动使得他的石经本文义连贯语气畅顺，而文义不连语气不畅正是许多人对《大学》共有的批评。所以丰坊既满足时人欲有一连贯畅顺的文本的要求，又只做了文献传统所能忍受的极小变动。他想表达一些新想法，展现新文本，故须与当时所流行的东西有所不同。但为了避免被识破，他又得让人家觉得这份文献也是自古流传下来，只是前人不知而已。所以在理路、语言等各方面皆须与整个文献传统不矛盾。既要新，却又不能突兀。

而他的宋室南迁书缺有间之说，也极巧妙。因为当时士大夫皆知万卷楼中最富宋元抄本。而一般人对存世宋本的范围又没有清楚的认识，加上明代是一个出现大量奇文秘籍的时代，所以丰坊可以相当容易地说服时人，当政和石经的拓片遗留北方（或被摧毁时），他家却存有一份。丰坊在捏造文献出土的历史时，处处与可能发觉他作伪者斗智。他处处在想象一种被发觉的可能性，所以预先回答了可能被质疑的问题，从这一点上看，他本人对辨伪或文献批判必有相当高的素养，否则无法预先设想那些问题并弥缝无间。

依据王文禄收入《百陵学山》中的《大学》石经版本，可以看出它不分经一章传十章，更无所谓格物补传[①]，所以它重重地打击了朱子。又因它的前后顺序与阳明古本不同，所以它也打击了阳明。尽管石本打击了阳明，但我们仍可以感觉到，由于它的内容仍与《大学》古本为近，两害相权取其轻，则它对阳明一派仍较为有利。这可以部分解释后来尊信它的多是王门中人。而他们标榜石本常也是为了两害相权取其轻，联系次要敌人来打击主要敌人——朱子学。

丰坊在编造石经《大学》出土过程时，还有意无意留下一点破绽，让人知道这是他伪造的。他故意露出一些线索，让有学术素养的人知道他与这份重新出世的文献关系并不单纯。这条线索便是“政和石经”这个名字。凡稍熟悉中国年号的人，都知道有“政始”无“政和”。而凡熟悉石经之历史者，也知道在所有石经中，并没有政和石经，而且政始石经中也没有《礼记》。[②] 也许我们可以说因为明人不读书，以上的漏洞并不易被察觉，不过丰氏如果真想欺人，大可不必造一个一戳即破的名字。他显然故意弄错，以引导人们知道这是他的作品，以炫耀他的博学、聪明和技艺。他既想骗过时人，又要故露破绽，这有点像张大千（1899—1983）自己伪造古画而又由自己来解破的心态。能伪造古书到了乱人耳目的地步便是一件让人啧啧称奇的事，而当别人分不清楚真假时，由自己出面扮演辨伪者的角色，一一点破作伪者的破绽。如此一来一往，声誉自然鹊起，也就“本立而道生”

---

① 见王文禄：《〈大学〉石经古本旁释》，见《中国子学名著集成》第12册，新店，中国子学名著集成编印基金会，1978。

② 张国淦：《历代石经考》，265～332页，台北，鼎文书局，1972。关于政始石经无《礼记》，见该书273页。

了。丰氏虽然不曾亲自出面点出自己的破绽，不过，他故留线索的用意相当值得玩味。

丰坊的石经《大学》与十三经注疏本的不同有三点，一是经文倒置，二是增入“颜渊问仁。子曰：非礼勿视，非礼勿听，非礼勿言，非礼勿动”二十二字。三，省去“此谓知本”“此谓知之至也”“此谓修身在正其心”共十八字。这些改动不全是凭空特起的。为了将创新的部分组入传统学术思想的拼图中，既要新，又不能露出太新的样子。当丰坊想发挥自己的理学思想时，他是以古奥的文字组入《大学》正文中。故他所添加的“颜渊问仁……”二十二个字，还是取自经书中已有的句子，使得这二十二字可以不太生硬地嵌入拼图之中；可是他把这二十二字嵌入之后，又可以很不含糊地表达他的“修身”理想。他删去“此谓知本”“此谓知之至也”等具有禅学味道的句子，正与他反禅学的思想相符。

但是丰坊作品中无论如何，仍然印上时代的特征，譬如他所作的六条旁释中的第六条显然在反驳王阳明。[①] 而且作伪者也会有所承袭，只是这些承袭处并非同一时代人所易察知而已。但如将它摆在整个有关《大学》的文献史上看，便可发现蹈袭前人之迹。时人以及后来者认为是新的，其实极可能是旧的。调动《大学》文句先后次序的作法，便是丰坊之前几百年不断的传统。其中有些顺序改动便极可能是从宋儒董槐（？—1262）因袭而来的。[②]

一部书一旦刊出后，便从作者手上飞走，而有了自己的生命。石经《大学》虽被当时许多人指为伪品，但却获得许多名儒的注

① 见李纪祥：《两宋以来〈大学〉改本之研究》，153页。

② 同上书，147页。

意，而且成为明季极有影响力的一部书。就在这部伪品上，竟也转生出无数的争论。[①] 它之所以有吸引力，与它所提供的期望和解释空间有关。首先我想先说明它被尊信为真的情形，以说明在某种意识形态的力量高涨时，人们如何不自觉地扭曲他的信念。

有一天，邹元标（1551—1624）与他的学生讨论到格物问题时，他的一个学生竟说：我认为阳明之所以被格物问题弄得精疲力竭乃是因为他不知石本《大学》的存在，因为石本已经解决了这个问题。[②] 这个学生似乎从未想过究竟石本《大学》是否可靠，而阳明是否可能读到石本《大学》的问题。但他的老师邹元标也差不了太多，在《〈大学〉就新编》中他就鼓励读者去读石本《大学》。[③] 唐伯元（1540—1598）甚至奏请皇帝将此石经《大学》颁行天下学校[④]，但未获成功。

大部分支持石本的人是以此书来打击朱子学，像王文禄、邹元标、姚应仁、耿定向（1524—1596）、管志道（1537—1608）都是。不过，也有强烈尊朱反王意向的人支持石本，唐伯元、杨时庸（？—1609）即是。对于这两派，此处大略说明之。

王文禄早年曾随父谒王畿，是阳明良知说的遵行者，他攻击

---

① 有关石本《大学》的无数争论，可参见荒木見悟：《石經〈大學〉の表彰》，见《明末宗教思想研究》，367～404 页，东京，创文社，1979。毛奇龄在《〈大学〉证文》中已辨石经之伪。近人饶宗颐研究过唐末敦煌莫高窟所出《大学》古抄本的残卷（原物现藏伦敦大英博物院，列斯坦因目五七五号）后也同样表示它是伪品："由写本更足见嘉靖时丰坊伪《大学》石经本之无谓。"见氏著：《敦煌〈大学〉写本跋》，见《固庵文录》，155 页，台北，新文丰出版公司，1989。

② 邹元标：《会语》，见《南皋邹先生语义合编》，1b～2a 页，明万历四十七年刻本。

③ 同上注。

④ 黄宗羲撰：《明儒学案》，1005 页。同时参见朱彝尊：《经义考》卷一六〇，8b 页，清乾隆二十年刊本。

朱子格物说是“俗儒”之学，并说朱子的“一旦豁然贯通”说与禅相似。但是他对以前遵行的阳明《大学》古本并不满意，认为它“文气欠贯”，而石本《大学》正可以一方面证佐阳明良知说，但同时又解决了“文气欠贯”的问题。[①]

管志道从耿定向处获得石本。在《表章石经〈大学〉序》一文中，他也表达了与王文禄相近的观点。不过，他又强调朱子的新本《大学》其实是朱子自己的《大学》，而不是古人的《大学》。管志道说，人们可以从石本的内容得知，古人的《大学》只有纲目之别，而无经传之分。但他接着也批评王阳明之古本为“失序”。这种对朱、王都不满意的态度与论点，显然是取自丰坊。他说依照石本可以知道对“格物”二字最好的解释即是“修身”[②]，其实，这也正是丰坊在石经《大学》的本文以及旁释中所欲宣扬的宗旨。

耿定向则对石本《大学》作别种运用——他用它来攻击佛学。他说如果依据石本，则“知止”二字的含义极平常，只是孝、悌、仁爱，一个人如果无此质量而妄谈“一旦豁然贯通”，必入禅障。[③]

不过正因为石经本《大学》也不利于阳明，所以当我们发现有些王学信徒也攻击石本时并不值得讶异，如周汝登（1547—1627）。[④] 而吴应宾（1565—1634）在他阐发良知说与古本《大学》的名著《〈大学〉古本释论》中，也攻击了石本。[⑤]

---

① 王文禄：《〈大学〉石经古本序引》，3～4页。

② 管志道：《惕若斋集》卷三，3b～6页，明万历二十四年刊本。

③ 耿定向：《耿天台先生文集》卷十，2～3页，明万历二十六年刻本。

④ 桥川时雄等主编，王云五等重编：《续修四库全书提要》（三），1282页。周汝登曾为吴应宾的《〈大学〉古本释论》撰写序。

⑤ 同上注。我还找不到吴应宾的原书，不过有一该书摘要在《经义考》卷一六〇，11页。〔补注〕此书已收入《故宫珍本丛刊》第22册，海口，海南出版社，2000。

晚明心学最后的大师刘宗周（1578—1645）自杀前三个月所写的最后一部书《〈大学〉古文参疑》，便大致以丰坊的石本为基础。他在序上说关于《大学》，二程及朱熹的各种改本的真伪是一个“疑案”①，但是，作为一个阳明良知说的遵循者，他相信阳明所说的《大学》无阙简，且无需补《格物补传》，这使得他颇为欣赏丰坊的石本《大学》。他说：

> 乃近世又传有曹魏石经，与古本更异，而文理益觉完整，以决格致之未尝缺传，彰彰矣。②

但是，他马上又说：

> 余初得之，酷爱其书，近见海盐吴秋圃著有《〈大学〉通考》，辄辨以为赝鼎，余谓言而是，虽或出于后人也，何病？况其足为古文羽翼乎！③

虽然刘宗周知道石本是个伪品，但是因为他觉“文理益觉完整”，又急于证明《大学》原无缺简，所以竟刻意漠视石本的可靠性的问题，并以这个有问题的本子作为他最后一部著作的基础。在刘宗周身上，文献的真伪问题在高度的义理关怀下似已变得不太重要了，虽然吴应宾与瞿汝稷（1548—1610）很早就指出历史上并无“政和”年号，故石本必伪，但是刘宗周并不理会他们。在刘宗周自杀八年后（1653），他的学生陈确（1604—1677）决定彻底解决《大学》版本的问题。这一回，他不像他老师，一

---

① 刘宗周：《刘子全书》，3298页，台北，华文书局，1968。

② 同上书，3297～3298页。

③ 同上书，3298页。

直到临死前还对各种《大学》改本着抱着唯有一“疑”而已的犹豫态度，他宣称，《大学》根本就是一篇伪书。[1]

以上是通过一个例子讨论明代后期造伪与思想争论的关系。本文借石经《大学》的出现，指出当时道学中，有一种在程朱、陆王阵营以外的声音，同时又想对程朱、陆王争论不休的《大学》文本问题有所解决，当时人显然对有关《大学》的争论，聚讼纷纭，极感不耐，所以希望有某种方式的解决，却又因为文献缺乏不得解决，伪本石经《大学》便在这种空气下出现了。而这份伪本竟吸引大量一流思想家，成为他们发挥自己思想和与论敌争论的依据。至于丰坊本人及文中所提到的几位思想家似乎都想借着这份伪本表达对王学改弦易辙，强调克己与修身，并倾向于反对王学禅学化的主张。

① 《陈确集》，552～621页，北京，中华书局，1979，尤其是552～558页。

明末清初儒学的宗教化

——以许三礼的告天之学为例

泛览明末清初的文献时，我们可以察觉到当时出现一种儒家宗教化的现象，我并不是说他们真的完成何种宗教体系，但至少在枝节上，他们出现了模仿佛道或天主教的现象。这一现象的规模不能夸大，但却值得注意。它们反映了儒家在面对佛道以及天主教的挑战时，一方面对自己有所不满，一方面防御，一方面又反而模仿的现象，而他们的共同关怀之一便是对"天"进行新的诠释。[①] 此文拟讨论王启元、文翔凤（？—1642）及许三礼（1625—1691）。

首先谈万历年间的王启元。王启元的生平事迹后人所知不多，只知他是广西马平人，登万历十三年（1585）科榜，一直到天启二年（1622）方成进士，授翰林院检讨，以老告归。在成进士之来年，他完成了《清署经谈》一书。20世纪30年代陈受颐（1899—1948）曾介绍过这一部奇书，以下我便参酌他的文章及

---

① 大体而言，这个时代有两种"事天"之学，信天主教者为"事天"，如《关学编》中记关中王徵，便说他从事"事天"之学。而攻击并反模仿者也称其学为"事天"之学。但所事的是不同的天。

直接阅读所得，略作介绍。[①]

王启元试图将儒家神道化，他的体系非常复杂。坦白说，针对一个专题而能系统地敷衍出三十万字，在中国古代典籍中并不常见，所以他自谓撰写该书时曾覃思二十年之久，决非夸张之说。

王启元的目标，一方面是要改儒家为宗教，使它不再只是一个人生哲学或理论系统，他还要将儒家造成一个政教合一的国教系统，在他拟定的神龛中，奉祀三位：

> 倘合天之全局，以按孔子之全局，真见其一一符合而无所遗，且无所异也，则虽世世帝王之祀天，以其中奉上帝，左以奉孔子为作师，右以奉祖宗为作君，是谓陟降在帝左右，岂不愈为郊社之光也哉。[②]

他主张天、孔子、明代皇帝列祖列宗三位一体的祭祀，而以明代皇帝为教皇。所以他一再说他写《清署经谈》的动机之一便是“爱国”。天子所有的权力皆来自天，他所祭的神中间是上帝，左边是孔子，右边是皇帝的列祖列宗，所以他是三合一宗教在地上的代表。不过他强调孔子也是教主，他在书中屡次宣言：“孔子原自至神，圣经原自大备。”又说：“经至孔子而后全，道至孔子而后备，品至孔子而后神，教至孔子而后定，殆若天实有意于其间，非人之所能为也。”[③] 他又说这是前人所从未发明的奥秘，

---

① 陈受颐：《三百年前的建立孔教论——跋王启元的〈清署经谈〉》，载《“中央研究院”历史语言研究所集刊》，第 6 本第 2 分，1936，133～162 页。

② 王启元：《清署经谈》卷十六，67 页，“中央研究院”历史语言研究所傅斯年图书馆藏，明天启三年序刊本。

③ 王启元：《清署经谈》卷八，22 页。

而是他花费二十年才完成的：

> 盖为孔子所以当尊与高皇帝所以专尊之意，前此未有为之发明者，亦千古一缺典也，于是取十三经正文朝夕焚香危坐，反复百思，先后留京二十季，誓欲成此一事。[①]

从《清署经谈》中，可以察觉出对天主教及其他通俗宗教的“反摹仿”是一条非常重要的线索。王启元将《易经》中之阴阳神秘，以至演禽太乙奇门六壬，都纳入儒家[②]，甚至主张各种外教的神奇事迹，孔子也可以做到，但孔子是能而不为——“仙佛之神道，谓圣人能之而能不为则可，谓圣人原不知有神道则不可。今小生晚学尚津津侈谈仙佛，而谓圣人之聪明有所不知，不亦诬乎。”“倘有经世而无出世，则儒一五伯而已，又何足撑持宇宙而超二氏百家之上哉。”[③] 他斥人空谈性命，但仍不忘说性命之学在“圣经”中无一不具，但是并不看重。甚至连“出世”的道理，也无待于佛家，儒家原本就有，只是儒家不忘经世，所以不愿多谈。在《清署经谈·序》中，他说：

> 何近世以来讲学之徒，乃有张大佛氏，斥小孔子者，而西洋之人，复倡为天主之说，至使中国所素尊之上帝，亦几混而莫辨，呜呼，此儒者之过，亦中国之羞也。[④]

---

① 王启元：《清署经谈·序》，2～3页。

② 王启元：《象数辅易篇》，见《清署经谈》卷十四，34～39页；《占筮寄易篇》，见《清署经谈》卷十四，40～45页。

③ 王启元：《清署经谈》卷四，3b～4a页。

④ 王启元：《清署经谈·序》，1b～2a页。

经他一番改造，儒家已包括所有其他宗教的长处——

> 乃知孔子原自至神，圣经原自大备，人自求之弗深，考之弗详耳。[①]

王启元的书中反复强调“倘合天之全局，以按孔子之全局，真见其一一符合而无所遗”。这个说法很玄奥，但细究之下，我们会发现它是“上帝创造万物”的翻版。它宣称孔子代表天，笼制天地万物。天主教说耶稣是上帝之子，王启元却说孔子是上帝的代言人。孔子直接得自天授，所以他不但胜过耶稣，也胜过佛、道二教，因为后两者远远落后于直接得自天授的孔子。这个理论的奥妙之处在于它不但要阻绝过去的，还要防堵未来的，因为远古以前，天之辗转以河图洛书间接授秘学于孔子是一个历史事件，是一次性的，所以它不可能被重复，佛、道、天主教不能与它比，将来也不会被任何新兴宗教取代或超越。王启元《清署经谈》卷二《圣统天授篇》中说儒家的每一方面“固二氏之所不能加，而百家之所不能越也”[②]。又说：

> 河出图，洛出书，圣人则之，自古立教未有天人亲相授受者，则此图书者，非天所亲授于圣人之秘密乎？夫二氏百家大抵兴于中古之后耳，而肇于开辟之初，则惟儒者独也。二氏百家自我作祖，特师徒相授受耳，而得之天地之所亲授，则又惟儒者独也。故叙道统者必推极于天地，而又实指天地之所亲授，而后儒者之本原始定。此统一定，岂惟二氏

① 王启元：《清署经谈·序》，3a页。

② 王启元：《清署经谈》卷二，2b页。

百家不能混，即天地再辟，千圣复起，亦不可得而易矣。[①]

王启元显然受到邵雍（1011—1077）影响。他曾说邵氏是生平最为钦仰的人，他这样称美邵氏："自宋以迄于一元之终，易道之得与四圣并传者，邵子之力也，中兴之功，直继孟子之后一人而已矣。"[②] 王氏之所以和清初的许三礼一样都特别欣赏邵雍，主要是因为郡雍对《易经》作了相当深入的发挥，发展出非常富宗教意味的解释。王启元与当时许多反教人士有一点不同：一般反教人士在反驳天主即上帝时，除了强调中国的上帝是"天"，而不是"天主"时，总会提出"理"来加以反驳，而王启元却不曾用过"理"字来与天主教一争长短，因为王启元不止反天主教，他还要建立孔教。[③] 如果用"理"来释"天"，那么他以人格神来建立宗教的想法就落空了。

接着要谈文翔凤。

文翔凤，字天瑞，三水人，万历庚戌（1610）进士，除莱阳知县，迁南京吏部主事，以副使提学山西，在山西时拔擢傅山（1607—1684）为博士弟子员，后入为光禄少卿，不赴，卒于家。钱谦益（1582—1664）说："其论学以事天为极则，力排西来之教，著《太微》以翼《易》，谓《太玄》《潜虚》，未窥其藩。"[④] 文翔凤的《太微经》未见，依我所见《东极篇》以及《西极篇》

① 王启元：《清署经谈》卷二，3a 页。

② 王启元：《圣教原立正坊》之《诸儒公论篇》，见《清署经谈》卷十五，14b 页。

③ 参见黄于珊：《明末清初各阶层对天主教的反应》，硕士学位论文，台湾大学，1998。

④ 钱谦益：《列朝诗集小传》，652 页，上海，上海古籍出版社，1983。

的几篇序看来，文氏的系统异常繁复，一时不易理清[①]，但大抵是邵雍《皇极经世》的进一步改造，借之以证明儒家在与天主教相比时的优越性。

文氏有《文太青集》两卷，该书卷一《五经臆说序》上透露了他“事天”之学的消息。他称颂邵雍以《易》《书》《诗》《春秋》为圣人之“四府”，好像天之有春夏秋冬，“非四时恶得有物类，非四经恶得有人伦”，所以二千年来的生民之所以相安于人伦，“非四府力耶？继今千万世后之生民，非吾与若子孙耶？吾子孙所以得相安于人伦，而衣且食于名教之中者，谁氏赐？非四府力耶？”他进一步说既然千万代子孙都靠着孔子的“四府”在维持，皆日食于其中，如果“逃之异教，以无圣无天为大宗，造物得不以为不祥之人？”故他说：“余服膺孔氏，必不敢如方外之谀，以获罪于造物。孔氏，天之适子，其说则天之律令，何至以不祥之说叛之？”[②]

这里有一点值得注意：他一方面要排斥方外，即佛道二教，一方面要斥天主教。他强调“孔氏，天之适子”，“适”即“嫡”，孔子即是天之长子，用来抵抗天主教中耶稣是上帝之独子的说法。而且孔子的经书既是“天之律令”，那么孔子实即“上帝”在人间的代表了。[③]

---

① “国立中央图书馆”编：《“国立中央图书馆”善本序跋集录》子部第二册，66～71页，台北，“国立中央图书馆”，1994。

② 文翔凤：《文太青集》，见丁允和等编：《皇明十六家小品》第十一册，5页，明崇祯六年刻本。

③ 文翔凤之说恐怕只有极少人注意，《文太青集》中《五经臆说序》中说西夏邵含章之《五经臆说》“盖实以事天为贯串六经之枢纽也”（6a页），此外，为他的《西极篇》写序的学生迟大成、贾鸿洙，大概也是他的信徒。参黄于珊：《明末清初各阶层对天主教的反应》，硕士学位论文，台湾大学，1998。

以上二人有一些共同之处，他们都受佛道及天主教之刺激，才花费巨大的心力从先秦儒家传统中去构筑一个类似西方宗教的系统。他们都受到邵雍的影响，同时也反对其他的宋明理学家。他们的论证方式有相近之处，或认为“孔子之全局”是“合天之全局”，或认为二千年来，生民日食于孔子之“四府”而不自知，借以论证孔子是上帝的代表人。

不过王启元与文翔凤的思想至为复杂，深入讨论仍待他日。此处所要探讨的是比他们年代要晚的许三礼的告天之学。

一

在谈许三礼之前必须先对儒家的本质以及它在晚明通俗宗教的威胁下所面临的困境作一点讨论。

儒家之本质在于如何好好地过一个道德的生活，而很少顾及要怎样才能使人生幸福，所以，概括地说，它偏重道德论，而少顾及幸福论，道德与幸福不相对应，致令儒家在幸福论方面成为非常薄弱的一环。对这一缺憾之不满，也始终存在着。①

晚明通俗宗教运动，给当时人留下一个深刻的印记，那就是“现世报”的心理，也就是相信人可以借着现世的善行打开命运的大门。事事都可以很快得到“证验”，福祸自求，而且可以马上得到结果，这与儒家只求尽自己道德的本分，而几乎不理会“幸福”的思想传统有相当大的距离。这一个深刻的心理印记挑

---

① 森三树三郎著：《中国思想史》，萧宏英译，18～19、44～45 页，台北，文思出版社，1981。

战了儒家士大夫们。任何人都不能否认这一股将道德与幸福画上等号的通俗宗教思潮，曾经在维持社会风俗上发挥极大的功用，使得儒家，尤其是理学，在争取一般人的信仰时，发生了严重的危机。

儒家宗教性的阙如，与它的鬼神观有密切的关系。如果说中国历史上有三次哲学化的过程，第一次是以孔子为代表，第二次是东汉古文家，第三次应当是以朱子等宋儒为代表。孔子及东周的人文主义黎明，将先秦以来许多神秘物怪的东西加以人文主义的解释①，到了西汉今文家，儒学又笼罩在神秘主义之下，不过经过东汉儒者的廓清之后，神秘主义的迷雾渐散。章太炎说从他们起，“秘祝之病不渍于今”②。吾人只要看张载（1020—1077）、朱熹等理学家如何解释天、鬼神等概念即可知宋儒如何将万事万物哲理化。

理学不承认有所谓人格神，认为人伦日用之中不需靠什么外在神灵的庇佑，只需要发挥仁义礼智之理即可。③ 他们试着用“气类感应”来论证托生、托梦、福善祸淫等事。张载说，“鬼神者，二气之良能也”，“鬼神，往来屈伸之义”，否定了世俗的人格主义的鬼神，认为事物生灭没有任何神秘性。朱子也说“鬼神者，二气之良瓜”，又说“鬼神者不过阴阳消长而已”，也是说往

---

① 傅斯年：《性命古训辨证》，见《傅斯年全集》第2册，611～631、638页，台北，联经出版公司，1980。

② 章太炎：《检论》，见《章氏丛书》卷四，22～23页，台北，世界书局，1958。

③ 胡适说其父胡传这个理学家，在门上贴“僧道无缘”，即一佳例，胡适说那是“理学家庭的一个招牌”。见胡适：《四十自述》，39页，台北，远东图书公司，1985。

来屈伸乃理之自我，故排除人格神的观念。[1]

至于理学所表现的哲学化的倾向，我想举晚明一位理学家对《山海经》的诠释为例。《山海经》是一部充满物怪想象的书，在抱持合理主义的宋明理学家心中，这些物怪是不可思议的，晚明王崇庆（1484—1565）《山海经释义》中便充分反映了这一心态。王书刊于万历丁酉年（1597），他以郭璞（276—324）的注作底本，在每节后写下“释义”，词多肤浅，而且常常驳及经文。郭璞为《山海经》所作的注专信物怪，而王崇庆则以“理”来破解物怪的观念。我们从未见过一部书的“释义”竟以反驳经文作为中心要旨的。宋明理学家还难得有机会这么广泛地对物怪思想进行系统性攻击，而《山海经》正好提供了素材。这部《释义》几乎等于是反神话，反物怪之大成[2]，全书中“是皆妄也”四字不

---

① 以上引姜广辉：《理学与中国文化》，367～370页，上海，上海人民出版社，1994。亦参考钱穆：《中国思想史中之鬼神观》，见《灵魂与心》，84～110页，台北，联经出版事业公司，1976。

② 全书的驳论不胜枚举，此处只随举《南山经第一》中的几个例子。如果要将这些评语的本事一一抄出则太占篇幅，所以此处只抄王崇庆自己的话：

“山既不可以上，则凡怪蛇怪木，与所谓□□，何从而见之？不可见则何由而知之？凡此□自相矛盾而不可信也。”（《山海经释义》卷一，3a页，收入《四库全书存目丛书》子部第245册，台南，庄严文化事业有限公司，1995。以下引用仅注明《山海经释义》。）

他又说：

“夫古有望于山川之祭，谓其有功于□也，然则此所谓鸟身而龙首，疑亦兽之怪□者，未明物理，遂以为神，过哉。”（《山海经释义》卷一，6a页。）

他说：

“山川之产珠玉丹砂，皆灵秀之气所钟，然谓□刀见则县多土功，鴸鸟见则县多放士，吾恐□未足凭也。”（《山海经释义》卷一，6b页）

他又说：

“水旱昔人以为天数，物无与也，此曰鱄鱼见□大旱，吾恐其无是理也，或以为物能先气而觉则可矣。”（《山海经释义》卷一，13b页）

时出现[①]，而“岂理也哉”一词也甚常见[②]，它们充分反映一个理学家面对《山海经》中荒诞不经的记述的不满，但是在理学退潮之后，人们对《山海经》便不再一味以合理主义加以批评了，有些清儒甚至提倡“治经不必拘理”[③]。他们对《山海经》的态度便不必如此激烈，郝懿行（1757—1825）的批注即是一例。

二

本文所要讨论的许三礼的告天之学，便是在通俗宗教的刺激，以及理学退潮的背景下出现的。

在清初思想界，许三礼是一个相当响亮的名字，他以两种身份出现，第一是作为讲学活动的提倡者与赞助者，第二是作为一种新思想学说的鼓吹者。他这个人以及上述两种角色都从未被现代学者讨论过。

许三礼，字典三，号酉三，河南彰德人，1645 年补博士员，曾合彰德之士四十余人结“恒社”以相砥砺。1661 年登进士第，1673 年赴京谒选，闭门却扫，日以讲学为念，在北京的士大夫圈中颇有名气，魏象枢（1617—1687）、叶方蔼（1629—1682）等常相过从。后来分发至浙江海宁县，在当地兴利除害，雷厉风行，“海宁大县，百弊丛生，先生爬梳剔抉，既一一烛照及之，而尤以为风俗未醇，其大源大本由于民不知学，由是特建海昌讲院，与邑中士大夫订期讲道问业于其中，四方有志之士，负笈而

① 王崇庆：《山海经释义》卷一，14b 页。

② 王崇庆：《山海经释义》卷二，31b 页。

③ 方东树：《汉学商兑》，80 页，台北，台湾商务印书馆，1978。

至者踵相接，下至贩夫市侩，环聚而听”。就在这里，他与黄宗羲及他的学生们有非常密切的接触，并曾延请黄氏到海昌讲院讲学。也是在海宁县令任上，他建立了有名的“告天楼”。此后，他担任福建道监察御史，请祀董仲舒于先贤之次，并未成功。许氏后来又担任过顺天府尹，都察院右副都御史，兵部督捕右侍郎等职，后因痰疾殁于京邸。①

在几位清初大儒的讲学事业中，许三礼都扮演一个支持者的角色，黄宗羲、李颙（1627—1705）、颜元（1635—1704）、李塨（1659—1733）等人的讲学事业中都有他的影子。东自浙东，西到关中，也都可以看到他参与学术活动的踪迹。他与明代心学正盛之时的赞助者不同，与清初一群程朱正统派的赞助者也不一样，他所支持的对象，大多是相对于晚明学风在思想上开新风气的人，尽管这些人的路数并不完全一样。

作为一个思想家，许三礼或许只是二流的。他之所以值得讨论是因为他反映了当时思想界的三个潮流：第一，他想综合心学与经学，所以他一方面在海昌等地设讲会讨论心学的问题，但同时也抱怨那个时代“荒经”，故强力呼吁要将心学与经学结合起来。第二，他与当时许多思想家一样，对汉以下的思想传统，基本上都很不满意，他们都想重新回到他们所认可的儒家传统中最原始最纯正的部分，去寻找那被压抑、扭曲或遗忘的一个真正能代表儒家正统的“道”。所以他们是在“发明传统”或“创造传统”。以许三礼而言，他排斥汉以下过于哲理化及过于内倾化的儒家思想。不过在排斥了哲理化与内倾化后，到底要转向什么？

① 以上见徐文驹：《兵部督捕右侍郎安阳许公三礼墓志铭》，见《清代碑传全集》，122～123 页，上海，上海古籍出版社，1987。

许三礼所找到的，是长期被宋明理学的思维所压抑、遮盖、不得出头的神秘思想，包括人格神的天、感应、象数等思想。它们未必像许三礼所宣称的那样，真正都在先秦儒家中存在过，或真正是儒家的主流，在东汉以后，尤其是理学家透过其哲理化的诠释，几乎将儒家原来稍带神秘的成分诠释或抹煞得干干净净以后，它们最多只是思想传统中的潜流而已。

许三礼一方面批判汉以下的思想传统，一方面复兴这些神秘思想。从后人的眼光看来，许三礼的思想工作有一个中心，那就是将儒家宗教化。作这样的论断当然有两个困难，第一，尽管有许多人坚持儒家不是一个宗教①，不过也有人持相反意见②，这是一个非常复杂的问题，此处暂不讨论。不过许三礼的思想工作主要是想告诉人们，儒家本来就像佛道教一样是一个宗教，而且他要将这一个面目重新呈现出来。许三礼会这样做自然有其时代原因，其中一个就是在晚明三教论争中，儒家已经无法再度吸引大部分人的注意。“儒门淡泊，收拾不住”了。通俗宗教应许人的，宋明理学不能。以功过格和《人谱》的竞争为例，功过格提供了一种由改过而得福报之依据，在明季迅速俘获许多人的心。禅学化的王学也有流入因果的倾向，大量实行功过格。③ 明季各种对功过格修改再创造的修身册也相当多，如陶望龄的门生秦弘

---

① C. K. Yang, *Religion in Chinese Society*, Berkeley, University of California Press, 1961, pp. 26～27.

② 黄进兴：《作为宗教的儒教：一个比较宗教的初步探讨》，载《亚洲研究》，第23期，1997年7月，184～223页。

③ 美国国会图书馆尚有陶望龄的《功过格论》抄本，见 Cynthia Brokaw, *The Ledgers of Merit and Demerit*, Princeton, Princeton University Press, 1991, p. 217。

佑便根据功过格而作有《迁改格》。较为严格遵守理学原旨的这一边，像刘宗周的《人谱》，陆世仪的《志学录》，陈瑚的《圣学入门书》等，用今日的眼光看来，其实都在功过格典范的笼罩之下，只不过是把其中涉及果报及现实功利的因素加以廓除而已。

问题是，我们一方面看到理学家一再激烈地指责功过格如何的不对，但同时也发现一些奉行《人谱》或受理学熏陶极深的人，最后还是被功过格扳去。[①] 其中一个重大的原因便是理学家的修身无法"征验"[②]，在道德与幸福之间，没有一个令人满意的解决，尤其是无法在两者之间画上等号。刻意排除功利性的结果，却连带地使得道德实践失去了世俗的推动力。许三礼是深受通俗宗教影响的人，他发展出一整套的思想来对抗理学在宗教上的淡而无味。

当时在中国颇有力量的基督教，或许对许三礼建立儒家的宗教面有过影响，如他之释天与《天主实义》等书对天的诠释其实相当接近。他的工作与王启元《清署经谈》也有可发明之处，但是许氏的著作中并未谈到基督教，他也可能完全不知道王启元，他所关怀的仍是如何和佛道教竞争文化领域的领导地位。

在《丁巳问答》中许三礼有一段自述成学过程的话：

> 先生曰：少读周程邵胡诸书，戊子偶涉观空坐静、黄老之学，总无所得。乙巳年从家君纂刊《文昌帝训》与《感

① 如陈锡嘏，他原是遵行《人谱》，但后来却有《汇纂功过格》（清康熙年间刻本）。

② 如张际辰，原习闻证人之学，遵行《人谱》，"后复悟谱学主修，不主验，乃盟诸神祇，力行所谓太微功过格"。见《嘉庆山阴县志》卷十六，3b页，台北，成文出版社，1983。

> 应》《立命》等篇，始悟出凡事从天理动者造化在我，乃叹曰：此圣学也。遂置尊经家塾，中龛鲁司寇像，旁设五经四子及濂洛关闽之书……随又悟圣希天，为上帝立心，为斯民立命，圣学也，总要事天。然事高天厚地当如大父大母，而事吾父吾母无异高天厚地，合并作一念一事，光是旁有一小楼，上供文昌像，中设文昌签，每旦晚，仿邵子告天做工夫，每朔望诵《孝经》，间求一签，应皆如响。楼院门联，朔望一卷《孝经》，呼吸帝座，旦晚几持圣号，戒慎我心，由是行之。[①]

从这一段引文可以看出，许氏原是宋明理学传统下的人，也曾涉猎黄老之学，但是都感到不满意。很快的，他被明代后期极为流行的通俗善书所吸引，尤其是《文昌帝训》《太上感应篇》《立命篇》等，他开始做一些通俗宗教所做的事：供文昌像、设文昌签、每晚告天、初一十五诵《孝经》。也就是他所谓的“事天”之学。他明白表示只要能凡事从天理而动，则“造化在我”，这一点似乎受到《立命篇》中“造命”思想的影响。而他初一十五口诵《孝经》，在那个时代也不是特例。昆山朱用纯（1627—1698）每晨默诵《孝经》，慈溪潘平格与关中李颙也都特别提倡《孝经》之学。[②]

许三礼的转变受到他父亲的影响很大。从各种资料看来，许

---

① 许三礼：《天中许子政学合一集》，见《四库全书存目丛书》子部第165册，526页。以下简称该书为《政学合一集》。

② 参见王汎森：《潘平格与清初的思想界》，载《亚洲研究》，第23期，1997年7月，224～268页。已收入本书。

父是明末河南彰德府安阳县的仕绅，曾经担任过下层官员，在地方上以刊刻善书及社会慈善事业而著名。许氏在《三补憾》中有一段话描述他的父亲说：

> 又制药施方刊劝化人书，如《感应篇》、功过格，多种广布，不啻呼瞽者开眼，起跛者举步，是一补天憾之类也。①

看来，这时士大夫的思想重心已经悄悄发生变化，通俗善书的影响已经来到，而从小浸淫其间的许三礼，待到学问成熟时，便受到这一股思潮的鼓动，试着以它们为模型来改造儒家。

在明末清初虽然有大量反对程朱学说的人，但是从维护儒家神秘主义这个角度去批判者绝少，而许三礼是一个代表。他不满意朱熹不信鬼神的存在，而以“有其诚则有其神，无其诚则无其神”来解“祭如在”，他说鬼神本来就存在，它与人的心灵状态毫无关系：

> 吾尝言考亭先生注“有其诚则有其神，无其诚则无其神”此二句，解“如在”，是就祭者心内说，非鬼神之真情状也。鬼神之有无，岂关在人之诚不诚哉？鬼神真情状，无物不体，无时不然，无地不有。②

又在《丁巳问答》中说“格物”既不是治心，也不是穷万物之理，而是能使山川鬼神、草木鱼鳖皆能与我一体。真能“格物”的人，必能透过自己的修省操控它们：

---

① 许三礼：《政学合一集》，见《四库全书存目丛书》子部第165册，706页。

② 同上书，538页。

> 盖古帝王明德天下，必做到山川鬼神、草木鱼鳖亦莫不咸若的田地，方是极处。由此参讲，则《大学》之治平亦要照尧舜，类上帝，格上下，苗格兽舞，服教畏神，千百年的田地，乃是至善境界也。由是讲来，则这格物，竟是悟透天地万物，原是我身一体上。①

他遍斥理学以“理”注“天”，或是说心与天通，以致将天的神秘性全给抹除了。

《圣学直指》序说：

> 盖道大原出天，而希天者唯圣，千余年儒者概以天注理，又最喜云心中自有天，竟似讳言苍苍者，则贯天人之圣学不先绝耶？既讳天而重人事，率皆忌谈鬼神，又似自心外无鬼神，则格幽明之圣德不又绝耶？有此两绝，则始无所本，终无所归，矻矻焉或端守一心，或仅敷五教，或单讲一知，或广求百行，各成一个儒学局面而已耳。谁则瞻过于身，识高于顶，破此重围，直窥圣域，立跻道岸，以继此千五百年薪传哉？②

又说儒家是越来越窄小，把原来尧舜汤文所会的本事一件一件丢掉，到了朱熹等理学家时，只得圣学之半：

> 自尧舜而汤文，自汤文而尼山，浑全无间，后此自江都而河汾，又伊洛而闽越，似乎止任得一半，此圣学有既绝之

① 许三礼：《政学合一集》，见《四库全书存目丛书》子部第165册，533页。

② 同上书，479页。

忧也。[①]

他坚决认为程朱阳明对天之理解不如邵雍。他说：

> 所谓顾天命者，仍从自心自性中常照见天命之原也，不但曰子尽孝，臣尽忠，去人欲，存天理云云者，此处则康节与程朱与阳明，想不能或殊，同则在此。若遇事，则康节先生能知人还能知天，能达理又能达数，所谓“卷舒万古兴亡手，出入几重云水身”，而程朱阳明，则俱恐未之有逮，异则在此。[②]

许三礼不满意宋明以下思想中掩盖了天的神秘性。故安阳宋君羽问说“必由自性到尽人性，尽物性，诚能动物，方为真功，施由亲始，必由自身，则天明地察，方为真得，此三代以上人分量说话，非宋元明诸儒所可望”时，许三礼答：“汉儒犹近之，其后去古稍远，气不厚，力不真，故言亦不及。”[③]

他认为因为汉以后的儒者不能知天为人格神的天，而以天为理，或以心为天，故皆只能“下学”，不能“上达”。在《戊午问答》中有人问说：“程朱先生与阳明先生，何不俱以达天德教人入门耶?”许三礼答说：“自己造有未到，难以教人耳。”他说程朱阳明，自己俱从“下学”入手，未能到“上达”处，“如遽以达天德教人，恐人专意事天，不修人事，不迪己德，堕在符箓修炼元上一门矣”。又有人问：“先生何独以顾天命提唱教人耶?”

---

① 许三礼：《政学合一集》，见《四库全书存目丛书》子部第 165 册，479 页。
② 同上书，577 页。
③ 同上书，578 页。

许三礼答说："当以此作提唱也。生当程朱阳明之后，经明行修，知认自己本心，而未达此心之源，未达此心之用，所少在天心未见，圣学未明，则讲道者仍只在心上做工，未免有体无用，有用无体之两讥，故今日以达天德为提唱，是程朱阳明意中当提唱之学，亦时为之也。"①

许三礼非常不满意宋元明三代儒者，多认为"天"是吾心自有之"天"，一旦把"天"解错了，整个路数便全错了，一旦把"天"解成真有个在上面命令的，便是千年暗室中的一盏灯。《丁巳问答》中说：

> 千余年来，唯是这个天字，解得障蔽，所以圣学不明，前辈著书具在，历宋元明三代儒者，多注此个天，非苍苍之天，乃吾心自有之天，在在皆然。请问苍苍之天，与吾心自有之天，是一个，还是两个？则知前辈所注，皆是障蔽。甚至湖南讲"天命之谓性"，注"岂真有个天命令的，不过借言。"呜呼，《易》云"天行健，君子以自强不息"；《诗》云"天生烝民，有物有则"；《书》曰"天降下民，作之君，作之师"，岂亦借言！不必再多证而知障蔽之为害久矣。今日只将这天字讲认明白，则圣学眼下就有端绪矣，可谓千余年暗室一灯。②

许三礼提出有人格神或"上帝"，在当时被视为"惑于异教"。其学友们也表示宋明多种传统中从未听说"事天"之说。

---

① 许三礼：《政学合一集》，见《四库全书存目丛书》子部第165册，577页。

② 同上书，534页。

许三礼则指出宋代以来诸家皆不能指出人格神的天及上帝，是圣学告绝之象征。罗西溪问许氏说他参访有年，又看诸家语录甚多，从未闻事天之说，岂真有个上帝可事？并怀疑许氏“得无惑于异教，勤勤以‘顾諟天之明命’为宗旨乎？”许氏说：

> “小心翼翼，昭事上帝”，文王亦惑异教耶？诸家语录诚未曾道，此圣学之叹绝也。试读五经，皆圣人之书，那一篇不自本源言起，孔曰知天，孟曰事天，邵曰谢天，赵曰告天，何独先生未之闻耶？试再与先生详言之：三代而上，帝王皆从天道上研究出人事；三代而后，圣人又从人事内仰合乎天则。圣学绝，黄老兴。黄之派，卑视天，尊自性；老之派，尊事天，略人事。儒者矫之辟之，单重人事，略言天，只以一理字视之，嗟嗟，唯圣希天，不事天，是圣学绝矣。今欲讲明圣学，还从事天标为宗旨。原非单言天也，正从人事中，时时有一上帝临汝之心，则主敬存诚之圣学在是矣。①

他要用天的传统来代心的传统，故提倡要“以天代心”：

> 今但曰千圣祇传一心，忘却吾儒本天之旨，适坐释氏本心之说，安往不见弥近理大乱真耶？若遽辟之曰天由心生，此言荒诞，亦恐无以厌服逃禅者心。②

他的学生范光阳指出，这个以天为主的学说，虽然与董仲舒、张

① 许三礼：《政学合一集》，见《四库全书存目丛书》子部第165册，527页。
② 同上书，696页。

载、邵雍有关，但是上述诸人皆无“入手用功”的办法。范光阳在《圣学规跋》中评论说：

> 惟董江都言道之大原出于天，横渠《西铭》，乾父坤母，民胞物与，其于万殊一本，确有所见，但入手用功，犹有未详耳。①

而许氏的另一个学生方又韩则进一步指出他的老师的“入手”之处即在从告天做起。②

有意思的是，此时思想家常出现一个特殊的倾向，即将宋明理学以来思想概念倒转过来。潘平格说不能治国平天下即不能明心见性，许三礼说孟子所说的尽心知性则知天的工夫应该倒过来做，应该先知天才能尽心知性，而且他还特地标出自己是刻意“倒转行之”，在《读礼偶见》中，许三礼说：

> 又孟子曰：尽心知性则知天，以存心养性为事天。礼今倒转行之，先以知天事天为存养工夫，每日晨夕定省家祠前，随即礼拜上帝，遵吾夫子，作经拜斗，与赵清献每夜焚香告天。③

前面已经说过与佛道二教争社会及文化领域的领导权是许三礼试着将儒家仿照佛道加以宗教化的重要心理动机。这些话散在他的各种文字中。他说佛道等通俗宗教中的种种本领、种种神通，儒

---

① 许三礼：《政学合一集》，见《四库全书存目丛书》子部第165册，481页。

② 《丁巳问答》记方又韩说：“圣学茫茫，苦无入手，单存此心，疑近枯禅，到处穷理，卒成学究，自先生指出顾諟天之明命，从告天做起。”见许三礼：《政学合一集》，见《四库全书存目丛书》子部第165册，526页。

③ 同上书，638页。

家都有，只是因为宋明以来思想过于哲学化，过于内省化，失去现实效用，以至于李贽（1527—1602）批评“儒教只化行于中国”[①]，对这个现象他非常不满意。他说儒家之所以落到这步田地是因为有宋明以来儒者“全在踏实地”，其胜过佛道两教在这里，但“所少者上达一着耳”。[②] 他的“上达”境界是指什么？——

> 上达者何？圣人到以天自处，不可知之神化境界是也。[③]

所以他就是要揭出儒家也有这“不可知之神化境界”的面相：

> 圣教精微广大，度越百家，岂但两氏。只因儒家将圣教阐得粗浅，不足厌服聪明才智之人，故来卑视之品，此固叛教者之罪，是亦阐教者之过也。
>
> 后之儒者将上达处除起不讲，但曰上达全在下学，又单在下学之粗浅处讲，所以终其身窥不见分毫上达处，又千万人并无得窥见上达的人。[④]

他要揭示儒家那些迈越佛道之“上达”本领，尤其要证明佛道有的儒家也有。

许三礼在从事这种类似儒家宗教化的塑造过程中，他非常坦白承认他是受到通俗善书的影响，但作为一个有尊严的儒者，他并不照单全收，而是去重新“发掘”儒家“告天”的传统，认为真正的儒家也一样可以借着善行打开命运的大门。他欣赏袁了凡

---

① 许三礼：《政学合一集》，见《四库全书存目丛书》子部第165册，569页。
② 同上书，570页。
③ 同上注。
④ 同上书，569页。

所宣扬的《立命篇》，说：

> 《立命篇》说得是欲求天仙，须行数千善，欲求地仙，须行数百善，有了积善的踏实工夫，可贯得调养烹炼拆补，种种善法，随便借径，都可成就。①

他试着表示儒家原有“立命”思想，一再强调人之命运完全地握在自己手中②，强调救时立命之学即在“认真时命”③，如果一个人能掌握他的时命，最终可以转造多人之时命④，那也就超过袁了凡的立命之学了，因为袁氏基本上仍限于个人的福报，不像许三礼此处所倡导的可以改变社群的命运。

许三礼也不反对放生。当施易修表示“余孔氏门墙中人也，每兼好禅宗家言，二六时中，除讲究经史子书外，乐诵《金刚般若经》，又习与都人士约行放生会等事，似乎并行不悖，未审有当于先生否?”许三礼的回答是“无妨也”。⑤

不过以上种种都是消极的层面。前面已经提到过了，许三礼最重要的工作是想提倡告天、谢天的传统，并大量吸收了佛道教的做法，几乎要将他的告天之学变成一种“告天教”。在这个“告天教”中，也有种种佛道的做法，譬如念经、诵经，许三礼说它原来是儒家的一件法宝：

---

① 许三礼：《政学合一集》，见《四库全书存目丛书》子部第165册，538页。
② 同上书，574页。
③ 同上书，573页。
④ 同上书，574页。
⑤ 同上书，536页。

至念经一道殊有精义，未可浅讲。[①]

如念经一事，吾儒前辈后学，俱诋笑之，譬如嚼腊，窃久悟之，原是吾儒一件法门，久矣吾儒反不讲矣，被两氏家得之，往往端功得手，偶有吾儒知之，作此端功，不知者反讥之曰，惑于异端矣，这叫成呼主为客。[②]

他将“念兹在兹”释成“念经”——

故知《尚书》是始也，其内钦若昊天，执中建极，敬止顾命，种种旨归都讲，独念兹在兹一件工夫，是由浅入深，由外入内，由迹入神，最精直截路头，可惜人都略之，今为知者道，可破向后从前一切诋讥之有所不必矣。古今道理，有神化者，有形化者，有声化者，虽禽鸟昆虫皆能之，何况乎人，先以一件言之，蜾螺，小虫也，叫之久，而异类同形矣，是声化，……夫所谓念经得力，当作如是观。[③]

他提倡每晚持颂大《易》六十四彖、三百八十四爻等，如果持颂有年，则能通灵：

吾儒每旦晚，诚能洁诚持诵大《易》六十四彖，三百八十四爻，与六十四大象，并《孝经》十八篇，再为之时时观想仲尼祖述尧舜一章，是何等浩浩神理，……如是用功，或十年，或二十年，积至三十年、五十年之久，未有不通灵得

① 许三礼：《政学合一集》，见《四库全书存目丛书》子部第165册，536页。
② 同上书，537页。
③ 同上注。

力者。[①]

他也主张如佛教念经般，诵五经四书之白文，或百遍，或千遍。[②]

许三礼还提倡汉儒的神秘思想。这并不令人感到意外。当时思想界已有一个现象，希望摆脱宋明儒而回到汉代，只是一般人倾向于接受东汉古文家的传统，而许三礼则认同西汉神秘色彩极为浓厚的谶纬象数思想。这是一个冷藏千年的天地。

许三礼一再地标榜董仲舒、扬雄[③]，斥责汉以下的学说[④]，并认为董、扬所代表的神秘学统的流失是一件损失，认为儒生应有像董仲舒那种作土龙祷雨的本领[⑤]。他肯定万物互相感应的思想，并相信，真正有经济才能的儒者，应该对天道有虔诚的了解，进而能掌握，最终要能与天地万物相流通。[⑥] 他甚至还相信"预定""前知"之理。他在相当程度上受邵雍《皇极经世》之影响，认为古往今来的历史可以布算而得知，而且也可以逆推。譬如在《戊午问答》中他说"董、马则节交属处暑之第十一世，严、杨、邓、禹则节交白露之第一世，开东汉重道崇儒之风气"[⑦]。至于清朝，则是"应运聿起，扫除闯乱，兵法幄算，精绝千古，所不待言"[⑧]。许三礼用他的思想来为清朝之代明合法化。

他表彰汉儒的象数、征应之学，认为应当取象数及征应来

① 许三礼：《政学合一集》，见《四库全书存目丛书》子部第 165 册，537 页。
② 同上书，570 页。
③ 同上书，580、582 页。
④ 同上书，579 页。
⑤ 同上书，572 页。
⑥ 同上书，581 页。
⑦ 同上书，584 页。
⑧ 同上书，585 页。

讲天：

> 论天道又断断不单以理以心上说，还取汉儒从象数究起，从征应考起，以见得天象示灾示祥，原是示教。①

即使连宋明儒常讲的“内圣外王”也应该从感应之理加以解释。《戊午问答》：

> 吾人一身，与天道，与圣经，件件关涉，又与神机，与物理，事事响应，处处见得天心，处处是内圣外王之道。②

他说，以人一身的努力最后可以得到天心的响应，即是一种内圣而外王之学，但又不是宋明儒全从内心修养讲起的“内圣外王”：

> 后儒将此一种道理置之不讲，是天地是天地，物理是物理，圣经是圣经，自身是自身，毫无相关，即有讲者，群相外之，所以最精最大之圣道，竟成绝学。③

他认为，只要透过人的努力，天地、物理、圣经、自身可以变成一个互相感应的整体，而最根本的办法便是努力“告天”。

在中国传统士大夫中，祭天礼虽被视为是妄图非分，不过实际上是否如此严格禁抑，有待考究。我们所知的是，当一个士人决定告天之时，通常是表示极大决心，向比世俗更高的超越主体交待自己或坚决立誓之意。在宋明理学中，“告天”不是主流，

---

① 许三礼：《政学合一集》，见《四库全书存目丛书》子部第165册，553页。
② 同上书，578页。
③ 同上注。

赵抃（1008—1084）与邵雍是两个例外。关于赵抃之告天，《宋史》卷三百一十六赵氏本传上说“日所为事，入夜必衣冠露以告于天，不可告则不敢为也”。邵雍之谢天，则与他的思想有关。邵雍《皇极经世书》说所谓圣人：

> 故其能以一心观万心，……以一身观万身，……以一物观万物，……以一世观万世，……故能以心代天意，口代天言，手代天工，身代天事。①

对邵雍而言，“告天”是向天报告替天将天所交付之事办好之意。赵抃并未有发挥其夜必焚香告天之仪式的理论性文字。② 后人注意到其告天工夫，大概是从《宋史》的《赵抃传》，或是从黄宗羲的《宋元学案》中对赵氏的简短描述而得。黄氏除了写赵抃与周敦颐（1017—1073）的关系，以及他的刚正不阿之外，只用一行字写他夜必焚香告天的仪式。不过袁了凡倒是常常提赵氏焚香告天之事，所以许三礼有可能是从袁氏的《了凡四训》中得知赵氏的故事。③

值得注意的是明末清初有一股趋势，以“天”作为告解之对象的情况大增，譬如李二曲的《吁天约》。④ 经许三礼阐发的

---

① 邵雍：《皇极经世书》卷三，见《中国子学名著集成》第93册，13页。

② 赵抃《清献先生文集》（河南赵氏家刻本）卷十中，未见到与告天有关的文字。

③ 袁黄：《了凡四训白话解释》，50页，台南，出版社不详，1979。

④ “既虑理欲迭乘，亦不妨祈监于天。每旦爇香仰天，叩谢降衷之恩，生我育我，即矢今日心毋妄思，口毋妄言，身毋妄行，一日之内，务刻刻严防，处处体认，至晚，仍爇香仰叩，默绎此日心思言动，有无过愆，有则长跽自罚，幡然立改，无则振旧策励，继续弗已。勿厌勿懈，以此为常，终日钦凛，对越上帝，自无一事一念可以纵逸。”李颙撰：《二曲集》，陈俊民点校，229页，北京，中华书局，1996。

“告天”之学已经与赵抃大为不同，而且有通俗宗教中讲“现世报”的特征。以“验时命”一点为例，他说：

> 泛言理，不若验时命之信得亲且切也。[①]

他提倡复兴儒家祷雨之术。而且他是在居官的行政事务之中，验证自己如何透过“告天”而参与大自然，譬如在《戊午问答》中回忆说“上年祷廿二日而雨沛，今岁又计步祷廿二日而雨浃”[②]，术士以猪血、举黑旗等办法来求雨，许三礼则以平日密集的告天功课带来天人感应。佛教有护国法会，许三礼则在告天楼中每日为民祈福。

三

许三礼于1699年冬开始在海昌衙署中建“告天楼”，遥遥与宋代兰溪赵抃之“告天台”相望，晨夕焚告，不敢稍弛，此后他历官所到之处在官署旁都设有告天楼，楼中有功课一册。据张美文描述他每天告天的过程是这样的：

> 先生每早告天告祖，方出堂理事，又每晚转堂后，或宴客罢，不拘三鼓四鼓，必仍告天告祖，休息一时方寝，几于终夜不寐，人皆难之。想康节先生，工夫只在每早，清献赵公，焚香只在每夜，一日兼举，毋太劳耶?[③]

---

① 许三礼：《政学合一集》，见《四库全书存目丛书》子部第165册，573页。
② 同上注。
③ 同上书，530页。

他有详细的告天办法，并将其刊印出来，以便推广。他曾说“看我告天楼告法，照我告天法做去，自然明白”[1] 之语。

许氏每日每夜两次的告天功课是这样的：每日天将亮未亮之时，净手焚香，先向天地君亲师的牌位前五拜，接着跪诵“自矢心盟”的十六言——

> 小心翼翼，昭事上帝，上帝临汝，无贰汝心。父兮母兮，生我劬劳，欲报深恩，昊天罔极。人生于三，事之如一，君德、师恩、天亲靡异。民吾同胞，物吾与焉。仁人孝子，一体视焉。

上面这一段功课是为了报答“生成之恩”。接着要礼诵：

> 皇矣上帝，临下有赫，鉴观四方，求民之莫。天视民视，天听民听。亶聪明，作元后，元后作民父母，昊天有成命。大哉乾元，万物资始，乃统天。云行雨施，品物流行，乾道变化，各正性命，保合太和，乃利贞。

念完一遍后，三叩头，至诚礼拜，接着念：

> 仲尼先师，祖述尧舜，宪章文武，上律天时，下袭水土，辟如天地之无不持载，无不覆祷，辟如四时之错行，如日月之代明，万物并育而不相害，道并行而不相悖，小德川流，大德敦化，此天地之所以大也。

---

① 许三礼：《政学合一集》，见《四库全书存目丛书》子部第165册，581页。

念完一遍，三叩头，至诚礼拜，接着念：

> 孟子先贤，居天下之广居，立天下之正位，行天下之大道，得志与民由之，不得志独行其道，富贵不能淫，贫贱不能移，威武不能屈，此之谓大丈夫。

念完一遍，三叩头，拜毕，端正站立，大声朗诵《希圣达天印文》一遍——

> 天地以生为德，养民物，托之君，教民物，托之师，圣人以天自处，万象异形同体，百王异世同神，人能仁孝兼尽，便可转移天心，位育事业自我，静圣动王同源。

念毕，随即在《告天日程册》上用印一次。

许三礼说，前述的功课，是用来默契上帝之心，并表达对圣贤之学的景仰。用完印后，面向东方静坐一时。接着诵《礼记·月令》中值月的六节文字，诵《孝经》六章，诵《易经》值日的卦象，玩《太玄经》值日的“赞候”，接着在《告天日程册》上面写：今天是某甲子，逢某星宿，又写星宫协吉在何方，所宜何事，不宜何事。

许三礼说，上面这一段功课是究天地人合一之道，是“参气数理有用之秘，各代名世所必探讨者”。

接着是跪着向天报告自己的出生年月日、籍贯及誓言、祝言。以许三礼自己为例，要这样陈告：

> 皇清康熙某年月日，浙江杭州府海宁县知县许，本籍河南彰德府安阳县人，今在任，丹衷虔告，誓心学至圣，凡昼

所为，夜所思，有一事敢负君亲大恩，至圣谴我。

接着焚香告上苍，凡自己行为意念，有一念不为民物立命，请上苍降罚。宣誓完了，三叩头。许三礼说除了报君亲别无入圣之道路，如果居官有伤民物之事，即是伤了天心。在向上天誓告之后，要跪陈祝言，祝词如下：

> 祝天常清，祝地常宁，祝君王寿考圣明。
>
> 愿时时万民乐业，愿处处五谷丰登，愿家家子孝以养老，愿世世臣忠以报君。有若天地不位，君父有憾，民物失育，某之责当何严也。
>
> 祝圣人之道常明，祝圣人之道常行，愿千劫兵疫全消，旱潦不祟，愿人天幽明感格，物我灵通，有若圣道不行，阴阳失调，人天扞格，某之学当何治也。

最后要连祝三声“牖我心精，上达帝聪”，同时连叩三次头。然后焚一炷香，端坐静息一时，默默念想：“九天之下与夫九地之上，而人处其中，上而星斗，下而河岳，皆与我身心合一。自羲黄以来，各代帝王，自周孔以来，各代神圣，自元始以来，君父圣贤，皆与我身心合一。前亿万年，后亿万年，六合内外，九流百家，人人物物，皆与我身心合一。斯时也，念至无念，身非其身，心非其心，不言不动，还了先天，真不知我为天地，天地为我，我为神圣，神圣为我，我备万物，万物备我之至玅至妙者与，常得若此，任天而动焉，有不玅合自然者耶，此之谓浑乎天理，无极太极。”

然后是每五日，或十日，或半月，虔诚筮卦，信手掷爻，便能“随在得听于无声，视于无形之天机”。

许三礼说，如果每天大清早及晚间做两遍告天工夫，则可以潜契上天。如果能行之三十年，可到达子舆氏“根心生色，粹盎四体，不言而喻”的妙处。如果行之五十年，可以到达孔子知命耳顺，从心所欲不逾矩之境界。“果能此道也，中和我致，位育我担，不赏怒而民劝民威，不声色而物化物育”。[①]

许三礼平常在告天时所注意检点的条目不少，譬如下述几条：

> 处钱粮也、军需也，件件侵克，件件扰乱，贻累百姓不浅，可以告天耶？
>
> 刑名盗贼，或饥寒迫之，或豪强逼之，或未经教化误蹈之，而不细心原情，动以重法加之，俾无再新之路，是刽子手也，何云父母官，可以告天耶？
>
> 天生人材，为一代用，十年窗下，遭逢甚难，而不细心朗见，任意摈落，可以告天耶？

他说：“认真做官的事，件件留念民命，即件件可质天心，这□是真正讲绝学处，何得以时平时乱间之也，凡事自心体念，到告天时候只觉得罪过尚多，循良吏亦不及，又何云道学儒也。”[②]

许三礼在海昌担任县令的七年中，他与当地许多人都相信他的告天功课带来瑞应，所以有《安阳许子道风征应》[③] 历数当地

① 许三礼：《政学合一集》，见《四库全书存目丛书》子部第165册，548～550页。

② 同上书，530页。

③ 同上书，682页。

发生的瑞应。譬如白燕朝阁，大海回澜，朱露降庭之类[1]，而且是如响斯应，这种回馈的模式，与袁了凡《立命篇》《功过格》所提倡的现世报非常相似。不同的是袁了凡记载个人每日行为上的功过，许三礼是向天昭告每日政事上的功过。

四

在清初思想家提到许三礼的文字中，都强调他思想中的两个特色，第一是说他提倡顾諟天之明命；第二是他提倡一种斡旋世运的学问。如李塨说：

> 阅许酉山《圣学直指》诸书，以张良、诸葛亮、陆贽诸人为狂，以其能斡旋乾坤，而小节不拘也。以董仲舒、程颐、朱熹、陆九渊诸人为狷，以其能主持名教，而经济则未也。又云："宋儒以理注天，且云心中自有天，似讳言苍苍者，则贯天人之学绝。又率不信鬼神，似以心外无鬼神者，则格幽明之学绝。"[2]

李塨的老师颜元很能欣赏许氏"顾諟天之明命"，以及经济之学，并且引之为同调。我们在前面已将其"告天"，也即所谓"顾諟天之明命"的部分作一梳理，此处当略阐其经济之学。

---

① 许三礼：《政学合一集·海昌三异》，见《四库全书存目丛书》子部第165册，680～681页。《初试应本》："但讲学者每不喜言祥征瑞，恐开天书封禅夸大之风，是以一概不报闻上台焉，然有异政者自有异应。"见许三礼：《政学合一集》，见《四库全书存目丛书》子部第165册，681页。

② 冯辰、刘调赞撰：《李塨年谱》，陈祖武点校，30页，北京，中华书局，1988。

许三礼认为修身或五伦只是圣学的一小部分，要紧的不只是个人内在的世界，而且也不只是道德生活[①]，要紧的是天下家国的祸福。

在《河洛源流》中许三礼说程颢（1032—1085）、朱熹、陆九渊（1139—1193）诸人，“不义不为，主持名教”，但这是远远不够的。这样的言论与颜元、李塨何其相似。他说：“断未有抛却天地民物于膜外，而自己去明心见性，乃曰道者。”[②] 真正的儒家，不能“止立德立言，不及立功，止能撰文，不必兼奋武，但可黼黻太平，不能戡乱救世”[③]，他认为讲圣道“必计功计利”[④]，“余讲王道定要求富求强”，“自古无不富不强之王道”[⑤]，故他要“拿定伊周孔孟真本领，振兴汉唐宋明所未发明之大作用”[⑥]。他的意思是，汉唐宋明的儒家传统是不足的，这个道统“竟谓直接洙泗、虞廷之道统，恐天下万世疑所谓道统者，止立德立言，不及立功”[⑦]，他要打破这个传统。尤其是反对将原本是政治化的儒家传统诠释为修身内省化之儒家：

> 将四书、六经都讲成观想之书，将存诚主敬都作成空明之解，将参赞位育亦讲成虚理，而有不必真有其事之论，嗟哉！痛哉！[⑧]

---

① 许三礼：《政学合一集》，见《四库全书存目丛书》子部第165册，576页。
② 同上书，597页。
③ 同上书，596页。
④ 同上书，583页。
⑤ 同上书，583页。
⑥ 同上书，585页。
⑦ 同上书，596页。
⑧ 同上书，582页。

所以一方面到处提倡实政[1]，一方面廓除宋明以来明心见性偏于内省的儒家传统。

他还要突显先秦儒家素朴的政治性的传统，因为这个传统老老实实地讲治国平天下之道理。在《戊午问答》中，许三礼说只知认本心，“则讲道者仍只在心上做工，未免有体无用，有用无体两讥”[2]。又说：

> 此曰明心，彼曰觉悟，人生忠孝伦常大节全然不讲，吾儒修治经纬大业茫然不能，各代相延，受病不小。[3]

他认为要紧的是“人生忠孝伦常大节”“修治经纬大业”这些看似平常的道理。许三礼正好像顾炎武（1613—1682）之讲“博学于文，行己有耻”，像颜元之讲“古庠序之教”，如潘平格之讲“爱亲敬长”，反映了一股回到先秦朴儒家之风。

五、结　论

在清初思想界，许三礼相当活跃，然而在整个清代历史中，他几乎被湮没了，即使在近代有关中国近三百年学术史的研究热潮中，也从未被提起，他的《天中许子政学合一集》这部奇书，恐怕也没有太多人见到过。他的告天之学虽然没有形成一个有力的学派或教派，但却有几层思想史上的意义。

---

① 许三礼：《政学合一集》，见《四库全书存目丛书》子部第165册，617页。
② 同上书，577页。
③ 同上书，582页。

首先，在儒家的历史中，本来就有人对于它不是宗教，或不构成教团而感到不足，而力思在这方面加以改造的例子①，这个现象在明末清初也出现了。当时儒家因为不能像晚明通俗宗教那样在“道德”与“幸福”的问题上有所解决，加上基督教传入中国，对“天”有新的理解，同时宋明理学那种过度哲学化，将儒家非常淡薄的一点宗教性铲除殆尽，它们与许三礼“告天”之学的形成都有关系，所以他以一种“去哲思，返神秘”的办法，希望将儒家佛道教化，他引入佛道教的仪轨，而且想借着每日告天的做法，一方面随时约束自己的行为，另一方面还希望借着居官的善举，而能参与天地，感悟上天，而在政治上得到立即的“征验”，所以这也是当时经世致用思潮中，一个奇特的侧面，同时也是《大学》八步，以个人修身作为基点通向治国平天下的实践。

在晚明清初思想界中，通俗宗教的力量非常之大，它们与儒家形成了一种竞争的关系，尤其是竞争平民阶层的文化领导权。虽然我们看不出许三礼的告天之学是专门为了下层民众而设，不过如果他有这方面的用心，也不是件奇怪的事。从许氏的告天之学可以看出晚明的通俗宗教运动对儒家形成压力之大，而儒家这一边的反应过去并未好好地被理解过，许三礼提供了一个很好的例子。

这里很自然地会引出儒家究竟有无宗教性的问题，如果按照

---

① 参见余英时先生《士商互动与儒学转向》一文中对颜钧的讨论，该文刊于《近世中国之传统与蜕变：刘广京院士七十五岁祝寿论文集》上册，3～52页。亦见王汎森《道咸年间民间性儒家学派》一文对清季太谷学派之讨论，载《新史学》，第5卷4期，1994年12月，141～162页。

许三礼的说法，真正的儒家本来就是与佛道教一样是个宗教，他透过重新发掘，重新诠释前于宋明理学的思想传统来说明这一点。他的参照模式显然是佛道二教，譬如念经、祈福等。他对先秦典籍的这一番宗教化的解释自然是有问题的。他的努力显示，如果儒家本来就是像佛道，或是像基督教那样的宗教，那么许三礼何必费尽心力去“发掘”一个并不存在的传统来建立他的“告天”之学？

有人或许要问：许氏的告天之学曾经吸引一大批信徒吗？这个问题目前还不能有满意的解答。有一点值得注意的是，在浙江省有一大批黄宗羲的弟子跟随许三礼，包括黄氏的儿子黄百家（1643—1709），以及范光阳（1630—1705）、仇兆鳌（1638—1717）等讲经会的会友，他们异常推崇许氏，但究竟是否接受许氏的告天之学，尚有待深入研究。不过，黄宗羲对“天”的一段讨论却与他所熟悉的心学传统大异，而与许三礼有略相仿佛之处。《破邪论·上帝》中，黄氏表示他不满意天主教之言天，也不同意佛氏之言天，但是，他对宋明儒者的“天”也大不满意，说：

> 今夫儒者之言天，以为理而已矣。《易》言“天生人物”，《诗》言“天降丧乱”，盖冥冥之中，实有以主之者。不然，四时将颠倒错乱，人民禽兽草木，亦浑淆而不可分擘矣。古者设为郊社之礼，岂真徒为故事而来格来享，听其不可知乎？是必有真实不虚者存乎其间，恶得以理之一字虚言之也。佛氏之言，则以天实有神，是囿于形气之物，而我以真空驾于其上，则不得不为我之役使矣。故其敬畏之心荡

然。儒者亦无说以正之，皆所谓“获罪于天”者也。[①]

从上述引文看来，黄宗羲不同意宋明理学以“理”释“天”，不过他此处所说的“必有真实不虚者存乎其间”，不一定是指人格神，但至少是与旧传统大有不同了。当许三礼为海宁县令时，黄宗羲与他过往密切，不少黄氏弟子成为许三礼海昌讲会的骨干，黄氏反对以“理”释“天”，主张以“真实不虚者”释之，是不是受许三礼的影响，或只是同时俱起，这里就不敢多说了。

以上是以王启元、文翔凤，尤其是许三礼为主来谈明末清初一种将儒学宗教化的倾向。他们的意愿是非常明显的，但这并不表示儒家原来没有一点宗教意味，也不表示他们已建立了一个严格的宗教体系。他们的工作透露了对儒家的不满意，也透露着对宋明理学的不满意。他们想试着为儒家走出一条新路，但是依我所知，他们都没有得到太多的注意，更遑论成为一个教派。它们之不能有扩展，不能形成重要的历史运动，也透露了在传统士人的心中，以宗教形式出现的儒家并没有太大的吸引力。

① 《黄宗羲全集》第1册，195页，杭州，浙江古籍出版社，1985。

明末清初的一种道德严格主义[①]

一

宋明理学内部的问题至繁至难，有许多只能在最隐微之处去察知，尤其是涉及思想与社会互动的关系时，更是如此。本文想探讨的便是心学家对人性及成德方式的认识与社会生活风气的变化这两条线的互动关系，以及因此而产生道德实践上的变化。理学家对心的认识不断地在变，而且这个变化与现实世界的变化有关。明代后期社会变化极大，而这个变化的时间也与阳明学的道德革新相重叠。这个重叠饶富意义，目前尚无充分的讨论。但我们可以想象心学这么想与现实产生关联的思想运动，不可能掉头不顾，不看现实世界的变化。因为如果不随着现实的变化发展去修正学说，便很容易令人有空洞化或与现实脱节的感觉。王阳明

① 在本文的写作过程中，刘季伦兄提供了一些宝贵的意见。我尤其受到丸山真男《日本政治思想史研究》一书中对日本政治思想史研究的启发，特此志谢。

的道学革新运动，已对现实中人性的问题作了很大的调整。凡是程朱思想中超越与世俗严格区分的两种境界，阳明都收归于一种境界。

但是这种尽量将现实涵括到新学体系中的做法，却引出了两个值得讨论的问题，第一，伦理学哲学中“是”与“应该”的分别值得注意。认识到人性的理想状态不应割弃世俗，并不必然表示在道德实践上可以随波而流。有些思想家虽然承认人性的理想状态“是”什么时应该有所变化，但在“应该”的层面上，却仍努力找出一种办法以维持道德严格性。也就是在这个关键点上，产生了分歧。有一种是倾向于佚荡而不可挽救，有一种是仍想在这种自然人性论的前提下，坚持道德标准，而且这种要求，在明清改朝换代之后，随着知识分子深重的负疚感而更趋严格。[①] 第二是呼应现实修正理学思想体系的结果，导致了心性之学的衰歇。

以下，便是我对上述两个问题的阐述。

明代后期社会风习变化极大，而渗透力又极强，道德习俗中属于社会文化构成的分量变得很重，则道德哲学中“经验”——也就是所谓气质流行的部分便不应该再被视为应该去除的负面性东西，如果对现实相应不理，或全盘抗拒社会的新变化，这种学说便完全无法打动知识分子及一般平民的。现实的改变使得人们要求在儒家的道德哲学中，必须将现实生活的部分包括进去，而这些新要求的汇聚点，便是对“心”的认识，以及对原来“成

---

① 过去，常有学者只是就思想家若干著作中摘抄一些对欲或情加以肯定的段落，而将之描述成解放的思想家，但如果深入了解他们全部著作及生活风貌，却常发现大不然，许多持自然人性论的思想家其实是非常严格的道德主义者。

圣”的标准出现一系列的质疑。譬如，理学家将人心分先天与后天，现在便要质疑是不是真可以如此分别。人的“先天”是什么？先天的部分是否也是可变的，而后天的引蔽习染是否该完全根除，或它实际上也是成德的必要途径？人性的本体是“无欲”吗？是否要等灭尽情欲才可能有仁义礼智？“欲”“情”是否需要克尽，是否能被克尽？当社会风气急遽变化，过去被认为属于人欲的范围扩大，则想完全去除人欲即等于是要人过近乎非人的生活，很自然逼使人们反省过去对人性的本然状态的理解是否正确？是否应该适度承认“欲”及“气质”，认识到它们其实是“性”中原有的东西？而且在实际道德生活中，许多人也感到如果人的本体是如此纯净无染，那么何以在经过艰苦的修养转化工夫后，仍然难以达到人的本体状态？何以改变自己是如此困难？在相当大的程度上，合乎天理，即是合乎儒家的教训，以及官方的规范。可是商业的发展与风俗之变化皆使得人们难以遵守这些规范，也就是无法循天理。那么，不是天理的内容有问题，便是人们有问题。不是所有的人照天理的标准衡量皆是禽兽，便是理的内容有问题。如果不能调整儒家的道德哲学，则道德高调与人们的现实生活不相干，儒家必失去引导人们道德生活的力量。

理学思想不能与现实政治相结合也是当时共认的困境。晚明国难及异族入侵，给予知识分子重大的刺激，而与现实政治相涉的兵农钱谷在理学看来都是功利之事，于天理是有窒碍的，如果不调整这种思想心态，理学如何能与现实关联呼应？如果把兵农礼乐等实践排除在道德修养体系之外，则理学必完全脱离现实，成为一种空洞的思想。

在晚明清初，想对上述两个问题有所反应的思想家不少。譬如认为人性之善，正要在气质上看[①]，或主张天理从人欲中见，或气、情，才无不善，等等不一而足。

本来，宋明理学基本上相信人的原初状态是没有气质之杂的，所以，道德修养的最终目标是要回到人的本初状态，只要能将后天习染或气质夹杂的部分尽可能地去除，好像洗去布上的染污，则人便可以恢复本然的完善状态。可是，到明代后期，人们开始认识到人欲是不可能消除净尽，也不必消除净尽。后天的才、情、人欲、气质原来是人的天性中一个天然的组成部分，也就是说所有这些后天的东西皆有其先天性。那么，道德修养的方法及目标便不能再与以前一样，一味地灭一味地除，以灭欲、灭气、灭才、静坐绝欲等方式来达到先天本体，而应是在承认性天中原有的夹杂为前提下来思考道德修养的问题。那么，道德修养的方法便是在现实世界的实践过程中去摸索，而不是将欲望灭绝，便一了百了。

治晚明清初思想史的人，多已注意到当时思想家反对禁欲主义，发展出自然人性论，尤其是有一种“情欲大解放”之倾向。同时注意到持自然人性论者，提倡“公欲”或“育欲”，在思想解放的过程中起过相当大的作用。我想，对“欲”的重新重视确是当时思想极为重要的特色。本文决不是要对此持完全否定的态度。此处只是想提出一点，在主张自然人性论的思想家的作品中，常能见到极为深刻的道德严格主义。这种现象以明末清初的思想家为特别突出。这种两极并陈的现象委实令人感到困惑。为

---

① 陆世仪《性善图说》中云：“余出昔年东林旧讲义与诸友共读，中有性善属气质之说，诸友读而跃然以喜者过半。”（1a 页，收入《陆子遗书》，清光绪乙亥刊本）

什么发展出自然的人性论的同时也会有道德的严格主义？——自然的人性论只是对人性的一个新认识。它可以为人的解放奠下基础，但也可以发展出道德严格主义。而其中道理并不难理解。

自然人性论与道德严格主义并存的现象有三种理由。第一，心的天然状态既不再是纯然无瑕，所有过去认为先天的、义理的、道的，可以完全放心拿来作为行为依据的说法，此时皆无法稳稳地站住。既然人欲是天性中本有的，气质亦是性，故心不即是道，心不即是理。那么，人不可以顺顺当当地说，只要我心纯乎天理，或我心公而不私，则心之所发、所行便无不善。现在变成是，不只我心要能无私，而且我之所行还需要刻刻检证是否合乎一个超越我个人气质、才、情等限制的客观规范。因为不再是我心无私念则无不是，而是，我心先天的有一些混浊夹杂之处，所以我更要很小心的反省我自己，以免这气质夹杂的心失了分寸。所以从内、从外在来说，都是要时时刻刻，分分毫毫的小心注意，才能成为一个道德上完善的人。而且，正因为把人与禽兽的界限分得极清楚，而每一念、每一虑、每一言、每一动都要谨察，所以常常会发现自己一下子“乃圣乃贤”一下子又变得“乃禽乃兽”。

新道德严格主义的另一个来源是心一元论。理学到刘宗周身上，所有二元之分逐渐模糊，几皆归为一元。阳明还只是说身心意知物为一件，格致诚正修为一事，刘宗周所涉更广，理与欲，本体与工夫等皆收为一元。但这并不是说道德修养的内在紧张已经不存在了。既然理欲收归为一，皆在一个心中，则米盐凌杂，必须格外小心去辨别省察。义理之性不是在变化了气质之性之后才得到的另一种东西，而是像刘宗周所说的：“性只有气质之性，而义理之性者，气质之所以为性也。”① 也就是说，重要的是在气的流行上见主宰，从日常的生活实践中，得到义理之性，而不是消除了某一部分，才能有另一部分。人们必需要极度戒慎小心，才能从日用流行，也就是最世俗的生活实践中，表现出道德的境界来。所以，一元化使得紧张的人更紧张，松弛的人更无所谓。

第三，过去理学家认为应当断然排除的东西，现在看来都是必要，但却也是危险的东西。关于这一点，我将先以“气质”及“习”为例作一讨论。

首先谈“气质”的问题，把气质之性提出作为一个重要命题的是张载。他的思想以气为主，并认为心是由气构成的，故心中有气质之性的部分，但是因为人是万物中秉赋最为灵秀的，故对这气质之性的部分“君子有弗性焉”。也就是说，君子可以透过自我的道德转化而不受气质之性的限制而一归于义理纯全之性。

其实张载只是将秦汉以来“性情”二元之分加以相当的改造。但在当时却是一个重大的理论建树，故小程说“论性不论气不备”，又说气质之性的提出是大“有功于圣门”。朱子接续发展了这个义理与气质二分的思想，但他是消极地承认气质之性是性中的一部分，需要注意去变化它。朱子说人的气质是可变的，但也不得不承认它极难变。但在明代后期逐渐有人主张气质亦不得谓不是性，气质亦性分中所应有。气质之性由消极变为积极，而且是合二为一，认为义理是气质之本然，而并不是性的另一个部分，并且认为变化气质是像将稻子变成麦子一样不可能的事。有的人天生是麦子，有的人天生是稻子，各有其气质之近，不可能

① 刘宗周：《刘子全书》，809页，台北，华文书局，1968。

全部变成“印板”一般的完人。在此思潮影响下，晚明有大量的畸人或畸儒，成为人们所欣赏的人物，因为他们将其所禀赋的特殊性（气质）好好地发展出来。

气质由消极、负面、必须转化、超越之性，转变成积极、正面，如果没有它，则人类正面的道德质素便失去基础。这方面的言论在明末清初思想中颇为普遍，为了方便起见。我在此处引颜元的几段话为例：他说将气质看作恶是“将自己耳目口鼻都看作贼，充其意，直是死灭了，方不受这形体累碍”[①]。又说：

> 功名之事皆性命之事。[②]
>
> 非气质无以为性，非气质无以见性也。[③]
>
> 吾性所自有，吾气质所自有，皆天之赋我，无论清厚浊薄，半清半厚，皆扩而充之，以尽吾本有之性，尽吾气质之能，则圣贤矣。[④]
>
> 气质，正吾性之附丽处，正吾性作用处，王性功着手处。[⑤]

所以成德过程中，并不是要将原先禀赋的气质全“变”，而是应“移”，每个人各按其本有的气质，努力涵养发展其个性。所以颜元反对变化气质，而且这一个时期，反对变化气质的人相当不少。性不是可变的，正好像人们不可能以米为麦，但性是可

---

① 颜元：《存人编》卷一，见《颜元集》，王星贤等点校，127页，北京，中华书局，1987。

② 钟錂编：《颜习斋先生言行录·杜生第十五》，见《颜元集》，679页。

③ 颜元：《存性编》卷一，见《颜元集》，15页。

④ 钟錂编：《颜习斋先生言行录·王次亭第十二》，见《颜元集》，664页。

⑤ 同上注。

移的，正好像人们可以使米种得结实丰硕。譬如一个天生柔弱的人不要想改变他的气质作一个刚强的人，而是使他努力成为一个温柔敦厚的人。

“习”也是一样，“习”在理学的思想体系中原是负面的东西，但是陈确（1604—1677）及颜元等人却都主张“习”是必要的，没有“习”则不会有“性”。但习也是必须极小心谨慎对待的东西。它是必要的，所以颜元会自称“习斋”，但习是可好可坏的，所以要慎之，要培养善“习”，去除恶“习”。习不是天生不变的，它有一个变化生成的过程，所以从事道德修养的人在每一刹那都要做慎习复性，也就刻刻不能放松了。

气质与习既然有先天的部分，也有后天引蔽习染的部分。所以要在道德修养中分别好坏，便成了一种矿中取金的工作。既发现天命的部分是无法由人的力量彻底改变的，又发现道德转化不应以去除人的所有基本欲望为前提，而应该是扩充、习行，尽天所赋予一己之性。它一方面是认识到道德转化之局限，另方面是发现其新的可能性。而这正是另一种道德严格主义。过去是只要将七情六欲及所有后天的东西消除净尽便保证自己可以成德，但新的严格主义既认为欲亦理中所当有，气质不可不谓性，所以道德修养工夫是矿中取金、米中挑盐的工作，必须非常戒慎小心才可能做好。故由一静坐便无余事的成德观念变成在行动的实践中才能成德的观念。

二

以下我想以三个时代相近的思想人物为例，很简短地讨论这种既要发展自然人性论，又要维持严格道德标准的现象。他们是前面已谈论过的陈确、颜元，加上王夫之。他们一个在浙江，一个在河北的乡间，一个在湖南山区，却有相当一部分共通性。

陈确思想中最令人不解的是又要人们强调人欲的重要，又要人们以最严格的态度面对它。陈确生在一个商业化力量无孔不入，大规模改变当时人的生活习俗，并引起士大夫恐慌的时代。他必须正视生活之中“习”的强大力量这一事实，故强烈主张“习”是“性”的主要构成部分，但无时不强调慎勿沾染恶习，并刻意保存善习。因为习是发生在生活中的每一个细节，所以“慎习复性”的工夫便不再只是静坐，而是在生活的每一件行为中自我检查并进行转化。

“慎习”以“复性”是一方面承认现实之不可抗拒，一方面控制自我。所以陈确不说“去”习，而说“慎”习。他反对无欲，但认为应该慎欲。既感受到不能对社会新生事物掉头不顾，但也不能随波逐流，故要在生活中处处求其节中。陈确《寄刘伯绳世兄书》中说：

> 尝谓绝欲非难，寡欲难，素食非难，节食难……此吾道之所以远过老、佛也。①

---

① 陈确：《寄刘伯绳世兄书》，见《陈确集》，87 页。

又如在《复吴裒仲书》中说：

> 事事不轻放过，是时习真传，是求放心要诀，是戒惧不睹闻实功。[①]

这即是一种在世俗社会生存中时刻维持道德标准的哲学。所以我们一方面看到陈确讲“欲”“习”“私”、讲气情才即是性，讲气情才无不善，但同时也到处看到他期望人莫在道德上有所陷溺而为“禽兽”的字眼。[②]

王夫之思想中最令人感到不解的地方也是他时而要存人欲，时而责人是“禽兽”。首先让我节录几段他提倡人欲的话。《读四书大全说》卷八中说：

> 是礼虽纯为天理之节文，而必寓于人欲以见，……唯然，故终不离人而别有天，终不离欲而别有理也。[③]

他又在同卷中说“随处见人欲，即随处见天理”[④]。在1671年，也就是王夫之五十三岁时，他借着讨论《诗经》中某些诗句，比较系统地阐述了他的理欲观：

> 吾惧夫薄于欲者之亦薄于理，薄于以身受天下者之薄于以身任天下也……是故天地之产，皆有所用；饮食男女，皆

---

① 陈确：《复吴裒仲书》，见《陈确集》，97页。

② 如陈确：《哭老友董立翁文》，见《陈确集》，336页。

③ 王夫之：《读四书大全说》卷八，见《船山全书》第6册，911页，长沙，岳麓书社，1992。

④ 同上书，912页。

有所贞；君子敬天地之产而秩以其分，重饮食男女之辨而协以其安。苟其食鱼，则以河鲂为美，亦恶得而弗河鲂哉？苟其娶妻，则以齐姜为正，亦恶得而弗齐姜哉？①

王夫之认为如果没有“欲”，那么人们可能连尽“理”的愿望都没有了。饮食男女是天地间最正常的东西，所以不应断绝，而应重其“辨”，譬如娶妻，应以是否能娶齐姜这样的好女子为目标，而不应为了避免娶到恶妻，便不要人们娶妻。王夫之说：

饮食男女之欲，人之大共也。②

饮食男女及货色之好是君子小人共有的自然之情，但应刻刻留心为君子之“饮食男女”与“货色之好”，不为小人之“饮食男女”与“货色之好”。他同时认为人欲是社会活动必不可缺的因素，故说：

天地之大，山海之富，未有能厌鞠人之欲者矣。③

王夫之要存欲，认为欲也是天理的一部分，可是他要在人欲之中分出“人欲之私”与“人欲之公”，这就是非常吃重而且谨慎的工夫。所以夫之不断地用“圣”“狂”或“人”“禽”之别的文字来形容这两种境界：

圣狂分于岐路，人禽判于几希，闲邪存诚，与私意私欲

① 王夫之：《诗广传》卷二，见《船山全书》第3册，374页。
② 同上书，375页。
③ 同上书，394页。

不容有毫发之差也。[①]

圣人有欲，其欲即天之理。天无欲，其理即人之欲。学者有理有欲，理尽则合人之欲，欲推即合天之理。于此可见，人欲之各得，即天理之大同；天理之大同，无人欲之或异。[②]

这里的“各得”二字，不能轻易放过，它显示人欲必须符合儒家的纲常伦理范围之内，才是“各得”，也才是“天理之大同”。

王夫之尤其对细民百姓在道德上易于陷溺戒心极重。但这并不是因为他们有欲望，因为君子一样也有欲望，而是因为他们的欲望易陷于“私”：

匹夫匹妇，欲速见小，习气之所流，类于公好公恶而非其实。正于君子而裁成之……是故有公理，无公欲。公欲者习气之妄也，不择于此，则胡广、谯周、冯道亦顺一时之人情，将有谓其因时顺民如李贽者矣，酷矣哉！[③]

他强调人应该有欲，但并不是要导民于淫，而是要鼓吹合于天理的欲。譬如饮食男女之欲，王夫之便指出其中有“度”之别：

饮食男女之欲，人之大共也。共而别者，别之以度乎！君子舒焉，小人劬焉，禽狄驱焉，君子宁焉，小人营焉，禽狄奔焉。[④]

---

① 王夫之：《张子正蒙注》卷二，见《船山全书》第12册，90页。
② 王夫之：《读四书大全说》卷四，见《船山全书》第6册，639页。
③ 王夫之：《思问录内篇》，见《船山全书》第12册，428页。
④ 王夫之：《诗广传》卷二，见《船山全书》第3册，375～376页。

分别“度”的适与不适也是一种矿中取金的高难度工作，随时可能失手。所以，他一方面主张人欲，却同时动辄责人为禽兽。[①]其实这两者并不矛盾。如能“各得”、如为“公欲”、如能合“度”，则是圣贤，如若不然，则为禽兽。

此外，王夫之也认为，“凡诸声色臭味，皆理之所显”。[②]这里所论“声色臭味”其实是世间现实之务。如果不承认它是理之所显，则无法为兵农钱谷等现实世务在人的天性中找到一个根据。这种忧虑可以用黄宗羲在《国勋倪君墓志铭》中所说的一段话为例：

> 自仁义与事功分途，于是言仁义者陆沉泥腐，天下无可通之志；矜事功者纵横捭阖，龌舌忠孝之言，两者交讥，岂知古今无无事功之仁义，亦无不本仁义之事功。[③]

他们一方面希望讲道德哲学时必须是动态的，顾及现实的兵农等事功，同时又希望事功能与仁义合途。而这必须在理论上先承认事功正是天理流行之处。王夫之说：

> 识得此礼，兵农礼乐无非天理流行处……倘须净尽人欲而后天理流行，则但带兵农礼乐一切功利事，便于天理室碍，叩其实际，岂非“空诸所有”之邪说乎？[④]

这里的“人欲”，不只是指欲望，而是指现实俗务。现实俗

① 参钱穆：《中国近三百年学术史》，114 页，台北，台湾商务印书馆，1968。
② 王夫之：《读四书大全说》卷六，见《船山全书》第 6 册，763 页。
③ 陈乃乾编：《黄梨洲文集》，257 页。
④ 王夫之：《读四书大全说》卷六，见《船山全书》第 6 册，763 页。

务是天理的一部分，不能回避它们，但必须把它们处理得合乎天理的标准。

颜元道德哲学的前提也是先承认适当而有限度的人类欲望是人天性中不可完全消除的部分，而这正是他与佛学及宋代理学不同的地方。颜元主张人欲不可能绝，也不必绝，这也是为什么他在一次与和尚的对话中说“无一妇人更讲何道？”[①] 但是，如果只摘取这一句话便以为他鼓励解放欲望，便大有问题了。因为颜元同时在别处也有许多在今人看来“迂腐”透顶的主张。如：“见王法乾日记曰‘妇人性阴，可束而不可顺’，是之。”[②] 又说：“必因子嗣乃比御。”[③] ——如果性生活不是为了传宗接代，那是不合天理的。妇人诚不可少，但与她们在家相处时却要“闺门之内俨若朝廷”[④]。即使太太对着先生也不可以“昵近”，甚至不可以随便仰视。《颜元年谱》壬申条记道：

> 八月，侧室田氏卒，……事先生十八年，未尝一昵近，未尝仰首一视先生面也。[⑤]

除此之外，在整个《年谱》中，颜元与夫人及侧室动容周旋间曲尽古礼的例子还很多。既要娶妻使不堕入僧佛之道，又要以最严格的态度依循古礼中对夫妇之间的规定，这就是颜元所说的“人欲虽无能绝，而常循乎天理”[⑥]。能做到这一步，才是天理的

---

① 李塨：《颜习斋先生年谱》，庚子，见《颜元集》，713 页。
② 李塨：《颜习斋先生年谱》，庚戌，见《颜元集》，732 页。
③ 李塨：《颜习斋先生年谱》，乙卯，见《颜元集》，742 页。
④ 钟錂编：《颜习斋先生言行录·教及门第十四》，见《颜元集》，671 页。
⑤ 李塨：《颜习斋先生年谱》，壬申，见《颜元集》，774 页。
⑥ 钟錂编：《颜习斋先生言行录·理欲第二》，见《颜元集》，623 页。

人欲。要使人欲都能符合天理则需要极严格的守礼、极敏锐的省察，并时时制止不正常的欲望，故颜元说“制欲为吾儒第一工夫”①。此处的“制欲”不是“绝欲”，而是把“欲”控制到符合伦理纲常要求的地步。

颜元思想中最为紧要的是“习行”，也就是将成德工夫落实到日常生活实践上来。这是对宋儒以静坐澄心为主的道德修养哲学的批判。道德不应该再是明心见性或开口便谈性命，而是在生活实践中表现出来。故颜元说：“如吾辈启口辄谈性命，恐于父母、兄长前乖于《内则》、《少仪》者多矣。”② “习行”必须合乎天理，而对颜元来说，所谓天理即是古礼（尤其是《仪礼》）。颜元下很大功夫重订《大明会典》作《会典大政记》，也是想寻求一套行为准则。所以他会说“理学，礼学也”。也就是把理学由体会性天转为在言行举止上符合先圣的标准，是行为的，不是静坐冥想的。但因为是行为的，故处处要顾虑它是否合乎外在客观的准则，在每一视听言动上“慎”“持”，处处与古礼，尤其是仪礼相对照：

> 习礼于心也，……习礼于身也，……习礼于视也，……习礼于言也，……习礼于持行也，……礼真斯须不可去者！③

颜元一生稍得机会便要与学友反复练习仪礼中一些极琐碎的

① 钟錂编：《颜习斋先生言行录·法干第六》，见《颜元集》，644页。
② 颜元：《答齐笃公秀才赠号书》，见《颜元集》，466页。
③ 钟錂编：《颜习斋先生言行录·教及门第十四》，见《颜元集》，673页。

细节，稍有违越，便嗒然若丧，足见他企望在视听言动上无一毫不切实地求合于古圣贤——也就是合于“天理”——故极为严格地看守自己的一言一动，以免陨越。而《颜元年谱》正是颜氏在这方面终生奋斗的痕迹。

三

总之，理欲合性，合二为一等具有自然人性论倾向的思想，基本上是明代思想家对应现实发展出来的，也是明季王学中左、右两派相当普遍的态度。后来在清代思想中也占有重要地位，戴震（1724—1777）、焦循（1763—1820）、凌廷堪（1757—1809）等皆发挥这种想法。这一思想趋向可以为放荡逾矩的行为提供思想根据，但是也可能产生一种新的道德严格主义。大体说来，他们只是反对“陆沉泥腐”，但并不反对道德上严格的自我转化。所以，明季士大夫的作品中到处可以看到自然主义人性论的话，但他们并非都是现代意义下的所谓“解放的思想家”。

在讨论这一新思想动向时，我们同时注意到，为了尽可能将现实社会的变化吸纳到人性论中，并对旧有的范畴进行调整，则超越的与世俗的两个层面变得疆界难明。因为疆界难明，所以心中必须要有很强的主宰来从事道德判断。但一般人内心中道德的光照并不是永远那样强，所以形成两种现象。第一是对外在客观可据的准则的要求日高，礼学研究的兴起是其中一种现象。第二是心性之学的结束。前述那些汲汲于盐中取米，矿中取金的道德实践者并不代表当时士大夫中的多数，他们的路子也未一直延续下去。事实上宋明理学发展到他们的这一个地步，原先极为严格的二元对立已渐消解，任何修养工夫都变成是“壁立万仞，止争一线”的事。[①] 两境界之疆界难分，其实标志了心性之学的终结。[②] 刘宗周、颜元、王夫之、陈确等人尚能持守得住这“一线”，但后来的人却未必守得住。前述诸人仍想米中取盐，矿中取金，后来的人却不愿这么做了，所以这一股新道德严格主义风潮并未见继承者；它所标志的，是心性之学在终结之前最后一次的奋斗。

---

① 王夫之：《俟解》，见《船山全书》第12册，478～479页。

② 刘述先：《黄宗羲心学的定位》，171页，台北，允晨文化公司，1986。

明末清初思想中之“宗旨”

这一篇短记主要是以明末清初思想家对“宗旨”的态度之转变来看这一段时间思想由多元转向一元的，由开门转向关门的变迁。

宗旨这个名词起于晋、唐之间，此后便被大量使用，在禅宗，它是指一宗的主要旨趣之意，所谓“建法幢，立宗旨”即是。在明代中期王阳明之学大兴以后它成为理学相当重要的观念。

宋元诸儒所习，“多务阐明经子，不专提倡数字，以为讲学宗旨。明儒则一家有一家之宗旨，各标数字以为的。白沙（陈献章，1428—1500）之宗旨曰‘静中养出端倪’，甘泉（湛若水，1466—1560）之宗旨曰‘随处体验天理’，阳明之宗旨曰‘致良知’，又曰‘知行合一’。其后邹守益主戒惧慎独，罗洪先主静无欲，李材（1529—1607）主止修，王畿、周汝登（1547—1629）主无善无恶，高攀龙主静坐，刘宗周主慎独，纷然如禅宗之传授衣钵，标举宗风者”①。钱穆（1895—1990）说：“陆王之学为理

① 盛朗西：《中国书院制度》，125～128页，上海，中华书局，1934。

学中之别出，而阳明则可谓乃别出儒中之最是登峰造极者。因别出之儒，多喜凭一本或两本书，或凭一句或两句话作为宗主、或学的。如二程常以《大学》《西铭》开示学者，象山则专举《孟子》，又特提先得乎其大者一语，而阳明则专拈孟子良知二字，后来又会通之于《大学》而提出致良知三字，作为学者之入门。同时亦是学者之止境，彻始彻终只此三字。后来王门大致全如此，只拈一字或一句来教人，直到明末刘蕺山又改提诚意二字。总之是如此，所谓终久大之易简工夫，已走到无可再易再简，故可谓之是登峰造极，然既已登峰造极，同时也即是前面无路。”①

但是，我们应当注意，并不是所有阳明学派的儒者都是主张“宗旨”的。浙中王门的胡瀚便反对立宗旨。他说：

> 宋儒学尚分别，故勤注疏；明儒学尚浑成，故立宗旨。然明儒厌训诂支离，而必标宗旨以为的，其弊不减于训诂。道也者，天下之公道，学也者，天下之公学也。何必列标宗旨哉？②

胡瀚与后来“反宗旨”之风显然没有任何关联，在王门后学中是较特殊的例子。王门后学立宗旨的风气，反映一种简易直捷的风气，为的是尽可能空诸依傍，摆脱庞大的经典与注疏的拘束而谈道德实践。它同时是可以容许多元思想并存以供有志于闻道之人的采择。欢迎别人质疑问难，允许有问则问，有商量则商

① 钱穆：《中国学术通义》，88 页，台北，台湾学生书局，1976。

② 黄宗羲：《明儒学案》，330 页。

量[①]，有时分别其实相当细微，但是各不同宗旨之间的争论却是非常激烈的。

各标宗旨的前提是学问是多元而不同，是鼓励论辩的。如果道一风同则不必讲学了。有人问吕柟（1479—1542）："今之讲学，多有不同者，如何？"吕柟答云："不同乃所以讲学，既同矣，又安用讲耶？"[②]

既然每一家"宗旨"皆是其人心得之呈现，则一本万殊，每家宗旨皆有并列的同等地位，由一元散而为多元并列之局，人人皆可就性之所近有所取资。黄宗羲《黄梨洲先生原序》中一再说的即是这一点：

> 于是为之分源别派，使其宗旨历然，由是而之焉，固圣人之耳目也。……此犹中衢之罇，后人但持瓦瓯樿杓，随意取之，无有不满腹者矣。[③]

可是反对者，尤其是以朱子为正统者则不以此为然，他们认为对的不是许多，对的只有一个，所以必然要在众家宗旨中区分出一个对的来，而不是众说并存。

当时与王学余裔争衡的吕晚村（留良，1629—1683），便想恢复定于一的思想状态。陆陇其（1630—1692）完全继承了这一路的思想，所以他也是想将思想界再由多元的宗旨牵挽复归于一。

---

① 陈元晖等：《中国古代的书院制度》，156页，上海，上海教育出版社，1981。

② 黄宗羲《明儒学案》卷八引《吕泾野先生语录》，见该书139页。

③ 黄宗羲：《明儒学案·黄梨洲先生原序》，10页。

顾炎武也属于这一路关门的思想，他主张学出于一，他理想中是举业、学问皆出于一[①]，是“道一风同”之境界。

“宗旨”之说冲破了朱子以来层分缕析，以《大学》八步为主的修养观，因为既然是以一个宗旨贯串修身的一切，则便冲垮了所有层次及步骤之分。陆陇其《松阳讲义》中的一段话最能代表：

> 自明季学术淆乱，各立宗旨，或以明明德为主，或以止至善为主，或主修身，或主诚意，或主致知，或主格物，或主明明德于天下，三纲领八条目，几如晋楚齐秦之递相雄长，其说虽不同，总之，朱子欲分为三为八，诸家则欲合为一，以分为支离，以合为易简，而圣人立言之旨，汩没久矣。故今讲此书者，只要晓得序不可乱，功不可缺，便知一切牵合宗旨，都是乱道，三纲领还他三件，八条目还他八件，方是朱子之意。[②]

所以《大学》三纲领八条目与任何一家之宗旨皆相矛盾，则《大学》除非与心学分看，否则必有如楚越之扞挌。

“宗旨”与反宗旨之争也反映在学术史的撰作上。宗旨是形式（form），掌握某家宗旨即以此形式去涵括其材料（matter），所以黄宗羲反复说：“大凡学有宗旨，是其人之得力处，亦是学者之入门处。天下之义理无穷，苟非定以一二字，如何约之，使

---

① 顾炎武：《原抄本日知录》，521 页，台北，唯一书业中心，1975。

② 陆陇其：《松阳讲义》，1 页，上海，商务印书馆，1937。

其在我。故讲学而无宗旨，即有嘉言，是无头绪之乱丝也。”①而后之作学术史者在作客观的析述时也必须能把握住形式——宗旨，否则只是将其人的思想格言化，便是一团乱丝了。黄氏在《明儒学案发凡》中说：

> 学者而不能得其人之宗旨，即读其书，亦犹张骞初至大夏，不能得月氏要领。②

而最典型的是他对两个人的批评，一是他批评同门友恽仲升（1601—1678）之《刘子节要》，只将其师诚意宗旨当作格言摘抄，失其筋节大要：

> 去其根柢而留其枝叶，使学者观之，茫然不得其归着之处。犹如《水经》为诸水分合而作，而读者止摘其隽语逸事，于作者之意亦何当乎？③

黄宗羲在另一篇文章中批评恽氏所作的《子刘子行状》也有同样的问题：

> 今老兄以所作之状，分门节入，以刘子之节要，而节恽子之文，宁有是体乎？④

另外两位遭他批评的是周汝登的《圣学宗传》及孙奇逢的

① 黄宗羲：《明儒学案·明儒学案发凡》，17页。

② 同上注。

③ 黄宗羲：《答恽仲升论〈子刘子节要〉书》，见《黄宗羲全集》第10册，216页，杭州，浙江古籍出版社，1993。

④ 黄宗羲：《答恽仲升论〈子刘子节要〉书》，见《黄宗羲全集》第10册，217页。

《理学宗传》。黄宗羲说周的书是“扰金银铜铁为一器”[①]。因为周是以禅学来去取安排各家学说，故他说“是海门一人之宗旨，非各家之宗旨”。黄氏认为孙奇逢（1585—1675）亦不能免此病。清季曾国藩（1811—1872）在读《理学宗传》时也有同样的观察，说“阅《理学宗传》中朱子、陆子，孙氏所录朱子之语，多取其与陆子相近者，盖偏于陆王之途，去洛闽甚远也”[②]。而黄宗羲自负能把握每一家宗旨，并将它们并陈于《明儒学案》中，在《前乡进士泽望黄君圹志》中说：

> 自濂、洛至今日，儒者百十家，余与泽望皆能知其宗旨离合是非之故。[③]

但是以上这些标立宗旨，或是主张思想学术的理想状态必得要能将各种宗旨并存，以供人采择的想法，在清初遭到了挑战。挑战由各种方面着手，如吕留良平居讲学，未尝标立宗旨，说：

> 吾儒之学，正当从其支派脉络，辨别精微，方见道理精切处耳，一立宗旨，即是颟顸鹘突。且无论其所标立者云何，已失时中变动之义矣。惟异端之学，有纲提诀授，吾儒无是也。[④]

吕氏认为思想学问不能欛柄入手，便无余事。应该还要从各种支派脉络上辨别精致探索把握，才可能见道理精切处，也才可

① 黄宗羲：《明儒学案·明儒学案发凡》，17页。
② 曾国藩：《求阙斋日记》，31页，上海，泰东书局，1924。
③ 《黄宗羲全集》第10册，293页。
④ 孙静庵：《明遗民录》，58页，杭州，浙江古籍出版社，1985。

能不颟顸自足。黄建在彭士望（1610—1683）《与谢约斋书》后评说："讲学偏执宗旨，欲人尊从，盛气争辨，此为意见，非穷理也。"[①] 黄氏认为各立宗旨而又各自坚守一宗之宗旨，是等于鼓励意见与争论。明儒认为多元争论是学术常态，在清初儒者认为是不可思议的。

反对立一宗旨的陆桴亭（1611—1672），认为争立宗旨，是以每个人的一偏之见来讲"道"，这是无法以整体地掌握"道"，好像是拿单方来治百病：

> 世有大儒，决不别立宗旨，譬之大医国手，无科不精，无方不备，无药不用，岂有执一海上方而沾沾语人曰：舍此更无科无方无医也。近之谈宗旨者皆海上方也。[②]

《思辨录》中又说：

> 昔朱子，人问以宗旨，朱子曰：某无宗旨，但只教人随分读书。愚亦曰：仪无宗旨，但只教人真心做圣贤。[③]

张烈（1622—1685）《王学质疑》中说："望其（王阳明）藩篱者，皆欲扬眉努目，自标宗旨，乱儒术而坏人心，莫此为甚。"[④] 足见张烈是将多元并置争论之习与人心之败坏放在一起看。在他看来，各标宗旨之风，不只影响于思想学术，而且严重败坏社会

---

① 彭士望：《耻躬堂文钞》卷一，11b 页，清咸丰年间刻本。

② 转引自钱穆：《陆桴亭学述》，见《中国学术思想史论丛》（八），25 页，台北，东大图书公司，1980。

③ 转引自钱穆：《陆桴亭学述》，见《中国学术思想史论丛》（八），25 页。

④ 张烈：《自序》，见《王学质疑》，1 页，清刊本。

风气。

不过，将反宗旨与思想应该由多元而归于程朱一元正统之论，表现得最清楚的，是清初的几位正统派大将，如陆陇其、张伯行（1651—1725）等。张伯行认为正派学人的要件是不立宗旨，而一切以程朱为准的。他说：

> 学以程朱为准的，不参异说，不立宗旨。①

汤斌（1627—1687）则说：

> 未尝立有宗旨，为人指授。②

整体而言，反宗旨之说的兴起，代表思想学术由多元到一元的趋势。学术由多元收归一元的风气，还可以见诸于《明史》立道学传的提议及争论。《明史·道学传》主要有四条纲领：

一、以程朱一派为正统。

二、批判白沙、阳明、甘泉等人宗旨不合程朱。

三、批评浙东学派之流弊。

四、认为学术多元的流弊甚大，宜归一是，故不认为应该在程朱之外稍有异同。③

而在浙江的黄宗羲马上敏感到在北京明史馆中这一动作的思想敌意，他在《移史馆论不宜立理学传书》中说：

---

① 唐鉴：《清学案小识》，30页，台北，台湾商务印书馆，1975。

② 同上书，45页。

③ 黄宗羲：《移史馆论不宜立理学传书》，见《黄宗羲全集》第10册，211～214页。

某窃谓道学一门所当去也，一切总归儒林，则学术之异同皆可无论，以待后之学者择而取之。[①]

明史最后虽未立道学传，但当时思想界的最后胜利者是斥多元归一元，主张立于一个正统的一派。

学术由多元收归一元的趋向，更表现在对学术史撰作的全新评论。晚明出现了不少学术史之作，在清初多因持多元并重的观点而遭到程朱正统派之严厉批判。譬如，张伯行便对几部当时流行的学案加以批评：

今曰两存之，则误人多矣。今之《明儒学案》《理学备考》，得毋类是。[②]

黄氏学案的基本倾向是江右王学，但基本上坚持一种多元的观点，让人各就性之所近以取法的，而范镐鼎（1626—1707）《理学备考》则是以程朱为标准的著作，只是因为其书并存诸说，所以也招致了张伯行之不满。张氏说：

见《理学宗传》《理学备考》《明儒学案》等书，调停夹杂，而不归一是，因而纂《性理正宗》以一统纪而正涂辙。[③]

所谓“调停夹杂，不归一是”即是将各种说法并排，间加评断的做法，但张伯行认为这是不行的，应该“一归于是”才行。而他

① 黄宗羲：《移史馆论不宜立理学传书》，见《黄宗羲全集》第10册，215页。
② 唐鉴：《清学案小识》，32页。
③ 同上书，42页。

的《性理正宗》已不是编学术史的用意。清初另一位宋学家窦克勤（1653—1708）描述这部书说：

> 先生此书，伊洛渊源之正传也，其详其略，要不外求统纪之一而已，知统纪之一，而后知《圣学宗传》《理学宗传》以及《宋元学案》《明儒学案》，皆乱统纪者也。[①]

这个时候，明末清初最重要的几部学术史著作，全部被贬为“乱统纪”之书，则学术由多元争鸣转向一元正统的迹象是再清楚不过了。

① 唐鉴：《清学案小识》，95 页。

日谱与明末清初思想家

——以颜李学派为主的讨论

宋明理学中修身日记的传统很长，但是，不管是研究宋明思想或是研究日记史的作品中，都未见到过专门讨论它们的作品。[①] 宋明思想研究多注意思想层面的探讨，而少从生活史的层面着手，然而宋明儒学以修身实践为主体，不纯粹从事思想论辩。所以本文试着讨论像日记、功过册、公案、肘后牌在这个以修身为主体的思想传统中所扮演的实际作用。因为材料所限，我的讨论集中在修身日记上。[②]

本文有几个重点：第一是讨论明末清初受到功过格等影响，带有簿记性质的日记大量出现；第二是讨论日记或日谱在修身践履中的功能，以及它们如何在17世纪思想日常生活化，由玄转实、由悟转修、由崇尚颜子的超悟到看重曾子的“吾日三省吾

① 如陈左高：《中国日记史略》，上海，上海翻译出版公司，1990。

② 日记或日谱之间还看不出明显的区别，“谱”是籍、录，所以日谱是每天的记录，日记也是每天的记录，故而我们也常见到两者互换借用的情形，譬如颜元、李塨时而称日谱，有时又称日记。我之所以选定此名，纯粹是因为在我讨论的这个时期“日谱”一词较常使用之故。

身”时所扮演的角色；第三是日记或日谱中究竟反映了哪些时代及思潮的变化；第四是何以士大夫的日谱或日记不能像功过格那样平民化，它不但始终局限在士大夫，而且随着清学之兴起，在士人中的影响力也消退，一直到清季道光年间才又复兴。

一

探讨这个问题时先要说明，在宋明理学中，修身日记不时可见，譬如王阳明惜阴会中，要求每人立日记、每家立日记、每个地方也有记录，但是本文强调的是明末清初思想变化最为剧烈这一段时间，一方面是因为当时日记数目骤增，另一方面是其中不少带有系统的、簿记的性质。

讨论日谱必须将它放在几个脉络下来看：第一是宋明理学之中修身日记的传统；第二是晚明的善书运动，尤其是袁黄所提倡的《功过格》的广大影响，以及儒家对这个影响深远的运动的反应。

此处先谈直接激荡明末清初修身日记之风的功过格。晚明佛道二氏皆有一种簿记式的日记运动。以佛家为例，冯梦祯（1548—1605）《快雪堂集》中记冯氏：

> 余辛巳（1581）夏，尝与净侣结制拙园，扁其堂曰净业，一事一念之失，必至佛前籍而记之，以验功夫之进退，用心之疏密，目之曰净土资粮，佩之胸前，出入卧起必俱。①

这里所谓“净土资粮册”当是一种系统地记载每日念虑云为的记

① 冯梦祯：《刻净土三经缘始》，见《快雪堂集》卷三十，5页，见《四库全书存目丛书》集部第164册。

录，与功过格及下面要谈到的日谱有某种仿佛之处。冯梦祯显然认为保持这样一份记录太辛苦了，故他说："才数月耳，其后渐怠渐弃，并册子亦不知何在。"[①] 不过照他的记载，当时颇有遵行之人。[②]

在通俗道教方面，袁黄《功过格》的影响力是异常深远的，他在当时是位里巷皆知的人物。自从《功过格》流行之后，模仿它的作品也相当多。[③] 甚至于只要能与《功过格》等善书的想法相共鸣，或是袁黄在《立命篇》中所提到的一些早已湮没不彰的，也重新得到重视，譬如北宋儒者赵抃原来不是一个引人注目的人，但是因袁黄提到他每夜告天的办法，赵的《守己四箴》[④]乃在明末清初引起了重视。[⑤]

---

① 冯梦祯：《刻净土三经缘始》，见《快雪堂集》卷三十，5 页，见《四库全书存目丛书》集部第 164 册。

② 同上注。

③ 目前所存的至少还有十几种，见 Cynthia J. Brokaw，*The Ledgers of Merit and Demerit*：*Social Change and Moral Order in Late Imperial China*，Princeton，Princeton University Press，1991. pp. 241～242。

④ 吴德旋：《黄人闇（修）条》，见《初月楼闻见录》卷七，2 页，台北，台湾商务印书馆，1976。

⑤ 《宋元学案》中曾几次提到赵抃（清献），但都是在赞扬他的清正不苟，亢直敢言。如卷一《安定学案》提到周颖从学安定，与赵清献交，"清献为谏官，先生移书曰：'当公心以事君，平心以待物，无以难行事强人主，无以私喜怒坏贤士大夫。'"见《黄宗羲全集》第 3 册，86 页，杭州，浙江古籍出版社，1992。

《宋元学案》卷十二《濂溪学案》中提到"濂溪同调"时，有较详之说明："赵抃字阅道，西安人，进士及第，累荐为殿中侍御史，弹劾不避权幸，京师目为铁面御史。知成都，匹马入蜀，以一琴一鹤自随。擢参知政事。王介甫用事，屡斥其不便，乞去位。知杭州，改青州，复知成都，以太子少保致仕，卒，年七十七，赠太子少师，谥曰'清献'。"见《黄宗羲全集》第 3 册，641 页。

《宋元学案》卷九十二《草庐学案》引吴草庐的话："昔赵清献公日中所为，夜必告天；司马文正公平生所为，皆可语人，如欲日新乎？每日省之，事之可以告天、可以语人者为是，其不可告天、不可语人者为非。非则速改，昨日之非，今日不复为也。日日而省之，日日而改之，是之谓'日日新，又日新'。"见《黄宗羲全集》第 6 册，581 页，杭州，浙江古籍出版社，1992。

善书运动的广大影响，对正统儒者的启示与威胁非常大。它不是一些零零碎碎的办法，而是一整套新的行善观念及做法。经《功过格》之类的善书淘洗过后，人们的心灵其实已经重重烙印下一层功过格式的因果报应观。但是正统儒者又想在理论的层次上，反驳或表示对因果报应观念的不同意，这种情形尤其表现在那些早年曾接触过《功过格》《感应篇》的士人们。他们常表现出一种矛盾的心态，在遇到无子嗣或科举失利时，马上觉得必须行善来累积功德，可是不久却又表示这是不正确的观念，道德与善报不应该如此紧密相连；以善行求好报，也是过度功利的错误观念。①

另外有一批是“新功过格”派，大部分成书于明末清初，作者们多在道德与幸福、善行与福报这方面用尽力气想要加以缓和，而且尽力要将此世马上可以得到福报的成分尽可能地冲淡，但是又想保留其劝人为善的种种乐观性，故常见一种既模棱两可，又试图调和的口气。②

正统派儒者对此是不能满意的。著文批驳《立命篇》，或是以各种方式非难袁黄的文字多至不可胜数，而且从明末到清初不曾断过。譬如明末的刘宗周、清初的张尔岐（1612—1677），都有文章批驳袁氏。③ 魏象枢说他偶与在太原的友人讲孟子“尽心知性”章，他的朋友“于立命有异解，余不敢闻”④，而晚明流

---

① 陈龙正等人身上都显露过这一个矛盾。

② Cynthia J. Brokaw，*The Ledgers of Merit and Demerit*，chapter 4.

③ 张尔岐的《蒿庵集》（济南，齐鲁书社，1991）卷一有《袁氏立命说辨》，专驳袁黄的《功过格》及《立命篇》之非。

④ 魏象枢：《寒松堂全集》，923 页，太原，山西人民出版社，1992。那是因为袁了凡所用“立命”的观念，最早是从孟子来的，但是他对之加以自己的解释，看来魏氏的太原友人是顺着袁氏的观点解“立命”，而不为魏氏所同意的。

行的《袁了凡斩蛟记》这一短篇小说更是讽刺袁氏的代表作。[①]

这些儒者认为实行功过格实在不能带来真正的道德转化，而且使人沾染功利之习[②]，他们的批评不是全无道理的。在晚明小说《金瓶梅》中不无讽刺意味地借西门庆之口说了一段话：只要我多施一些银子救济穷人，则即使强奸了嫦娥，也没有什么关系。[③] 这一简短的告白直接道出了晚明善书运动的弱点：功过格式的道德行为，不一定能使人成为一个道德人，因为功过不断相互折抵的思维，确实会使人产生只要施银救助许多人的性命，便能与强奸嫦娥所犯的过错相抵，甚至还有剩余的心态！另一个讽刺性的例子发生在祁彪佳（1602—1645）身上。祁氏热心参与放生会，有一次他买好田螺与会友准备放生，不料被偷了，祁氏为此大怒，准备诉官，因而引起许多人的不满。人们批评放生会的人宁可放生，不肯救饿人之饥，把人命看得比田螺的命还贱。[④]

即使有许多正统士大夫对功过格之类的善书感到不满，但他们却不能否认一点：善书是通俗而有力量的，即使不满意，仍然要对它另眼相待。许多有志的儒者，便想以功过格为底本对它进行脱胎换骨的工作。刘宗周的《人谱》是一个最好的例子。[⑤] 除

---

① 孟森：《袁了凡斩蛟记考》，见《明清史论著集刊续编》，73～80页，北京，中华书局，1986。

② 参见我的《明末清初的人谱与省过会》一文，载《“中央研究院”历史语言研究所集刊》，63本第3分，1993，679～712页。

③ “咱只消尽这家私，广为善事，就使强奸了嫦娥，和奸了织女，拐了许飞琼，盗了西王母的女儿，也不减我泼天富贵！”见笑笑生：《金瓶梅词话》五十七回，9b～10a页，明万历刊本。

④ 夫马进：《善会善堂的开端》，见刘俊文主编：《日本中青年学者论中国史：宋元明清卷》，426页，上海，上海古籍出版社，1995。

⑤ 刘子《人谱》出现后，功过格才有了竞争者，但是无论如何，《人谱》中的记过格仍是模仿功过格的。

了《人谱》外，还有一大批不满意功过格、但又受其影响的修身册产生。陈瑚（1613—1675）、陆世仪早年皆实行功过格，箧中不时放着一本功过格，但他们两人皆或作或辍，因为觉得“德不加进”[1]，而且也因为考试失利而感到彻底失望，陆世仪乃“仿了凡意作《格致编》”[2]。因为大部分的书不易见到，所以我们还没有足够的了解，故此处只能从书名及其他零碎史料去判断，当时是出现了一个风潮，可以名之为“儒门功过格运动”。

值得注意的是，科考的焦虑是当时许多士人共同的焦虑，它使得许多人面临了强烈的意识危机，有的转向宗教，譬如科考失利便是杨廷筠（1557—1627）转向天主教的一个重要原因[3]；至于袁黄对于科举的焦虑，也是他信仰功过格的重要原因。[4] 足见晚明因为参与科举人数与录取名额之间愈来愈悬殊的比例，对士人所造成的焦虑与挫折感，其影响是非常深广的。[5] 李塨是反对《感应篇》的，认为“其言颇荒唐，且以徼福之心为善窒恶，已属私欲也”。可是他四十岁之前尚无子嗣，日夜悬想的是贩夫佣保居然都有小孩，会不会他们的德行胜过自己呢？[6] 足见他心理

---

① 陈瑚：《尊道先生陆君行状》，见《桴亭先生行状行实》，3b页，收入陆世仪：《陆子遗书》（又名《陆桴亭先生遗书》）第1册，清光绪二十五年刊本。

② 陆允正：《显考文学崇祀乡贤门人私谥文潜先生桴亭府君行实》，见《桴亭先生行状行实》，16a页。

③ 关于杨廷筠，见裴德生、朱鸿林：《徐光启、李之藻、杨廷筠成为天主教徒试释》，见《明史研究论丛》第五辑，477～497页，南京，江苏古籍出版社，1991。

④ 袁黄：《了凡四训白话解释》，7～11页。袁氏信仰功过格的另一个焦虑是为了求子。

⑤ 参见余英时：《士商互动与儒学转向：明清社会史与思想史之一面相》，见《近世中国之传统与蜕变：刘广京院士七十五岁祝寿论文集》上册，3～52页。

⑥ 李塨：《警心编序》，见《恕谷后集》卷一，5页，见《丛书集成初编》第2488册，上海，商务印书馆，1936。

的最深层仍然相信善恶都会得到现世报应。在不自觉的层面，他的想法实在与袁黄没有太大差别。

二

前面已经提到过，我们在讨论宋明理学的历史时，常常忽略了他们的生活史，尤其是他们在从事道德修养时，除了语录与高深的谈论外，究竟还有什么凭借，使得这种基本上是内心世界的转化能够有所保证？

自古以来，人们就以各式各样的方式来警醒自己。理学大兴之后，各地以一两句修身语来提醒世人的书匾、书联、书壁等极为流行。以朱子为例，他的行踪所经之地所留下的遗迹中，便有大量的这类遗物。[①] 但这并不是主要的，理学家生活践履中有以下几种重要的模范或是凭借：

（一）自传。如胡直、高攀龙的《困学记》都成了人们从事道德修养的范本。[②]

（二）功案（或“公案”）。《陈献章集》中《与贺克恭黄门》一文有一段话，

> 林缉熙此纸，是他向来经历过一个功案如此，是最不可不知。……若未有入处，但只依此下工，不至相误，未可便

---

① 高令印：《朱熹事迹考》，161～301页，上海，上海人民出版社，1987。

② 关于自传，请参看吴百益的研究。Wu Pei-yi，*The Confucian's Progress*：*Autobiographical Writings in Traditional China*，Princeton，Princeton University Press，1990。

> 靠书策也。[①]

陈白沙指出，从事身心性命之学者如果不知如何下手，可照着林缉熙（光，1439—1519）的“功案”去下工夫，“不致相误”。足见“功案”是一个人道德修养历程中所经过的种种重要关节及转折，记下这些历程，就像一件案子的前因后果，所以称为“功案”。而对于寻找入手工夫的初学者而言，它有点类似基督教的圣徒传记，只要模仿圣徒，照着去做，便不致走错路。陈白沙并特别强调“不可便靠书策”，可能因为书策毕竟不像“功案”那样，是一个修养有成之人道德转化过程中搏斗的痕迹，易于循守，而且更得要领。

（三）年谱。我们现在通常只将年谱当作某人的生平史料，但在宋明理学的传统中，“年谱”常有实际修身借鉴的功用，参详某人的年谱，便是参详他道德奋斗的历程。以《王阳明年谱》为例，这份成于阳明亲近学生之手的记录，便是许许多多王学信徒求道过程的参考册子，其功用有点像基督教的《模仿基督》（*De imitatione Christi*）。有一些被认为在道德实践上有所成就的人物常在生前编年谱，多少也是将年谱视为一种教学手册。

（四）肘后牌。李二曲有“肘后牌”，他曾这样说明它的功用：

> 肘后牌者，佩日用常行之宜于肘后，藉以自警自励，且识之于不忘也。上帝临汝，无贰尔心，其可忽乎！[②]

---

① 陈献章：《与贺克恭黄门》第二则，见《陈献章集》上册，孙通海点校，133页，北京，中华书局，1987。

② 李颙：《二曲集》卷十五，附《授受纪要》“肘后牌”，134页。

中医有所谓“肘后方”，表示紧急时不可或缺之方药。此处的“肘后”二字，也有道德修养过程中之肝膈要旨的意思，不过它不只是这样。照李二曲的描述，它是一块木牌上面写着自警自励的话，佩于手肘之处，则每当手肘弯曲之时，便因碰触而自警。李二曲的“肘后牌”上写的是：

默 恭
扩 提 修
善 起 九
端 容
放
下
定 寂 明 虚

赞 参 纶 经
化
臭 无 声 无[①]

李二曲用一段话来说明这块木牌上口诀的意义：“终日钦凛，对越上帝，笃恭渊默以思道；思之而得，则静以存其所得。动须察其所得，精神才觉放逸，即提起正念，令中恒惺惺；思虑微觉纷杂，即一切放下，令万缘屏息。修九容，以肃其外；扩善端，以纯其内。内外交养，湛然无适，久则虚明寂定，浑然太极，天下之大本立矣。大本立而达道行，以之经世宰物，犹水之有源，千流万派，自时出而无穷。然须化而又化，令胸中空空洞洞，无声无臭，夫是之谓尽性至命之实学。未至于斯，便是自弃。千万努力，念兹在兹！”[②]

---

① 李颙：《二曲集》卷十五，附《授受纪要》“肘后牌”，134 页。

② 同上书，135 页。

（五）书壁、书门。书于门或书于壁想必是在门上或壁上直书警句或是张挂条幅来警醒自己。此处拟举颜元与李塨的例子。《颜元年谱》1690 年条引颜氏日谱，对“书壁”之功用有所阐发：

> 行中矩，望见壁上书“毋不敬”，怏然。思敬时见箴而安，怠时见箴而惕，不啻严师争友矣。汤、武逐物有铭，有以哉。[①]

李塨书壁的内容相当丰富，想来是随着年龄与进境而不断更换。1682 年他书于壁上的是当时的日课——“一山立、一庄坐、一慎笑、一朗言、一勿作轻佻语姗人、一言事勿急躁、一勿闲言废时、一与人言须待人语讫、一论古人以和平、一戒深言、一戒轻作勉人语、一戒浮态、一勿以盛气加人。”[②] 来年，匞为有一次与颜元讨论改过的问题，而耻昔日改过不力，乃大书于壁曰：“塨，汝改过不力者，天其刑汝！”[③] 1702 年，书壁的内容是：“坐如尸，坐时习也；立如齐，立时习也；周旋中规，折旋中矩，趋以采荠，行以肆夏，行时习也；寝不尸，寝时习也；皆习礼也。”[④] 1715 年李塨五十七岁，自书于壁的是：“断欲，勿詈人，勿躁，勿言人短长，力肩圣道，表里并尽。”[⑤] 来年，书壁云：

---

① 李塨：《颜元年谱》卷下，康熙二十九年“庚午（1690）五十六岁”正月二十二日条，71 页，北京，中华书局，1992。

② 冯辰、刘调赞：《李塨年谱》卷一，康熙二十一年“壬戌（1682）二十四岁”条，19 页。

③ 同上书，卷一，康熙二十二年“壬戌（1683）二十五岁”条，20 页。

④ 同上书，卷三，康熙四十一年“壬午（1702）四十四岁”条，89 页。

⑤ 同上书，卷五，康熙五十四年“乙未（1715）五十七岁”六月条，153 页。

“高冷暴躁，予之大病，不改之，非夫也。”[①]

（六）书衣。明末清初的盛敬（1610—1685）为了实践“慎独”之训，便将这两个字书于所穿的葛衣之上，以便随时提醒自己。[②]

（七）但是最值得注意的、使用最广泛的，还是日记、日录。

书院弟子立日记，是从宋代一直到清代都还使用的一个办法。虽然目前尚未见到这种日记留下来，不过吾人可以从各种规约中看出，书院要求学生立日记，将所读何书、所见何人记下来，以供山长阅看。[③] 至于私人立日记的更是众多，例如陈白沙有日录[④]，吴与弼（1391—1469）有日录[⑤]、董沄（1457—1533）《日省录》[⑥]、林光（1439—1519）《晦翁学验》[⑦]、高攀龙《日鉴编》[⑧]、刘宗周《日记》[⑨]、祁彪佳《日记》[⑩]、魏象枢《日记》[⑪]、

---

① 冯辰、刘调赞：《李塨年谱》卷五，康熙五十五年“丙申（1716）五十八岁”条，159 页。

② 葛荣晋等：《陆世仪评传》，288 页，南京，南京大学出版社，1996。

③ 李国钧主编：《中国书院史》，987 页，长沙，湖南教育出版社，1994。

④ 陈献章：《手帖》，见《陈献章集》上册，78 页。

⑤ 吴与弼：《康斋先生日录》，京都，中文出版社据日本明治三年和刻本影印。

⑥ 黄宗羲：《明儒学案》，291 页。

⑦ 容肇祖：《补明儒东莞学案：林光与陈建》，见《容肇祖集》，288 页，济南，齐鲁书社，1989。

⑧ 该书以德业之敬、怠义，分注于天时人事之下。麦仲贵：《明清儒学家著述生卒年表》“1585 年”条，214 页，台北，台湾学生书局，1980。

⑨ 麦仲贵：《明清儒学家著述生卒年表》“1592 年”条，222 页。

⑩ 祁氏有日记多种，见《祁彪佳文稿》第 2 册，北京，书目文献出版社，1991。

⑪ 李塨《颜元年谱》卷上“辛丑（1661）二十七岁”条，记刁包“研程朱学。蔚州魏敏果公象枢甚重之，月送日记求正”。（9 页）不过在《寒松堂全集》中未见到魏氏的日记。

张尔岐《日记》[①]、张履祥（1611—1674）《日记》[②]、魏禧（1624—1680）《日录》、朱用纯《毋欺录》、方苞（1668—1749）《省身录》[③] 等，不过这些日记大都没有留下来。他们也不认为有全本保留的必要，最多只是将日记中比较精彩的心得摘抄刊印，譬如朱用纯的《毋欺录》即是。

修身日记大抵可以分为两种。第一种是比较不具系统的记录，明代吴与弼的《日录》是一个例子。我们今天翻开吴氏《日录》三百多条的记录，既不是系统的、带有簿记性质的记录，也看不出明末清初日谱或日录中那种你死我活式的内在斗争痕迹，而大体是一些生活体验、一些反省、一些悔恨、对于圣贤语言的一些体味[④]。这类日记或日谱数目不少，规模最大的一部是孙奇逢的《日谱》。

另一种是带有簿记性质的修身册子。它的流行，除了是受功过格影响外，也与当时社会脱序，需要更严格的修身日记有关。当时儒者在个人方面有《人谱》及各种省身录，在社群方面则流行乡约中的彰善纠过，士人也倡组省过改过之会。[⑤] 当时文人悔过、忏过之风甚盛，所以刊刻功过格、《感应篇》[⑥] 或《人谱》[⑦]

---

① 张尔岐：《日记序》，见《蒿庵集》卷二，73～74 页。

② 苏惇元编纂：《明末张杨园先生履祥年谱》，19 页，台北，台湾商务印书馆，1981。

③ 麦仲贵：《明清儒学家著述生卒年表》“1703 年”条，424 页。

④ 当然，我们现在所看到吴与弼《日录》是选刊，而非全貌。关于《日录》可以参考钟彩钧：《吴康斋的生活与学术》，载《中国文哲研究集刊》，第 10 期，1997，269～316 页。

⑤ 参见王汎森：《明末清初的人谱与省过会》，载《“中央研究院”历史语言研究所集刊》，63 本第 3 分，1993，679～712 页。

⑥ 邓之诚：《清诗纪事初编》，551 页，北京，中华书局，1965。

⑦ 同上书，837 页。

的风气非常盛行。[①]

当时儒学内部的几种发展也与严密的修身日谱的兴起有关。明代后期思想有逐步摆脱现成感悟，而走向日常生活中实践的意味，故道德实践上有一种“日常生活化”的倾向。当心学盛行时，人们所求的是“悟”，是“一旦豁然贯通，则众物之表里精粗无不到”，所以读书静坐之外，还到处追逐得道大师，听讲、印证、提撕，寻求开示，以求证悟。一旦开悟，还要时时保住勿失。但是后来思想有所变化：第一，主张要从动中实践，从实践中去取得中节；第二，不再是开悟的，而是日常实践的。那么日谱中所记的不应再是一些电光石火般的感悟，而是生活的、全面的，所以日谱就倾向以簿记式涓滴不漏地记载每一举动、每一念虑云为。

我们由清初颜元与李塨两次意见上的差异，便可以看出新旧两种典范不同。1689 年李塨三十一岁时，他问颜先生：“近日此心提起，万虑不扰，只是一团生理，是存养否?”颜元的回答是：“观足下九容之功不肃，此禅也，数百年理学之所以自欺也。……盖必身心一齐竦起，乃为存养。”[②] 照颜元说，看不见的心与看得见的九容都要合符规矩，故不再是“此心提起万虑不扰”就够了，应该是生活中表现出来的每一细节。另外一个例子也可以看出由操存到习行的变化。李乾行（1646—?）向颜元说：“何须学习，但操存功至，即可将百万兵无不如意。”颜元悚然，

① 例如乐纯的《雪庵清史》（明万历刊本），其中《清课》一卷，有讲每日忏悔。

② 冯辰、刘调赞：《李塨年谱》卷二，康熙二十八年“己巳（1689）三十一岁”四月条，41～42 页。

"惧后儒虚学诬罔至此!"①

他们称呼自己所做的是"日日工程"。颜元六十八岁时，有一天突然忆起"少年最卑污事"，遂想起友人的一段话："鸢飞戾天，一敛翅即落地。"故了解到"自今，不可任此身颓衰，须日日有工程"②，成德不靠一时的了悟，而是日日要努力的事，只要有一日没有"工程"，便会像高飞的鸢突然收翅般，即刻掉落地上。

在对感悟式的修养观感到失望之后，人们寻找一种可以用务实的方法来达到超越目的的东西。每有一善，便算一件功，每作一件坏事，便算一过，整个灵魂的状态可以像公司的营运状态，用簿记来管理，而且自己可以像一个老练的会计，搬出账本，则公司的本质与营运状况便一清二楚了。自己成德的可能性，以及在成德的路上走了多远，都可以从这些簿记中查得。不再像过去那种求悟的方式，究竟何时可以超悟是不知道的，悟后可以保持多久也是没有保证的。我觉得从孙奇逢《日谱》中的一篇《序》中，可以看出这种由务实的方法达到超越的目的之道路。这篇序强调由日用常行以窥先天未尽、以窥良知，而且是日日慎之、日日记之，终身无不慎、须臾无不慎。所记又是自证自勘，非他人所能识测者。而且这样一件工作是无一人不可为，无一事不可尽，无一时不可学。③

因为是在日常生活所有细节上见分晓的，日记遂有两种功

① 李塨：《颜元年谱》卷下，康熙三十年"辛未（1691）五十七岁"八月条，78～79页。

② 同上书，康熙四十一年"壬午（1702）六十八岁"三月八日条，98页。

③ 这篇《补刊日谱序》是由沈阳曾培祺撰于光绪癸巳（1893）季夏，距离《日谱》主人孙奇逢的年代已有两百多年。见《孙征君日谱录存》第1册，1～2页，清光绪十九年兼山堂补刊本。

用：第一，立日记者规定自己凡是日间所思所行，夜间必须不能遗漏地忠实记录下来，因为时时刻刻想到自己的念虑云为到了晚间必须记录下来，所以许多念头便不敢有，许多事便不敢做；第二，必须对内在心灵的全部活动都要保持记录，而且要将生活中所有的细节都记录下来，以供自勘或请求成德君子代为诊治。这里有点像是西方基督教的传统中对“记忆”的重视。记忆是告解与悔罪传统中相当关键的一部分，如果不能清楚记着自己的云为，也就没办法进行一场完整的告解。所以教会中人发展记忆术，在中国传教的利马窦即以擅记忆术而名噪一时。[①]

明季儒者并未发展记忆术，不过日谱或日记的功用，也相当于西方忏罪过程中的记忆术；而求人评日记，或是在省过会、规过会中互质日记，也颇似向神父告解。所以教人立日记的话中都一再强调两点：一是从最隐微的念头之发动开始记下所有细节；二是功过并录，一字不为镘饰。这两个要点都是为了记下善恶斗争的过程，以求悔过的完整，或为自己及指导者在反省或教导时提供完整的记录。

日谱还提供自己“回勘”的记录，尤其是当自己神智变得较为清醒客观，或是道德修养上更有进境时，再回头翻看，可以更清楚地诊断自己。我们在明末清初的日记或日谱中便常常看到回勘日谱之语。《李塨年谱》有一条：

> 思昔年煤毒、部问二事，心夷然不动，以为学问所就。

① Jonathan Spence, *The Memory Palace of Matteo Ricci*, New York, Penguin Books, 1984.

今回勘日谱，当时大本未立，盖冒认也。[①]

因为生命是一个纵深的历程，所以自己借着“回勘”去发现过去的修养实迹，对于未来工夫的进步也非常要紧。故要尽可能保留奋斗进退之完整痕迹。

除了修养“日常生活化”之外，明代思想的一些变化，也是日谱兴起的重要原因。宋代理学至朱子而确立了理气二元论，其论人心之疵病，每举“气拘物蔽”。但至陆王一系则不谈气禀，只谈物欲。气禀之拘是天生的，工夫是穷理，以求心之发动及身之行为能越过气禀之拘[②]，陆王只论物欲之蔽，既无天生的气禀之拘，则虽蔽固深重，皆由习染积成，而其工夫亦在以自心之明来光照及化除。此外，明代后期，心学家对人性的看法有所转变，认为气质亦不可不谓性，习与性成，倾向一种自然的、发展的人性论。所以必须非常小心地在日常生活的细节中，分辨出对与错来。不过他们基本上认为人内在的光照可以辨别善习与劣习，然后尽可能地把劣习去除。这也是为什么儒门发展出记过而不记功的谱册。

值得进一步说明的是，过错不是孤立的东西，它是一个症状，所以了解过错及改过之前，必须先知道自己的过错只是整个人格的一个痛症，在它之下，有一个广而深的结构。所以将每个念虑行为，最忠实地记录下来，是提供“症候阅读”（symptom

---

① 冯辰、刘调赞：《李塨年谱》卷四，康熙四十九年“庚寅（1710）五十二岁”十二月条，141～142页。

② 参考钟彩钧：《王阳明思想之进展》，112～115页，台北，文史哲出版社，1983。

reading）的根据。刘宗周说：

> 吾辈偶呈一过，人以为无伤。不知从此过而勘之，先尚有几十层，从此过而究之，后尚有几十层……谓其出有源，其流无穷也。[①]

这不是刘宗周独有的想法，只是他说得更明白而已。而想对这个前几十层、后几十层的症候加以彻底地了解，必须有最完整、最无隐讳，完全忠于自己的记录。

三

在明末清初的思想圈中，我们观察到一个现象，即日谱除了是自省的凭借外，它还常常是一种教材。日谱之所以成为教学的媒介，与明清两代之间士人社会生活的变化有关。

晚明士人与清代士人的生活形态相当不同。晚明士人的特色之一是知识分子的群体性活动。他们到处游学，到处拜访同气相求的朋友，到处谈论，到处切磋，所以游记中常记载一些重要的思想辩论。[②] 而且当时士习嚣张，结党营社的事情极为平常。如果想穷举当时各种性质的群体活动，几乎是不可能做到的事。[③]

而讲会乃知识人群体性活动的一大项目，士人每每跟随一个

---

① 黄宗羲：《明儒学案》，1541页。梁启超《德育鉴》（93页，台北，台湾中华书局，1972）引了这段话，值得注意。

② 譬如罗洪先在《念庵文集》（文渊阁四库全书本）卷五的《冬游记》。

③ 如方以智即是一个好例子，参任道斌：《方以智年谱》，合肥，安徽教育出版社，1983。

大师东奔西跑。有些大型讲会，在各省设有道宗，先期通知，传单四发，届时动辄数千或数万人聚集在一起。这类记载非常之多，譬如《关学续编》中提到的几次讲会，与会者多到几千人。[①] 当时有几位名重一时的讲家，所到之处，经常吸引几个省份的听众。首先是王阳明。他在会稽建稽山书院，湖广、广东、直隶、南赣、安福、泰和等地来的听讲者多达数千人。在江西讲学时，也是四方学者辐辏，他当时所住的射圃，容不下这些来学的人。如徐阶（1503—1583）为讲会于灵济宫，使欧阳南野、聂双江等分主之，学徒之集者千人。又如颜钧，他一开始讲学，便趁庚子秋闱，出讲豫章同仁祠，榜曰"急救心火"，"得千五百友"[②]。1541 年三月，他闻其师讣音，遂赴泰州祭拜王艮墓，庐墓三年，并聚友千余，讲论《大学》《中庸》之学。[③] 1545 年他在泰州、如皋、江都、扬州、仪真等地讲学，广泛传播王艮"大成之旨"，未记录姓名者据说有几千几百之众。[④] 1553 年颜氏五十岁时，还作《告天下同志书》，约聚各方学友于南都讲明圣学。[⑤] 又如罗汝芳，他一生东奔西走到处讲学，吸引无数听众，《明儒学案》称他"舌胜笔"[⑥]，绝非虚语。譬如 1576 年（万历四年）他六十二

---

① 冯从吾：《关学编（附续编）》续编卷一，74 页，北京，中华书局，1987。

② 黄宣民编订：《颜钧年谱》，"嘉靖十九年庚子（1540）三十七岁"条，见《颜钧集》，126、128 页。

③ 黄宣民编订：《颜钧年谱》，"嘉靖二十年辛丑（1541）三十八岁"三月条，见《颜钧集》，130 页。

④ 黄宣民编订：《颜钧年谱》，"嘉靖二十四年乙巳（1545）四十二岁"条，见《颜钧集》，131～132 页。

⑤ 黄宣民编订：《颜钧年谱》，"嘉靖三十二年癸丑（1553）五十岁"条，见《颜钧集》，137 页。

⑥ 黄宗羲：《明儒学案》，762 页。

岁时在腾越的一场讲会——“塞场中不下四、五万众。……虽讲生八、九人据高台同诵亦咫尺莫闻也。”① 他一生所历讲会中，听众的数目总是非常庞大。② 他的演讲工作带有到处布道的意味③，直到他七十岁时远近学生还移家就学④。

但是随着国家的灭亡，学风沉静下来了。士人对先前的学风有所反省批判。陆世仪说：“天下无讲学之人，此世道之衰；天下皆讲学之人，亦世道之衰也。”他反对“嘉、隆之间，书院遍天下，讲学者以多为贵，呼朋引类，动辄千人，附影逐声，废时失事”。⑤ 官方的态度也与他们合拍。顺治九年（1652）清廷下令：“各提学官督率教官、生儒，务将平日所习经书义理，着实讲求，躬行实践，不许别创书院，群聚徒党，及号召他方游食无行之徒，空谈废业。”⑥ 当时虽然还有一些讲会，如紫阳讲会仍具相当规模⑦，而且还有一些名儒在各处主持书院，但讲会的声

---

① 程玉瑛：《晚明被遗忘的思想家：罗汝芳（近溪）诗文事迹系年》，107 页。

② 同上书，108 页。

③ 同上书，161 页。

④ 杨起元在《证学编》说：“先师平生将有所适，则同志预戒以待。及其至也，辄数十人在，同食寝矣。次日多至百人，少亦不下五、六十人，再过一、二日则二、三百人，此其常也。”在《杨复所先生家藏文集》里又说：“近师平生徒足所至便集百十人，多至数百人，绝未尝有意于约戒号召之，而莫知其所由然也。”同书《告同门》中说：“明德先师仕无禄人，悉以待四方来学。”以上三则皆转引自程玉瑛：《晚明被遗忘的思想家：罗汝芳（近溪）诗文事迹系年》，211、215、217 页。

⑤ 陆世仪：《思辨录辑要》前集卷一，8b 页，台北，广文书局，1977。

⑥ 见《大清会典·儒学·学规》，台北，新文丰出版公司，1976，转引自周德昌主编：《中国教育史研究（明清分卷）》“清代书院的沉寂期”，74 页，上海，华东师范大学出版社，1995。

⑦ 周德昌主编：《中国教育史研究（明清分卷）》“明清书院的讲会制度”，102～105 页。

气已近尾声。雍正十一年（1733）又有“屏去浮嚣奔竞之习”[①]之诏，讲会便不常再见了。

相应于士人群体活动的消寂，文化活动的形态也有了微妙的改变。以评选文字为例，过去由诗社评文，社盟衰歇之后，出现了新的方式。邓之诚《清诗纪事初编》“徐文驹”条：

> 自社盟禁后，人人可操选政，以言资生，时艺所得过于诗古文者多矣。故吕留良、戴名世、何焯皆甘为选家。[②]

文学活动如此，思想性活动亦相应而变。讲会减少了，像心学大盛时那种动辄几千人甚至上万人的讲会不再出现，一个老师身边聚有大量学生的盛况也不再见，像过去那种四处出游、先期张贴布告招来听众的情形也几乎消失了。[③] 但是有些卓有声名的大师，仍旧是各地士人们所向往的。既然少了当面受教的机会，以日谱作为教学媒体的风气乃渐出现。

同时，因为这些大师对成德的看法与前人已有不同。一觉已无余蕴式的思考已经过时，代之而起的是要在日常生活的所有细节中去实践圣人之道。所以千里来见一面、听一席演讲、得一番开示的教诲方式，已经不够了。有些人想到使用日谱，抄送日记求人评论，教人立日记，或要求读他人日记的风气渐盛。譬如魏

---

① 《清朝文献通考》卷七十《学校考》，5504页，台北，台湾商务印书馆，1987。

② 邓之诚：《清诗纪事初编》，861页。

③ 以讲学为例，在《关学续编》有一则记一位关中学者日与诸生讲论不辍：“或以时方忌讲学之风，有劝非其时者。”（卷一，74～75页），我们没有更进一步数据讨论这一句“时方忌讲学之风”究竟是指政治的压力，或是当时学界风气如此，因为事实上，当时政府与士人皆有反讲学、反对士人群体性活动之倾向。

象枢将日记送请刁包（1603—1669）评[①]，孙奇逢《日谱》中有一条说张蓬元寄信索求他的日谱。[②] 孙氏的《日谱》这时根本不曾印刷，而竟有人来信要求观览。颜元在与他素未谋面的关中李复元通信时也表示，希望对方将平时所用功及所得力处告诉他，并客气地说“相望千余里，贫儒难以负笈亲炙”，即使连信也不能常寄，故摘“功课记”中一纸，寄请对方指正。[③] 又如他在给南方大儒陆桴亭的信上也说：“山河隔越，不敢多寄，谨以《性》《学编》各一纸、日记第十七卷中摘一张呈正。”[④] 此外，如安徽环山的方启大（1612—1677），在他将死之前，是把自己的日录一篇授予其子，说：“此中聊见尔父所学，他无足念也。”[⑤] 今人认为最私密的日记，在当时竟是类似学报、论文抽印本、讲义，甚至是函授教材的东西。

在颜李的教学过程中，日谱扮演特别举足轻重的角色。而这个现象与整个社会环境的变化有关。颜李不是以读书为满足的人，他们亟思以其学斡旋世运，干济天下，想转世，而不是为世所转，想以其学培养百万乡官，以落实其全国之政治改革。

但怀抱这样一个理想的人必须要能广泛接触各地士流，才能落实他的宏愿，然而颜元却僦居在河北乡间的一个荒村中，极少有机会离开，与明代心学家那种到处讲学到处劝化的生活方式正

---

① 李塨：《颜元年谱》卷上，顺治十八年“辛丑（1661）二十七岁”条，9页。

② 孙奇逢：《孙征君日谱录存》卷四，“顺治八年辛卯（1651）六十八岁六月二十六日”条，39b页。

③ 颜元：《习斋记余》卷三《寄关中李复元处士》，见《颜元集》，435页。

④ 颜元：《习斋记余》卷三《上太仓陆桴亭先生书》，见《颜元集》，428页。

⑤ 黄容：《明遗民录》卷五“方启大”条，见谢正光、范金民编：《明遗民录汇辑》，35页，南京，南京大学出版社，1995。

好形成激烈的对比。颜元又反对著述，认为诗文字画是“乾坤四蠹”，反对人多念书，嘲笑有人开了一份书目劝天下士人诵读三万遍的构想是莫名其妙，甚至认为明代动辄以官爵赏赐领衔修书之大臣为荒谬。[①] 那么他要靠什么来传达学说？

颜元认为他学问的特色是实践，所以想承其学的人必须在日常生活中活出圣贤的规模来。如果千里之外的人立志要走他的路子，不必一定要聚会见面，也不必读他的著作，要紧的是赶快模仿他的办法立日记。而当时也确有不少千里之外从未谋面或从未通过任何消息的人，只要发心仿照他的方式立日记，便自称是他的学生。譬如常州孙应榴（1694—1733），是因为在1723年（雍正元年）三十岁时闻恽皋闻（1663—1741）述颜李之学而叹服，便“遥拜先生（李塨）为师，立日记，省过甚严，且分日习六艺”。五年后，他将四个多月间的日记一本托恽氏寄给李塨，李塨读后，觉得其师颜元的学问已经开始南传了。这本日记原先藏在李塨的旧箧中，后来被《李塨年谱》的编修者发现。他们发现孙氏原想北上拜李塨为师，但“因斧资不给，乃北向遥拜先生为师”。[②] 由此可知立日记是决心皈依师门的表现，所以在颜李学派中常见有“于是立日记，学先生之学焉”[③] 一语。恽氏决心立日记后读到李塨题《王昆绳省身录》一则，“慨然曰：‘数载景

① 钟錂编：《颜习斋先生言行录》卷上《禁令第十》，见《颜元集》，655页。案据《颜元集》点校者指出，此处之“三万遍”或为“三百遍”之误。颜元反智识之态度可参见余英时先生的《清初思想史的一个新解释》，见氏著：《历史与思想》，121～156页，台北，联经出版事业公司，1976。

② 冯辰、刘调赞：《李塨年谱》卷五，雍正六年“戊申（1728）七十岁”二月条，193～194页。

③ 同上书，194页。

仰，未得遂愿见先生之志，今以斯言自省，庶几如见也与。’乃逐句分注之日记，订为自省之要。自省心存密否，密则日记书一直画｜，否则书二斜画╳，且以画之大小，别存否之久暂。自省视听言动中礼否，中礼则书方□，否则书马眼⬭，亦以大小，别中否之轻重。自省时觉有进否，进则书一圈○，否则书一黑子●，亦以其大小，别进否之分数。礼乐诸艺，每朔望两考，有加则书环◎，间断则书缺◌，亦以大小，别加损之多寡。天理所悟，人情所照，经济所阅历，或日新，或仍旧，夜寐而寤，能一一自省，则晨起书一大红圈○，昏忘不省，则书一大黑子●。每月朔，设案南窗下，省一月之记，某画几，某画几，记过之多少，跪而自讼”①。

不过立日记严格省查善过，每月结算，过多善少则跪而自讼的工作，与颜元所痛诟的“半日静坐半日读书”一样，不是平民做得到的。所以，心学盛行时那种平民化的，大量村民、大量农工商贾都被发动起来参与讲会的情形再也看不到了，一般百姓也不可能“立日记”，所以由讲会到日谱，多少也可以看出理学中平民精神的萎缩。

四

我们现在所能读到的修身日记并不多。许多立日谱的人，在某一个时期便要焚弃，所以留存的很少，加以刊刻的又更少了。

① 冯辰、刘调赞：《李塨年谱》卷五，雍正六年“戊申（1728）七十岁”二月条，194页。

刊刻工作通常是经他人之手。

本文就几种较有代表性的日谱或日记加以讨论：依年代先后，分别是陆世仪《志学录》、陈瑚《圣学入门书》，这两种是明朝灭亡前几年的日谱；接着是明亡前十六个月，黄淳耀（1605—1645）的《甲申日记》；然后是由《颜元年谱》所辑得的颜氏日谱；最后是由《李塨年谱》所辑得的李塨日谱。颜李的日谱已下及雍正年间。这些日谱的内容正好见证明末到清初这一段历史。

陆世仪是江苏太仓人，他与同里陈瑚、盛敬、江士韶等人以道义相劝勉，于 1633 年（崇祯六年）秋间始行袁了凡《功过格》，后来因为觉得不满意，故作《格致编》，又创立《考德课业录》。《考德课业录》始于丁丑，也即是 1637 年（崇祯十年），日书"敬""不敬"于册，以验进退。[①] 在 1639 至 1640 年间，他认为自己所考犹疏，故更为一法，"大约一日之间，以十分为率，敬一则怠九，敬九则怠一，时刻检点"[②]。他把 1641 年起所作的日谱称为《志学录》，所记更为详尽。足见他的日记有一个发展的过程，愈发展愈严谨，检点的间隔愈来愈紧凑，计算更为准确，所记的事也更详密。

《格致编》未存，《考德课业录》应是他们"考德课业会"会友所立日记的通称，其得名是因他与陈、盛、江等人所创的考德课业会而来。至于《志学录》则是该会中每个人所立日记之通

① 陆世仪：《年谱》，"崇祯十年丁丑（1637）二十七岁春"条，6b 页，见《陆子遗书》第 1 册。依陆世仪《年谱》5b 页，《格致编》作于崇祯九年（1636）。

② 钱敬堂：《弁言》，见陆世仪：《志学录》，1b 页，收入《陆子遗书》。

称，但是只有陆世仪的这一份留下来。陆氏的《志学录》甚为简短，从崇祯十四年辛巳（1641 年）三月到十二月共十个月之久，特别值得注意的是，此时陆世仪正在服丧。

陈瑚的《圣学入门书》只留下一批表格，没有实际的内容，它依年龄、性别去分，故有小学日程、大学日程、内训日程三种，而且为了照顾不识字的妇女，他在内训日程规定“奉行法”中作了一些特殊的安排[①]，他的条规中也反映了一些意识形态，譬如内训日程规定妇女“岁终总计其数，入夫告天文中一并焚化”[②]，即是将妇女视为先生附属之想法。袁了凡《功过格》中也有相同的规定。

殉明名臣黄淳耀的日记甚多，有《自监录》、有《日省记》等。此处所讨论的是《甲申日记》。

《甲申日记》，一册，起于崇祯十七年甲申（1644 年）一月，止于该年三月，是黄氏殉国十六个月之前的日记。第一个月是先以《二程书》《近思录》作为反省的依据。第二个月是分身、口、意三方面自我检省。到了第三个月，他觉得分类检查还不足，故在时间上又分早起、粥后、午后、灯下、夜梦五个时段以自省，“刻刻提撕，不令稍懈”[③]。由以上种种，也可以看出他与陆世仪等人一样，所立日记有愈来愈严、愈来愈紧的趋势。这样的发展

---

① 陈瑚：《圣学入门书》，见《确庵文稿》，日本浅草文库本，东京，高桥情报，1991。

② 同上注。

③ 刘承幹：《黄忠节公甲申日记跋》，见黄淳耀：《黄忠节公甲申日记》，见沈云龙选辑：《明清史料汇编》八集第 4 册，82 页，台北，文海出版社，1973。

基本上符合明清之间思想转变的大致趋势。①

颜元从 1664 年开始立日谱。他的日谱未见存留，不过我们非常幸运地从《颜元年谱》中钩稽了不少材料。李塨等在《颜元年谱》的《凡例》中表示：在 1664 年（康熙三年甲辰）三月以前的《颜谱》是本之颜氏自己的追录稿及李塨的传闻，此后一直到 1704 年（康熙四十三年甲申）颜元死去为止，皆采诸日谱。李塨他们所见的日谱共七十余帙，每岁日记不下七八十页。也就是因为有这么完整的日谱，所以编辑年谱的工作不到五十天就完成了。这部年谱对颜氏一生功过并录，不刻意曲隐②，所以所抄录的日谱材料极为逼真生动。

李塨的日记现在也不能见到，所以本文全凭《李塨年谱》中所节引自日记者为讨论的根据。我们知道李氏从二十二岁

① 本文偶尔提到孙奇逢的《孙征君日谱录存》，可能是此时期中卷帙最为浩繁的一份日谱。孙氏立日谱甚早，不过目前所能见到的是顺治六年（1649）十一月告墓移家起至康熙十四年（1675）止的日谱。在孙氏逝世之后，日谱即已出现过抄本，魏一鳌案头曾有一部，参见常大忠云："于莲陆魏师之案头见日谱一书。"（《孙征君日谱录存序》，见《孙征君日谱录存》第 1 册，21a 页）此书最终得以印出，乃孙氏后人得之于孙氏门生马平泉之后人，它的正式刊印，受到史学家陈寅恪之祖陈宝箴之赞助，见光绪十一年（1885）九世孙世玟《纪事》，见《孙征君日谱录存》第 1 册，24～25 页。可能印本无多，故到光绪年间仍极罕见。由于这一份日谱的存佚状况始终在若隐若现之间，一直到 20 世纪 80 年代，侯外庐等编写《宋明理学史》时仍不知它的存在，该书在讨论孙奇逢时说他："写了大量著作，尤其是所作的日谱，据说卷帙浩繁，可惜已经遗佚。"（下卷，703 页，北京，人民出版社，1987）近年来北京图书馆将其所存善本整理出版时，也把所藏的《日谱》发表了，然而只有不到两卷的残稿。不过在"中研院"史语所傅斯年图书馆藏有足本的《日谱》，共三十六卷、30 册，与北京线装书局 2003 年出版的版本相同（俱为光绪十九年兼山堂补刊本），而上海古籍出版社 1997 年出版的《日谱》（《续修四库全书·史部·传记类》，第 558—559 册）也是三十六卷本。不过因为《孙征君日谱录存》不是一种系统性的、带有簿记性质的反省日记，所以不在此讨论。

② 李塨：《颜元年谱·凡例》，1～2 页。

（1680）开始立日谱[①]，一直到他在雍正十一年癸丑（1733年）故世为止的五十几年间，日记不断。当李氏弟子冯辰（约当康熙中叶至乾隆初叶人）编他的年谱时，李塨只有五十二岁，距死亡还有二十一年，后来刘调赞（1700—?）在李塨故世后再续完该书。[②] 他们所根据的"自庚申七月以后，皆采之日谱，以前，则本之（冯）辰所素闻于先生者"[③]，庚申（1680）是李氏始立日谱之年。足见冯、刘二人编年谱时全是根据第一手的日谱资料，其中只有康熙五十、五十一、五十二、五十三年的日谱遗失了。[④] 冯、刘编谱也是功过并录，一字不为镘饰[⑤]，所摘录的日谱亦至为直接而生动。

修身日记的记法也各有不同。黄淳耀在殉国前十四年立有《自监录》，他表示自己的记法是"每日所为，夜必书之，兼考念虑之纯杂，语言之得失，自辛未（崇祯四年1631）三月十一日始"，他还写着"勿忘勿遗，勿示他人"，足见其日记一开始就不准备公诸世人。[⑥]《自监录》中偶尔也说"日日查已过，刻刻查已过"[⑦]，"每夕查一日过失"[⑧]。黄氏这个做法在十三年后的《甲申日记》中基本上是延续着的。

---

① 冯辰、刘调赞：《李塨年谱》卷一，康熙十九年"庚申（1680）二十二岁"七月条，6页。

② 刘调赞：《续纂李恕谷先生年谱序》，见《李塨年谱》，143页。

③ 冯辰、刘调赞：《李塨年谱·凡例》。

④ 冯辰、刘调赞：《李塨年谱》，143页。

⑤ 冯辰、刘调赞：《李塨年谱·凡例》。

⑥ 黄淳耀：《自监录·小引》，见《陶庵语录》卷一，1a页，收入《陶庵全集》第6册，清乾隆二十六年宝山学刊本。

⑦ 黄淳耀：《自监录·小引》，见《陶庵语录》卷一，24a页。

⑧ 同上书，16a页。

陆世仪记日记的办法在当时相当有名气，这套记法是他长期摸索的结果。陆世仪一开始并不认为记日记时应该善过并录，后来则发展出好几种簿录：《志学录》是记自己之过的，另有一种《纪事录》是记自己之善的，至于《相观录》则记同会会友之嘉言善行。陆世仪在《志学录》中常常后悔自己对过失所记不严，常有有意[①]无意放过之处，而深感痛悔。一如黄淳耀在他的日记中所感喟的："已前所记不严，过失多有放过处，此后务期密之又密。"[②]

陈瑚《圣学入门书》分大人、小孩、女性三种记录本子。大人、小孩的记法是一样的：

> 奉行法：先期斋戒三日，焚香告天，随置一簿，编次年月，每日临卧详记所为，明注善过，不得欺隐，不可间断，半月一小比，岁终一大比，仍斋戒告天，考其善过多寡，自知罪福，不必更问休咎。[③]

由于女性多不识字，所以丈夫必须居于辅导的地位，为之讲解奉行条目，而且女性也不被要求记下内容，只要能用代码即可：

> 奉行法：妇人奉行内训：为夫者将此数条与之讲解明

---

① 陆世仪在《志学录》"崇祯十四年三月初八日"条有一段话说："途行与（陈）曰夏言纪事例宜纪善而不纪过，曰夏不以为然。乃同至蕃侯斋，出凡例观之。议论少顷，乃是予议。予欲于纪事录之外，另订一相观录，纪诸兄嘉言善行。予与曰夏言志学录只须纪过。凡家庭隐微之善皆不可纪，亦不必纪。"（3b～4a 页）"崇祯十四年四月初七日"条，有："纪相观录五条。"（14b 页）

② 黄淳耀：《黄忠节公甲申日记》，"崇祯十七年二月十四日"条，见沈云龙选辑：《明清史料汇编》八集第 4 册，42 页。

③ 陈瑚：《圣学入门书》，见《确庵文稿》，无页码。

白，随造一册，开明月日，每日临卧详记一日善过，能书者自书某善某过，不能书者每日下开列善过两行，有善则于善下加一、，十善加一〇，……如有不明，请命于夫，夫为定其善过之数。岁终总计其数，入夫告天文中，一并焚化。[①]

颜元的日记强调毫不隐瞒地记下每日身心行为的每一细节。颜元三十七岁时，他的夫人曾经向颜氏表示希望“隐过不可记”，这里的隐过可能包括闺房之事。颜元却表示：

恶！是伪也，何如不为记？且卿欲讳吾过，不如辅吾无过。夫凡过皆记，虽盈册无妨，终有改日也。若不录，即百过尽销，更愧，以终无改机也。[②]

因为是时时反省、时时记录，事事反省、事事记录，所以记录是全面的，尽可能避免自己任意的选择或有意无意的回避。颜元在1666年三十二岁时说：

思日记纤过不遗，始为不自欺。虽暗室有疚不可记者，亦必书“隐过”二字。至喜怒哀乐验吾心者，尤不可遗。[③]

“暗室有疚”，不便明白说出的，颜元也要用“隐过”二字作为代号，使自己在反省时见字便可以回想起当时所犯的过错了。颜元还发展了一套符码来记录自己的善过：

---

① 陈瑚：《圣学入门书》，见《确庵文稿》，无页码。

② 李塨：《颜元年谱》卷上，康熙十年“辛亥（1671）三十七岁”正月条，32页。

③ 同上书，康熙五年“丙午（1666）三十二岁”正月条，19～20页。

> 时心在则○，不在则●，以黑白多少别在否分数。多一言则○̸，过五则⊗。忿一分则○̸，过五则⊗。中有×，邪妄也。[①]

李塨也是每时勘心，不是随兴或想到什么便记什么。李塨说他开始立日记时，便决心每时下一圈，方法是简单的○×，×当然是代表过失，可是为了要简要地识别所犯何过，他有一个办法："多言则×圈上○̽，过忿则×圈下○̽，有贪利心则×圈右○×，有求名心则×圈左×○，有怠心则×圈中⊗，有作伪心则圈上下左右皆×○̽。"[②] 要紧的也是"功过并录，一字不为镘饰"[③]。

在长年的实践中，当时人也有互相观摩日谱的记法。如有一年李塨发现自己因为太受其师颜元的影响，以致"内功"不密时，"乃以陆道威每日敬怠分数自考"。[④] 颜元偏重的不是心性隐微的审检，而是礼容的表现，所以李塨想在"内功"方面有所长进时，便想到向南方的陆世仪学习。

记日谱的办法在当时似乎相当新颖，故山东张尔岐说他到二十三岁时"始得日记之说"：

> 至二十三岁，始得日记之说，盖有合焉，乃效而为之。其法年自为卷，篇题之月，月缀之日，凡有所举，罔不注

---

① 李塨：《颜元年谱》卷上，康熙八年"己酉（1669）三十五岁"十一月条，28页。

② 冯辰、刘调赞：《李塨年谱》卷一，康熙十九年"庚申（1680）二十二岁"九月条，8页。

③ 冯辰、刘调赞：《李塨年谱·凡例》。

④ 冯辰、刘调赞：《李塨年谱》卷三，康熙三十八年"己卯（1699）四十一岁"条，72页。

之。其日篇末计其大凡，而勤与怠可自考矣。傥有所谓日新者耶。且以号于同志，曰：亘古如斯日矣，岂至我而易之？不佞固始于二十三岁之七月，而后以终其身之日也。[①]

此文写于1635年（崇祯八年乙亥）。值得注意的是，张氏原来并不晓得日记的记法。他所提到的记法显然带有簿记性质，故特别提到每日之末要“计其大凡”。

记日记者通常要立定一些省察科目。除了正常的省察科目外，立日谱者亦每每在日记的册面或明显的地方写下一些警句以提醒自己。如李塨1699年决定除了“仪功如常”外，日谱每月下，书“小心翼翼”以自课[②]，后来又在“小心翼翼”之下加“昭事上帝”，每日三复之[③]。这种特别加书数字于日记的做法颇为平常。有时自书，有时由评日记的人写。

我们似乎已经很难想象一个人每半日或每天晚上，都要将这一天的所有念虑云为、甚至夜晚梦境一一据实记录下来，在行旅之时，囊箧中也要随时放置日谱。但当时人就是这样做的。李塨《讼过则例》中就记载说他在王余佑的囊中翻到记过格。[④]

后来李塨的儿子李习仁（1698—1721）的行箧中也放着日谱。李习仁英年早逝，其父在《长子习仁行状》的附录《习仁日

① 张尔岐：《日记序》，见《蒿庵集》卷二，74页。

② 冯辰、刘调赞：《李塨年谱》卷三，康熙三十八年“己卯（1699）四十一岁”条，70页。

③ 同上书，73页。

④ “塨少受家学，及长，益以先生长者之训，颇不敢自暴弃，然每愧日省不勤，愆过滋多，一日翻王五公先生秘囊中，见刘念台纪过格，条分缕析，刺血惊心，似专为愚瞶而发者。”李塨：《讼过则例》，见《颜李丛书》，1324页，台北，广文书局，1965。

谱仪功》中这样说："卒后检其南行箧得之。"① 此外我们在其他地方也都可以发现类似的记载。

五

立日谱不是偶发性的行为，而是道德修养的重要课程。此处我想举陈瑚与颜元、李塨为例，他们一南一北，不约而同地到处劝人立日谱，而且一家有一家奉行的规条。

以陈瑚为例，陈氏只要一有机会，便要推销他的日谱之学，《确庵文稿》中有几篇讲义是他在各处讲会中所作演讲的白话记录，其中便充分反映这一个事实。譬如《时习讲义》：

> 但既说读书，则凡天文地理兵农礼乐十三经二十一史，那一件不当读？既说做人，则凡为孝子，为悌弟，为忠臣，为信友，那一项不当做？然也不是空空去读、空空去做的，须有一个规矩准绳，须有一个法则，当初袁了凡先生有《功过格》，刘念台先生有《证人社约》，文介石先生有《儒学日程》，这都是读书做人的规矩准绳，时习的法则，今不佞又参酌三先生的，定为大学日程，半月一考较，以此治己，亦以此治人。②

他在印溪书舍的演讲中，这样介绍日谱在修养中的功用——

> 务期勇猛精进，勿使一念懈怠，一刻虚废，方为自爱，

① 李塨：《习仁日谱仪功》，见《恕谷后集》卷八，101 页。

② 陈瑚：《时习讲义》，见《确庵文稿》，无页码。

> 即如日纪，乃策厉进修良法，遵奉纪录，切须诚实，勿事粉饰，以欺父兄师友，欺人实所以自欺，己受其损，于人何与？[①]

陈氏应邀参加陆桴亭的岁会时，回忆他们一群有志闻道者所做的修养工夫说："当初吾辈讲学，岁有岁会，月有月会，旬有旬会，季有季会，大家考德课业，严惮切磋，读一句书就要身体力行，遇一件事就要格物穷理，步步操存省察，时时讲习讨论。"[②]

1660年（顺治十七年）夏五月，陈瑚过如皋访冒辟疆（1611—1693）等人，集于水绘园中论学，陈氏讲了一章《中庸》作为赠别之礼，陈氏表示要实践《中庸》的道理，须从"致曲"上做去——"前不佞有所著《圣学入门书》，要人迁善改过，原是掇拾诸儒绪余，要人做致曲工夫……是千圣相传心法……愚意只从致曲做去，便是即心即事，无有不合。"[③] 前面已经说过了，《圣学入门书》即是日谱的一种。

至于颜李，前面已经说过他们是以日谱作为修身及沟通思想之用。当时士人刊印文字常只刊印一篇，或抄一篇，遇到需要切磋学问之人，则奉上一篇。[④] 日谱也好比是一篇论文，如颜元在书信中常提到以日记一纸呈正[⑤]，或说"拙功课记中亦摘一纸"[⑥]，此处所谓功课记即是日谱。李塨也是一样，他到陕西富

① 陈瑚：《印溪书舍讲义》，见《确庵文稿》，无页码。
② 陈瑚：《白鹿洞规讲义》，见《确庵文稿》，无页码。
③ 陈瑚：《水绘园讲义》，见《确庵文稿》，无页码。
④ 如颜元：《习斋记余》卷七《祭宁晋张公仪文》，见《颜元集》，533页。
⑤ 颜元：《习斋记余》卷三《上太仓陆桴亭先生书》，见《颜元集》，428页。
⑥ 颜元：《习斋记余》卷三《寄关中李复元处士》，见《颜元集》，435页。

平讲学，离开时有《富平赠言》，最后便有“附呈恕谷日谱数条”，然后开列了一些为学要则。①

赠送日记范本，也是常见的事。如李塨于1705年送《讼过则例》给在他处教馆的冯辰，冯辰收到后“遂上书问学”，接着并斋宿来拜、问学，李塨教以约心、力行、学经济之后，接着是“命立日记”，冯辰遂立日记请李塨评，而李塨也马上出示自己的日谱，请冯辰评。②

千里之外不得相见之人或平素不常见面的人，更以互评日记来发挥切磋的作用。如李塨的学生恽皋闻，人在南方，便评李塨的日记曰：

> 近有毁先生于予者，予曰：“久不相见，闻流言而不信，古人之交也。况常相见乎？”毁者遂止。……或者先生恶恶太严，不见和于流俗也。③

李塨与外界的交往活动远多于颜元，他能吸引大量的信徒，令其师颜元刮目相看。李塨把日谱作为教学材料的记载也多些。譬如1681年“深州国公玉来拜，抄先生《日谱》、《常仪功》及《祭五祀仪》去”④，又如1728年（雍正六年）二月，当李塨准备与门人往博野祭颜元时，将登车，有人自县城邮寄了一卷日记来，李塨披阅之下，发现是常州孙应榴决心拜颜元为师后所立的日

---

① 李塨：《富平赠言》，见《恕谷后集》卷十，121页。

② 冯辰、刘调赞：《李塨年谱》卷四，康熙四十四年“乙酉（1705）四十七岁”条，108页。

③ 同上书，卷五，康熙五十四年“乙未（1715）五十七岁”八月条，154页。

④ 同上书，卷一，康熙二十年“辛酉（1681）二十三岁”条，13页。

谱。李塨祭罢回家，便开始评乙——“归拭目眵，评乙数日乃讫”[①]。由这段话看来，日谱差不多等于是作业，而评日谱也等于是评作业，而且评日谱不只是在卷末写几句总结性的话而已，不然何以会“评乙数日乃讫”？

日记有时似等于自我介绍，或至少是让别人了解自己思想学问之大概的文字。它成为极私人极隐秘的记录，恐怕是相当后来的事。譬如颜元有一次从博野去蠡城访李明性（1615—1683），“见日记及所辑《性理》《通鉴》诸书，大叹服”，回家便将李明性的名字写成一张纸条贴在座上，出入必拱揖。[②]

前面已说过，吾人常在颜李学派的记载中见到把立日记作为“始学先生之学”的字样。譬如李培（李塨弟）“始编日记求教”，便是开始拜颜氏为师的意思。[③] 甚至到咸丰年间，当颜李之学略有复萌之迹时，程贞（1838—1862）从戴望（1837—1873）得见颜元的著作，说“周孔之学盖在是矣”，接着便是“仿之为日谱，纠察身心得失”。[④] 此处便将随目所见颜李学生立日谱，或自省录、检身册的作一举例，并将相关材料录于其旁：

李塨　“先生服习斋（颜元）改过之勇，……效习斋立

① 李塨：《孙生日记序》，见《恕谷后集》卷十一，134页。

② 冯辰、刘调赞：《李塨年谱》卷一，康熙二十二年“癸亥（1683）二十五岁”九月条，24页。

③ 李塨：《颜元年谱》卷下，康熙四十一年“壬午（1702）六十八岁”条，99页。

④ 戴望：《程履正墓铭》，见《谪麟堂遗集》文二，18b页，清宣统三年归安陆氏校刻本。

日记自考，自此日始。”①

王源　“六月，大兴王源，价（李）塨执贽从学，先生（颜元）辞不受，固请乃受之。曰：‘……近又闻因刚主言为省身录，从事身心，尤使仆喜而不寐。’”②

王承烈　立日省录。③

李元春　作检身册。④

叶新　“字惟一，浙江金华人。康熙五十一年顺天举人，从蠡县李塨受业，立日谱自检。”⑤

张琡璋　“立日记，记得失过恶以自考。”⑥

孙应榴　立日记。⑦

刘调赞、林启心　“刘调赞、林启心来，……赞同启心从先生学士相见礼、祭礼，弹琴挽弓演数，分日习之，各立日记，省功过。……维周亦立日记。”⑧

冯辰　“辰斋宿来拜、问学，先生教以约心、力行、学经济，命立日记。”⑨

刘焕章　“闻颜习斋先生为圣学，忘年爵来拜。入会，

---

① 冯辰、刘调赞：《李塨年谱》卷一，康熙十九年“庚申（1680）二十二岁”七月条，6页。

② 李塨：《颜元年谱》卷下，康熙四十二年“癸未（1703）六十九岁”六月条，100页。

③ 冯从吾撰：《关学编（附续编）》，114页。

④ 同上书，117页。

⑤ 赵尔巽等撰：《清史稿》，13011页，北京，中华书局，1977。

⑥ 张琡璋：《颜习斋先生年谱跋一（丁亥）》，见李塨：《颜元年谱》，109页。

⑦ 李塨：《孙生日记序》，见《恕谷后集》卷十一，134～135页。

⑧ 冯辰、刘调赞：《李塨年谱》卷五，雍正元年“癸卯（1723）六十五岁”十月条，180页。

⑨ 同上书，卷四，康熙四十四年“乙酉（1705）四十七岁”条，108页。

力涤宦习，立日记，以圣贤相规勉者几三十年，至卒不懈。”[①]

恽皋闻　李塨说：“昨读（恽皋闻）来谕，拟自十月朔订日记考身心，且清夜平旦存心之功，已觉有验，为之狂喜起拜。”[②]

黄宗夏　“黄子宗夏，歙人，居于吴，游京师，闻予友王昆绳称予（李塨）学，因与予交，予之学盖得诸颜习斋先生，乃举先生之学相示。宗夏慨然曰：‘人不作圣，非人矣。’于是悉铲后学浮文，求礼乐伦物之实，日有所习，时有所勘，仿予立日谱以自考，而其学大进。”[③]

古季荣　“华州古子季荣，以今岁乙未二月来问道于予（李塨），……将予四书传注、小学与礼乐射御书数诸书，皆钞录，其貌虔，其意勤，取与廉谨，衣冠整饬，立日记考课言行，可谓善士矣。”[④]

李长人　“肥乡白宗伊任若，习斋之门人也，……遂出游四方，能举颜李之学告人，人闻多有兴者。今二月又来，先生（李塨）与言圣学。长人（案：李长人是李塨之子）在旁闻之，喜而起，效先生立日谱以自修省。先生喜之，为立《日谱条例》。……批长人日谱曰：‘此即诚意之功也。立日谱者，欲迁善改过以为圣贤也，果见善如好色，好之必力，

① 冯辰、刘调赞：《李塨年谱》卷一，康熙二十七年“戊辰（1688）三十岁”条，38页。

② 李塨：《复恽皋闻书》，见《恕谷后集》卷十一，131页。

③ 李塨：《送黄宗夏南归为其尊翁六十寿序》，见《恕谷后集》卷一，1页。

④ 李塨：《送古季子西归秦中序》，见《恕谷后集》卷二，16～17页。

改过如恶臭，除之必决，则诚矣。’又曰：‘自颜先生、王法乾、王昆绳相继舍我，皋闻南旋，而予伥伥无师友之助矣。今汝有志自修，则吾道近在家庭，圣经有事父几谏之道，况以学相后先，则交修益急。凡见吾过，汝即进言，勿以严而见惮也。’”①

立日谱或检身册，对学生确会造成气质上的变化，以王源（1648—1710）为例，他原先是一个粗豪之人，好谈兵略，但在师承颜元并立日谱之后，给朋友信中的口气有非常重大的转变，而且都是传教的口吻，所传的内容不外是劝人立日谱。②

此外，颜李学派中亦广泛使用年谱。对他们而言，年谱有圣徒传般的功用。譬如郑知芳是在读了《颜元年谱》，发现颜氏是不可多得的模范，乃尽心于颜李之学。③ 李塨也不时以其师之年谱作为教材，譬如恽皋闻于 1714 年前来请教时，李塨便以《颜元年谱》及《四存编》示之。恽氏抚掌称是，“遂尽弃其学，而学先生六艺之学，立日记以省身心”④。

李塨也编自己的年谱，作为教学材料。他在五十二岁那年游陕西前便命冯辰编年谱，当时有人表示不应在生前修年谱，他的学生冯辰却认为日谱可以策励习行，年谱亦然，置之几案，可以策励谱主长期保持战兢惕厉之精神。更要紧的是，后学可以因此

① 冯辰、刘调赞：《李塨年谱》卷五，康熙五十六年“丁酉（1717）五十九岁”二月条，160 页。

② 如王源：《与婿梁仙来书》，见《居业堂文集》卷八，120 页，收入《丛书集成初编》第 2480 册。

③ 郑知芳：《颜习斋先生年谱跋（丁亥）》，见李塨：《颜元年谱》，110 页。

④ 冯辰、刘调赞：《李塨年谱》卷五，康熙五十三年“甲午（1714）五十六岁”条，150 页。

“观先生（李塨）年谱，少壮精进如此，有不勃然奋勉，求步其后尘者耶！”[①]

年谱与日谱一样有函授的功用。李塨在《给郑子书》中强调“年谱则论道全”[②]，并表示如能将其师颜元和他的年谱合观，则能“粗见圣道……且功过并载，使有志者于二仲外千里万里，得其人观之，去仆过而取仆功，由仆以寻习斋，由习斋以寻周孔。即万一当世不得其人，后世有兴者如之”[③]。故对他们而言年谱不只是传记。而年谱也确能发挥教学作用，如李塨《贺赵伟业中举人序》一文中说，程石开曾从金陵寄李塨信[④]，那些信经过三年才到达李氏手中，李塨发现程氏便是读了颜元年谱，才“深幸后儒之痼辙不迷也”[⑤]。

颜李学派所订的常仪功与宋明理学传统所重视的相当不同，不只是心性之涵养，还有一大堆繁琐的礼仪与容貌举止的规则，所以在居丧或身体病痛之时都不易实行。以居丧为例，1673 年五月九日颜元的日谱上记着：“练，惟朔望往哭殡宫。不与燕乐，不歌。复常功，如习书数类。仍废常仪，如朔望拜类。晨谒告面生祠不废。”[⑥] 以病痛为例，如 1688 年七月朔日，行礼毕，颜元

---

① 冯辰：《李恕谷先生年谱序》，见冯辰、刘调赞：《李塨年谱》，1 页。按，李塨五十二岁命冯辰修年谱，时为庚寅（康熙四十九年，1710）春二月。

② 李塨：《给郑子书》，见《恕谷后集》卷十一，130 页。

③ 同上注。

④ 按，程石开即程廷祚（1691—1767）。程廷祚康熙五十三年（1714）致书李塨时，自称“新安后学程石开顿首再拜”，但程廷祚自己的文集《青溪集》并未收入该函。后人得见该函，系因其附录于李塨回函《复程启生书》之后，见李塨：《恕谷后集》卷四，42～43 页。

⑤ 李塨：《贺赵伟业中举人序》，见《恕谷后集》卷二，20 页。

⑥ 李塨：《颜元年谱》卷上，康熙十二年“癸丑（1673）三十九岁”五月九日条，38 页。

告其夫人曰："吾与子虽病，但能起，勿怠于礼。"李塨规颜元："病中郁郁，是中无主也。"颜元即书于册面自警。[①] 李塨在1684年十月时，表示先前因为父丧而停止日省的工夫，这时决定恢复日省功："以圈为辨，失言黑圈左，失行黑圈右，妄念黑圈中，俱失纯黑，无失则白。黑白者，人禽之介也。"[②] 过了一年多，也就是1685年十一月出服，乃决定全面恢复日谱[③]，1692年，他又再度居忧，记日谱的工作中断了六个月才又恢复。[④]

李塨也规定自己不可轻易缺常仪及常功，即使非常匆忙而有所缺，也应补记。[⑤] 颜元则规定自己追录或回勘日谱是时常应做的事。[⑥] 由于日谱是提供省察以增进自我道德修养状态的记录，所以除了每天、每月、每年要总结要自勘之外，平时没事也要回勘。许多自勘的记载至为沉痛，颜元死前最后一次自勘时这样说："乃年及七十而反身自证，无一端可对尧、舜、周、孔而无惭者，且有败坏不可收拾。"[⑦] 在定期盘点自己的过错之后，必须进行自责自罚的仪式。自罚跪或自责板[⑧]，是颜李日谱中时常

---

① 李塨：《颜元年谱》卷下，康熙二十七年"戊辰（1688）五十四岁"七月朔日条，65页。

② 冯辰、刘调赞：《李塨年谱》卷一，康熙二十三年"甲子（1684）二十六岁"十月条，26页。

③ 同上书，卷一，康熙二十四年"乙丑（1685）二十七岁"十一月条，27页。

④ 同上书，卷二，康熙三十一年"壬申（1692）三十四岁"条，49页。

⑤ "立课即甚匆冗，勿缺常仪功，有缺即书之。"见同上书，卷一，康熙二十一年"壬戌（1682）二十四岁"条，18页。

⑥ 李塨：《颜元年谱》卷上，康熙三年"甲辰（1664）三十岁"五月条，13页。

⑦ 李塨：《颜元年谱》卷下，康熙四十三年"甲申（1704）七十岁"正月十五日条，102页。

⑧ 如"因自省，病浅、病急、病热、病粗，自责三板"，见冯辰、刘调赞：《李塨年谱》卷二，康熙二十五年"丙寅（1686）二十八岁"条，31页。

见到的记录。自罚的方式随所犯过错之性质而有所不同。个人侵犯到他人的过错，譬如言人之短，重则罚跪。但是，如果过在于与家人宗族有关之事，包括家祭礼仪错误，则罚跪于父祠或宗祠前。如果“过在教人、交友”，则罚跪于孔子神位前。①

与日谱密切相关的是省过会、规过会。

陆世仪等人组织考德课业会中，设有三种记录。第一是《纪事录》，记善不记过；第二是《志学录》，记过不记善；第三是《相观录》，专记会友的嘉言懿行。《志学录》是要在考德课业会中交给大家阅读的。②

举会之日，分“考德”与“课业”两方面的活动，“考德”是互考《志学录》中的修养记录，“课业”则以研读经书为主，所以当有人向陆世仪提议应该注重五经时，陆氏的回答是他们已经讲求经书多年了。③ 他们通常同时参加几个这种省过团体，譬如陆世仪似乎参加了另一个“直言社”，该会也期待在聚会之日，会友能尽情报告自己的过失。直言社比考德课业会晚，而且基本是不同的两批人所组成的，考德会创于 1637 年（崇祯十年），直言社创于 1642 年（崇祯十五年），前后有五年之差。据黄淳耀《陶庵全集》中的《陆翼王思诚录序》：

> 壬午春有同志斯道者十余人为直言社，前辈则有高叔

---

① 钟錂编：《颜习斋先生言行录》卷上《三代第九》，见《颜元集》，652～653 页。

② 陈瑚在《圣学入门书》的《序》里说，他们从崇祯丁丑（1637）年始，“定为日记考德法而揭敬胜怠胜于每日之首，格致诚正修齐治平于每月之终”。

③ 我们在陆氏的《志学录》中也不时可以看到讨论经书的记载，如“崇祯十四年三月十四日”条（7a 页）。

英，友人则唐圣举、陈义扶、苏眉声、夏启霖，门生则陆翼王、张德符、高德迈、侯记原、几道、研德、云俱、智含兄弟，暨吾弟伟恭也。平居自考咸有日记，赴会之日各出所记相质，显而威仪之际，微而心术之间，大而君父之伦，小而日用之节，讲论切偲，必求至当之归而后已。……苟一言不合乎道，一行未得乎中，小经指摘，立自刻责，饮食俱忘。[①]

从黄淳耀的话看来，陆世仪一开始并不属于此社，但他后来也不时参加直言社互纠过失的活动。

每个人的日记——《志学录》，是要供人家阅读的[②]，社友俱集，互阅《志学录》的记载不少[③]，这一类修身团体到处都有。就在考德课业会的同时，山阴祁彪佳（1602—1645）也与一群友人在浙东组织了规过会，他们在 1637 年（崇祯十年）三月初八日“泊舟白马山房，与管霞标诸友习静，晚互纠过失”[④]。1656 年（顺治十三年）春，陈瑚参加了一个在庸夫草堂举行的会讲，他便观察到与会诸子“对圣像自书其过”，仿佛严师在前，并说他们“谒圣毕，诸君子各书己过，交相劝勉”[⑤]。

社友们每天要结算，每十日要结算，除此之外，不定何时，

---

① 黄淳耀：《陶庵文集》卷二《陆翼王思诚录序》，见《陶庵全集》第 1 册，8a～8b 页。

② 譬如《志学录》“崇祯十四年三月二十三日”条，记：“同蕃侯、圣传至草堂会讲，上午考德业，读志学录。”（10b 页）

③ 陆世仪《志学录》“崇祯十四年四月十九日”条，记：“午后至虞九草堂，圣传、蕃侯、曰夏、尊素俱集，互阅志学录。”（19b 页）另，《黄忠节公甲申日记》“崇祯十七年一月二十五日”条，记：“同伟恭赴义扶社集，同社诸君各有精进意，互传日记。”（29 页）

④ 祁彪佳：《山居拙录》，见《祁彪佳文稿》第 2 册，1077 页。

⑤ 陈瑚：《不违仁讲义》，见《确庵文稿》，无页码。

大部分是半个月左右，还要反省自己的心理状况。黄淳耀参加直言社的会集，经过一段时间会友的提撕之后，觉得有观察自己进退情形的必要，每每以口过、身过、心过多少进行结算。他所结算的东西及单位都值得注意，譬如有一条日记说：

> 自初十日赴眉声直言社至是日，凡半月。总计口过或少，然细检着亦未必能免也。身过则连晨晏起，多怠惰之气，又遇食饮时多不撙节。心过则欲念共起四次，虽起而旋忍，然心已不净矣。其他细数流注不胜其数，惟恶念不生耳。善状无一可举，但自省矜心将尽，识障稍轻，则或者近日寸进在此也。①

如果黄淳耀对自己心理状态的描写可信，那么，在群体的帮助之下，道德转化的工夫确实有相当的效果，在十五天内，欲念只起四次，而虽起而旋忍。以精确的算术来计算欲念，这是向内探索的心性之学达到了最高峰，但这样精微的内省，也使得他们不可能发展出像功过格那样通俗化的运动。

以上所述的考德课业会、直言社等，俱是明亡前的结社。他们在当时感到最关心的是社会风习的败坏。在明亡之后，陈瑚及他的朋友们也陆续组织规过会，这时他们举会的迫切理由是对国家灭亡的反省以及对天灾人祸的警惕。

陈瑚在 1648 至 1649 年（顺治五年戊子至六年己丑）时，在江苏昆山附近的一个小乡村中与诸氏兄弟和一群朋友们实行改过

---

① 黄淳耀：《黄忠节公甲申日记》，“崇祯十七年一月二十四日”条，见沈云龙选辑：《明清史料汇编》八集第 4 册，27～28 页。

之学。到了 1651 年（顺治八年辛卯）因为目睹改朝换代、天灾人祸，痛自修省，故决定再约集友人为改过之会：

> 虽然，一家行善，一家必受其福，一人种德，一人必食其报，不言事应，而事应具存，况匹夫匹妇之诚有可以感天地动鬼神者乎！吾友诸鼎甫……自戊子、己丑，予在蔚村，相约澜、漕诸友，为迁善改过之学，月朝十五，则考其进退而劝戒之，鼎甫与焉，亡何，予徙隐湖，诸友各散去，遂以中辍。今春（1651，辛卯），鼎甫感于凶岁，重理前业，名其所日记曰《不欺录》。其自序曰：善事随遇随行，恶念随起随灭，一息尚存，此志不懈。①

由上面这段文字看来，诸鼎甫等人在改过之会中断后，又一度因为凶岁而重理前业，并名其日记曰《不欺录》。可惜我们目前看不到这份日记。

对规过会提倡最力的是颜李学派。颜元参与的第一个规过会创于 1662 年（康熙元年），最开始是一个文社，他与郭靖共、汪魁楚等十五人结会，立社仪，社长焚香，同拜孔子，然后“各聚所闻，劝善规过，或商质经史。讫，乃拈题为文”②。后来“拈题为文”的部分消失了，成为专门规过的团体。由文社慢慢蜕变为专门的社团是当时常见的一个现象。③

颜元回忆 1664 年正月四日，王法乾（？—1699）来，与颜

① 陈瑚：《不欺录序》，见《确庵文稿》，无页码。

② 李塨：《颜元年谱》卷上，康熙元年“壬寅（1662）二十八岁”条，9 页。

③ 如万斯同等人组织的讲经会最初也是文社。参见王汎森：《清初的讲经会》，载《“中央研究院”历史语言研究所集刊》，第 68 册第 3 分，1997，503～588 页。

元二人约定十日一会。会日，焚香礼拜孔子后，主客各就坐，“质学行，劝善规过”。到了三月的时候，这个会又有了发展，他们加进一件新东西——日记，他们觉得光是口头上劝善规过还不够，有立日记以备会质的必要。王法乾说：

> 迩者易言，意日记所言是非多少，相见质之，则不得易且多矣。

颜元回答王氏：

> 岂惟言哉，心之所思，身之所行，俱逐日逐时记之，心自不得一时放，身自不得一时闲。会日，彼此交质，功可以勉，过可以惩。①

为了心不得一时放，身不得一时闲，系统而全面地省过，他们决定立日记，然后见面时有书面的根据可以互相规过。

在颜元参与的一些规过会中，也有过波折，有人不习惯公开揭人之过，故“秘授一小封规失”②。1672年，王法乾因为接连丧妻、丧子而耽溺于《庄子》，这与颜元所倡的六艺之学严重相违，颜元“乃告以止会”③，两个月后，因为王法乾亲自前来悔过，声请复会，乃定仍每月之三、六日行规过会。④

---

① 李塨：《颜元年谱》卷上，康熙三年“甲辰（1664）三十岁”正月条，11～12页。

② 同上书，卷上，康熙元年“壬寅（1662）二十八岁”条，9页。

③ 同上书，卷上，康熙十一年“壬子（1672）三十八岁”九月条，36页。

④ 同上书，卷上，康熙十一年“壬子（1672）三十八岁”十一月条，37页。

除此之外，颜元还与王法乾五日一会，五日一送规过纸。[1]不是会友也可以送规过纸。从颜氏日谱摘录下来的《颜习斋先生言行录》中记载着颜元曾经告诉彭好古，要彭氏每五日投“规过录”一纸给颜元：

> 吾自得张澍而坐庄，得李仁美而冠正，得石孚远而作字不苟简，每当过将发，未尝不思三子也。今后许汝五日投规过录一纸。[2]

这有点像是写论文时到处搜集批评意见了。颜元每作回忆文字，都将他与王法乾共约为五日一见之规过会看成是自己生命史中的转折点。他说甲辰（康熙三年，1664）以前，也就是遇到王法乾之前，“亦自分枉此生矣”，直到与王法乾举规过会才又燃起成德的希望。[3] 他在题其徒钟錂的日记中也说：“吾自幼多过。迨康熙甲辰得交法乾王子，相期以圣人之道，订五日会，各为日记，逐时自检言行课程之得失，相规过而劝善焉。”他说自己将近七十岁而能无大过，而且对周孔之学似能有所了解，全是因为过去四十年改过上的努力。[4]

依照《颜元年谱》中所引日谱看来，王法乾常规颜元流于“杂霸”[5]，而颜元总不满法乾好《庄子》，不肯学习真正六艺之

---

① 颜元：《习斋记余》卷四《答清苑冯拱北》，见《颜元集》，462页。

② 钟錂编：《颜习斋先生言行录》卷上《言卜第四》，见《颜元集》，631页。

③ 颜元：《习斋先生记余遗著·上廷翁王老伯》，见《颜元集》，597页。

④ 颜元：《习斋记余》卷十《题记前示钟錂》，见《颜元集》，588页。

⑤ 李塨：《颜元年谱》卷下，康熙三十一年“壬申（1692）五十八岁”十一月条，81页。

学[①]，或“不系念民物”[②]，此外，交责“为学不实”之记录亦时有所见[③]。足见这是两个相当不同的人，但总是想透过规过的方式将对方招以从己。

1681 年十月李塨亦加入每月三、五日举行之规过会。[④] 颜元与李塨除了在会日交质外，因为平时见面机会还多，所以订定规约，“以对众不便面规者，可互相秘觉也。云：‘警惰须拍坐，箴骄示以睛，重视禁暴戾，多言作嗽声，吐痰规言失，肃容戒笑轻。’”[⑤] 王法乾卒后，颜元对无人能够时时规其过失爽然若失，后来因冯绘升来学，遂与冯氏约一年两会，互相规过。[⑥]

颜元到处劝人行规过会，认为这是“忘一世之纷嚣，而酿一堂之虞、夏”的要着，譬如乙卯（康熙十四年，1675）《与高阳孙衷渊书》就希望他访求一、二朋友，相与结社，演礼歌诗，互相规过。[⑦] 又如河北沧州戴道默（？—1660）尚书致仕，与贫士及乡老结社，五日一会，颜元听到了，写信劝他们应增加互相规过的活动。[⑧] 而颜氏学生子侄也有受其影响而举规过会者。如李塨之弟李培亦效法其兄立日记，逐时自省，“于是（颜）元门下侄修己、尔俨及门人李植秀、钟錂因俱鼓舞，各集册互相纠绳”[⑨]。

李塨与学生们都把握见面的机会互质日谱。譬如他与常州恽

① 李塨：《颜元年谱》，36、81 页。
② 同上书，卷下，康熙三十八年“己卯（1699）六十五岁”二月条，92 页。
③ 同上书，卷上，康熙十六年“丁巳（1677）四十三岁”九月条，47 页。
④ 同上书，卷上，康熙二十年“辛酉（1681）四十七岁”十月条，56 页。
⑤ 同上书，卷上，康熙二十一年“壬戌（1682）四十八岁”九月条，57 页。
⑥ 同上书，卷下，康熙三十八年“己卯（1699）六十五岁”九月条，95 页。
⑦ 颜元：《习斋记余》卷四《与高阳孙衷渊书》，见《颜元集》，456 页。
⑧ 钟錂编：《颜习斋先生言行录》卷上《学人第五》，见《颜元集》，635 页。
⑨ 颜元：《习斋记余》卷七《季秋祭孔子祝》，见《颜元集》，526 页。

皋闻师徒一生没见过几次面，但是每次见面，讨论修身功课时并不以随兴问答的方式进行，因为那带有太大的偶然性、选择性，甚至会互相隐瞒，他们所要做的是把随身携带的日谱拿出来“互质”。如 1718 年李塨六十岁时，闻恽皋闻到北京，因为蠡城与北京较近，所以李塨前往探视，“相见甚喜，互质日记”[①]。来年，又在河北故城见面，李塨在日谱中也这样记录着：“甚喜，互质日记。”[②] 老学生久久不见面，一见面时，也是先看日记。如李塨在 1720 年曾想与方苞（1668—1749）换田，移家江南，在经过衡水刘邦司家时，也是先观其日记。[③] 1709 年当李塨五十一岁时，他与学生冯辰订半月一会学。[④] 在 1717 年九月，冯辰来共质日记，互相规过时，李塨规冯辰“贫而怨，则志不卓”，冯氏规李塨“言人议先生力农致富”，李塨解释说自己并非刻意求富，而是因为平生志欲行道，今已迟暮，无所表现，故欲以农事显其

---

① 冯辰、刘调赞：《李塨年谱》卷五，康熙五十七年“戊戌（1718）六十岁”条，162 页。

② 关于这次见面互质日记，留有较详细的纪录。李塨书皋闻日记后云：“详阅大记，省察严，克治勇，所谓欲寡其过而未能也，圣学在是矣。然功力所在，存心应事而已。存心也，或染二氏之说。屏事息念，检摄灵明，一遇事牵念引，复觉昏劳，且梦魂亦为颠倒。不如专从圣学，无论有念无念，有事无事，皆乾乾惕若。敬以直内，所谓修己以敬者，心自有主，身自不扰，梦魂自尔清醒之为得也。应事也，或有周旋世故人情之见，则情故既去，自有懈怠。不如圣言所谓质直好义，察言观色，虑以下人，非以为人，即以成己，虚恭肆应，人自归怀之为得也。”恽皋闻亦书李塨日记后云：“伏读大记，刻刻念念，以天下万世为怀。鹤之不肖，不以其顽鲁而弃之，谆谆诱接如此。鹤虽不敏，请事斯语矣。”见冯辰、刘调赞：《李塨年谱》卷五，康熙五十八年“己亥（1719）六十一岁”八月条，167 页。

③ 冯辰、刘调赞：《李塨年谱》卷五，康熙五十九年“庚子（1720）六十二岁”十月廿二日条，174 页。

④ 同上书，卷四，康熙四十八年“己丑（1709）五十一岁”条，128 页。

“雄杰之余勇也”。[①] 由两个人针锋相对之处，可见规过要能全无意气成分，也是不可能的。

与李塨相互规过的人，不限于其师颜元，或是他自己的学生，像其师之友郭靖共[②]、王昆绳[③]也受李氏规过。规过时对象不拘生熟。李塨在 1709 年一度应邀游幕，认识三位后进，他也“求三子规己过”，而其中两位也不客气地指出他在与他们见面时“有交股一过”，李塨表示拜受。[④]

规过会的教诲意味很强。即使是师徒互相规过，看似平等，但实际上也有占主导性的一方。颜元与其生徒互相规过时，生徒多规其性格上的缺失，如杂霸、躁而易怒之类，但颜元规其生徒时，则显然更着重在将自己学说——尤其是六艺、九容，及毋溺于诗文三点，尽可能地灌输给对方。[⑤] 有时当然会出现思路针锋相对的情况。譬如颜元一度规李塨“策多救时，宜进隆古”，而李塨则规其师“尽执古法，宜酌时宜”。[⑥] 从这针锋相对的规过内容，也可以看出师徒二人思想宗旨有相当大的不同：颜元认为欲救当世，必须“隆古”；而李塨则认为欲救当世，“宜酌时宜”。

在规过会中，互相摘发对方所不察觉或已察觉而不肯改正的

---

① 冯辰、刘调赞：《李塨年谱》卷五，康熙五十六年“丁酉（1717）五十九岁”条九月，161 页。

② 同上书，卷二，康熙三十三年“甲戌（1694）三十六岁”条，51 页。

③ 李氏所规与颜元规劝王氏的话甚为相似——“规以养心谨微，倡明正道，斥去虚文。昆绳规先生虚受纳言”。同上书，卷四，康熙四十六年“丁亥（1707）四十九岁”条，121 页。

④ 同上书，卷四，康熙四十八年“己丑（1709）五十一岁”条，131 页。

⑤ （1681 年塨 23 岁）“习斋教先生加功九容”（《李塨年谱》，14 页）；（1682 年塨 24 岁）习斋“又规先生系心诗文之失”（《李塨年谱》，18 页）。

⑥ 冯辰、刘调赞：《李塨年谱》卷一，康熙二十二年“癸亥（1683）二十五岁”条，22 页。

错失时，其气氛是肃杀的，但情绪是纯真的。冯辰观察说，每当颜元、刘焕章（1614—1688）、王法乾、李塨四人会学，劝善规过时，是“互无回护，且日记详录，不肯隐讳饰观”[①]。李塨在一次与恽皋闻争论的信上也说他们“每会劝善攻过，摘露肺腑，面赤发植不以为甚，以此雷霆斧钺受之熟矣。旁人见之，以为不近人情，而与习斋，直如头目手足互相救援”[②]，充分显示出规过者率直认真的情形。

此外，互评日记之风在明末清初也颇为盛行。评者通常是受人敬重的老师，这取代了心学大盛时亲自见面点拨的那些场合。譬如蔚州魏象枢因为崇敬刁包，所以每月固定送日记求刁氏评论。[③] 在颜李学派中评日记之风更是盛行，而且是双向的师徒互评、父子互评。[④] 譬如1680年李塨规其师颜元“言躁而长，犹未改”，颜元甚为感谢，表示他正赖有良友来扶持，故从此起便持日记求李塨评。[⑤] 来年颜元在评李塨日谱时，发现其谱中代表善的白圈甚多，便评说“此非慊也，怠也。怠则不自觉其过，不怠则过多矣”，颜元并表示自己的日谱中，一岁之中纯白的圈只有数个，他自己总是要到自勘私欲不生、七情中节、待人处事无不妥当时，才觉得满意而下一个白圈。[⑥] 颜元评李塨日谱的记载还

---

① 冯辰、刘调赞：《李塨年谱》卷二，康熙二十八年“己巳（1689）三十一岁”十一月冯辰按语，45页。

② 同上书，卷五，康熙五十九年“庚子（1720）六十二岁”三月复恽皋闻函，170页。

③ 李塨：《颜元年谱》卷上，顺治十八年“辛丑（1661）二十七岁”条，9页。

④ 师徒互评见冯辰、刘调赞：《李塨年谱》，104页；父子互评见同书，183页。

⑤ 李塨：《颜元年谱》卷上，康熙十九年“庚申（1680）四十六岁”条，53页。

⑥ 同上书，卷上，康熙二十年“辛酉（1681）四十七岁”三月条，54页。

很多，此处不能齐论。[①] 当王源决定拜颜氏为师时，颜元率源祭拜孔子，希望孔圣能使王氏“成德兴行，有功乾坤”，这是先为他立定了人生的方向，接着便评王源的《省身录》。[②]

李塨评他人日谱的记录也不少。譬如1703年“陈叡庵为日记，求先生评”[③]，“钟錂金若至，求评其日记”[④]。过去是大师所到之处便有识或不识之人前来聆听演讲或受其点拨，现在则常代之以评日记。譬如1728年，李塨前往博野，与博野县令会于县署，署中素不相识的叶姓孝廉（叶新，？—1767）便持日记求评，细问之下，知道他是“闻习斋之学而兴起者也”[⑤]。

六

从日谱中自省的科目可以看出人格理想上的变化，同时，由

---

① 譬如1700年，因为李塨自南方回来，受毛奇龄等南方学者影响，喜欢文字著述之业，颜氏在其日谱中记他评李氏日谱说：“评塨日谱，戒以用实功，惜精力，勿为文字耗损。”见李塨：《颜元年谱》卷下，康熙三十九年“庚辰（1700）六十六岁”十二月条，96页。

② 同上书，卷下，康熙四十二年“癸未（1703）六十九岁”六月条，100页。又如颜元评李培的日记时说“既脱俗局而高视远望，再敛空虚而自卑自迩，则可与适道矣”（《颜元年谱》，100页）。评日记时所根据的标准其实即代表一种理想的人格状态，譬如颜元评李塨日谱，各个阶段评语的重点都有不同。颜元评二十三岁的李塨说“学习多于读作，快甚”（《李塨年谱》，14页）；又如评二十五岁的李氏曰“气象多得之五公，亦善取于人矣”（《李塨年谱》，21页）；李塨三十五岁时，颜元评其日记说“气象振起，更宜检校身心，无怨无倦”（《李塨年谱》，50页），这一种评语是针对李塨的实际状况而说的，因为这时李塨在日谱中描述自己“自愧放弃，务期心一刻勿放，身一刻勿颓”（《李塨年谱》，50页）。

③ 冯辰、刘调赞：《李塨年谱》卷三，康熙四十二年“癸未（1703）四十五岁”三、四月间，96页。

④ 同上书，卷三，康熙四十二年“癸未（1703）四十五岁”六至八月间，100页。

⑤ 同上书，卷五，雍正六年“戊申（1728）七十岁”正月条，193页。

日谱所记录的实际生活情形亦可以看到一些士大夫生活史上的变化。

随着商业的发展与习俗之日趋侈靡，明代后期生活有很大的变化，这时士大夫中至少有两种分化：有一类人如屠隆（1542—1605）、冯梦祯等文人，是尽情地享受这个时代；但是，另外有一群人拼命想抵抗这个时代。从日谱中可以看出这些人是以近乎战斗般你死我活的态度在反省自己，如黄淳耀说：

> 灯下气象与午前后不同，如孤军复振，旌旗变色，遂欲鼓行而前矣，但气力尚弱，保住为急。①

他们的罪恶感非常深重，觉得处在那样的社会中，自己的生命是非常危险的存在。黄淳耀说：

> 此心一刻在即人也，此心一刻不在即禽也。日用动静间，一提撕，则去者可还也；一不提撕，则存者立亡也。矛头淅米剑头炊，不足喻其险。②

他们反省的内容是异常严格的。此处摘引李塨的记录为例：

> 之北街，寒甚，袖手偏，悔曰："此非所以自强于手容也。"乃端拱。③

---

① 黄淳耀：《黄忠节公甲申日记》，"崇祯十七年三月十五日"条，见沈云龙选辑：《明清史料汇编》八集第4册，58页。

② 同上书，"崇祯十七年正月二十四日"条，24页。

③ 冯辰、刘调赞：《李塨年谱》卷一，康熙十九年"庚申（1680）二十二岁"条，9页。

闻卖桃，动嗜心，既而曰：“一桃之微，可以丧身。”止之。[1]

人劝饮，加一斝，旋悔曰：“负颜先生教矣。”[2]

思昼有得，夜有思，近颇不愧。而入厕搔痒，不忘敬，未若戊寅年也，愧之。[3]

定行前视五步，不得流及左右，失则记过。[4]

他们省察的单位是极细微的，譬如陆世仪常说某日有不好念头几个。省察范围更深及梦境，也就是整个心灵世界全部在省察范围中，完全不容许有阴暗的角落。

他们当时当然没有现代心理学中“潜意识”的观念。不过我们发现，他们对梦与今人所谓“潜意识”之间的关系认识得相当深入，所以几乎每一位日谱的主人都将“夜梦”作为反省的要项。[5] 譬如李塨有一天的日录记着如果“夜梦不静止，则黑其圈”[6]，足见自我转化的范围要包括梦的领域。而且这个领域是只要心一发动便不自觉地留下痕迹，所以最不会欺骗自己。照他们的想法，潜意识是应该保持全然干净毫无渣滓，一旦梦境有问

---

① 冯辰、刘调赞：《李塨年谱》卷一，康熙十九年“庚申（1680）二十二岁”条，7页。

② 同上书，10页。

③ 同上书，卷四，康熙四十四年“乙酉（1705）四十七岁”九月条，109页。按，这里的戊寅年当指康熙三十七年（1698）。

④ 同上书，卷四，康熙四十五年“丙戌（1706）四十八岁”六月条，117页。

⑤ 这当然不是他们所独有的现象。举个例说，明代日本入明僧策彦周明的日记，也是尽可能每天记梦境，所梦何人，梦是否清，见牧田諦亮：《策彦入明記の研究》（上）。其中有关梦境之记载随处可见。

⑥ 冯辰、刘调赞：《李塨年谱》卷二，康熙二十七年“戊辰（1688）三十岁”十一月条，41页。

题，表示心灵的整体状态也有问题，所以李塨有一次说“自勘近梦不清”，接着便说“必心不敬也”。[①] 他们认为睡眠的时间占每天的将近三分之一，如果真想从事道德转化的工夫，这三分之一的时间自然不能放过。所以他们常说除了白天保持完全纯净，无一毫渣滓沉于心底外，睡时姿势也应当注意，使得梦能保持清正的状态。[②] 他们似已相当清楚“潜意识”的渣滓会在夜间趁着意识筛选机制松懈时，乘机窃发。所以记下梦境的作用之一，便是提供人们反省潜意识底层的依据，有如去清除喜马拉雅山的积雪般。

“日有所思，夜有所梦”，此时日记中常见的梦，相当程度地代表了人们关心的主题。当陆氏开始摸索《志学录》的记法时，便夜“梦与诸兄言纪事法，朗朗如昼”[③]，也就是梦见自己与考德课业会的会友谈记过的方法。这是因为那一天白昼，他“思得纪事法分二部，一纪讲学始末，一纪言行”[④]，大概是因为白天想得太过投入，故夜间乃有此梦。这是很特别的梦境。一般而言，他们所记梦境中有几个较常见的主题，第一，梦见受女色诱惑而不动，如黄淳耀“夜梦见一冶女挑挠，不为之动，而亦有强制之意，此偷心未绝之征也”[⑤]。偷心未绝，是指藏在潜意识中好色的念头，趁着做梦意志松懈时发露出来。第二，梦见自己是忠节之臣或正在力抗异族侵略。有一夜黄淳耀做梦“忆其一乃见

① 冯辰、刘调赞：《李塨年谱》卷三，康熙四十一年“壬午（1702）四十四岁”条，88页。

② 李塨说：“卧用敬功，梦遂清。”同上书，88页。

③ 陆世仪：《志学录》，“崇祯十四年三月初五日”条，3a页。

④ 同上注。

⑤ 黄淳耀：《黄忠节公甲申日记》，“崇祯十七年三月二十三日”条，见沈云龙选辑：《明清史料汇编》八集第4册，77页。

靖难时忠臣卓敬，心有敬之之意”，他评论说“此亦是平时矜高自许之根所伏藏而偶现者”[①]。黄氏这些梦似乎反映他自己意志中忠诚意识之强烈。第三，梦见与古代圣人周旋，如黄淳耀“梦谒孔林，四顾庭庑云木苍然，思欲厕弟子之末而不可得，泫然垂涕”[②]。这个梦境在宋明儒者相当普遍，吴与弼的《日录》中便反复出现这个主题。[③] 至于黄淳耀的第二种梦境，与他在写那一段日记十几个月后殉国成仁的经过，竟相仿佛。

从日谱的记载中也可以看出从“伦理的”到“礼仪的”，由“内推外”到“外打进”的转变。明末日记中到处是验看念头之语[④]，不但不及礼容，也未见到反省或督促自己从事社会性工作，甚至于国家动乱、边事紧急等大事，也都不大出现在日记上。以陈瑚、陆世仪等人的日谱为例，可以看出他们反省的范围是内倾的，心的状态仍是最重要的反省目标。基本上他们仍然相信念头上正了，外面的行为便没有问题。故常可见到“日间有两个不好念头”[⑤]，或“口杂，身无过，心发一欲念，可恨之极”[⑥]，或“又发一欲念，欲根久而不断，纵有绝欲之事，与不绝等也”[⑦]的记录。他们在相当程度上仍然相信“要之心正则百物皆正，所

---

① 黄淳耀：《黄忠节公甲申日记》，“崇祯十七年三月十七日”条，见沈云龙选辑：《明清史料汇编》八集第 4 册，63 页。或如“崇祯十七年三月二十四日”条：“梦有贼见劫，胁之以兵，余怒骂曰贼，贼吾岂畏汝者。”（77 页）

② 同上书，“崇祯十七年正月十六日”条，20 页。

③ 吴与弼：《康斋先生日录》，3 页。

④ 如黄淳耀：《黄忠节公甲申日记》，“崇祯十七年正月五日”条，见沈云龙选辑：《明清史料汇编》八集第 4 册，5 页。

⑤ 同上书，“崇祯十七年三月二十五日”条，78 页。

⑥ 同上书，“崇祯十七年二月二十日”条，50 页。

⑦ 同上书，“崇祯十七年二月二十三日”条，51 页。

谓动容周旋中礼也”[①]。

不过从日谱中吾人也可以看出清初礼容之学已开始有兴起的倾向。陆世仪《志学录》中只偶尔说“坐谈时言容手容不肃”[②]，至于颜元、李塨，从他们日谱中的《常仪功》及所记的内容看来，他们处处皆讲“容”。他们也都追溯到明季心学家邓潜谷（1528—1593）提倡九容之学是一项重要的突破[③]，足见这在当时以内本论为主的思潮中占有很特别的地位。

九容之学复兴，而且成为日记中反省的主要题目，足见道德修养工夫由抽象的道德准则到日常生活道德之转变。尤其重要的是由内本论向礼的转变，从内在看不见的心灵状态到外在看得见的行为仪节的谨守。这反映了后心学时代的人间秩序，偏重以外在的礼容作为内在心性的基盘。颜李极为讲究古礼，他们的文字中极多古礼细节的讨论，而且他们也尽一切力量，希望将之付诸日常实践。在他们每日省察自己言行的过程中，作为对照依据的也泰半是儒家的古礼，而且其中许多是两千年所不行的礼文，即使经过仔细考核仍无法重建。[④]

此处要举颜李日谱中的一些记录作为例子，来讨论这一变化。颜元早年有一次静坐，观喜怒哀乐之未发，觉得心情无比和

---

① 如黄淳耀：《黄忠节公甲申日记》，“崇祯十七年一月二十五日”条，见沈云龙选辑：《明清史料汇编》八集第 4 册，29 页。

② 陆世仪：《志学录》，“崇祯十四年三月初一日”条，1a 页。

③ 李塨《颜元年谱》卷下，康熙三十年“辛未（1691）五十七岁”七月条说：“观邓汝极传，以当时心学盛行，崇证觉，以九容、九思、四教、六艺为多，汝极驳之曰：‘九容之不修，是无身也；九思之不谨，是无心也。’先生续曰：‘四教之不立，是无道也；六艺之不习，是无学也。’”（77 页）

④ 冯辰、刘调赞：《李塨年谱》卷三，康熙四十三年“甲申（1704）四十六岁”条，102 页。

适，“修齐治平都在这里”[①]，王源后来不客气地加以批驳，他说心里面的境界，与外在的治平没有关系。[②] 在本文前面已经提到过，有一次李塨对颜元说：“近日此心提起，万虑不扰，只是一团生理，是存养否？”颜元回答：“观足下九容之功不肃，此禅也，数百年理学之所以自欺也。”[③] 朱主一有一次也对颜元说：“用习礼等功，人必以为拏腔做势，如何？”颜元正色回答他：“正是拏腔做势，何必避？……拏得一段礼义腔，而敬在乎是矣……”[④] 从师徒的应答之间，可以反映由心性到礼容的转变。

由于颜元始终偏向外面而忽略内面，所以李塨偶尔也感到不满足，李塨南游时将陆世仪的著作返告其师，欲以陆氏的心性存养补师门专讲事功经济之缺憾。[⑤] 但颜元始终不曾加以重视。而李塨《诗经传注题辞》中说：“予自弱冠，庭训外，从颜习斋先生游，为明德亲民之学。其明德功课，则日记年谱所载是也。”[⑥] 观其日记年谱中所载，其实也不过是对自己是否恪遵礼学的反省，足见其工夫重点之所在。

另外一个值得重视之处是：即使在这个时代已经有人开始质疑《大学》作为理学核心文献的地位[⑦]，可是，《大学》的八目

---

① 李塨：《颜元年谱》卷上，康熙三年“甲辰（1664）三十岁”五月十五日条，12 页。

② 同上书，12 页。

③ 冯辰、刘调赞：《李塨年谱》卷二，康熙二十八年“己巳（1689）三十一岁”四月条，41～42 页。

④ 钟錂编：《颜习斋先生言行录》卷上《王次亭第十二》，见《颜元集》，665 页。

⑤ 钱穆：《陆桴亭学述》，见《中国学术思想史论丛》第 8 册，373 页。

⑥ 李塨：《〈诗经〉传注题辞》，见《恕谷后集》卷十一，136 页。

⑦ 陈确：《大学辨》，见《陈确集》。参见王汎森：《清初思想中形上玄远之学的没落》，载《“中央研究院”历史语言研究所集刊》，69 本第 3 分，1998，557～587 页。

仍然是指导人们由个人到天下的生命蓝图的重要依据。换句话说，当时儒家士大夫似乎也很难跳出这个格局的限制。陈瑚、陆世仪这个修身团体每十日分八步作一结算[①]，但是从日谱的记录可以看出，八步之中超出个人修省的部分，主要是“治平”类，它有一个特色，即包括的范围异常空泛。此处我举陆世仪《志学录》中“治平”类的几条资料作一说明。譬如：

作讲学纪事凡例六条。记事式二叶。思以女配亡友遗孤。肃清亡友门庭。思得相观录法。纪诸兄言行八条。[②]

应援亲戚。公事谒官长。为友人思得悦亲之道。思辑会讲集说。代同善会作致州尊书。与通侠论理学。与景贤说书义。[③]

与周扆工谈理学。[④]

不谋钱靖侯私事。[⑤]

与过在莘论学。与虞九晤谈一夕。[⑥]

笃友谊。与孚光讲性善义。[⑦]

平息登善家横逆之事。[⑧]

消弭虞九兄家大讼。[⑨]

---

① 陆世仪：《志学录》，“崇祯十四年三月十日”条，5a～6a 页。

② 同上书，“崇祯十四年三月十日”条，5b～6a 页。

③ 同上书，“崇祯十四年三月二十日”条，9b 页。

④ 同上书，“崇祯十四年八月二十日”条，61a 页。

⑤ 同上书，“崇祯十四年八月三十日”条，64a 页。

⑥ 同上书，“崇祯十四年九月十日”条，66b 页。

⑦ 同上书，“崇祯十四年九月二十日”条，69b 页。

⑧ 同上书，“崇祯十四年十月十日”条，76a 页。

⑨ 同上书，“崇祯十四年十月二十日”条，79b 页。

与王原达论儒释。①

足见他们认为平息他人家里的讼事或争端，为友人思得悦亲之道，与人论理学、论儒释、谈性善、说书义都可以算是“治平”之学，但是晚明通俗宗教蓬勃一时的社会福利事业、社会救济工作，或是属于公共生活的部分，除了陆世仪在《志学录》中时常提及的“同善会”外，在其他人的日谱中都不常出现。社会福利的性质不强，从事小区或国家经世之务的色彩也不浓厚。比较例外的是陆世仪参与同善会的活动，陆世仪曾把有关同善会的活动列为其“治平”方面的成绩。②

在明末清初的文献中，陆氏《志学录》中保留了最多同善会活动的资料，这些数据显示出他们的活动与功过格的实行者有所不同。因为功过格是以个人为单位计算功德，所以善举的特色偏重于个人所从事的社会救济等工作；而陆世仪他们认为善行是不为个人福报的，故从《志学录》看来，似乎更重视的是团体性的救助工作，譬如有一个亲戚前来求助时，陆氏要对方改向陆氏所属的同善会求助。③

七

簿记式的日谱主要是受功过格影响而产生的，但又与功过格

---

① 陆世仪：《志学录》，“崇祯十四年十月三十日”条，82a 页。

② 《志学录》“崇祯十四年四月二十日”条：“同善会事一日。”（20b 页）

③ Joanna Handlin Smith, “Benevolent Societies: The Reshaping of Charity during the Late Ming and Early Ch'ing,” *The Journal of Asian Studies*, 1987 (46.2), p. 327.

立异，并且要在道德实践的领域上与功过格争领导权。但是它们之间许多明显的差异，使得日谱无法被广大的下层士大夫或平民所接受，无法形成一个平民运动。

首先是道德与幸福是否能密切关联的问题。在儒家的思想传统中，这两者是不可能密切相连的。孔子基本上是一个俟命论者，孟子则主张修人爵以俟天爵。① 东汉的思想家王充（27—91）说“偶遇”，东晋的神灭论思想家范缜（450？—515）也有类似的思想。② 他们都不曾在道德与幸福之间创造一个等号。不过，佛教所传进来的报应观则相当程度地克服了这个问题。③ 宋明理学本身也未提出办法来解决道德与幸福问题。正统的理学家认为，道德行为本身即是它自己的目的，所以不必再去问是否有福报跟随而来，而且认为企求福报的想法是错误的。理学家固然也在相当程度上相信《尚书》中的“作善降之百祥，作不善降之百殃”，但是他们通常在灾祸之后自我警醒，而很少去揣想自己的善行可以立即打开命运的大门。譬如王畿在遭到大火之后自讼，反省自己是否因为道德修养上的过咎而导致这一场大火，即是一例。④

在晚明，功过格等善书提倡“现世报”，人们可以借着日常的功德打开自己命运的大门，也可以很快地在道德与幸福之间得到预算的平衡，不必等到来世。袁了凡本人的故事告诉人们，累

① 傅斯年：《性命古训辨证》，见《傅斯年全集》第2册，639～640页。

② 森三树三郎著：《中国思想史》，18～25、44～45页。

③ 同上注。

④ 王畿：《自讼问答》，见《龙溪王先生全集》卷十五，26～36页，见《四库全书存目丛书》集部第98册。

积了多少善行便可以生子，再积多少可以中进士。有了道德行为，马上可以得到福报。而且，这一次的许诺与保证比佛家更直截了当，不需地狱、不需轮回，而是人活着的时候马上可以得到的“现世报”。在各种功过格的版本中所见到的种种激励人行善的故事，都一无例外地在阐述按照功过格行善之后所能带来的现世幸福，尤其是科举上的成功以及子嗣上的繁衍。甚至连最反对功过格的刘宗周也被拉进去，作为是行之有验的一个例子。[①] 人与命、道德与幸福，似乎有最紧密的对应关系。这一路思想很能打动广大的人民，影响力非常强大。

“现世报”的思想与袁黄的“立命”思想有密切关系。袁黄的《立命篇》鼓励人可以透过自己的道德行为，决定自己的命运，它对道德带来幸福的许诺是斩钉截铁的。讨论袁了凡的立命说，不能不谈一谈明代心学中最具影响力的一支——泰州学派的“造命”“立命”思想。儒家“命”的思想有过无数变化，但孔子的生死有命、尊天命、畏天命始终是主流。正统理学中基本上也是以俟命论为主流，但是王艮提出了造命说。王艮的造命观可能与其思想中的平民性有关。为了要鼓舞平民百姓，而且为了给信众建立一种乐观的、向上的情绪，相当自然而然地提出“造命”之观点，说服百姓只要能努力，命运便握在自己手中。王艮在《与徐子直》中便说：“我命虽在天，造命却由我。”[②] 而罗近溪的老师颜钧在《自况吟》中也吟道：“我欲斯人生化巧，御天造

① 《功过格分类汇编》“功过格灵验”：“刘宗周行此格，刻小谱行世，后为都宪。”（4页，见《有福读书堂丛刻·续编》，清光绪壬寅年仪征吴氏刊本）

② 王艮：《与徐子直》，见《王心斋全集》卷五，15b页，台北，广文书局，1987，京都中文出版社据日本嘉永元年和刻本影印。

命自精神。”[1] 而袁黄正是泰州王艮的信徒。事实上，明代后期两种通俗信仰的提倡者皆与王氏有关，一个是“三教合一”的林兆恩（1517—1598），一是《功过格》的袁黄。林兆恩可以说是王艮的再传弟子，而且吸收了不少王艮的思想。袁黄原来也是王艮学说的信从者。[2]

但晚明的正统儒家最排斥的，也正是道德能与幸福这样清楚而直接地联系起来的想法，那些对功过格进行修改的儒家正统派都刻意强调这一点。但是，一旦没有现世报的成分，它的吸引力便大大降低了，许多人对之感到不满足。最能说明这种不满足的人，是原来遵行刘宗周《人谱》，但后来因为不满于其有“证”无“验”，而改行功过格的人。这里想举两个例子，第一个是《嘉庆山阴县志》记张际辰：

> 际辰习闻证人之学，……既尝受《人谱》于师，后复悟《谱》学主修、不主验，乃盟诸神祇，力行所谓《太微功过格》者，意主于修省，无邀福想……[3]

第二个是陈锡嘏。他原本是刘宗周《人谱》最忠实的提倡者，可是后来却编了一部《功过格汇纂》，由他的转变也可以看出只关注道德修养的《人谱》无法满足一部分人的情形。

试想，如果这个问题不是很严重的话，何以陶望龄（1562—

---

① 颜钧：《自况吟》，见《颜钧集》，67页。

② 柳存仁：《和风堂文集》第2册，996～997页，上海，上海古籍出版社，1991。

③ 徐元梅等修、朱文翰等辑：《嘉庆山阴县志》卷十六，3b页，台北，成文出版公司，1983，影印本。

1609）、陶奭龄（？—1640）的弟子们会如此热切地实行功过格，而秦弘佑会模仿立《迁改格》。陶奭龄《功过格论》中说明功过格可以接受，而且应该接受，他说：

> 或曰为善去恶，在心而已，奚必是格？予曰：子读书耳，奚必课程赏罚耳？奚必律令出纳耳？奚必会计哉？不知会计当则盈缩可稽，律令明则趋避不惑，课程立则作止有度，否则勤惰任心，高下任手，有余不足，无从参核也。徒曰我为善，我去恶，曾为几善，去几恶耶？①

但是当时儒家思想圈中占上风的，始终是不讲“验”的部分，认为能行善已是心中最大的满足。所以，我们可以说功过格“立命”“造命”的性格，在儒者的日谱中完全见不到了，因此也限制它转移世俗的力量。

在袁了凡的《功过格》中，不识字的人也得到了安排，《了凡四训》这样说：

> 余行一事，随以笔记。汝母不能书，每行一事，辄用鹅毛管，印一朱圈于历日之上。或施食贫人，或买放生命，一日有多至十余圈者。至癸未八月，三千之数已满。②

袁氏规定：读过书的人应该将日常行事记下来，并记功过，不识字的人可以用鹅毛管打印作为功过的标志。但是在我们所见到的几种日谱中，除了陈瑚的《圣学入门书》之外，并未见到为不识

① 《功过格分类汇编》，3页。

② 袁黄：《了凡四训白话解释》，49页。

字的人做任何安排，同时也未见到士大夫以外的人立日谱的记载。故王学及晚明善书运动中极为浓厚的平民性消失了，日谱成为纯粹士人修身的记录。

此外，在功过格等善书的科目中，可以看出浓厚的社会慈善、社会福利的色彩，譬如施棺、掩骸、放生、救济等。但是在儒家的种种修身簿籍之中，这个面相越来越萎缩，到了颜李的日谱中几乎看不见这一面；而颜李除了内省之外，基本上关心的是治国平天下之事，以及是否遵照古礼来规范自己的日常生活。所以这些日谱反映了当时士人生活中社会面的消失。

在明末清初那一批模仿功过格的修身簿册以及日谱，都有一个共同的特点：钱不能再折换成道德资本了，而道德资本也不能折换成当世的或将来的福报。[①] 这是对晚明以来与商业密切联系的道德心态的逆转。值得注意的是，许多研究都指出，明清之间，除了因改朝换代有过一段动荡外，经济情况基本上没有大变化，但是这一辈士人们却不再像晚明士人那样，认为钱能通神了。从日谱中各种反省的条目看来，由金钱的付出便可以称为善行的条目几乎看不见了，连物质上的奉献足以称善的想法也减到最少，所有的条目都回到儒家最正统的德目。

提倡功过格的人相信，有鬼神会在人所不知处监督一切反省的过程，所以人不可能不忠实地写下自己内心世界的所有善过。陶奭龄的《功过格论》将人下笔记录时，觉得鬼神森然满目的心情写得相当生动。他说：

---

① 关于钱财可以折换成道德资本，见 Cynthia J. Brokaw，*The Ledgers of Merit and Demerit*。

或曰：是固然，其如明功隐过何？予曰：子勿虑也，人有明功隐过于人者，未有明功隐过于鬼神者也。我日而为之，夜书而志之，焚香染翰，幽独无侣，四顾森然，鬼神满目，以心莅手，以手莅笔，一点一画，罔敢不诚，而明功隐过乎哉？[①]

但是纯正的理学家基本上认为鬼神只是二气之良能，所以在日谱中并未安排鬼神职司监察之事。不过，他们有两层保证，一个是规过会中会友互评日记，互相规过，他们假设由于会友见面的机会，在相当程度上可以从表现的行为来对照该人日记中的记录。他们有时是规定会友在圣像前切实省过，此处所谓“圣像”是指学堂里的孔子像，足见孔子像有时具有类似佛道神像之功能，代表一个冥冥中的监督者。不过，这一类的记载并不常见。真正扮演把关角色的是“天”。“告天”二字在各种与日谱有关的文字中不断出现，而且都是在最后想求一个客观、全知全能的判断者及监察者时出现，而且告完天之后，通常要将日谱焚去，而得到一种“结案”的感觉。[②] 但是，宋明理学以“理”注“天”，以鬼神为二气之屈伸，故不认为有鬼神或人格神的天，那么“天”与鬼神也不易扮演主宰者、监察者的角色了。

最后，罪的祓除是许多宗教中相当关键的一环，有的是告解完即祓除，有的是靠呕吐来祓除，有的是靠书写之后焚烧来祓除，有的是在书写之后放在水中漂流，不一而足。中国的宗教

---

① 《功过格分类汇编》，3b 页。

② 程玉瑛《晚明被遗忘的思想家：罗汝芳诗文事迹系年》，记罗汝芳于嘉靖十一年十八岁时焚《克己日录》（9 页）。

里，佛教、道教也都有祓除罪过的方式。[①] 但是在宋明理学中，过错是无法祓除的，即使在谈到如何消除罪过时也都含糊其词。对他们而言，功罪无法互相折抵，如果在计算之后，发现罪过太多，除了不断自责或是焚香告天之外，实在没有办法可以彻底清除罪感。在本文所讨论的几种日谱中，对罪的祓除都没有仪式性的安排。这是一个关键性的缺环，使得遵行它的人无法获得内心的纾解，罪过永远紧紧地跟着自己。

以上几点，都是儒家修身日记的局限，是使它们不能普遍化、平民化的重大局限。此后随着考证学的兴起、内省面的逐渐退失，修身日记基本上便不流行了。

结　论

修身日记是一个思想史与日记史研究中都被忽略的课题。在这篇文字里，我主要是以明末清初的几种日记、日谱为例，讨论它们大量出现的思想条件。文中指出：宋明理学修身日记的传统，明季功过格运动对儒家士大夫的刺激，理学思想由重悟到重修，及主张在日常生活的实践中达到超越的思想，还有士人对晚明风俗习染的不满，都是激起这一波修身日记运动的重要原因。

谈到日谱在学术思想活动中所扮演的角色时，我主要是以颜李学派的材料为例，说明在知识分子群体性活动逐渐衰歇之后，心学家原来那种面对面的启悟点拨变得越来越不可能时，日记或

① 如杨联陞：《道教之自搏与佛教之自扑补论》，载《“中央研究院”历史语言研究所集刊》，第34本上册，1962，275～289页。

日谱所扮演的种种角色。

文中也谈到几种日记中所反映的思想心态：譬如当时士人对纯粹享乐的人生态度感到不满意，有一种愈来愈趋向严格化、纪律化的倾向。同时思想界也出现了一种逐渐“外转”的倾向——重视外在仪节对人生的规范作用，放弃过去那种只要内心了悟便一了百当的想法。这股潮流与清代礼治社会的兴起自然有关。

但是，比起功过格之类的善书，这一波修身日记显然有几点不同。首先，调子越唱越高，有一种内卷化（involution）的倾向，使得它们不可能是浅俗易行的东西，所以它们不是功过格那样平民性十足的运动。而且修身日记中只讲“修”不谈“验”，对罪恶感的祓除等问题也都最严守儒家正统的精神，所以它不像通俗宗教运动那样吸引人，基本上只在士大夫圈中流行。这些使得它们在与通俗宗教竞争对平民百姓教化的领导权时，显得有局限性，也使得明代王学泰州学派一支那种士农工商一起共学的风潮逐渐平息。随着考证学兴起，左经右史、喘息著书的生活更是平民百姓所不可能企及的，儒者的学问事业与庶民百姓便形成两条不大可能交会的直线了。

清初士人的悔罪心态与消极行为

——不入城、不赴讲会、不结社

探讨明清思想文化时，我们大多将心力放在清代思想文化的兴起，而忽略了明代文化的衰落，其中最令人困惑的是两个问题：第一，晚明文化中那种洒脱、“侈放”的风格，何以在清代慢慢就看不到了？第二，晚明心学家的讲会、结社，何以在清代也慢慢不见了？在这篇文章中，我想试着对上述两个问题略作解答，我想讨论的是当时的一些消极性行为，它们的特色是一系列的“不”。不过这里必须先强调一点，以免引起读者误会，那就是这些“不”虽然多起于晚明，盛于改朝换代之后，但是这些“不”所指向的，并非骤然消迭，而是经过数十年的时间，才渐渐消逝。

“不”的后面有一个非常辽阔的领域，但是人们却选择其中特定几种，它们本身带有对话性。消极性的行为有两种，一种是对旧的，一种是对新的。对旧朝的消极性行动，表现为对晚明文人文化、讲学文化的追悔与排斥，对新朝的消极行为，则表现为尽量切断社会接触，自我边缘化，不进入新朝的政治空间，不与现实政权有实际的交涉。不过此处要特别强调，在政治或社会上消极，在学术文化上并不一定消极，反而可能是非常积极，不能一概而论。本文分成三个部分，在第一部分中，我描述了当时很流行的一些负面性的“罪”“愧”“悔”“弃”的意识。在第二部分中，我探讨清初大量士人“不入城”、焚弃儒服、不入县庭的事例，并说明明亡前的不入城与清初不入城意义上的不同。第三，我想谈当时另一个特殊的现象，即不赴讲会、不结社、一书不两序、不收门徒。以上几种现象，在时间上相互重叠，他们直接或间接地与三个问题有关，第一是不满明代后期的文人文化，第二则是在不承认新朝的政治正当性的同时，还有拒斥明代城市文化的意思，第三是不满明代后期的讲学文化，而这三者都是明代后期士人文化的核心成分。所以上述现象的出现，一方面是旧文化精英在政治文化活动上的自我边缘化，一方面也代表着明代士人文化特质的逐渐消逝。

一、“罪”“愧”“悔”“弃”的意识

首先要谈的是明末清初士人“感情结构”（structure of feeling）的变化。[①] 在清初的知识阶层中，可以看到一种“感情结构”的变化，本文试着把握他们内心世界的变化，以便观察他们

① 我使用这个名词，当然是受到雷蒙·威廉思（Raymond Williams）的影响。威廉思认为，在研究过去时，最难把握的是一种贯串于生活世界的感情结构。一个世界的“感情结构”不是一致的，不过在居主导地位的群体中表现得特别明显。见 Raymond Williams，*The Long Revolution*，London，Hogarth，1961，pp. 45～48。

与逝去的王朝的关系。这里需要强调的是，在政权更迭之时，有许许多多的士人快快乐乐地追逐新朝功名，但也有一批遗民，他们因为亡国而产生反省、追忆、悔恨、舍弃的意识，并对晚明学风进行反省与检讨，同时也探讨政治的剧变如何导致明季士大夫生活态度的转变，终至逐渐消失。同时士大夫生活方式也有所改变，由晚明的活泼、开放，慢慢转变为清代的沉寂、冷淡。上述变化助长了清初官方所期望的一种驯服的、平庸的、四平八稳的理想士大夫形态，所以不期然地产生了一种符合异族政权的吊诡性结果。不过，必须强调，本文只是从一个层面去看这种深刻而复杂的变化。

当然，对不少人而言，明清易代不一定有地坼天崩之感。譬如《启祯记闻录》卷三记载北都沦陷时吴江百姓的反应说：

> （甲申）四月初二日，吴江赛会，目睹者云富丽异常，为郡中从来所未有。是时北都不祥之说已竞传，民间犹为此举，可见人无忧国之心。①

到了康熙二十三年九月圣驾南巡时，依当时住在上海的姚廷遴（1628—1697）的日记（稿本）《历年记》中记载，当皇帝到达苏州虎丘时，一般百姓的情绪非常激昂兴奋，亡国之痛似乎已经不存在了，人们忙着执香跪接圣驾，叩首称“愿我皇万岁”，苏州清官忙着献艺，而皇帝也动手打鼓，让这些热情的百姓们听听满

---

① 叶绍袁：《启祯记闻录》卷三，8a页，见孙毓修辑：《痛史》第十三种，上海，商务印书馆，1911。

洲人的音乐。[①]

百姓如此，士大夫中也不乏对这个变局无动于衷的。[②] 尽管如此，我们仍不能忽略当时有许许多多人感受到天崩地解之痛。清季杨凤苞（1757—1816）在历览晚明清初文献之后，表示清初士人对旧国旧君的负疚之感是“大江以南无地无之”[③]。

这些憔悴失职的士人以各种方法表达其故国之思，有的系明代铜钱于手上，有的把网巾画在头上，有的在身上刺字，以誓不忘“本朝”。在“中央研究院”历史语言研究所的内阁大库档案中，有一件顺治五年盛复选的题本，其中提到，在如皋发现有一位许元博“潜踞双店，鼓惑乡愚”，“及剥衣加刑，露出胸前刺

---

① “……至日中后，方起马。抚院传百姓：俱要执香跪接，候圣驾。上亦着头等哈传谕百姓：不论男女，尽他们看，不许拦赶，大小店肆，仍旧开张，不许掩闭。自此传闻，百姓拥挤街道，圣驾过，百姓叩首俯伏曰：愿我皇万岁！上曰：你们百姓多有寿。妇女多在楼窗内挤看。驾出阊门，到山塘上，人挤难行，河内舡亦挤满，上在马上又传旨曰：百姓不要跪。竟到虎丘……”“传苏州清客打十番，打完，上曰：好，果然好，但是只晓得南方的音，还不晓得我北方的音。叫小番来，打一番与你们看。即刻飞传舡上小番来，俱十五、六岁俊俏童子……打一套十番，果然好绝。姑苏极老班头，亦从未闻见者。约有一个时辰方毕，时已黄昏矣。上起而出，到天主殿，见下边百姓拥挤，塔上俱点红灯，照耀满山，看者不肯散去。上曰：上边百姓都已听见了，下边的还没有听见，再打一套去。随坐千人石上，打起十番。上自动手打鼓，后乃连打数套，逐件弄过，直打至二更时方完……”见姚廷遴：《历年记》，见《清代日记汇抄》，120页，上海，上海人民出版社，1982。姚氏日记按年叙述始于明崇祯元年迄至清康熙三十六年（1628—1697），共七十年间亲身所历事。“姚氏生当明清易代之际，少作县吏，老为乡农，对当时宰官循酷，吏治兴废，年岁丰歉，物产盈虚，风俗变革等，所知较详，记载特备”。（以上见《清代日记汇抄》为《历年记》所作介绍，39页。）此条史料因余英时老师所示而得知。

② 如梁维枢，见谢国桢：《明清笔记谈丛》，51～52页，北京，中华书局，1962。

③ “明社既屋，士之憔悴失职高蹈而能文者，相率结为诗社，以抒写其旧国、旧君之感，大江以南无地无之……”见杨凤苞：《书南山草堂遗集后》，见《秋室集》卷一，15b～16a页，《湖州丛书》本。

'不愧本朝'四字，左臂刺'生为明人'，右臂刺'死为明鬼'"。[①]也有人密书誓言于衣襟，曰"生为明人，死为明鬼"（陶琰）。[②]最值得注意的是当时士大夫对前明时期生活态度深刻追思与忏悔。

留心文体兴衰之人，会发现清初"梦忆体"的兴起。这时出现一批书，如《谈往》《遗事琐谈》《闲思往事》《忆记》《陶庵梦忆》[③] 等，都反映了当时的风气。这种文体的特色是追思太平往事——"回想太平时序，儿女柔情，不觉销凝久之"[④]。或是说："但得身见太平，则为人奴、为乞丐，亦所甘心，迄今回思，不禁两泪交流。"[⑤] 或是像《陶庵梦忆》中的张岱（1597—?），在回思太平时节秦淮河房、虎丘盛集、吴中绝技、苏州烟火、扬州瘦马，甚至斗鸡社、噱社之类他所谓的"罪案"[⑥] 时，感到不胜唏嘘，然后说"今已矣，三十年来，杜门谢客，客亦渐辞老人去"[⑦]。

追思、梦忆之余，便是深刻的悔恨，从个人的字号，社团的名称，到斋馆的名字，都充斥着"愧""惭""弃""填""止""省"之类的消极性字眼。[⑧] 张岱说他的《梦忆》是在"国破家

---

① 张伟仁主编：《"中央研究院"历史语言研究所现存清代内阁大库原藏明清档案》第7册，清顺治五年二月（日不详）之九，A7-102（2～1），台北，联经出版事业公司，1986。

② 武新立：《明清稀见史籍叙录》，240页，南京，金陵书画社，1983。

③ 谢国桢：《增订晚明史籍考》，952、940、945、948页，上海，上海古籍出版社，1981。

④ 孙静庵：《明遗民录》，80页。

⑤ 参谢国桢：《增订晚明史籍考》"湘上痴脱难实录"条，950页。

⑥ 以上见张岱：《陶庵梦忆》，9、27、30、50、58页，上海，上海古籍出版社，1982。

⑦ 张岱：《陶庵梦忆·序》，1页。

⑧ 屠用锡辑《六经堂遗事》（《四明丛书》本），张寿镛序云屠天生"甲申之变，结弃繻社"，丘维宁称居所为"愧屋"。见谢正光、范金民编：《明遗民录汇辑》（本论引用较多，以下简称《汇辑》），111～112页。

亡，无所归止”后，回思平生，“种种罪案，从种种果报中见之”，故将过去五十年的种种，“持向佛前，一一忏悔”。[①] 忏悔之余，他们发展出一些新的生活态度。这些新态度的特色即否定前明时期士人的风习，以一系列的“不”为其特色，如不赴夜宴、不入城市、不赴讲会、不结社等。

除了一系列“不”之外，表现得最为突出的便是反明代文人文化的心态。明代文人文化内容异常丰富，也异常多彩多姿，非此处所能尽述，此处只能举与我们此下要讨论有关的几点。

首先当然是文人数量多、“山人”多、活动多，而且这些活动多带有标榜应酬的特质。其次是文人好游，东奔西跑。当时文人多以游为第二性命，几乎是排日出游，不时与朋友相约在遥远的地方相会，游了之后，还要回忆，游的时候要画舫笙歌，酒食争逐，尽情地享受着商业社会及城市文化所带来的乐趣。第三是文人文化中脱离儒家礼法的倾向。有几个例子可以说明这个现象。首先是魏晋文士的任诞佻达为许多文人所向往，许多书的编辑方式即自觉地模仿《世说新语》，像《何氏语林》《舌华录》《玉剑尊闻》《玉堂丛语》。此外，也有人每天选取《世说》中一则任诞的事迹加以仿行，如张献翼（？—1604），甚至连禅僧也不避佻达。[②] 人们争相在行为上求“新”、求“奇”，以求突出于文人社群，并获得某种声誉。此外，明代文化脱离儒家礼法的倾向，还表现在大胆批评古人如李贽（1527—1602），或大胆怀疑

① 张岱：《梦忆序》，见《张岱诗文集》，110～111 页，上海，上海古籍出版社，1991。

② 沈德符：《万历野获编》，693 页，北京，中华书局，1959。

古代的史事，或近乎轻率地看待自己与古代圣人的关系。[①] 第四，明代心学家每好讲学、结社，招收大量门徒。第五，明代士人甚为骄横，动辄干谒官府，或现身县庭干预词讼，甚至还有所谓“免粮银”“扣散米”的怪现状——无锡诸生每岁有免粮银，无田可免者，县官还得给米，称为“扣散米”。[②]

不过大约从晚明的最后二十年开始，文化界已经出现两种明显的分流，一方面是尽情享受明代文化的多元活泼或是腐败堕落，另一方面是想竭力维持传统文化理想中以农业社会为主的生活形态，这两种势力互相争持着，而我们所熟悉几位清学的开山大师多是倾向于后者的。他们竭力批判明代文化风习。

这里先举顾炎武（1613—1682）的批判性文字为例。首先他痛斥整体的“文人”，反复劝人不要流为“文人”[③]，他的《日知录》中有一些条目都是对晚明文人文化而发的，像“《通鉴》不载文人”“文人之多”条即是。此外“古人不为人立传”“文不贵多”“志状不妄作”“古人集中无冗复”[④]，都是针对当时文人的写作习惯而发。

晚明文人的生活品位，如“辨书画，识金石古奇器，焚香扫地，与名僧联床对语”[⑤]，如讲究园治[⑥]，如西湖冶游，不一而

---

① 如刘声木《苌楚斋随笔》（北京，中华书局，1998）中说明代胡震亨《读书杂记》嘲弄古帝（105页），冯渠撰《进修录》全仿《论语》（119页）。

② 计六奇：《明季北略》，337页，北京，中华书局，1984。

③ 顾炎武：《顾亭林诗文集》，96页，北京，中华书局，1983。

④ 顾炎武：《原抄本日知录》，21～22页。

⑤ 黄宗羲：《陆文虎先生墓志铭》，见《黄宗羲全集》第10册，340页。

⑥ 陈植：《明末文震亨氏的造园学说》，见文震亨著：《长物志校注》，429～440页，陈植校注，南京，江苏科学技术出版社，1984。

足。在改朝换代之后，这种生活形态逐渐产生改变。

文人赏玩珍奇的风气也消退，即使连觞政中“置酒”“杯杓”“饮储”等方面也有从晚明“去朴从艳”“好新慕异”的时尚，变为由奢入俗，去华从朴的趋向。清代文人改正前人脱略的习气，更重细节，愈切实际，也更符合礼教。[①]

又如西湖的文士活动，本是明季文人学者最重要的一章。如我们读陈寅恪（1890—1969）《柳如是别传》第四章汪然明尺牍中谈及西湖游湖之变化，即可看出两代之间的易动。在明季，西湖是“虎林王谢子弟多好夜游看花，选妓征歌，集于六桥，一树桃花一角灯，风来生动，如烛龙欲飞，较秦淮五日灯船，尤为旷丽”[②]，但是，改朝换代以后，西湖萧索，“昼游者尚多猬缩，欲不早归不得矣”[③]。陈寅恪先生对此现象的解释是，清兵入关驻防杭州，西湖变成戎马之区所致，我以为除此之外，与文人学者萧索惭愧的心态也不无关系。同治年间伍绍棠跋《长物志》时有这样一段观察：

> 有明中叶，天下承平，士大夫以儒雅相尚，若评书品画，瀹茗焚香，弹琴选石等事，无一不精，而当时骚人墨客，亦皆工鉴别，善品题，玉敦珠盘，辉映坛坫，若启美此书，亦庶几卓卓可传者。盖贵介风流，雅人深致，均于此见之。曾几何时，而国变沧桑，向所谓“玉躞金题”“奇花异

---

① 王次澄：《明清文人觞政——会饮的礼仪与规范》，载《汉学研究》，10卷1期，1992年6月，291～292页。

② 陈寅恪：《柳如是别传》，377～378页，台北，里仁书局，1981。

③ 同上书，378页。

弃”者，仅足供楚人一炬。[①]

我觉得对照明末与清初的文献，伍氏这段跋文很能将文人生活品味上的变化凸显出来。文人社会由明季的喧嚣浮动静了下来，士风也由嚣张而沉寂。从一个人前后之变化可以看出这个趋势，整个文人社群的变化亦复如此。这一类变化非常广，也非常深微，涉及生活的许多方面，不是这篇文章所能尽举的。

二、焚弃儒服、不入县庭、舍弃家庭

这一代士大夫在面临地坼山崩之局时，有一些高度象征性的活动。[②] 儒家士大夫原有一套象征系统，平时是士大夫生活中不自觉的一部分，但到了改朝换代之时，士人便以这些象征性操作表达内心世界最强烈的感受。笔、砚、儒服、儒籍与文庙居有核心地位。

首先是毁弃文具或文稿。焚毁文稿可以有许多意涵，最简单的解释是不满过去的作品，或是害怕在新朝得祸，不过，它也可以是一个士人彻底放弃功令追求的表示。吕留良（1629—1683）的一篇《栎园焚余序》隐微地表达了这一层意思。吕氏列举了古往今来文人自焚其稿的种种理由，发现它们与栎园主人周亮工（1612—1672）于康熙九年自焚文稿的理由都不符合，他说周氏“其书又不触忌讳，不堕魔外，属属焉以古之作者为归，然则栎

① 文震亨：《长物志校注》，423 页。

② 其中如哭庙、焚儒服，请参阅陈国栋：《哭庙与焚儒服——明末清初生员层的社会性活动》，载《新史学》，3 卷 1 期，1992 年 3 月，69～94 页。

园之所以焚，又必有不同于古人者”。他说作者原负天下之名，望者以为神仙，“忽焉天地震荡，劫灰昼飞，猿鹤虫沙，苍黄类化，浪平痛定，一时同学廑有存者，宇内屈指，栎园岿然其一也……乃天下方乞膏馥于栎园，栎园且取而煨烬之，何欤？兔园粪溲，重自珍恋，犹什袭缫藉，况著作如栎园，非有所大不堪于中而然欤？余是以惜其书，不如悲其志也，豪士壮年，抱奇抗俗，其气方极盛，视天下事无不可为，……及日暮涂歧，出狂涛险穴之余，精销实落，回顾壮心，汔无一展，有不如腐儒村牖之俯仰自得者。吐之难为声，茹之难为情……彼方思早焚其身之为快，而况于诗文乎哉？”[①] 从这一段文字可以看出周氏焚稿是表达一种完全自我放弃的心情。吕留良在明亡时才十几岁，他的经验与栎园主人不同，不过，他还是相当能掌握这种一切断绝无望的心情。在当时焚稿、焚笔、焚砚的例子相当不少。[②]

还有焚弃儒服与呈削儒籍。一个人的衣服代表一个人的心灵状态，宋亡时已不乏焚、弃儒服的例子，明代生员在地方上有着重要的地位，生员可以领廪米，故代表生员以上地位的儒服便格外有意义，褫革衣衿，是对生员具有重大意义的惩罚。[③] 儒冠是另一个冲突点，我们可以看到许许多多焚冠的记载。《离忧集》卷上收了文介石的一首《焚冠》：

---

① 吕留良：《吕晚村文集》卷五，10b～11 页，台北，台湾商务印书馆，1977。

② 此处列几条相关资料以证焚砚、焚稿举动之不乏见：

方授　甲申焚笔砚。（孙静庵：《明遗民录》，230 页）

李魁春　生平纂述甚富，国变后，委诸烬。（孙静庵：《明遗民录》，32 页）

吕章成　病中自毁其著述。（孙静庵：《明遗民录》，171 页）

张盖　恒自毁其稿。（孙静庵：《明遗民录》，316 页）

③ 呈请削儒籍的材料，如陈确：《呈学请削籍词》，见《陈确集》，368 页。

> 纱帽风霜历几时，庄严当日汉官仪。一朝倒置谁知惜，几处欢弹我自悲。懒挂东都同俗变，化为清气与云随。从兹历历冲霄去，涂炭休教得浼之。[①]

穿白衣冠或其他衣冠的人不少，不管他们衣冠的颜色为何，都表示不穿清朝服制的意思。[②] 焚弃儒服与呈请削儒籍一样，表示断绝追求现实功名的意念。我们应该还能记得明季华亭陈继儒（1558—1639）年未三十，取儒衣冠焚弃之，与徐益孙结隐于小昆山的故事。[③] 陈继儒三十岁时正是明神宗万历十八年（1590），离明亡还有五六十年，他的例子告诉我们焚弃儒服代表着决心放弃对国家功令的追求、跳脱世俗规范去过自由自在的生活。不过，陈继儒的焚儒服带有文人自我标榜的性质。三一教的创始人林兆恩（1517—1598）则在屡次应试失败后焚儒服，而开始他别具一格的宗教活动。对他们而言，这一袭衣服的意义是无比重大

---

① 陈瑚辑：《离忧集》卷上，3b～4a页，昆山赵氏峭帆楼校刻本。

② 如李腾蛟“三十年未尝着时服”（《汇辑》，319页），如吴志开“屏居教授，素冠麻衣”（《汇辑》，215页），如汪文锡“鼎革后，高帽深衣”。（《汇辑》，335页）至于傅山，也有人认为他是穿着白衣冠的。关于傅山的白衣冠，陈去病有所辨证。他说：“予闻之予友无畏，傅先生居恒，每着白衣冠，或游行都市，众指目之，不为怪也。而全谢山谓其服乃朱衣黄冠，何耶？岂白衣冠为国丧后二十年服，而朱衣黄冠则被举鸿博时所服欤？抑白衣冠处其常，而朱衣黄冠处其变欤？”（《汇辑》，802页）此外，“国号”与“钱币”也是两个重要争执点，如王凤冈“告身不书清号”，（《汇辑》，104页）如林古度，臂间总是挂一枚明代的铜钱，（张慧剑：《明清江苏文人年表》，719页，上海，上海古籍出版社，1986）如王锡阐“不用时世一钱”，（《汇辑》，104页）如《从游集》卷上所收顾湄的《咏旧钱》：“看囊羞涩一钱深，十载相违隔古今。磨灭形神犹剩字，周遭轮郭只虚心。方圆尚与乾坤合，兴废宁知历数侵。白水望遥应有谶，五铢重见蜀中吟。”（陈瑚辑：《从游集》卷上，7b页）

③ 钱谦益：《列朝诗集小传》，637页。

的。焚弃衣冠有时也代表不欲与闻天下国事之事[①]，即使朝廷诏起也不理会。明亡之后，放弃儒衣儒冠或将它们还返文庙的例子不少，它们也表示了一种决心，不再追求现实的功名，同时还添加了一层新的意义，即不承认这个新政权，不再与闻新朝政治，在新的朝代里自我边缘化。[②]

此外，更为激烈的象征性活动是不在新朝打官司，以免与现实政权接触。全祖望（1705—1755）《鲒埼亭集》里说周之璇（敬可）：

> 事定归家，则田宅尽为人所夺，遂无一廛，或劝讼诸官，敬可曰，吾不忠不孝，投死他乡，何颜复构狱于官府，与恶少共对薄，遂寄食于贞孝家以死。[③]

---

① 祝开美当京师溃败时南归，后闻留京诸重臣迎福王子而立之，是为弘光。弘光帝召刘宗周，刘氏未起，上疏言开美因建言获罪，希望朝廷诏复为举人。次年，兵部请授开美台谏之职，上不许。然而当时祝开美已经焚弃衣冠，表示自己不欲见闻天下事了。见柴绍炳：《祝孝廉先生渊传》，见《清代碑传全集》卷一二三，615 页。关于儒服在历史的地位，可参考康有为：《孔子改制考》卷二十一，11～12 页，台北，台湾商务印书馆，1968。

② 譬如

朱用纯　1645 年，朱用纯父卒，用纯以遗命，弃儒冠，授徒赡母。（《朱柏庐编年毋欺录》，转引自麦仲贵：《明清儒学家著述生卒年表》，295 页，台北，台湾学生书局，1977）

李尝之　弃巾服。（孙静庵：《明遗民录》，169 页）

邢昉　弃诸生服。（《张杨园先生全集》卷三十一，21 页，清同治十年江苏书局刊本）

李生光　甲申之变，北向痛哭，焚其青衿。（《张杨园先生全集》卷三十一，10 页）

陈所学　明亡，手裂诸生巾。（钱谦益：《列朝诗集小传》，637 页）

王隼　遗民王邦畿之子，徐世昌《晚晴簃诗汇诗话》说他“隐居不出，尝入丹霞为僧，游匡庐，居太乙峰，久之，返儒服卒”。（卷三十九，1474 页，北京，中华书局，1990）

③ 全祖望：《子刘子祠堂配享碑》，见《鲒埼亭集》，300 页。

周之璇不愿诉于官府，或有现实的考虑，因为周氏曾经参加义师，侵占他田宅的人可以用这一点来反控他，为免投鼠忌器，还是不与官府交接为佳，而且在官府诉讼，势必得穿清朝的服装，这未必是他所愿意的。另一个例子是张履祥（1611—1674）。张氏不曾有任何抗清的行动，所以不必畏惧诉官会引来反噬，但是他的女儿被地方恶霸毒死，他竟也不愿告诉于官府，而是发布告直接诉诸人民。①

---

① 全祖望：《子刘子祠堂配享碑》，见《鲒埼亭集》卷二十四，229页。此外，还有一些高度礼仪性的安排。以衣冠为例：代表明代衣冠服制特色的网巾成为各种冲突与紧张的交会点。明亡之后，有几篇画网巾的故事，写一个人被押之后，网巾被没收，这位不知姓名的先生要他的两个仆人为他画网巾于额上，他的理由是“网巾则我太祖高皇帝创为之也”。（戴名世：《画网巾先生传》，见《戴名世集》，169～170页，北京，中华书局，1986）“网巾”之所以成为一件富有高度象征意义的物品并不是偶然的。发制的不同，本来就是种族之间的重要差异，清初实行剃发令之后，明代的网巾当然派不上用场，不愿剃发的人只好戴着帽子遮掩。所以有一则故事说，一群小孩追着一个遗民后面叫嚷“破帽换糖”时，弄得那位遗民窘迫万状，怕破帽摘下来后会露出网巾及额发。关于这方面，最生动有趣的文献应该是安徽贵池刘廷銮的《十二弃诗》了，弃哪十二种东西呢？“曰网巾，曰方巾，曰儒巾，曰簪，曰纱帽，曰襕衫，曰条，曰长衫，曰官服，曰裙，曰网圈，曰网绳”（《汇辑》，1020页）。这十二种东西都是明代士人的衣饰，刘氏当然是以悲怆的心情在写这首诗，哀悼十二件最能代表明代士人身份的衣饰。因为平时看不到网巾了，所以有人便把高丽贡使进入北京时的服饰当作一件了不得的大事：“独高丽使者至，则裹网巾，着纱帽，朱袍方袖束带坐，长上入朝。都人叹息，以为汉官盛仪。”（《汇辑》，1190页）也有不少人选择不再进入代表现实政权的政治空间。晚明绅缙横行，包揽词讼，干预官府的风气极盛，不过我们也看到一些零星的记载称赞某些人不轻入县庭。他们的举动代表一种对士绅风气的反省与不满。在明代只是零星出现的例子，到了清初却相当之多。譬如凌云，他是广东韶州仁化人，天启丁卯举人，崇祯庚辰会试进士，授河南府推官，国亡之后，他“足不入官府”。（《汇辑》，702页）广东新会的梁奇显，天启丁卯举人，《胜朝粤东遗民录》说他在国变之后，“足迹不涉公庭，见者不知其曾为（明）官也”。（《汇辑》，695页）广东西宁的梁伟栋，崇祯壬午年荐明经，国变之后“终身未尝谒长吏之庭”。（《汇辑》，697页）广东文昌的陈是集，也是“刺不入公庭”。（《汇辑》，758页）广东顺德欧主遇也一样是“绝迹公门”。（《汇辑》，1042页）

此外，还有许多强烈舍离家庭与社会生活的例子。不少人抛弃家庭远游，有些是怕被举发曾经参与抗清，但也有人是被一种忏悔、罪恶的意识所趋动，离家流浪成为一种具有忏悔意味的苦行。譬如万寿祺（1603—1652）弃家为僧，往来淮河南北，饥寒交迫而不愿回家。他的儿子前来请求，万氏仍然不允，他说："吾家世受明恩，国亡，吾安忍独享田园饫膏梁哉?"① 山东东莱的赵士，在明亡之后，住在离家五百里的山中，终身不再回家。② 如刘永锡（? —1654），在明亡之后四处搬迁，就是不肯回老家。③ 江宁谢玑，在亡国后尽弃田宅，避入宁阳山中十余年，发落顶秃才回乡。④

更为彻底地舍离社会的方式是不与人交谈或不与人交往，如成勇"十五年不与时人语"⑤，如安璜"屏居不交人"⑥，如王道增"不复与于交际之事"⑦。至于足不出户，或几十年不下楼的例子也不少。⑧ 不下楼通常是表示不愿碰触新朝的土地。

对故朝的怀想也表现在死亡仪式的安排上。活着的时候不能有抗议性行为，死亡时总可以作种种安排吧。死亡仪式的安排反映一种内在的意识。他们通常要求后人不要用棺材，直接用幅巾布袍裹尸入土，或干脆烧掉。⑨ 也有不少人要求家人以劣质的木

① 《汇辑》，939 页。

② 同上书，990 页。

③ 同上书，1016 页。

④ 同上书，1140 页。有不少人是在外浪游多年后直到暮年才又回归故里的，如同上书，44、139、821 页。

⑤ 同上书，245～246 页。

⑥ 同上书，127 页。

⑦ 同上书，97 页。

⑧ 同上书，176 页。

⑨ 如何弘仁死前说："吾有志不就，忝厥所生，不忠不孝，我死后，不得棺敛，野暴三日，举火焚之。"见同上书，169 页。

棺来敛他们。[①] 也有人要求在墓碑背面刻字。[②] 也有人遗命“毋棺，毋受吊，毋刑牲，毋封，毋树”[③]。这些消极性的行为反映了这群人的内心的痛悔。

三、不入城

接着，我要谈“不入城”的现象。

发誓不到某地或不过某地通常表达一种强烈的决心，不入城市是这一类“不”中最常见的一种。一直到民国时代，有人在日本占领区誓不入城市[④]，也有人在国共政权更迭、天下离乱之际决意不入某些城市[⑤]，但这些都不如明末及清初士大夫不入城市的事例多。大抵而言，明亡以前不入城的事例以文化理由居多，而清初不入城之事例，则在文化理由之外，添加了一层新的政治理由。

如果我们用“中研院”史语所的二十五史数据库去查，整部

---

① 如林时对 “遗命柳棺布衣。”（《汇辑》，409页）

姜采 “遗命碑碣神主不题故官，棺用薄材。”（《汇辑》，455页）

嘉兴钱士升 “殁而以幅巾道衣敛，遵遗命也。”（《汇辑》，1107页）

丹徒钱邦芑 “临卒谓其徒曰：我明大臣也，慎无以僧礼葬我，可以幅巾方袍裹尸入土。”（《汇辑》，1112页）

宁郡魏兆凤 “尝自置恶棺，诫诸子曰：我死以此殓。诸子逡巡，兆凤曰：先帝后视此何如？我死，毋帛衣，毋书旐，毋受吊。”（《汇辑》，1194页）

② 如王俊业要求后人在墓碑的背面刻上“明人王世业”的字样。见《汇辑》，92页。

③ 同上书，1218页。

④ 柳诒征《蔡嵩云竹西坞唱词序》上说蔡氏“寇焰炽时，遁迹竹西江村，偶撄其锋，几罹不测，憎寇甚，誓不入城市，欲他往，非得寇酋签字之通行证不克，且必印其指模于证，念是即降敌，义不可，蛰处穷僻，爰未越雷池一步。”（柳诒徵著，柳曾符、柳定生编：《柳诒徵劬堂题跋》，103页，台北，华正书局，1996）

⑤ 钱穆《师友杂忆》记他于民国三十五年避居苏州，以免卷入时代纷乱之局，“因此自戒，此下暂时绝不赴京沪平津四处各学校，而择一偏远地，犹得闭门埋首温其素习，以静待国事之渐定”。（229～230页，台北，东大图书公司，1983）

《宋史》中只有一个关于不入城的记载，而整部《元史》中根本不见这种记载。在《明史》中我们确实见到几个不入城的事例，它们都与躲避城市的烦嚣、以便专心求学有关，或是为了躲避城市中商业化的生活形态。当时城市文化的渗透力量虽然不像后来那样大，不过，如果城市不是一个乱人心目的地方，或是一个提供许多机会让人与现实纠缠的社会空间，则当时人似乎不必刻意以不入城市作为一种特殊的生活态度了。[①]

明代理学与城市似乎有一种紧张的关系，《明史》中最早出现的一个不入城的例子是章懋（枫山，1437—1522），《明儒学案》中有他的传记。《明史》中则相当清楚地说明他决心不入城是为了专心学问的始末。[②] 《明史》中还说有一位大官（曹璘）在广东新会访问理学大师陈献章之后，因为叹服他的学说，遂决定退休，在山中读书，三十年不入城市。[③] 另一位理学名儒罗钦顺（1465—1547）也是里居二十余年，“足不入城市”，潜心于格物致知之学，他与王守仁那次有关“格物”的历史性论辩，便发生

---

① 《宋史》中仅见一次的不入城事例，是李迪的从子李肃之，他内行谨饬，母丧，庐墓三年，“不入城廓”。（脱脱等：《宋史》，10177 页）明代中晚期，则出现一些因为受政治迫害而不入城市之例。刘瑾当国时因不满其同乡雍泰不与通好，所以当雍泰擢升南京户部尚书时，才到任四天，就被刘瑾勒令致仕，连举荐雍泰的官员们都受到重罚，雍泰归乡后“不入城市。瑾诛，复官”。（张廷玉等：《明史》，4931 页，北京，中华书局，1974）江阴的贡安甫也是遭刘瑾列名“奸党”之首而“家居十年，终岁不入城市”。（张廷玉等：《明史》，4980 页）后来张居正当国时，朱鸿谟也因被张居正所迫害，归而“杜门讲学，不入城市”，张居正死后，才又起复原官，再入城市。（张廷玉等：《明史》，5963 页）以上这几个不入城市的例子都与逃避政治迫害有关。

② 《明史》中有这样一段话谈到他屏迹不入城府：“既归，屏迹不入城府，奉亲之暇，专以读书讲学为事，弟子执经者日益进，贫无供具，惟脱粟菜羹而已，四方学士大夫高其风，称为枫山先生，家居二十余年，中外交荐，部檄屡起之，以亲老坚不赴。”（张廷玉等：《明史》，4752 页）

③ 张廷玉等：《明史》，4792 页。

在“足不入城市”的时期。① 晚明心学大儒罗汝芳也有为了专心讲学，而一年不入城市的记录。② 对理学家而言，城市是各种流动的社会力量汇集的空间，它们与理学家所提倡的生活习性互相冲突。这里应当先做一点说明。明代理学家中有许多流派，对城市生活的态度有所不同，但其中是有一派人认为一个理想的讲学者应尽可能不要活动，不要出门，不要与人多见面，多言语，以免在言行上有过差而妨碍修道。李二曲的一段话说明了这种态度：“每日除万不容已者，只得勉应，其余苟非紧急大事，断勿出门一步，终日不见人，则神自清，品自重……不可轻履市肆，不可出入公门。”③ 在他们看来，不入城市是潜心修道的一个重要的前提。④

---

① 张廷玉等：《明史》，7237 页。

② 《盱坛直诠》上记他乙巳建从姑山房以待四方游学之士，日与诸友读讲，“足不入城市”。见罗汝芳：《盱坛直诠》，222 页。

③ 李颙著：《二曲集》，117 页。钱谦益《列朝诗集小传》上说徐璘“踰年一入市城，寄浮屠舍，萧然旅人”。（417 页）徐𤊹写到林宗大时说：“友人林宗大，字时中，邑诸生也，屏居村落，不入城市。”见《徐氏笔精》卷四，47b 页，台北，台湾学生书局，1971。

④ 拒斥城市文化仍是近代思想中的一个主题。近代中国未再见到有一群人誓不入城，即使在清遗民中似乎也不例外，这可能因为现代人比古人更不能完全离开城市而生存。不过许多知识分子笔下的城市仍然是非常负面的地方，五四时期，李大钊在民国八年的《青年与农村》一文中说：“都市有许多罪恶，乡村里有许多幸福。都市上的生活，几乎都是鬼的生活，乡村中的生活，全是人的生活。”陈独秀、傅斯年等人，也不约而同地谴责上海，认为这个城市应该来一次洪水。这番言论除了反映了当时北京士人与海派文人深刻的对立外，也某种程度反映了对现代城市之敌视。但他们毕竟只举出一个上海作箭靶。至于梁漱溟，则根本认为中华文化复兴的希望不在已经洋化、道德精神丧失的城市，而在乡村，（见许纪霖：《梁漱溟与儒家的内圣外王理念》，见王元化主编：《学术集林》卷二，246 页，上海，上海远东出版社，1994）他有种种“乡村建设”的努力，从未想过都市革新，而乡村建设之呼声颇为普遍，却从未有城市革新之口号。熊十力的《十力语要》中更斥城市为堕落之深渊。（35 页，台北，洪氏出版社，1975）值得注意的是，也有不少教门人物为了潜心修道，数十年不入城市，如《金盖心镫》卷一《第四代周大拙律师传》记当时玄门零落：“有志之士皆全身避咎，师隐青城，不履尘市五十余年。”见《藏外道书》卷一，5a 页，成都，巴蜀书社，1992。

前面所举的都是理学家。除了他们之外，士人中还有一些不入城市的例子，有的是因为自己曾经忤逆当道[①]，有的是怕见到官[②]，有的是厌弃科举[③]，有的是在放弃诸生资格之后刻意逃世[④]，有的是耽图安闲的生活[⑤]。

但是更多的不入城是农业社会中坚持农村素朴文化理想的人反城市文化的心态。

在明代中晚期城市文化大盛之时，有些人认为不入城可以守住农村素朴式生活方式，入城则不可避免地要深深浸润在城市的商业化生活中。他们认为当时社会风俗大变，城市中的奢靡之风甚炽，易于使人陷溺，所以有人遂以是否常入城市作为志行清浊之分界，康熙《徽州府志》卷二《风俗》中赵吉士（1628—1706）

① 金坛张祥鸢，他是嘉靖己未进士，曾为户曹郎十余年，后来出为云南知府，因为迕逆当道而告归，此后，他“读书赋诗，足迹不入城市”。见钱谦益：《列朝诗集小传》，402页。

② 明代古文大家茅坤老年所写的《七戒斋记》中的第五戒便是“不入城郭”，理由是“城郭者，藩臬郡县及按节使所乘轩拥传处，而予年八十则不能以筋骨为礼……”引自杜联喆：《明人自传文钞》，174页，台北，艺文印书馆，1971。

③ 钱唐周大缜，年十二为诸生，他在万历丙辰年突有感慨，谢举子业，结庐父墓，幅巾草履四十八年，“终不入城市”。见《汇辑》，373页。

④ 《郭西小志》记陈陵：“（陈）椒堂名陵，字小山，余姚马渚人。十五补绍兴庠生，随父梅川栗迁居杭之永昌坝。……五十后弃诸生，筑园于岭上（案：杭州城外铁冶岭），蓄书万卷，坐卧其中，不入城市几三十年。子孟起，字春生，极尽孝养，崇祯壬午、癸未间，流寇之祸渐通东南，喟然谓子曰：‘吾明诸生也。时事不可知，要当终于明耳。’甲申正月十三，无疾而逝，寿七十有九。逾两月，怀宗崩而国亡，陵果终于明代云。”引自丁丙：《武林坊巷志》第二册，80页，杭州，浙江人民出版社，1986。

⑤ 康熙《钱塘县志·文苑传》记张瀚的四世孙张芬时说：“晚耽栖逸，爱西溪衡山之胜，时握书一卷，吟哦其中，立石拒门，编荆为户，危冠大带，不入城市。兵燹后，尽亡其书。”转引自朱倓：《明季杭州读书社考》，载《国学季刊》，1929（2：2），275页。

说："吾闻之先大父曰：'嘉隆之世，人有终其身未入城郭者……有少与外事者，父兄羞之，乡党不齿焉。'今则武断者比比矣，而闭户不出者即群而笑之……"[①] 嘉靖、隆庆年间正是许多人认为社会风气由朴转奢之时代。城市文化大兴，对正统派士人而言，严重地动摇了传统中国尚朴尚俭、基本上以农村文化为主的文化基调，引起许多人的恐慌，认为它会破坏醇厚善良的旧俗[②]，而是否常入城市，便常被视为一个人志行之纯与浊的重大分野了。[③]

另外有一批文人，当他们表达对乡居生活之缅怀，对城居生活的排斥，带有一点自我标榜式虚伪的文人告白的成分。譬如陈继儒《小窗幽记》说：

> 山栖是胜事，稍一萦恋，则亦市朝。[④]
>
> 车尘马足之下，露出丑行，深山穷谷之中，剩些真影。[⑤]

---

① 丁延楗修，赵吉士纂：《徽州府志》卷二，73b页，清康熙三十八年刊本。

② 谢国桢：《明代社会经济史料选辑》下册第九章，福州，福建人民出版社，1981。

③ 城市代表一种消耗性的、不务本的生活，与以农为本的勤奋的理想相违背。清初张英《恒产琐言》中记："人家富贵两字，暂时之荣宠耳，所恃以长子孙者，毕竟是耕读两字，子弟有二、三千金之产，方能城居，……若千金以下之业，则断不宜城居矣。何则？居乡则可以课耕数亩，其租倍入，可以供八口，……果其读书有成，策名仕宦，可以城居，则再入城居，一、二世而后，宜于乡居，则再往乡居，乡城耕读相为循环，可久可大。"（《恒产琐言》，11～12页，《昭代丛书》本）张英提倡一种"城乡耕读相为循环论"，认为因为住城市只有消耗，所以要家里有二、三千金的财产，才可以居住，否则应该居于乡村，等到读书有成，成为官宦，才入城居住一两代，然后又搬回乡间。

④ 陈眉公：《小窗幽记》，9页，台北，文津出版社，1985。

⑤ 同上书，123页。

陈继儒认为山居有“八德”，反过来说，这八种益处也就是城市中所不可避免的纠缠：

> 山居胜于城市，盖有八德：不责苛礼，不见生客，不混酒肉，不竞田产，不闻炎凉，不闹曲直，不征文逋，不谈士籍。①

陈继儒代表的是文士对城市既喜欢、又躲避的态度，明亡之后，“反城市文化”的心态不但比以前突出，而且虚伪的文人告白的成分近乎消失了。陆桴亭在一封信中不无歉然地说自己：

> 弟是以迹虽溷处城市，而此学此道，造次颠沛，未尝敢忘。②

此处用“溷处”二字，相当鄙夷自己城居这件事。顾炎武说：

> 城市云为，终是徇人之学。③

他在《日知录》卷十二《人聚》条上还说：

> 予少时见山野之氓有白首不见官长，安于畎亩，不至城中者……已而山有负隅，林多伏莽，遂舍其田野，徙于城郭……人聚于乡而治，聚于城而乱。④

---

① 陈眉公：《小窗幽记》，66页。

② 凌锡祺：《桴亭年谱》，20b页，收入《陆桴亭先生遗书》，清光绪二十五年刊本。

③ 顾炎武：《答原一公肃两甥书》，见《顾亭林诗文集》，57页。

④ 顾炎武：《原抄本日知录》，357页。

颜元在《未坠集序》中则自悔年少时之轻薄不检，而在他自己看来，原因之一竟是因为少年时生长于城市之故：

> 予世之罪戾人也，少长城市，轻薄不检。[1]

颜氏在另一个场合中又说：

> 兼之生长城市，习染秽恶，洗涤其故着，求进于纯正，甚难。[2]

口气之间好像城市就是一个习染污秽的地方。

以上这些人多是对清代学术文化发展方向影响极大的儒者，他们所极口指斥的正是今天史学家所艳称的明代的市民文化。从以上引文中可以看出，这些文化精英理想中的生活方式是农业社会的，乡村是治道之所存，而与晚明城市文化之间有极大的冲突。他们认为农业社会中纯朴的生活与稳定、秩序才是应该追求的，“市道”是邪恶败坏的象征。牟复礼（Frederich Mote，1922—2005）先生主张中国的城市与乡村处于连续状态[3]，如果他的论点可从，那么这些清学的开山刻意将农村与城市截然分

---

① 《颜元集》，397 页。

② 同上书，437 页。

③ F. W. Mote，“The Transformation of Nanking，1350—1400，” in *The City in Late Imperial China*，ed.，William Skinner，Standford，Standford University Press，1977，p. 103. 除了上述之外，明亡之前，还有些不入县庭的例子，它们是出于对文人文化的不满。在明代绅衿骄横，动辄赴公庭干预事务的风气之下，“不入县庭”或“不以一札入公门”表示一种态度，即士人要本本分分地，不能到处活动关说。譬如钱谦益《列朝诗集小传》记张名由“读书谈道，足迹不至县庭”（512 页），记许谷时，说他“岩居三十年，不通一字于政府”（455 页）。

开，便是一种有意识地切割社会空间的做法。

清初不入城的士人数目激增，而且大多是从政治的角度出发而决定不入城，他们所不入的“城”，基本上指县城与郡城。

不入城并不等于隐居，隐士文化是中国文化传统中的一部分。一个人因为生活或自然习性而几十年不入城，也与本文所讨论的不同。本文所讨论的是一种自发的、誓愿式的（voluntarily）不入城。当时文献中提到“不入城”时，其口气和字眼与提到隐居不同。人们在综观他们一生时，通常也很清楚地强调他们不入城市或不履城市。

不入城自然是各种断绝社会生活的方式之一。断绝、舍弃、拒绝社会化的行为，像一个光谱般，有浓淡远近之不同。比较缓和的是埋光韬采，是屏迹郊野，是不轻入城。[1] 比较激烈的是有意识地切断与日常世界的所有联系，是“居土室，不通户，一窦以传饮食数年”，直到有一天突然排壁而出、去了灵岩山的乌程华[2]，是鼎革之后回到故乡筑“陶庵”，“不与世人相接”的戴黄门[3]，是建一座小楼，坐卧其间者三十六年的钱喜起（1597？—1680?）[4]，是坐卧不下楼的应㧑谦（1619—1687）[5]。介于埋光韬采与截然切断所有社会生活之间的，是自誓不入城市。当时人显然已留意到有一大群人有这种誓愿性的行为。在清初还有人为不

---

① 王心敬撰《关学续编》记冯从吾：“林居凡二十年，自非会讲，则不轻入城市。至于牍干公府，则一字不屑也。”（见冯从吾：《关学编（附续编）》，72页）

② 《汇辑》，956页。

③ 同上书，1169页。

④ 同上书，1114页。

⑤ 同上书，1129页。

入城写成专论，如刘若宜的《不入城说》即是。[①] 也有人以不入城市的事迹入诗，如陈维崧（1631—1688），他的朋友谢遴在改朝换代后二十年不入城，陈维崧赠他的诗中便说：

> 半亩牛宫绕菜田，锄畦汲水独悠然。芒鞋一两千金直，不踏城中二十年。[②]

而清代初期陈鼎（1650—?）的《留溪外传》的《凡例》中，把“不入城市”当作一个特殊范畴，并称他们是“人种子”。虽然他的书中没有举太多例子[③]，但也足见当时有人清楚地觉察到有这么一个特殊的社会群体。

关于“不入城”，这里还要再作一点分疏，即不入城可以分成两个层次，一种是除了不入“城”之外还不入“市”，一种是不入“城”但入“市”。“市”应该是指县城郡城以外的市镇。譬如徐昭法（1622—1694），全祖望在描述他时，便清楚地划分他前后有两种不同的生活形式，早期是不入城但显然还入市，后来是不入城也不入市。全祖望说：

> 先生故不入城，及老于涧上，并不入市。[④]

---

① 可惜此文百寻不获，只能从当时人的转述略知其详。

② 孙静庵：《明遗民录》，182 页。

③ 陈鼎：《留溪外传·凡例》，1a 页，清光绪戊戌武进盛氏重刊本。他称呼这些人是“俗所谓人种子也，足以标榜一时，启发后世”。此外还有人是非常慎重、尽量减少入城的次数，像江西宁都魏禧，明亡时他二十岁，决心谢弃诸生服，隐居在翠微峰，因为祖庙在城中，故每年清明祭祀一入城而已。见温聚民：《明魏叔子先生禧年谱》，9 页，台北，台湾商务印书馆，1980。

④ 全祖望：《涧上徐先生祠堂记》，见《鲒埼亭集》，387 页。

故徐昭法是一个阶段比一个阶段严格，原先不入城，到后来连市集都不进去了。不过像全祖望那样提供精确描述的例子真是可遇不可求，大部分有关不入城的记载都只有几个相当粗松的字眼，如“不入城”或“不入城市”而已，使得我们想进一步从社会、经济或生活的层面加以分析都变得非常困难，这也是我在写这篇文章时感到相当遗憾的地方。

在当时江南地区，一个人如果既不入城又不入市，那么他的生活是非常不方便的。江南市镇极多，如果一个人连市镇都不进入，在交通上很不方便，恐怕有许许多多的地方都要绕道而行。在经济方面，在乡间有田庄地主阶级，或是有宗族力量作为依靠的人，自誓不入城之后，生活应该可以维持，但是，如果是城市出身的寒士，或必须靠着市场交易维生者，那么既不入城又不入市，将会造成非常艰难的处境。吾人可以想象在当时江南，有一些誓不入城的人仍在市镇中活动。至于当时的北方市镇并不发达，所以所谓“不入城”，应该是指不入县城或不入郡城，基本上也较少有“不入城”“不入市”那样细致的区分。

不入城有现实上的理由，因为城市是危险的地方。我们可以揣想，在明清政权更迭的初期，清兵主要是控制城市及交通要道，不入城市正可以避免官府的牵扯。当时四方牵连逮捕的案子极多，旧朝精英动辄有被挟旧仇诬告的可能，而因为朝代变换，旧有的官僚关系网络大多失效，故一旦被攀告则危险性甚大，如徐石骐之子徐柱臣，地方上的恶霸便常胁迫要举发他为“义士顽民”，这种威胁存在了三十多年才结束。[①] 故不入城是全身远祸

① 《皇明遗民传》卷三，见《汇辑》，560 页。

的办法之一。城是官府所在地，不入城可以“不谒仕宦”，避免与新朝发生关系，同时不入城也可以避免被新朝重用或利用。清初征修明史，征博学鸿儒[①]，对许多人来说是大好机会，但对另一批人而言却是极大的困扰，有些人便以不入城来避免故旧的荐举。作《不入城说》的刘若宜，便是因为旧友成为新朝大官，交相荐辟，故避门却扫，绝迹不入城市，而且还作《不入城说》公开宣示。[②] 此外，因城市是一个往来活动交集较多的空间，在城市中容易与相识的人碰面，故我们看到一些不入城者为了避免与旧人相遇，故不再进入城市。如莱阳诸生董樵：

> 国变后，徙居文登海滨，日荷薪入市易米，人莫知其住处，有绅士要于路，欲与语。樵弃薪道左，诡云：“吾科头，当取冠与公揖。”竟去不来……樵从此不复入市矣。[③]

董樵在明亡后已徙居海边，迫于生活所需，仍得荷柴入市易米，没想到有旧识拦在路中想要和他讲话，他只好避去，“不复入市”。

不入城当然可以躲避兵灾。明清之交天下大乱，城市被清兵烧掠的可能性甚大，所以城居是危险之事，不入城是怕危险，黄宗羲写到万斯年（1617—1693）的事状时也点出当时城市的危险

---

① 刘永锡有一段经历：“国初召用遗逸，令甲綦严，州县吏遣差役四出，持牌票拘隐士，至永锡门，欲强之出。”（《汇辑》，1017 页）李二曲的经历更是惊心动魄。地方官吏屡屡来征，用门板强抬李氏，李氏称病，而富平县甚至每月派人前往看他的疾病是否痊愈，一旦痊愈，即送北京，见陈俊民校编：《关中三李年谱》，83 页，台北，允晨出版公司，1992。

② 孙静庵：《明遗民录》，134 页。

③ 孙静庵：《明遗民录》，81 页。

性。他说：

> 俄逢丧乱，剑戟弧矢，铿然遍于城市，居民惴惴，无不闭门听难。[①]

孙夏峰在《复范质公》中也说：

> 戊寅之夏，（茅）止生谓敌当复来，州邑城非所恃也，因商所以出门。[②]

黄宗羲写到杨时俨（1610—1684）时，更点出了大难必须逃乡这一事实，说杨氏原本与陈子龙（1608—1647）相善，加入几社，本想与诸君子大展抱负，泽被生民，没想到国运戛然而终。此后他遁于荒郊，“亡何，大兵围城，城内之死者无算，而先生所居无一矢之遗，知者服其先见”[③]。宣城吴肃公（1626—1699）也有一段生动的记载，谈到他的母亲如何劝戒他“无一步入郡城”：

> 当是时法严甚，动诖误，坦夷灭，己亥（顺治十六年）海乱，邑人多附者，戒肃公等无一步涉郡城，已而附者罹大祸，或蜚语中肃公，卒不得间。[④]

当时的记录似乎印证了俗谚“小难逃城，大难逃乡”。陆世仪

---

① 黄宗羲：《万祖绳墓志铭》，见《黄宗羲全集》第 10 册，473 页。
② 孙奇逢：《夏峰先生集》卷一，32a 页，光绪五年《畿辅丛书》本。
③ 黄宗羲：《杨士衡先生墓志铭》，见《黄宗羲全集》第 10 册，468 页。
④ 邓之诚：《清诗纪事初编》，127 页。

《诗集》卷二《无陋居十咏序》：

> 予自丑寅闲，知天下已乱，江南不能无事，即与友人辈历选山水，欲求避世，而不可得。至癸未，乃结茅于城之西北水村，将终身焉。[①]

从魏禧（1624—1680）的一篇《告玄帝文》，也可以看出当时城居之危险，这篇祭文是1647年写的，他提到去年世乱，奉父母迁居翠微山：

> 大命既倾，新政时及。或敢遁隐，随以重刑，戮其老幼，籍其田宅。是时父子兄弟彷徨无策，念洁身违禁，则祖宗之血食可伤；贬服遵时，则新政之风波不测。伯兄际瑞，毅然请行，谓审义礼则忠孝有重轻，权利害则死生有命数，身居长子，责在承祧，繇是冒险入城，污身存祀，岂惟二老之饔？藉兹忠养，即两弟之身名，赖以苟全。[②]

魏家为了保全在城中的祖庙，兄弟之中必须有一人留在城中，最后决定由魏际瑞留下，文中说他“冒险入城，污身存祀”，足见当日城市之不安全。可是这种情况很快地有所改变。当清朝政权慢慢稳定下来，但却还未能有效控制全国治安时，乡村地区反而变得不安全起来，盗匪的记载所在皆是[③]，所以也有人在乡

① 陆世仪：《诗集》卷二，11a页，收入《陆桴亭先生遗书》。

② 魏禧：《魏叔子文集》卷二十，8页，台北，台湾商务印书馆，1973。

③ 清初地方上盗匪甚炽，小说《施公案》中所描写的，未必非实况，值得深入研究。

居一小段时间后又移居城市。①

但在清廷下剃发令之后，因为城市是官府所在地，所以不满新政权的人遭祸的情形相当多。譬如一个人不剃发或不遵时服，在城市中就随时有被逻卒逮捕之可能，譬如余姚邵以贯与黄宗羲的兄弟黄宗会（1618—1663）因为“冠服奇古”，在路上频遭诘难。② 服装不合制或留辫发的人只要入城，便成了一个活动的标靶。③ 所以不合时宜的人们又纷纷视城市为畏途。

但不入城有自我标榜的嫌疑，有时还会引起官方的不满，前面提到刘若宜写《不入城说》，根据钱澄之（1612—1693）《田间文集》中的报道，他在文中说自己因为“老、贫、痛”才不入城，特意强调自己是“不欲以高尚为名也”。④ 由此看来，“不入城”还得找个恰当的理由，才能做到既非标榜，又不招忌。

四、几个“不入城”的故事

决心不入城的时机有早有晚，绝大部分是明亡后即自誓不入城的，但也有一些人是明亡后一段时间才决心不入城。不入城者的动机也有不同，诚如前述，有些人不入城是怕危险，但是大部

---

① 如龙门戴光晨“甲申国变，移居增城”。（《胜朝粤东遗民录》卷三，见《汇辑》，1168 页）又如陆世仪在搬到乡村以避天下大乱之后，“居村仅一、二月，以土人乱，复入城”。（《诗集》卷二，11a 页，收入《陆桴亭先生遗书》）

② 孙静庵：《明遗民录》卷八，65 页。

③ 侯汸原是另一个例子。侯氏在明亡之后，仍未剃发，一老僧问他：“君发如此毵毵，保无有执汝以求利者乎？”见《汇辑》，437 页。

④ 俞樾：《刘泰斋条》，见《荟蕞编》第 1 册卷二，9 页，上海，进步书局，无出版年。

分人不入城是出于不承认新的政权，或出于悔恨舍离的意识，在我随手摘录的八、九十个事例中（见附表），因不承认现实政权之正当性而不入城的占最大多数。这里则想提出几个记载较详的例子。

第一个例子是徐昭法。明亡时徐昭法只有二十三岁，他父亲命令家人从此不得贺岁。[①] 明亡之后徐昭法过着相当贫困的生活，每天只吃一餐干饭及一顿稀饭。[②] 他决心不入城后，浪居在杭州西湖的汾湖、芦区、金墅、灵岩、支硎、积翠等地，最后定居涧上。[③] 康熙二十四年，江苏巡抚汤斌微服拜访他，徐氏预先走避，留老苍头宿于门外，扣门不启[④]，这件事使得徐昭法声名甚盛。

在不入城的几十年中，徐昭法的生活来源之一是朋友们为了济助他所成立的一个画社。彭绍升（1740—1796）《二林居集》中有《俟斋徐先生手帖跋》，提到当时他的朋友筹资送他维持生活，但又怕伤了他的面子，故要求他作画抵偿。[⑤] 徐氏的表弟朱用纯在给他的一封信上劝他务必接受，说："然以弟观之，世路将来益复艰难，而年岁又必将有奇凶异灾……但于义之所无伤，力之所当尽者，则亦不必过为溪刻自处，盖画社之举亦友朋之所以交尽其谊。"[⑥] 清初有些流亡士人得到专为筹措他们的生活费

---

① 罗振玉辑：《徐俟斋先生年谱》，见沈云龙选辑：《明清史料汇编》七集第9册，11页，台北，文海出版社，1971。

② 同上书，17页。

③ 全祖望：《涧上徐先生祠堂记》，见《鲒埼亭集》，387页。

④ 罗振玉：《徐俟斋先生年谱》，见沈云龙选辑：《明清史料汇编》七集第9册，31页。

⑤ 彭绍升：《二林居集》卷九，3b页，清光绪七年刊本。

⑥ 此信附录于《徐俟斋先生年谱》，见沈云龙选辑：《明清史料汇编》七集第9册，110～111页。

所结“义社”的资助。[1] 不过，徐昭法的故事却特别被神化，《南疆绎史》中说他是“豢一驴，驮书画入城易物，识之者呼为高士驴云云”。《南疆绎史》的故事版本后来又被《小腆纪传》所承袭，所以一般不认为有问题，直到罗振玉（1866—1940）才痛加驳斥，认为不可能如此神奇。[2] 不过，即使这个故事是假的，它也反映了一种有趣的心态，在这个故事中，非但徐昭法不入城，连为他驮画的驴子也不入城，而是“立城闉间，不阑出一步”。这个故事当然再度提醒我们不入城者的经济问题。当时买卖书画的市场基本上还是在城市，所以徐昭法一旦决心不入城便难以维生了。

对徐昭法而言，不入城非但有经济上的困难，而且还有种种危险及官吏之陷害。关于前者，反映在吴嘉桢的《与俟斋书》，他警告徐氏：

> 但空山不可久居，乡村多盗，剽掠之患其小者也。近来匿影山阿者，多不测之祸，维斗、卧子、公旦、彦林无辜惨戮，大可畏也。况妒贤之人，此间不少，不以忠节仰慕，转以立异萋菲，每闻其言，不胜浩叹。倘有谗毁，作成机穽，谁能挽回，深为大兄虑之，今日之计，速速进城与二哥同居，兄弟相依，和光混俗，可以处乱，可以避祸，守身之道，不得不然，万勿固执，遗事后之悔。[3]

① 如前面的李天植，“时有好事者，约为月给”。参见《清代碑传全集》，622页。如无锡邱维正、贵池蔡来云皆流落海宁，而陈确等举义社醵金以相资助，见陈确：《义社告成漫记》，见《陈确集》，224～225页。

② 罗振玉：《徐俟斋先生年谱》，见沈云龙选辑：《明清史料汇编》七集第9册，44页。

③ 同上书，114～115页。

足见不入城，不但可能被盗贼剽掠，还可能引起侧目，谗毁于官府，所以他劝徐氏速速进城与其兄弟同住。

徐氏因为誓不入城，城里的家事也不可能亲自处理，他的弟弟徐贯时遂借机将田赋赖到他头上[①]，以致徐昭法有因逋赋而被捕之事[②]，而徐昭法因誓不入城，竟无法亲赴官府洗脱，这也是发生在誓不入城者身上大可玩味之事。

在这里我想对当时的城市与生计的问题作一探讨。陈洪绶（1599—1652）不是自誓不入城者，但是他在明亡之后隐居山间的一些境遇可以说明一个画家处在城、乡之间经济生活的巨大差异。陈氏是刘宗周的学生，他的老师及一群师友在明亡时纷纷殉国，他虽然没有走上这一条路，但他在亡国之后入山隐居。尤其是在1646年到1647年三月间，他隐居旧坞，后来不得已才下山回到城市重拾卖画生涯。在旧坞期间，他写了《避乱诗》一百五十三首，从中可以看出不入城对他的经济生活是很大的挑战，而一旦入城，却又有相当大的危险。“旧坞去城廿里余”是《思旧坞》的第一句，接着他描述简单的地理位置，然后说：

> 长枪米贾隔三家，草桥酒店远二里。将家自全于其中，种菜曳柴命儿子……酒钱少而米钱稀，然亦未曾饥渴死。出于故人远寄将，答之诗画颇欢喜。老媪舍我几亩山，结个茅庵晨夕启……去冬总管欲识面，亲朋劝我无去理。破衲光头

① 罗振玉：《徐俟斋先生年谱》，见沈云龙选辑：《明清史料汇编》七集第9册，40页。

② 同上书，39～40页。

难拗违，亲朋又劝出山是。总管为我惨淡谋，卖画养生必城市。[①]

诗人笔下的“卖画养生必城市”的“城市”可能是县城、郡城，也有可能是市镇，从这一句诗可以看出陈洪绶与徐昭法一样，如果不能躬自耕作，而是靠着文人的书画来维生，那么一旦不入市，经济来源顿成问题。

陈洪绶的诗中还比较了在山中与在城市生活的不同。在《梅墅舟还》第六首中，他沉吟道：

山中有梅花，然而饥欲死。卖画野市间，舟居而已矣。[②]

山中生活虽然悠闲，但是“饥欲死”，如果不入城，只有卖书画于“野市”中。这与徐昭法之不能不卖画于市中的情形是一样的。在《失题》中他又吟道：

半载兵戈隔，一朝挥手难。山中人尽饿，我忍自加餐？糊口宜城市，何必修药栏。[③]

“山中人尽饿，糊口宜城市”，但是城市虽宜糊口，却是危险的地方，故在《鸡鸣》一诗中他又吟道：

① 《陈洪绶集》，吴敢点校，212～213页，杭洲，浙江古籍出版社，1994。
② 同上书，182页。
③ 同上书，106页。

> 难为隐君子，生活在市城，城市为生活，岂免见刀兵？[1]

陈洪绶之外，另一个值得一提的例子是江阴陆苏。陆苏是誓不入城市的人。清兵下江南后，他焚巾衫，焚笔砚，举家迁于船上，誓不登岸，唯有披网捕鱼。这位断绝于所有城市之外的读书人需要米时，还是得“令童子入市换米以自给”[2]，足见他的生活不能全然与“城”或“市”切断关系。传统士人通常有大家族的支持，但是这并不是通例，有些人在决定不再入城后，生活非常逼仄。如李天植（1591—1672），张庚（1681—1756）在《檇李两孝廉传》中说，李氏在丧乱后，把剩下的田四十余亩，和一栋房子分给子女，与妻遁入山中：

> 自是足不入城市，训童子自给，居七、八载，陈山寺僧开堂，聚听者众，避喧，反蜃园，复与妻居，卖文以生。[3]

这个故事有另一个版本，全祖望的《蜃园先生神道表》中说李天植卖文为生是不够的，故他还和妻子一起制鞋卖人，即使如此也还不够，还要靠关心他的人每月凑钱供应。[4]

并不是每一个不入城的人都终生持守不变。如李二曲，他在明亡后决定不入城，而且对清廷抱着不合作态度。[5] 他虽不入城，不出门庭，而且与社会生活作最彻底的隔绝——筑一座土室，将自己反锁其中，自号为“土室病夫”。他不入城的誓愿显

① 《陈洪绶集》，85页。
② 《皇明遗民传》卷六，见《汇辑》，790页。
③ 《清代碑传全集》，622页。
④ 同上注。
⑤ 《二曲集》中便有痛责贰臣的话。

然远近皆知，故陕西巡抚鄂善（？—1679）虽雅慕其名，但“知先生不履城市，难以屈致”。[①] 李二曲后来被鄂氏的诚意所感动，于康熙十二年关中书院修复之年，破戒入城——

> 是年，修复关中书院，拔各郡俊士于中，乃因提学钟朗致饥渴，又因咸宁郭丞通礼意，四月，肃币聘先生讲学。先生力辞至再，鄂公敦延愈殷，三往然后应。钟以先生衣服宽博不时，预制小袖时袍驰送，先生笑而藏之，仍宽博以往。至城南雁塔，钟出城奉迎，见之愕然。先生曰：“仆非官僚绅士，又非武弁营丁，窄衣小袖，素所弗便。宽衣博袖，乃庶人常服，仆本庶人，不敢自异。且庶人无入公门之理，区区生平，安庶人之分，未尝投足公门，今进书院，诸公见顾，断不敢破戒报谒。”[②]

我们都知道李二曲曾经坚持不应博学鸿儒之诏，但是康熙皇帝却一再坚持诏见，最后地方官员只好用门板强行将他抬走，后来幸而得到友人援助，才能免于进京。前面那一段引文透露出一个值得玩味之处，那就是李氏平常穿的衣服是“宽博不时”，提学钟朗则“预制小袖时袍驰送”，但李二曲并未穿上，以致钟氏在城南相迎时“见之愕然”。为什么不穿“小袖时袍”会令官员“见之愕然”？那是因为“小袖时袍”才是清代的冠服[③]，但李二曲说“仆非官僚绅士，又非武弁营丁”，故未穿时袍，由此也可

① 《历年纪略》康熙十二年条，见李颙：《二曲集》，579页。

② 同上注。

③ 参见沈从文：《中国古代服饰研究》，台北，南天书局，1988。

以看出当时并非人人都已换成新装。

清初叶梦珠《阅世编》卷八有一条说："本朝于顺治二年五月克定江南时，郡邑长吏犹循前朝之旧，仍服纱帽圆领，升堂视事，士子公服、便服皆如旧式。惟营兵则变服满装，武弁临戎亦然，平居接客则否。故剃发之后，加冠者必仍带网巾于内，发顶亦大，无辫发者但小帽改用尖顶，士流亦间从之。至三年丙戌春暮，招抚内院大学士亨九洪公承畴刊示严禁云：'岂有现为大清臣子而敢故违君父之命，放肆藐视，莫此为甚。'于是各属凛凛奉法，始加钱顶辫发，上去网巾，下不服裙边，衣不装领……"[①]由这一段记录可以看出，清兵初定江南时，明代的服制尚未废除，即使剃发，加冠者亦戴网巾于内，顺治三年才因洪承畴（1593—1665）之议而严格推行新朝冠服。李二曲一直到康熙十二年仍不穿"小袖时袍"，自然会令官员"见之愕然"了。

前面已经提到并不是所有誓不入城者的个案皆始自甲申。陆圻（1614—?）誓不入城显然并不始于明亡，而是在庄廷鑨（？—1655）史案发生之后，否则不会有顺治七年黄宗羲到崇德，而陆氏听到消息，"强之入城"的事。[②]到了康熙元年庄氏史案发生后，陆氏受到极大的刺激与侮辱，才决定不入城。

康熙元年庄廷鑨史案中，查继佐（1601—1676）、范骧、陆圻无故被列为庄书的参校人，他们虽然主动具文将自己的实际情形报告教谕，仍于当年十二月被督抚差官将三家共一百七十六人

---

① 叶梦珠：《阅世编》，175页，台北，木铎出版社，1982。

② 黄炳垕：《黄梨洲先生年谱》，见《黄宗羲全集》第12册，35页，杭州，浙江古籍出版社，1994。

解京讯问。在整个过程中，因为出现了并不光彩的情事，以致后来事白获释之后，陆圻甚为自惭①，并断然出家。一般都说他晚年不知所终，但我在金堡（1614—1681）的《遍行堂集》中发现他留有几封信，可以知道他在广东一带活动。② 在陆氏祝发之后，一度曾依他与家人之间的约定回到杭州。依照其女陆莘行的《老父云游始末》中的描写，可以知道他虽回杭州却刻意不进城，而是住在城郊的庵中：

> 戊申正月，仲兄预于江干觅一精舍，号曰草庵，候至二月十七日，吾父果至……誓不入城，挈童子王保法名透月，居河渚庵中。③

直到三个月后，陆圻的弟弟病危，而陆氏本来就精岐黄之术，为了救治自己亲弟弟，陆圻才勉强入城。陆莘行说：

> 五月，三叔父病危，迎父入城，父不忍辞，至叔家施医药……九月，叔已平复，父召兄曰，吾以叔疾违约入城，吾之交广，若使有疾，谁非当治者？④

---

① 黄宗羲《思旧录》：“庚寅，同宿吴子虎家，夜半，推余醒，问滃洲事，击节起舞。余有怀旧诗：‘桑间隐迹怀孙爽，药笼偷生忆陆圻。浙西人物真难得，屈指犹云某在斯。’史祸之后，丽京以此诗奉还云：‘自贬三等，不宜当此。’请改月旦，其后不知所终。”（《黄宗羲全集》第1册，378页）邓之诚对此有所解释，见氏著：《桑园读书记》，82页，沈阳，辽宁教育出版社，1998。

② 金堡：《遍行堂集》，11～18页，清初刊本，原北平图书馆微卷。尤其是卷二十八的多通书信。

③ 陆莘行：《老父云游始末》，见邓实等辑：《古学汇刊》五十一种第七册，6页，上海，国粹学报社，1912。

④ 同上注。

陆圻在治完弟弟的病后，因为怕自己将来不时会因为朋友的病而进入城中，所以马上远遁。由陆圻之坚决不肯入城，并以入城为“违约”，足见他发过誓愿，不入城市，以表达他决绝弃去尘俗的态度。

也有一些发誓不入城的人，在不得已的情况下，在城外与亲友见面的例子。如陆世仪《诗集》卷十中记戴笠（1614—1682），原名芸野，明亡之后改名笠，隐居乐善，不入城市。1669 年春吴梅村（1609—1671）招之，至昆山，宿于野寺。戴氏过去因读《甲申纪事》而知陆世仪之名，便想趁在昆山时与陆氏一晤，他托友人持名刺给陆世仪，但却坚决不愿进城。陆氏接着说“予怀刺就之”。魏禧《高士汪沨传》也说汪沨在亡国之后，提药囊往来于山谷之间，食宿无定处。汪家城居，母亲年老，希望再见汪沨一面，不得已，只好由其兄弟“奉母徙城外，沨闲来定省”[①]。汪氏来往游荡于西湖附近，黄宗羲曾从浙东一度前来造访，黄氏准备回杭州城时，汪沨送他到杭州的清波门外，不肯再往前走一步。[②]

又有一次，黄宗羲与汪沨一起前往杭州拜访张仲佑，但汪氏因有不入城之戒，所以“明日，余入云居访仁庵，魏美矢不入城，至清波门别去”[③]。一入杭城，一至清波门别去，两者之间

---

① 《清代碑传全集》，619 页。

② 《明遗民所知传》，见《汇辑》，331 页。

③ 黄宗羲：《汪魏美先生墓志铭》，见《黄宗羲全集》第 10 册，382 页。

的不同是相当清楚的。[①]

不入城的誓约也可能是只持续一段特定的时间。如吕留良，他从四十六岁（1674）开始不入城，在听说他的一位魏姓友人迁居山阴之前“渴思候语，一罄阔悰”时，吕氏因“适有不入城市之戒”，故他在给这位朋友的信上说“南望停云，徒切怀想耳”。[②] 吕氏另有《与徐方虎书》，说：

> 老畏城市，甚于萑符，不自知失保身之术，亦足见其迂戾而暗于事理，将来欲令家人入城，以此身委之而已。[③]

吕留良虽有“不入城市”之戒语，但并不反对家人将来入城，也不反对在船中与朋友相晤，只是不能踏入城市的土地而已。而且从他的口气看来，不入城市带来生活上的种种不方便，甚至带来某种政治上的麻烦，所以说“将来欲令家人入城”。

不入城与不参加科举考试一样，只维持了一代人，在这些残明遗老逐渐故逝之后，不入城的情形就不存在了。从历史文献中，我们看到清代中晚期出现过几个不入城的例子，不过他们多是为了专心著述，完全没有任何政治上的理由。到了这里，清初

---

① 在谈过清初一些不入城的个案后，此处必须强调，即使是在清初，并不是所有立志不入城的人都是代表一种在政治上或社会上完全的舍离，有的人仍只是表示求学的决心，如陆世仪笔下的毗陵蔡仲全，他十七八岁时见福建颜茂猷以五经中进士，遂奋然效之，力通五经——“申酉间，遂绝意干禄，足迹不入城，一意读书”。但马上又说：“如是者数年始入城。”（陆世仪：《毗陵蔡仲全先生小传》，见之《文集》卷六，23b～24a页，收入《陆桴亭先生遗书》）从这些材料看来，蔡仲全并不是拒绝清廷之功名的人，而且他在自觉学问有所成就的时候，还是再度入城。

② 吕留良：《吕晚村文集》卷二，16a页。

③ 吕留良：《吕晚村文集》卷四，1a页。

那种政治上的不入城又变回文化的不入城。[①]

值得注意的是，那些“不入城”者，那些自我边缘化的人，那些与社会最不接触的人，反而能因对一切说“不”而得到人们的尊敬。当清朝的局势稳定下来时，忠孝节义很快又得到重视，不入城市者每每得到很高的声望，所以在不入城者的传记中，常常见到新朝大员造访的记载[②]，也常有故旧在新朝成为大官，希望与誓不入城的旧人见面不得的故事。[③] 值得注意的是，他们每拒绝一次，他们的社会声望便又提高一层。不断的拒绝或舍离，成为累积声望的来源。而他们究竟是否能守住原则、拒绝到底，也成为众所关心的、具有高度象征意义的话题。譬如汤斌是否见到徐昭法的问题，一直到清末革命党人还在讨论。陈去病（1874—1933）在清末所写的《五石脂》中坚持他们两个人最后还是有往来。[④] 陈氏在《五石脂》中抄录汤斌给徐昭法的两封信，由信中内容证明汤斌曾经请徐昭法为他鉴定黄道周的手迹，足见他们最后是见了面的。[⑤] 不过，民国初年罗振玉在编《徐俟

---

① 譬如乾嘉经学大家焦循便为了专心学术，在生母殁服除之后，“托足疾不入城市者十余年”，这十几年中，他读书著述于“雕菰楼”。见赵尔巽等：《清史稿》，13256页。

② 如张怡，见《汇辑》，616页。

③ 如呼谷，见《清代碑传全集》，385页。

④ 他说自己曾见过汤、徐二人的通信，“如汤孔伯致徐俟斋诸书，颇证二人绝不往来之谬。盖为朝廷来，可逾垣辟之，若为个人通殷勤，固无所用其麾却也”。见苏州博物馆等编：《丹午笔记·吴城日记·五石脂（合刊本）》，305页，南京，江苏古籍出版社，1999。

⑤ 其中一封说：“刻偶有贾者，持黄石斋先生书赠诸合甫诗册页一部质弟，字法颇遒健，忠义之气，溢于字里行间。弟不能鉴古，而此册则知为真迹，特持奉清览，乞题数字于后，更足为黄公增重也。俟斋先生高士，弟汤斌顿首。”见苏州博物馆等编：《丹午笔记·吴城日记·五石脂（合刊本）》，305页。

斋先生年谱》时，却坚持“当日踰垣以避，两贤未尝识面”。因为清朝宗室昭梿（1776—1829）的《啸亭杂录》说汤氏访徐昭法，久乃得见，并食以粗粝，“文正不敢不饱”；到嘉道年间，甚至有伪造汤、徐来往书札，极道相见之欢是伪造的故事，故罗氏接着说：“夫据传闻以致记载失实，此失之无心也。伪札之作，则诬高贤而惑后世，其罪莫可逭矣。”① 我们没有进一步的史料，不知陈去病所录的两封书札是否即嘉道间之伪作。不过两人是否相见确实不断引起注意，它之所以值得注意，主要便是徐昭法数十年不入城所代表的高度象征意义。罗振玉作《徐俟斋先生年谱》已在清亡之后，他是以一个遗民的身份去讲另一个遗民，他特别强调徐氏的忠节，那是对逊清而发的。

从本文《附录》中的资料看来，不入城者的地域遍及各地，并不特别限在哪些省份，不过江南及广东所见到的例子特别多，这应该是与这两个地区与清兵对抗最烈而遭到屠戮最惨有关。当时有几个地方是不入城者较常聚居之所，一个是扬州、仪征附近的北湖，如王玉藻、王方魏等都避居此地，一直到清代中期，焦循（1763—1820）还写了一部《扬州北湖小志》，记载遁藏这个地区的贤士。② 另一个是杭州城外的山区。他们自成社群，故有“遗民故老时时犹向阳羡山中，流连痛饮”之类的记录。③

不过，不入城并不是一种组织性的行为，没有过大声疾呼的

---

① 罗振玉：《徐俟斋先生年谱·序》，见沈云龙选辑：《明清史料汇编》七集第9册，2页。

② 焦循：《扬州北湖小志》，见《焦氏遗书》，清嘉庆十三年刊本。

③ 《汇辑》，756页。矢志不入城者的生卒年大多不易查得，所以很难在这里全面勾勒出他们矢志不入城时的大致年岁。

宣言，也未见有任何组织，但却不约而同地发生在各地。[①] 不入城有多方面的意义，它是一种自我誓约，一种决裂的态度，尽可能地切断与世俗的联系。既然无法改变改朝换代这一事实，便以消极的切断社会政治联系来表达自己，是无可奈何中的一种强势的作为。否定是积极的，而逃避是消极的，不入城者是借着否定来自我肯定。不入城是主体性很强的超越性举动，但却是一种莫可奈何的超越。不入城者并未建立何种新价值，反而代表着旧文化精英的自我边缘化。

我们在西方历史固然见到过一些反对城市文化的例子[②]，但是并未看到过不入城的运动，而在中国历史上，除了这一个时期外，即使在其它的改朝换代之际，也未见到相类似的现象。[③] 那么这个现象的产生，除了因“城”代表新朝政治的力量及正统性之外，恐怕还与部分士人对明代非常灿烂的城市文化所持的负面印象有关，不能单纯地以政治因素来加以解释。

五、不结社、不赴讲会、不收门徒

最后，我想把焦点更为集中，讨论发生在士人社群中的一些

---

① 这里要稍微讨论一下“遗民录”这一类材料的性质。“遗民录”是后人根据特定标准收集人物资料而成，并将这样一群人称为遗民，但在行动者本身，并不一定有清楚的集体意识，所以收集在各种遗民录中的人物是不约而同的行动者。

② Jeffrey K. Hadden, Josef J Barton, “An Image That Will Not Die: Thoughts on the History of Anti-Urban Ideology,” in *The Unbanization of the Suburbs*, eds. Louis H. Masotti and Jeffrey K. Hadden, London, Sage Publications LTD, 1973, pp. 79～116.

③ 梁庚尧兄告我，在宋代文集中极少见到不入城的例子。我读程敏政所编《宋遗民录》也未见到这类事例。

微妙变化：不结社、不赴讲会、不收门徒、一书不两序。

明代文人的群体性活动非常之盛，党社数目之大，一时不易计数，但亡国却改变了这个风气。清初吴中社集仍有一段光景，但慢慢地就没落了。

在明季已有人开始对结社感到不祥，宁波陆符（文虎，1597—1646）曾认为“兵心见于文事，斗气长于同人，乱亡之兆也”，所以“凡遇刻文结社求为序者，循环此意，皆使人见之而觉悟”。[①] “同人”是指《易》同人卦，在这里指的便是文人结社。万应隆在明季曾入南社，入清也曾一度参加会试，未终场而出，此后不但不仕，而且也不敢再结社以应声气，其《七十初度》一律有云：

> 晚知此道能亡国，何敢今时尚署门。[②]

此处的“署门”二字，是题字于门之义，用的是《史记·汲郑列传》“今乃大署其门，曰：一生一死，乃见交情”的典故，指的是朋友之间的集会结社。他说晚年才知道“此道能亡国”，是对自己早年热衷结社而生的痛悔之感。

明季主张不入社的士人代表当时一种新的态度，嘉兴施博，“居郡城，平生未尝入社”[③]，屠弘胤，崇祯间东南文社最盛，凡屠氏的同年挚友，无不欲引屠氏入社以为重，屠氏却一概谢绝，

---

① 黄容：《明遗民录》卷四，见《汇辑》，789页。

② 转引自郭绍虞：《明代文人集团》，见《照隅室古典文学论集》，591页，上海，上海古籍出版社，1983。

③ 张履祥：《张杨园先生全集》卷三十二，21a页。

未尝涉足。[①] 陆大行痛悔结社之害，说社集“其盟主几若齐秦之欲自帝于东西，署置同事，名曰首勋，摈排异己，谓之屏放，狂惑至此，播为乱气，若澜倒堤决，莫之堙塞”。他曾驰书宣城沈眉生，相期禁绝入社。全祖望说他隐然比当时热心社盟之人于“盗贼”。[②] 明亡之后，屠天生之子屠鼎忠，在其父殉节之后，杜门谢客，当时甬上遗民结诗社，皆欲招之，屠鼎忠曰：此时结社，“非亡国大夫所宜”。可谓继承其父的主张。[③] 以上这些反对入社的例子，代表一种对嚣张学风的反对与抵制。改朝换代当然也硬生生地拆散了许多在明季赫赫扬扬的社集（如“读书社”）。[④] 而康熙四十八年的禁止民间结社，当然对晚明以来的结社之风给予进一步的打击。

接着要谈不赴讲会的现象。明代中期以后讲会极为盛行，到处可以看到“联五、七同志”在一起讲学的例子。我觉得有一则笑话可以说明当时讲学之盛，《雪涛谐史》中说：“黄郡一贫生自标讲学，其乡绅曰：此子有志。以一牛赠之。贫生牵回，其兄即收牛耕地，生怒，兄曰：有无相通，何得见怒？生应曰：谁叫你不去讲学，也讨个牛。”[⑤] 这则笑话说明了讲学与实际利益是分不开的。罗汝芳等人的讲会，有时听众达到千人，邹元标甚至说罗汝芳的官府中“皂隶亦讲学”[⑥]。他们认为这是从事下层启蒙

---

① 张履祥：《张杨园先生全集》卷三十三，6b～7a 页。

② 全祖望：《陆大行环堵集序》，见《鲒埼亭集》外编卷二十五，996 页。

③ 屠用锡辑：《六经堂遗事》，4a 页。

④ 读书社的社友郑铉，“尝与吴应箕、黄宗羲、（黄）宗会、沈寿民等流连西湖……王师下浙江，诸社名士皆散”。见《汇辑》，1073 页。

⑤ 江盈科：《雪涛谐史》，见《江盈科集》，869 页，长沙，岳麓书社，1997。

⑥ 邹元标：《文江证道记》，见《愿学集》卷五上，3b 页，《文渊阁四库全书》本。

的重要工作，但是明季已有人对此不满。《明儒学案》记顾宪成（1550—1612）、允成（1554—1607）兄弟一段对话：“一日，（允成）喟然而叹，泾阳曰：何叹也？曰：吾叹夫今之讲学者，恁是天崩地陷，他也不管，只管讲学耳。”[①] 讲学时讨论心性问题，辨析到牛毛茧丝般细微，一旦对心性问题有新的发现或体验，参与者们皆有谈微言中之喜悦与满足感，对讲学社群本身的热诚已超过对社会国家的关怀，不必太究心现实的事务，即使碰到现实事务，也有很多人认为要用讲学来解决。[②] 但这一风气很快地要受到明亡这个事实的挑战。顾炎武说今日只当著书，不当讲学。顾宪成的孙子顾枢，从少年开始跟从高攀龙讲性命之学，史书说他在明亡之后，作风完全改变了，“韬形遁迹，不入城市，不赴讲会”[③]。遁居在江西宁都翠微山的魏禧也是以绝口不谈讲学而为时人所称道。[④]

此外，像刘宗周的弟子张履祥，在思想风气将变之时，他在许多方面都有新作风，其中便包括拒收学生、耻入社而且与人相戒不参加社盟、不参加讲学。这三点都是刻意要反对晚明学界的风气。[⑤]

---

① 黄宗羲：《明儒学案》，1469 页。

② 当明末时局危险时，冯从吾、刘宗周等大儒还认为是讲学讲得不够，李二曲甚至还说“讲学诚今日御敌要着”，足见讲学在他们心目中之地位。转引自陈宝良：《悄悄散去的幕纱——明代文化历程新说》，168 页，西安，陕西人民教育出版社，1988。

③ 孙静庵：《明遗民录》，60 页。

④ 《汇辑》，1182 页。

⑤ 他“病当世讲学者骋口辩、沽虚名，故于来学之士，未尝受其拜，一以友道处之”。见孙静庵：《明遗民录》，17 页。邓之诚《清诗纪事初编》说张履祥与人相戒不与社盟（239 页）。

雷鋐在《张履祥传》中便说他“未尝敢以讲学为人师也”[①]。与张氏相友善的刘宗周之子刘汋（1613—1664）也公开宣示他不赴讲会。[②] 在晚明，劝人讲学是一件好事，在清初，却会被讥为“欺世盗名”。郑性（1665—1743）曾经劝李东门（暾，1660—1734）讲学，东门却笑他说：“今世之讲学者，特欺世以盗名耳，吾不屑为也。”[③] 陈确也力主辞却任何讲会，而且称许别人不赴社是好消息。[④] 周应宾《识小篇》的《内篇》有一段案语，极力批评当时仍在江浙地区讲学不休的黄宗羲等人说：

> 讲学至罗、李，直是一厄，今黄太冲辈藉此以图衣食，扫地尽矣。[⑤]

罗是罗汝芳，李是李贽。吕留良也说：

> 正嘉以后，诸公讲学纷纭，病谵梦呓，皆因轻看经义，不曾用得工夫，未免胡乱差却路头耳。[⑥]

又说：

---

① 《清代碑传全集》，636页。

② 《汇辑》，1001页。

③ 全祖望：《五岳游人穿柱文》，见《鲒埼亭集》，252页。

④ 譬如他说：祝豹臣“顷从诸少年举一社，其诸父为言，亦止不赴，皆是好消息。”见《陈确集》，589页。《陈确年谱》顺治十二年条：“是时，东南社集盛兴，先生并辞不往，有滨社者，每会联舟数百艘，以书招先生，亦谢不赴。”见《陈确集》，851页。

⑤ 该书尚未得寓目，转引自厦门大学历史系编：《李贽研究参考资料》第二辑，165页，福州，福建人民出版社，1976。

⑥ 吕留良：《答叶静远书》，见《吕晚村文集》卷一，28a页。

> 讲学之事，不但非其所知，亦生平所憎疾而不欲闻也。[1]

吕留良在这里强调他自己是反“正嘉之后，诸公讲学纷纭”之传统，足见国亡之后，士人不约而同地对正德嘉靖以来的学风有一深刻的反省与拒斥。朱书（1657—1707）在《答王昆绳》中便直接指出正嘉以来讲学之风，是阳明学开启的，他说阳明之失，失在讲学，率天下之人尽成为王艮、王龙溪、颜山农、罗近溪、赵大洲（贞吉，1508—1576）、何心隐、李卓吾之徒，“弃礼法，任放诞，诈谖从衡，肆无忌惮……古未有在位而讲学者，凡讲学于居官之日，皆窃所不取”[2]。

在这些拒斥晚明思想文化活动的健将中，最显著的代表人物便是顾炎武。顾氏认为明季士人文化荡尽了善良醇厚的风俗，所以他处处刻意反潮流，也常常惹来同辈学人的争议，譬如他深斥讲学，便有人写信给他表示抗议，李二曲为此一再与他商榷，希望说服他讲学是拯救风教最切实的工作。他的好友归庄（1613—1673）更与他持相反立场，认为明之所以亡，便是因为讲学不力，但是顾炎武仍不以为然。在给朋友的信中提到决不讲学，即使是对自己大力支持的关中考亭书院的邀请也不愿破例——

> 关中有考亭书院之举，弟以谫陋，谬主其事，然不坐讲席，不收门徒，欲尽反正德以来诸老先生之夙习。[3]

① 吕留良：《答某书》，见《吕晚村文集》卷二，39a 页。

② 朱书：《朱书集》，103 页，合肥，黄山书社，1994。

③ 顾炎武：《顾亭林诗文集》，200 页。

顾炎武与吕留良一样，公开表明自己反的作风是为了“尽反正德以来诸老先生之风习”。顾氏除了一再申说他不愿讲学聚徒外，还坚持不写应酬文字。他甚至反对用“同年”二字，反对夜赴宴会，反对一书有两篇以上的序[①]，这些都不是偶然而发的。《涌幢小品》说明季沈靖峰太史文集每卷有序，全书共有序二十四篇[②]，当时这一类例子不少，顾炎武的一书不二序，正是针对这种风气而发的，不但顾炎武主张一书不二序，与他同时代的李二曲也自誓“凡序、记、表、铭，一切酬应之作，类非幽人所宜”。[③] 他们所坚持的“不”，皆是针对明季文人文化而发的，放弃原先流行的学术活动方式，当然是有深刻的动机。

以上诸人大抵认为晚明的讲学、结社，是提倡门户、互相标榜，是骛虚声而无实学，是对国家社会事务毫不关心，是引起士大夫圈的意见分裂与扰攘不休和破坏社会秩序的主因。他们把讲学、结社与亡国联系起来，讲学能亡国，结社能亡国，这样严重的指控吓退了一大批人。这些批判行为早在明末的最后二十年已经开始出现，但是那还只是知识圈内的转变，改朝换代则使得原先那些令人觉得聒噪的声音得到莫大的力量，他们居然说对了。亡国使得人们有一个支点去反省明代的讲学文化，它好像是把瓶盖塞起来了，使得瓶内的空气不再进进出出，使得它的成分确定下来，可以好好进行分析。在晚明文化圈中认为是潇洒的，在他们看来则是戕害世道，在晚明学者看来是阐扬圣学的，他们看来

---

① 以上见顾炎武：《顾亭林诗文集》，67、86、96、213 页。

② 朱国祯：《涌幢小品》，412 页，北京，中华书局，1959。

③ 李颙：《二曲集》，232 页。

是亡国的祸因[1]，明代那些赫赫扬扬的学术活动的方式也在这个大潮中逐渐退出历史舞台。

结　论

思想、文化或生活方式的中断或不再繁衍，是改变历史发展的重要因素。历史上的大思想家常做两件工作，一是选择不再繁衍旧的，而且在中止繁衍时，不必然已经发展出一套繁密的新理论来加以取代，只是用一些简单的话从外面加以勾销。一是开创新的。这两种工作的影响都很重要。

从以上所述，可以看出从明末到清初，有一大批士人有意识地做三件事，第一是批判文人阶层的生活方式，第二是批判明代文人文化中的某些风习，第三是一批士人社会生活的自我边缘化。这三者都影响了明代文化的继续滋长，使得清代文化有不大一样的面貌。

上述三种发展是何时开始的，也就是说晚明文化的这些特质何时开始逐渐消逝，这个问题至不容易确切加以回答，但至迟在

---

① 反对讲学、讲会的人常即是反王学的人。不过反王学的健将中也有人为了彻底肃清正嘉以来的文化空气，故凡讲会必赴的，他们觉得自己有必要借助讲会来切磋、宣扬他们的“正学”。如安徽休宁的汪佑，崇祯末即开始隐居，“友人杨景陶邀赴还古书院会讲，佑见所讲多杂陆王之说，乃与同人发明程朱正学”。他极力反对阳明学派无善无恶宗旨，故决定要尽力破除此“害”，说“紫阳书院，正吾党讲学明道之坛坫也”，“乃与汪正叔、江卫道、汪月岩、胡匏更、吴敬庵、汪石樵、吴慎先、汪括斋、朱济臣、陈书始、谢兼善等人，振兴紫阳大会，订六邑同人，岁以朱子生日行释菜礼，讲学三日……”此外，“若休城四孟会，白岳圣诞会、各邑塾月讲会，皆不惮远涉，应期必赴”。（孙静庵：《明遗民录》，89～90页）他们到处讲论，为的便是廓清所谓王学遗毒。

明代最后二十年已经开始出现，并逐渐与当时流行的文人文化形成两个相对的力量，而1644年的改朝换代加速了“修正派”的发展。我们从前面的文章中可以看到几个反复出现的大名字顾炎武、张履祥、吕留良、陆世仪。他们这里也批评，那里也批评，而终归一句话，他们对晚明士人学术活动的方式或晚明的文人文化都怀有极大的不满，想将学术文化带入一个平实的、严谨的、朴素的、礼法的新方向，而这些竟不期然与新朝希望稳定社会政治秩序的要求相合。亡国也使旧的一批文化精英失去现实的物质经济凭借，逼使人们对晚明的思想文化及生活习性进行了深刻的反省。战乱流离及许许多多簪缨世家的溃败[①]，使得旧文人酒食征逐式的生活方式失去了条件，同时旧的思想文化也逐渐失去了它的听众，政治剧变造就了一批品味与风格不同的听众。

毫无疑问的，改朝换代是一个重大转折点，它使得晚明开始出现的修正派得到鼓励，觉得他们的批判方向基本上是对的。改朝换代也使得一些“不”的反思得到一个支点，使得他们更加振振有词，也使得行动者更为坚定，但从以上所述也可以看出，早在明代末期，这些“不”多已零星出现，但它们出现在明末与大量涌现于清初，意义不尽相同。在明末，文化反思的意义较多，到清初，则是政治的意义较重，而且“文化”与“政治”常常是交杂在一起的，他们相信文化上的“颓废”是政治崩溃的一个要因。如果用一个通俗的比喻，则其情形正是政治骑在文化的马背上，文化也骑在政治的马背上。

但是晚明文人多彩多姿的生活并未在1644年中断，事实上，

---

① 如叶梦珠：《阅世编》，114～134页。

自由、享乐的风格在清初文人中仍可以看到，譬如说从金圣叹（1608—1661）的行事风格，或从《檀几丛书》《昭代丛书》中所收的种种清初文人著作，都可以看出它的延续。所以从消退到绝尽是逐渐发生的，尤其是顺治十八年颁卧碑，到康熙年间三藩之乱平定，及康熙四十八年禁结社之后才转入一个新局。

此文并不想对明代文化或清代文化作优劣的判断。事实上如果从近三百年学术的正统观点来看，清代的学术文化当然远远高于明季那种洒脱而不实在的文化，清代的士风平实（有时候是“平庸”），学问朴素、严谨，而奠定这种学问风格的几位大儒正是批评明季文化的健将，他们主要的工作之一，便是抑“浮”返“实”，而他们也确实做到了，所以平实的士风与朴实严谨的学问一方面是成就，从另一角度看则是晚明文人文化的消沉、压抑，两者之间并没有矛盾。

从表面看来，上面所描述的那种消极的、自我边缘化的特质，和谢国桢（1901—1982）等人笔下的遗民世界似乎颇有差异。谢国桢笔下的一批遗民，他们在天崩地解之时，依然胸怀开阔，志气节操皆甚可观，创造了许多虎虎有生气的作品，谢氏认为所谓“奄奄无生气”，是清儒故意贬低这些人的话，他说自己笔下的一些人看来消沉，但事实上是潜伏在社会底层，讲学论道，呼吸相通。[①] 到底这两种观点，何者为是？我想应该这样说，遗民世界的面目本来就是多样的，本文所讲的，只是其中一个面相而已，更何况我在文中提到的这些忏悔或自我边缘化的人，并不就表示他们奄奄无生气，事实上许多潜伏在乡里的人，

---

① 谢国桢：《明末清初的学风》，19～21、171页，北京，人民出版社，1982。

回到他们所认为的儒家正统文化的核心，而且正因为他们断绝与现实政治的关系，放弃科举，思想反而更为活泼，关注的事物更多样。因为不必理会八股时文而全心专注于经书及其他主题的研究，有的完成极具价值的著作，有的开拓艺术的新境界，有的是发展出对历史文化极具见解的批判，有的是对政治的原理进行深刻的反省。

所谓消极，一方面是对晚明思想文化，一方面是对新的政权而言。消极性行为在某种程度上说来也可能是一种积极性行为。从行为者本身来说，是要非常积极而决断才能对种种事情说“不”，同时，在对那么多东西说“不”之后，其实也等于重新划出文化的疆界，“不”做什么，或“悔”“恨”做过什么，使得这些行为不再被他们视为理所当然，使得某些书从此不再为士人社群所重视而隐入历史的角落。[①] 选择了某些而又忽略了某些，使得思想文化的发展走入另一个方向；不做这些行为，要做那些行为，也使得士人生活风习产生改变，那么消极性的“不”，如果换一个角度来看，却是积极的。

从客观上来看，不管是以行动表示对明代文人文化的不满，或是在亡国之后以某种行动表达一种断绝、舍去的意识，不管行动者的本意如何，其客观的结果便是一种文化及生活方式的消逝。过去我们在研究明清之间思想文化的变化时，偏重在清代文化学术的兴起，而忽略了明代某些文化特质的消逝，并且忽略了因为不延续性，造成了“明型文化”与“清型文化”的不同。忽

---

① 像文震亨的《长物志》这样的书，在清代的书目中被忽略，见 Graig Clunas, *Superfluous Things*, Cambridge, Polity Press, 1991, p. 169。

略了明末及清初士人逐步放弃其学问或生活、品味的方式，实具有深刻的历史意义。[①] 中止旧文化“再生产”并不必然意味着新文化的产生，不过广大士人停止再生产自己原来的一套生活方式，自然也就为新生事物让出一条路来。

旧的文化风格如此，旧的文化精英亦如此，旧的文化精英隐入历史舞台以及它所产生的客观效应相当值得注意。以社集的消沉为例，原来东奔西跑的那一批精英们大多不再活跃，不再在士大夫圈中扮演领导性的角色，隐入一个新时代的底层。[②] 他们有些仍然在士人圈中活动，甚至拥有相当的声望，但不再成为一股集体的士人力量。他们的历史舞台也让位于一群新的士人。

旧文化活动的参与者或消费者的隐没，使得旧式的文化活动失去了维持活力的生态条件，这些现象与明清之间文化活动的兴衰有着密切的关联。而无论如何，对于新朝统治者而言，旧文化风格及旧文化精英的隐没，对新政权的稳定与新文化形态的确立是有利无害的，晚明文化精英的生活方式与文化活动的退逝，间接帮助了新朝的巩固，展现了文化与权力之间，消极互动的吊诡性关系。

---

① 如果我们细加留意，便可再发现许许多多明代文人风习断绝的例子。譬如纵横一时的“山人”，在清代几乎不再出现了。

② 以复社社员为例，入清以后，虽然也有几个大官，但多的是知县、教谕、学正、训导，而更多的是沉隐下层。吴山嘉辑《复社姓氏传略》的《例言》上说：“姓氏录共二千二百四十人，其达者丰功伟节彪炳史策，……惟布衣之士潜修励志，或更易名姓韬晦终身，欲求其嘉言懿行，渺不可得，故未考者尚有千人。”（2a 页，北京，中国书店，1990）清代后期方东树在《明季殉节附记序》中说：“秀水朱竹垞得复社姓氏录，以其后事征之，死于布褐而无闻者十之三，是则地处僻远而史不及书，名位卑微而史又不及书。”（《仪卫轩文集》卷五，9a 页，清同治年间刊本）

附录：不入城的事例

孔鼎	《皇明遗民传》卷四，见《汇辑》，11页。
王方魏	孙静庵：《明遗民录》，143页。
王玉玑	黄容：《明遗民录》卷六，见《汇辑》，74页。
王光承（1606—1677）	《皇明遗民传》卷四，见《汇辑》，83页。
王武征	吴德旋：《初见楼闻见录》卷四，1页，台北，台湾商务印书馆，1976。
王建常（1615—1701）	孙静庵：《明遗民录》，109页。
王思任（1575—1646）	张岱：《王谑庵先生传》，见《张岱诗文集》，287～290页。
王荃	金吴澜等修：《昆新两县续修合志》卷二十四，40a页，清光绪六年刊本。
王余佑（1615—1684）	邓之诚：《清诗纪事初编》，152页。
王继统	孙静庵：《明遗民录》，169页。
丘嘉彩	《皇明遗民传》卷六，见《汇辑》，112页。
白奂彩（1607—1684）	《清史稿》，卷四八〇，列传二六七。
牟贤	黄容：《明遗民录》卷一，《汇辑》，161页。
何仁隆	《胜朝粤东遗民录》卷二，见《汇辑》，168页。
何其伟	孙静庵：《明遗民录》，172页。
余正元	《皇明遗民传》卷一，见《汇辑》，179页。
余若水	张岱：《余若水先生传》，见《张岱诗文集》，283～284页。
宋之盛	《清史稿》卷四八〇，列传二六七。
芮城	《皇明遗民传》卷六，见《汇辑》，421页。
李天植（1591—1672）	孙静庵：《明遗民录》，238～239页。

续表

李任明	《明季滇南遗民录》卷上，取材自《大理县志》，见《汇辑》，294 页。
李成性	《节白李处士传》，见《颜元集》，477 页。
李明性（1615—1683）	王源：《李孝悫先生明性传》，见《清代碑传全集》卷一二六，630 页。
李长祚	《咸丰兴化县志》卷八，转引自赵景深、张增元编：《方志丛录元明清曲家传略》，146 页，北京，中华书局，1987。
李重熙	陈去病：《明遗民录》，见《汇辑》，302 页。
李潜昭	《初月楼闻见录》卷五，3a 页。
沈桂芳	黄容：《明遗民录》卷二，见《汇辑》，349 页。
汪溥	黄容：《明遗民录》卷六，见《汇辑》，334 页。
汪沨（1618—1665）	孙静庵：《明遗民录》，159～160 页。
呼谷	《呼德下纪略》，见《清代碑传全集》卷三十六，1470 页。
周大缜	《武林坊巷志》卷二，81 页。
周楫	《昆新两县新修合志》卷三十二，18a 页。
邵泰清	《明遗民所知传》，见《汇辑》，424 页。
俞粲	孙静庵：《明遗民录》，97 页。
查潜	《初月楼闻见录》卷二，3b 页。
洪思	《明遗民录》卷二，见《汇辑》，474 页。
洪锡祚	《胜朝粤东遗民录》卷二，见《汇辑》，475～478 页。
胡长庚	《皇明遗民传》卷六，见《汇辑》，488 页。
范苯	陈去病：《明遗民录》，见《汇辑》，493 页。
范鄗鼎（1626—1705）	陈俊民校编：《关中三李年谱》，106 页。

续表

夏羽王	李桓辑：《国朝耆献类征初编》卷四七四，57页，台北，明文书局，1985，清代传记丛刊本。
夏道一	孙静庵：《明遗民录》，61页。
孙爽（1614—1652）	《皇明遗民传》卷六，见《汇辑》，517页。
徐介	厉鹗：《东城杂记》卷上，13a页，台北，台湾商务印务馆，1976。
徐夜（1611—1683）	陈去病：《徐东痴先生传》，见《清代碑传全集》卷三十六，1469页。
柴绍炳（1616—1670）	《皇明遗民传》卷四，见《汇辑》，471页。
袁立俊	《胜朝粤东遗民录》卷二，见《汇辑》，577页。
袁润	《明季滇南遗民录》卷上，见《汇辑》，574页。
屠廷楫	《汇辑》，807页。
巢鸣盛（1611—1680）	邵廷采：《思复堂文集》卷三，67a页，台北，华世出版社，1977。
常延龄	《皇明遗民传》卷六，见《汇辑》，606页。
张子容	《初月楼闻见录》卷七，5a页。
张光启	陈田辑编：《明诗纪事》，3545页，上海，上海古籍出版社，1993。
张作楠	《清史稿》卷四七八，列传二六五。
张怡（1608—1695）	《国朝耆献类征初编》卷四七八，51a页。
张若化	《明诗纪事》，3220页。
张圣型、张圣域	孙静庵：《明遗民录》，263页。
曹元方	《皇明遗民传》卷二，见《汇辑》，682～683页。
梁应材	《胜朝粤东遗民录》卷一，见《汇辑》，700页。
梁琏	《胜朝粤东遗民录》卷二，见《汇辑》，685～686页。 汤中：《梁质人先生份年谱》，12页，台北，台湾商务印书馆，1980。

续表

郭人一	《陆桴亭先生遗书》之《文集》卷六《陈母王孺人守节纪略》，10a 页。
陈所学	孙静庵：《明遗民录》，63 页。
陈贞慧（1604—1656）	《国朝耆献类征初编》卷四六三，17 页。 《明遗民录》，见《汇辑》，755 页。
陈国腆	孙静庵：《明遗民录》，331 页。
陈礼	《胜朝粤东遗民录》卷四，参《高州府志》《电白县志》，见《汇辑》，733～734 页。
麦向高	《胜朝粤东遗民录》卷一，见《汇辑》，752 页。
程自玉	黄容：《明遗民录》卷五，见《汇辑》，839 页。
钮应斗	黄容：《明遗民录》卷三，见《汇辑》，852 页。
杨志达	《皇明遗民传》卷六，见《汇辑》，918 页。
杨尔诚	《初月楼续闻见录》卷二，7a 页。
杨维峻	《明季滇南遗民录》卷上，见《汇辑》，927 页。
杨维熊	孙静庵：《明遗民录》，118 页。
葛惟岳	《初月楼续闻见录》卷六，5a 页。
董樵	《皇明遗民传》卷三，见《汇辑》，957 页。
邹闻望	《留溪外传》卷五，13b 页。
赵炳龙（1617—1697）	《明季滇南遗民录》卷上，见《汇辑》，996～997 页。
郑重	《明季滇南遗民录》卷上，见《汇辑》，1071 页。
郑焘	《昆新两县续修合志》卷二十九，23 页。
萧俊文	《胜朝粤东遗民录》卷三，见《汇辑》，1097 页。
戴笠	《皇明遗民传》卷四，见《汇辑》，1167 页。 诸福坤：《高士戴耘野先生祠堂记》，见闵尔昌录：《碑传集补》卷三十六，1967～1969 页，台北，文海出版社，1973。

续表

薛刚生	吴其敏：《文史札记》，香港，中华书局，1976，85页。
谢遴	朱彝尊：《静志居诗话》卷十九，15a页，台北，明文书局，1991，明代传记丛刊本。
谢镗	《胜朝粤东遗民录》卷一，见《汇辑》，700页。
韩程愈	《清诗纪事初编》，896页。
魏菁（1617—1690）	《皇明遗民传》卷六，见《汇辑》，1181页。
罗万杰	《胜朝粤东遗民录》卷四，见《汇辑》，1200～1201页。
顾枢（1602—1668）	《国朝耆献类征初编》卷三九五，13a页。 《留溪外传》卷四，3a页。
顾梦麟（1585—1653）	黄宗羲：《顾麟士先生墓志铭》，见《黄宗羲全集》第10册，418页。

清初思想趋向与《刘子节要》

——兼论清初蕺山学派的分裂

恽仲升（1601—1678）是明末理学大儒刘宗周的重要弟子。在刘宗周自杀殉国之后，他的学派内部呈现分化与冲突，故有人说“蕺山身后，弟子争其宗旨”①。黄宗羲自己也说“子刘子既没，宗旨复裂”。②

而恽氏与同门黄宗羲等人在思想上的分歧，更是当时江浙思想界的一件大事。恽氏文集罕见③，连他当时最受争议的《刘子节要》一书也无法寻得④，所以当我们读到一些与这次争论有关

---

① 孙静庵：《明遗民录》，93页。

② 《黄宗羲全集》第10册，306页。

③ 台湾师范大学藏有东北大学寄存之《恽逊庵先生文稿》，系清末恽氏族孙托缪荃孙代印的，只有薄薄数十页，内容亦甚贫乏，与本文主题相关之材料极少。

④ 《刘子节要》一书共十四卷，清代汪远孙等编《振绮堂书目》（民国十六年排印本）载《刘子节要》二册十四卷（卷三，17页）。《四库全书总目提要》子部儒家类存目二中录其每卷目录：“一、道体，二、论学，三、致知，四、存养，五、克治，六、家道，七、出处，八、治体，九、治法，十、居官处事，十一、教人之法，十二、警戒改过，十三、辨别异端，十四、总论圣贤，每一类为一卷。”（516页，台北，汉京文化事业有限公司，1981）这十四类的安排与名称显然依仿朱子的《近思录》，仔细比对，可以发现两者只有些许的文字差异，那么它自然也反映了恽氏本人倾向朱子的态度。值得注意的是，在17世纪初叶，由《近思录》之激励而有一系列

的零星材料时，竟对他们当日争执的主题感到茫然。

黄宗羲显然非常看重这次争论，所以将它写进《明儒学案》的《序》中。他说：

> 岁己酉，毗陵恽仲升来越，著《刘子节要》。仲升，先师之高第弟子也，书成，羲送之江干，仲升执手丁宁曰："今日知先师之学者，惟吾与子两人，议论不容不归一，惟于先师言意所在，宜稍为通融。"羲曰："先师所以异于诸儒，正在于意，宁可不为发明！"仲升欲羲叙其《节要》，羲终不敢。①

从这段话看来，恽、黄二人在己酉，也就是康熙八年（1669）对其师刘宗周思想的诠释已有异议，而尽管恽氏再三劝说，黄氏皆不为所动，甚至不愿序其书，而整个争论之所起，是在恽氏所辑《刘子节要》。

恽仲升希望黄氏序其《节要》，并说当时通晓其师说的就剩他们两人，"议论不容不归一"，则是希望当时正在大力宣传刘氏学说的黄氏能支持他对刘氏学说之诠释。恽、黄二人原先并不熟悉。如果不是黄氏当时大加宣扬鼓倡刘氏学说，恽氏或许不会有此举。而如果不是黄氏坚持自己忠实于刘氏的诠释，后人写他时不会用下述这一段话：

模仿《近思录》十四卷模式的辑录出现，高攀龙的《朱子节要》、江起鹏之《近思补录》、孙承泽之《学约续编》、刘源渌之《近思续录》、朱显祖之《朱子近思录》、汪佑之《五子近思录》、张伯行之《续近思录》、《广近思录》等等，见陈荣捷：《性理精义与十七世纪之程朱学派》，见《朱学论集》，408～409页，台北，台湾学生书局，1982。我曾到江浙一带寻访此书，但无法寻得，衷尔巨的《蕺山学派哲学思想》中也说无法寻得该书。（387页，济南，山东教育出版社，1993）在新出《四库全书存目丛书》的子部儒家类中亦未见该书。

① 黄宗羲：《明儒学案·黄梨洲先生原序》，9～10页。

> 子刘子梦奠之后，及门之士多归忠节，海内遂无知其学者。先生于故牍理其绪言，刻之行世，使海内知子刘子之学，与阳明同而异，异而同也。①

从《刘子节要》书名及恽仲升的思想倾向看来，《刘子节要》之体例显然是模仿恽氏所尊仰的高攀龙所辑之《朱子节要》，而主要目的也是想提供一个简便的集子，方便天下人了解其师之思想。从黄氏《明儒学案》的序文中所言看来，他与恽仲升的主要分歧是对《节要》中涉及刘宗周“意”的哲学之诠释不能同意。

“意”的哲学是刘宗周一生思想重点，它一被提出，争议纷纭的情形，黄氏在《思旧录》中写刘宗周的条下说：

> 先生（刘宗周）以意非心之所发，则无不起而争之。②

不过黄氏本人是赞成“意为心之所存”之说的③，但是陈确似乎便不谈此说，因为他认为整个《大学》是有问题的，所以《大学》“诚意”的宗旨也是靠不住的，根本不必再谈意为心之所存或所发了。黄宗羲曾对此作了相当简要的概括：

> 先儒曰：意者心之所发。师以为心之所存，人心径寸间，空中四达，有太虚之象，虚故生灵，灵生觉，觉有主，是曰意。不然，《大学》以所发先所存，《中庸》以致

① 《黄宗羲全集》第10册，609页。

② 《黄宗羲全集》第1册，338页。

③ 《黄宗羲全集》第10册，194～195页。他并且说这个思想是“唯先师独透其宗，此意散见语录中，门弟子知先师之学者甚少，故晦而未彰”。

> 和为致中，其病一也。然泰州王栋已言之矣。自身之主宰而言谓之心，自心之主宰而言谓之意，心则虚灵而善变，意有定向而中涵，意是心之主宰，以其寂然不动之处，单单有个不虑而知之灵体，自做主张，自裁生化，故举而名之曰独，少间搀以见闻才识之能，情感利害之便，则是有商量倚靠，不得谓之独矣。若云心之所发，教人审几于动念之初，念既动矣，诚之奚及？师未尝见泰州之书，至理所在，不谋而合也。①

《大学》中先诚意后正心，如果照这个顺序，那么何以“先儒”说是在先的“意”反而是在后的“心”所发？这是一个绝大的矛盾，刘氏所以要极力主张意为心之所存，主要是想防堵意有善有恶，及心为无善无恶之说。他想从每一方面来论证心是纯善无恶的，这是人心的本质，所以人便应该无论如何达到这一人格境界。

意如果是有善有恶，那么，依刘氏之意，诚意的哲学便大有问题——诚其善的意，可以为君子，但如诚其恶之意，则岂不是断然为小人吗？他非得做这一个分别是有现实考虑的，一方面是认为意如为心之所发，而发生上述问题，则《大学》诚意的思想便大有毛病了。而他在当时便看到许多奉行阳明哲学的人，因为自信其心，而又以心为无善无恶，不能贞定人的本质为善，故常称心行恶而不能自知。

这一切都是对当时思想界道德相对主义及王学禅学化两种

---

① 黄宗羲：《先师蕺山先生文集序》，见《黄宗羲全集》第10册，51页。

风气而来，也都是为了阐扬他纯善的哲学而来，而这正是与他早年参与成立首善书院的宗旨相一贯的。而刘宗周有关“意”的思想则相当程度地解决了这个矛盾。但为什么同为刘门弟子的恽仲升要黄氏对他们老师“意”的思想“稍为通融”？究竟要怎样“通融”？

由于见不到《刘子节要》一书，故我们只能从黄宗羲的一篇《答恽仲升论〈刘子节要〉书》来推测。恽氏是将刘宗周思想中有特色的部分故意删去、稀释或模糊化，第一个引起黄氏不满的地方即是刘氏言“意”的部分被恽仲升刻意淡化掉了。黄宗羲形容说：

> 自意者心之所发之注，烂熟于经生之口耳，其与先儒抵牾者亦在此，因起学者之疑亦在此。先师《存疑杂著》，大概为此而发，其后伯绳编书，另立《学言》一门，总括先师之语，而《存疑》之目隐矣。董标《心意十问》，史孝复《商疑十则》，皆因学者疑此而辨明之也。今《节要》所载董、史《问》《答》，去其根柢而留其枝叶，使学者观之，茫然不得其归着之处。犹如《水经》为诸水分合而作，而读者止摘其隽语逸事，于作者之意，亦何当乎。①

从这段引文看，首先企图隐去宗周“意”方面论点的是他的儿子刘汋（伯绳，1613—1664）。接着模糊化这方面论点的是恽氏的《节要》。恽氏书中将《心意十问》与《商疑十则》这两份极能阐明“意”之思想的文字“去其根柢而留其枝叶，使学者观之，茫

① 黄宗羲：《答恽仲升论〈刘子节要〉书》，见《黄宗羲全集》第10册，216页。

然不得其归着之处”。

刘宗周的另一特色是《人谱》，但这也被恽仲升所淡化了。[①]黄宗羲在给恽仲升的信中说：

> 《人谱》一书，专为改过而作，其下手功夫，皆有涂辙可循。今《节要》改过门无一语及之，视之与寻常语录泛言不异，则亦未见所节之要也。[②]

这一封信，可能是己酉（1669）两人见面时所写。他责备恽氏书中未特提《人谱》。在这一方面，刘汋的态度与恽仲升不同，刘氏死前仍谆谆告诫要门人守住“人谱”改过之学。[③]

---

① 恽仲升的讲友张履祥认为蕺山《人谱》有背于程朱，参谢国桢：《增订晚明史籍考》，807页。

② 黄宗羲：《答恽仲升论〈刘子节要〉书》，见《黄宗羲全集》第10册，216页。

③ 衷尔巨：《蕺山学派哲学思想》，395页。有一种说法认为恽仲升后来对黄宗羲的诠释让步。《陈确集》的编校者有一条案语，说恽氏“面对意为心之所存一说心怀疑问。梨洲为之剖析探究，始为信服”。（125页）这一段话没头没尾，且未提出任何根据。此处试勾稽一些史料加以讨论。

在黄、恽二人河干握别（1669）五年后，恽仲升有一封信给梨洲，上面说：

“河干握别，倏已五年，……先师《节要》，敝乡学者亟欲见其书，遂谋付梓，所乏纸价，不能广为流通，今却寄一部……老师之学，同门中惟吾兄能言之，或作序、或书后，惟尊意。吾兄所为状，欲采入附录中，并望惠教。《节要》中有可商榷处，更希一一昭示。”（《黄宗羲全集》第11册，394～395页）

由此信看来，恽氏当时欲在武进流通《节要》，先将付印稿寄黄氏，请他作序或书后，并想将黄氏所为《子刘子行状》收为附录。我们看不出在两人分手五年之间，恽氏是否对《节要》内容进行改动。不过，如果未曾改动，他应该也会知道，黄氏显然会和五年前一样拒绝作序，就不烦再有“或作序，或书后”的请求了。而黄氏《子刘子行状》与恽氏的《节要》及《行状》皆相矛盾，现在希望将黄氏所为《行状》收为附录，不管《节要》内容是否已改，即已多少表示一种新的态度。黄氏显然未曾作序，不过他的《子刘子行状》应该是被收入《节要》了。在《南雷诗文集附录》中，收有施博给黄的一封信，说：“昔年恽仲升兄便道过访同门张考夫兄，博幸与闻謦咳，我们不禁好奇：恽氏何以和刘汋一样急急删去他们老师一生最重要的哲学主张，而一味求合于“先儒”的“意为心之所发”？这里的“先儒”是谁？为什么违反“意为心之所发”即得罪了“先儒”呢？如果不能解决此问题，则无法了解删去与“先儒”相反对的意见其实正反映了一代学风的变化。

此处之“先儒”可以是朱子，也可以是王阳明。因为意为心之所存，非所发的观点，对朱子与王阳明都不利。王阳明《传习录》中有几处提到心之所发便是意，则朱子“意”为心之所发之思想基本上是被阳明所继承的。所以董允璘读到刘宗周的文章后会写《刘子质疑》，怀疑刘宗周“意”的哲学伤害了王学的传统，但是黄宗羲很快地便化解了这个质疑，并使得董氏相信刘、王之学是二而一、一而二，不可分割的，董氏甚至以“蕺山学者”自名。①

但是阳明的全部《传习录》中，并无“意为心之所发”这一句。②不像朱子是在《四书集注》中《大学》的一开始便有此一

且得诵所作先生传，详尽有体，正可相与共肩师传。”（《黄宗羲全集》第11册，394页）

此信中有“先师（刘宗周）殁已三十年”一语，足见应在1675年，正是恽氏与黄氏河干握别五年之后一年，当时《节要》当已刊成，书后附黄氏的《行状》，在恽、施见面时，施氏得赠一册。

从以上材料看起来，只能说恽氏将黄氏的《行状》与自己的《节要》并存，并不能证明恽氏后来捐弃自己的说法。《明儒学案》卷六十二《蕺山学案》有一段话：

“及《节要》刻成，缄书寄羲，曰：‘子知先师之学者，不可不序。’嗟乎！羲岂能知先师之学者？然观日初《高刘两先生正学说》……以此观之，日初亦便未知先师之学也。使其知之，则于先师言意所在，迎刃而解矣。此羲不序《节要》之意也。惜当时不及细论，负此良友。”（1507～1508页）

《蕺山学案》完成于1676年以后，此时已过了恽氏将《节要》寄请黄氏作序之时，而《学案》中清楚写着他仍“不序《节要》”。而两年后，也就是1678年，恽氏便死了。

① 《黄宗羲全集》第10册，454页。董允璘认为“存固存，而发亦存也”，见蒋学镛：《鄞志稿》，666页，收入《四明丛书》第三集，扬州，广陵书社，1981。

② 这是查索九州岛大学哲学部所编《传习录索引》的结果。

句，而且几百年来列为科举功令必读之物。所以当时人认为刘宗周是伤害了朱学，对于其言意为心之所存更认为：

> 先生笃实类朱文公，而言诚意慎独与朱不合。[①]

蒋学镛编的《鄞志稿》也是说：

> 南雷宗念台刘公之传，以意为心之所存，非所发；学者习考亭旧说，多未信。[②]

足见对“意为心之所存”一语不满意的是“习考亭旧说”的一般学者，不是阳明学者。刘宗周自己也认为他“意为心之所存”的哲学得罪了程朱。1643年《答史子复》书中说：

> 意为心之所发，古来已有是疏，仆何为独不然，……总之，存发只是一几，故可以所存该所发，而终不可以所发遗所存。则《大学》诚正一关，终是千古不了之公案，未可便以朱程之言为定本也。[③]

足见刘宗周也认为他挑战的是“以朱程之言为定本”。外人印象，及作者主观意图皆是以程朱为对象，则其针对性是很清楚的了。

前面已经说过“意为心之所发”是朱子《四书集注》中一段

---

① 邵廷采：《明儒刘子蕺山先生传》，见《思复堂文集》，76页，台北，华世出版社，1977。

② 蒋学镛：《鄞志稿》，666页。

③ 刘宗周：《刘子全书》，1412页。

极重要的文字。在朱子思想系统中“意为心之所发”一句占有重要地位。如果说意为心之所发，则意绝非纯善无恶，而是有善有恶。但在刘宗周的系统中，认为如果主张意有善有恶，则人的虚灵之心便随善恶流转而无一至善的主宰。他主张“意”是心之所存，“意”是至善的，而且是心之主宰，是定盘针，人心便不至在善恶之间摇摆了。

朱子强调已发、未发之别，而凡属已发，即有后天染杂，所以“意为心之所发”，则“意”为已发的可有染杂的部分，而理想的状态只能是慎求未发的中和状态。刘宗周将之修改成“意为心之所存”，即是强调即发即存，体用不二，所以他曾与人有如下一段问答：

> 问：意属已发，心属未发否？人心之体，存发一机也。心无存发，意无存发也。盖此心中一点虚灵不昧之主宰，尝尝存，亦尝尝发。①

由此看来，意之为心之所发或所存不只是心有无定盘针的问题；主张“意为心之所存”还是对朱子以来“人自有未发时”之说的批判。朱子认为已、未发是两件，而刘宗周认为“已发”“未发”是一件事，“常以存”亦“常以发”。将已发、未发合而为一是刘氏合两个分开境界为一个境界的观点之一环。在董玚所编刘宗周《年谱》中录有一段刘汋案《存疑杂著》的话：

---

① 刘宗周：《答董生心意十问》，见《刘子全书》，540 页。相关讨论可参考戴君仁：《心学家论意》，载《大陆杂志》44：4，1972 年 4 月，200～202 页。

> 先儒言道分析者，至先生悉统而一之。先儒心与性对，先生曰：性者心之性。性与情对，先生曰：情者性之情。心统性情，先生曰：心之性情。分人欲为人心，天理为道心，先生曰：心只有人心，道心者人心之所以为心。分性为气质、义理，先生曰：性只有气质，义理者，气质之所以为性。未发为静，已发为动，先生曰：存发只是一机，动静只是一理。①

而刘氏“意”的观点与此等由二境界归于一境界有关。刘氏“意”为善且为心之所存之说，使得心有一最高的定盘主宰，不再在有善有恶的念起念灭上作拦截工夫，而是直接有一最高的纯善的主宰在，那么，道心、人心等就不再两分，而是一个了。

“意为心之所存”以纯善的“意”为心之定盘针，也直攻良知四句教中的第一句“无善无恶心之体”。明季许多学者大力批评“无善无恶”，认为应该“首善”。（“首善书院”的创立即是一代表）东林学派倡之尤力，而饱受东林学风熏陶的刘宗周正是以此新观点来支持他的新哲学主张。他认为，心是一只径寸虚体，如果是无善无恶，则必有恶作，故必须有一定盘针为主于其间。他认为阳明之所以主张有善有恶之“意”，也是因他跳不出朱子的樊篱，被朱子“意为心之所发”一说所限。

由以上可以看出，刘宗周“意”的思想是兼斥朱王的，但是整体来说，与朱子矛盾最大，尤其是在意为心之“所存”或“所

① 见刘宗周：《刘子全书》，3667 页。

发”这一问题上，两人真是南辕北辙。所以“意为心之所存”是针对朱子《四书集注》“意为心之所发”一句而发，前面黄宗羲有“先儒之注烂熟于口”一句话，所谓“先儒之注”当然是指《四书集注》，而明末清初人又多以刘氏“意”的哲学为明季王学的代表性主张，所以当有人想将它删去或淡化时，其实代表一种压抑由刘宗周所代表的王学，以求合于朱子学复兴的倾向。

为什么要求合于朱子？这一方面是刘门弟子中倾向于严明整肃的一派思想兴起，另方面是学派外部由王返朱的压力。[①] 而这两者又常结合在一起。

刘宗周死后，刘门弟子中有一支倾向于同情或支持朱子学，刘汋、张履祥等正是这一新趋向的领导者，而恽仲升是其重要助力。刘伯绳的思想始终倾向纪律化。他所最担忧的一直是刘门内部中转向禅学的倾向。故他在作为其父的助教时，便曾刻意引进一批持论比较严谨的弟子到刘宗周的身边。黄嗣艾《南雷学案》说：

> 忠正公（刘宗周）讲学越中，一时承风接响者以想象为本体，权谋为作用，忠正公之言，格于浸淫之僻说而不相下。先生忧之曰：此禅门种草，宁可移植于吾室乎？于是推择王业洵，王毓蓍，及南雷公等十数人，进之为弟子。[②]

在明亡而刘宗周自杀之后，刘伯绳居小楼二十年，杜绝人事，虽

① 详见后面的讨论。

② 黄嗣艾：《南雷学案》，250 页，台北，明文书局，无出版年，《清代传记丛刊》本。

通家故旧亦所竣拒。[①] 这段时间内，黄宗羲并不常与他见面。[②] 但在他杜门幽居的日子中，有几个人是常相见面的，史孝咸（1582—1659）、恽仲升便是。[③] 由见面与不见面，其实可以看出他当时思想趋向，基本上与恽仲升为近，都同情当时学术界由王返朱的空气，而与自认坚持刘氏之学的黄宗羲疏远。《明遗民录》说："念台之子伯绳，辑先人遗书，多折衷于履祥。"[④] 张履祥正是当时刘门弟子中转向程朱的代表人，而刘汋在编其父文集时，不请教黄宗羲而请教张履祥，那么他在编辑工作中有迎合朱学的倾向就不足奇了。

刘宗周死后弟子诠释其宗旨约可分为三派。第一派是以刘汋、张履祥、吴蕃昌为主的倾向程朱派。大概而言，当刘汋还在世时[⑤]，稿子在刘汋手中，所以整个诠释权握在他的手中。刘汋在 1664 年故世后，刘宗周著作的诠释空间才比较开放。也就在这个时候，黄宗羲对刘宗周思想的诠释开始活跃起来。黄氏几件与此有关的活动都发生在 1667、1668 年，正是刘汋死后。

刘汋对其父著述的整理与诠释分成两部分。第一是编遗书，第二是编年谱。此处先谈遗书。刘汋似乎极力想做好诠释其父思想的工作，所以对其遗集"一书再书"。陈确在《别刘伯绳序》

---

① 黄嗣艾：《南雷学案》，251 页。

② 见黄宗羲：《答刘伯绳问律吕》，见《黄宗羲全集》第 10 册，166～169 页。

③ 徐世昌：《清儒学案》卷二，67b 页，台北，世界书局，1979。

④ 孙静庵：《明遗民录》，17 页。

⑤ 一说刘汋卒于康熙二年（1663），见《明遗民所知录》，见谢正光、范金民编：《明遗民录汇辑》，1001 页。一说卒于康熙七年（1668），见刘宗周：《刘子全书》，123 页。不过，黄宗羲《刘伯绳先生墓志铭》已清楚记载其卒年为甲辰（1664），见《黄宗羲全集》第 10 册，308 页。

中说他见刘汋时“问：‘犹有副乎？’曰：‘有。’‘有草本乎？’曰：‘有。’‘可得而尽观乎？’则皆伯绳之一书再书，而犹皇然若不足者”[①]。同时刘汋也不随便让人看他父亲的遗稿，陈确在一封给刘汋谈到刘宗周的文稿在陆冰修（嘉淑，1620—1689）手里时说：

> 所谓陆兄者，其冰修乎？此兄亦有意先生之学，但浮气未除耳，绝非世俗比，即曾见此书，亦无烦过虑。[②]

而且当时同门师友也已经注意到刘汋对其父著述之删订，不是一个人的行为，而是一群人的工作。黄宗羲为《刘子全书》作的《序》便是这样说的：

> 先师丁改革之际，其高第弟子如金伯玉（铉，？—1644），吴磊斋（麟征，1593—1644）、祁世培（彪佳，1602—1645）、章格庵（正宸，？—1646）、叶润山（廷秀，1599—1651）、彭期生（1614—1646）、王玄趾（毓蓍，？—1645）、祝开美（渊，1614—1645）一辈，既已身殉国难，皋比凝尘，曩日之旅进者，才识多不当。伯绳辑遗书之时，其言有与雒闽龃龉者，相与移书请删削之，若惟恐先师失言，为后来所指摘，嗟乎，多见其不知量也。[③]

刘汋编遗书时最主要的顾问是张履祥，这是有证据可以支持的：

---

① 《陈确集》，235～236页。

② 同上书，616页。

③ 刘宗周：《刘子全书》，5页。

去春归家录《年谱》，秋间录《易抄》，今春录《语录》、《会语》，手抄之后，辄复茫然，真可谓下愚不移。兄其何以教之乎？诸书原本或在仲木（吴蕃昌），或在弟处，尚容收集汇送。未敢先寄，以仲木曾有言，欲亲送考夫（张履祥）兄一阅故也。年谱亦绝不敢以示人。[①]

《易抄》、《语录》、《会语》，俱送考夫兄处，未返。确于先生语录，亦略有参订，欲私质之吾兄，非面晤不能。[②]

刘汋这一群人删改刘宗周原稿的情形一定相当严重，所以引来陈确的注意。陈确不时与刘氏通音问，对刘汋进行的删削工作相当注意，曾劝他在做编辑工作时勿伤了刘宗周的原旨。《寄张奠夫、刘伯绳两兄书》中说：

《年谱》出绳兄手笔，自另成一书，不妨参以己见，然关系先生学术处亦自宜过慎。至于《遗集》言理之书，或去或留，正未易言。无论弟之浅学不敢任臆，即如绳兄之家学渊源，表里洞彻，恐亦遽难裁定……与我见合者留之，不合者去之，然则岂复为先生之学乎？以绳兄之明睿，万万无此虑，而弟犹不敢不鳃鳃过虑者，只见其不知量耳，而不能自已。[③]

刘汋在康熙三年（1664）死前——“卒之夕，出箧中稿属诸子曰，大父文千古圣学所寄，勿漫示人，俟可梓行世。”[④] 这段

① 陈确：《寄刘伯绳书》，见《陈确集》，615～616页。

② 陈确：《寄刘伯绳世兄书》，见《陈确集》，88页。

③ 《陈确集》，77页。

④ 邵廷采：《贞孝先生传》，见《思复堂文集》，285页。

遗嘱用意相当奇特。何以一定要“勿漫示人”，要“俟可梓”才行世——可梓时自然是刘汋所整辑删订并装订成帙的清稿。是不是说如果将刘子原稿及他整理的清稿“漫示人”，那么删削之处便无可隐了？[①]

刘汋作宗周年谱两卷，这部年谱前后有过几个名字，先是《刘忠正公年谱》，谱后题“顺治八年辛卯夏六月上浣之日不孝汋泣血百拜书”[②]，可见此谱作于1651年。此谱后来又题《刘忠介公年谱》，章学诚（1738—1801）有序，改题此名是因为1775年乾隆谥刘氏为忠介，足见此本出现在1775年以后。

刘汋于年谱稿完成后，即请吴蕃昌代为删润。吴氏是帮助刘汋删定年谱的重要人物[③]，他与张履祥构成一个诠释刘宗周思想的核心。此处我们应当看吴氏的思想趋势，才知刘汋何以找上他。

民国张钧衡（1872—1927）编《适园丛书》时将吴氏《祇欠庵集》两卷收入。他在书后的跋文中对吴氏作了一番研究，说：

> 癸巳（1653）后，（吴蕃昌——引者注）与张先生杨园

---

① 刘汋久不出遗书也不全是为了秘密删订。由于刘氏讲学时间甚长，每一时期的弟子皆有记录。所以久持遗书不刊，可以将每一时期弟子所录的讲义尽可能补齐，故陈确有一封信说：“前得子霖一函，并是开兄侍先生时所手记者，似皆宜登集，兼足以补师集之未备。……刻事诚未易草草，以此益服伯兄久持先生之集非无见也。”（《陈确集》，84页）

② 谢巍编撰：《中国历代人物年谱考录》，321页，北京，中华书局，1992。

③ 《陈确集》：“仲木有意任删润年谱之事。”（616页）“岁壬辰（1652）二月，确与澉湖吴蕃（昌）同受先生遗集以归。已而确尝致书伯绳，谓蕃尝有意任删润年谱之事。”（396页）“闻仲木改先生年谱已且及半，弟既未得一见，又不得持奉伯绳，如何，如何！”（105页）

及从弟志仁讲求程朱正学。[①]

这一段概括性的判断是有所本的。《祗欠庵集》中两篇哭山阴先生的文字，尤其是《再告山阴先师文》，实即朱子晚年定论式文字。吴氏想强调刘宗周“终有合于朱子之学”[②]，认为山阴生前最后阶段对阳明有疑，实际上已合于朱子，而他自称“蕃于朱子与先生（刘宗周）之学，殆无间然矣”[③]。那么经过他删润之后的年谱内容之倾向可知矣。

诠释刘氏遗书的第二派是陈确，陈氏思想在刘门子弟中另树一帜，所以他与刘氏遗书的关系也是非常特别的。陈确是刘宗周最晚的弟子之一，他自言“确之登师门最后”[④]，又在《春游记》中说“癸未八月始问学山阴”[⑤]，癸未是1643年，去刘氏殉国不久。他基本上认为其师花太多时间与《大学》“意”的哲学相缠斗是不智之举，因为《大学》是伪书。

陈确曾在1652年与吴蕃昌同至山阴受刘氏遗集以归，1653年又同往校订遗书。[⑥] 这两次前往，发生的事并不相同，我们在《别刘伯绳序》这一篇文字中找到了两段话。1652年那一次“确

① 张钧衡：《祗欠庵集·跋》，见吴蕃昌：《祗欠庵集》卷八，14a页，民国《适园丛书》本。

② 同上书，卷六，9a页。

③ 同上书，卷六，10b页。

④ 《陈确集》，307页。

⑤ 同上书，207页。

⑥ 《陈确集》：“岁壬辰（1652）二月，确与澉湖吴蕃（昌）同受先生遗集以归。”（396页）《陈确集》点校者说：癸巳（1653）春，“是年正月，乾初同吴仲木至山阴，校订《蕺山先生遗书》”。（308页）

请奉其副以归而卒业焉。而徐谋梓于同人，则弗许”[①]。1653年——“越明年，春正月，确又仝潡湖吴子以来……再请其书读之。”[②]

陈确之所以欲求遗书而读，是想辑出一些对自己修身养性有用的文字，此为其《山阴语录》之缘起。[③] 由于他的思想自成一路，所以黄宗羲与恽仲升等人争得津津有味的问题，他都完全不在意。到底应该意为心之所“存”还是所“发”对他来说并无意义，所以《山阴语录》中对他老师所矜为独到的都“阙然”，因为他都有所怀疑：

> 或曰：“先生言《大学》心、意、知、物，暨《中庸》喜怒哀乐已未发之旨甚详，而私抄阙然，何也?”确盖有所心疑焉，而未敢笔也。非疑先生之言，疑《学》、《庸》之言也。[④]

他根本认为要否定《大学》《中庸》的正当性，所以他老师一生围绕在这两部书所创发的种种新观点，在他看来不值得再讨论，陈确《与刘伯绳书》中说：

> 弟于先生，无言不悦，惟诚意、已发、未发之说虽极精

① 《陈确集》，236 页。

② 同上注。这一次发现刘汋“则于年谱节其冗者十三，于遗书汰其言之复者，寻常酬答之无关世教者十二，已尽非昔日之元本矣，犹以为未也。”（《陈确集》，236 页）足证当时陈氏已知道刘汋除了去其冗复之外，还想在遗书上有进一步删改。

③ 陈确说：“窃欲妄辑先生语录，择其说之最中吾膏肓者，另写一本，奉为私书。”（《陈确集》，616 页）

④ 同上书，396 页。

纯，然弟意欲且存而不论。盖《大学》断是伪书，而《中庸》所言尚多出入。[①]

对刘氏遗书诠释的第三派是以黄宗羲为代表的陆王派。刘汋、陈确等人在为刘宗周著述进行诠释、整理工作时，黄宗羲还未得到机会接触比较完整的刘氏遗稿，所以基本上并未介入。黄宗羲曾在 1666 年根据他手上藏有的刘氏文章刊刻过刘子遗集。[②]在这部集子中，黄氏未经吕留良许可，将他列为校对之一，与黄氏弟子并列，使得吕氏勃然大怒，觉得黄氏有将他视为弟子之嫌。我们同时也从吕留良的文字中发现，当时已有人批评黄氏所能掌握的刘氏文稿比起刘汋所拥有的非常不完整。[③] 黄宗羲获得大量刘子遗书，并掌握解释权，是到 1668 年左右的事，也就是

---

① 《陈确集》，471 页。对刘宗周，陈确独尊其慎独思想，见同书 396 页。

② 案：梨洲于康熙初年所刊蕺山遗著，名《刘子遗书》，包括《学言》《圣学宗要》《易经古文钞义》《周易古文钞》等著作，清华大学尚有藏本。乾隆年间《四库全书》亦收入此书，但仅收入前二种著作，《周易古文钞》则因曾单行，故分别著录。参看钟彩钧：《〈四库全书〉刘宗周著作初探》，载《中国文哲研究通讯》，13：2，2003，75～99 页；高海波：《〈刘子遗书〉及〈刘子全书〉考》，载《鹅湖杂志》，第 38 期，2007，223～241 页。

③ 吕留良《复姜汝高书》："去岁委刻念台先生遗书，其裁订则太冲任之，而磨对则太冲之门人，此事之功臣也。若弟者，因家中有宋诗之刻，与刻工稚习，太冲令计工之良窳，值之多寡已耳，初未尝读其书。今每卷之末必列贱名，于心窃有所未安。尝读朱子与张南轩往复论刻书事，一字一句必考存原本，其精慎如此，此所谓校雠之功也。今此书未曾一见原稿，直太冲传本耳，未知其于原稿无一字一句之误否？……且中述太冲语云，近日刘氏于废簏中，又得《学言》若干，比今刻不止十倍，某虽不知今得之何如，然则所刻之为人删定而非其全体，可知矣。"见吕留良：《吕晚村文集》卷二，7b～8a 页。

依据徐益藩《黄梨洲吕晚村争澹生堂书平议》（载《国立中央图书馆馆刊》1 卷 3 号，1947，23 页），此信作于 1667 年（丁未）冬，则黄刊刘子文集当在 1666 年，因为书是黄氏与姜希辙、姜汝高合刻的，故吕留良写信给姜汝高，要求剜去校对之名。

刘汋死后，在他的女婿刘茂林（1632—1715）处得到的，他的闯入，引起此下不少波澜。

黄宗羲与刘宗周的渊源非常深，他的父亲黄尊素与刘都是魏忠贤（1528—1627）迫害的对象。黄尊素死后，当故乡的人畏于魏党权势而噤若寒蝉，甚至连一个下葬的墓地都出面阻挠时，是刘宗周亲往吊祭并以衣袖拭棺这一个举动将当地一股势焰压了下去。[①] 黄氏因父亲遗命，侍刘宗周甚早，呆在刘氏身旁亦久。不过正如他后来在回忆文字中所提到的，因为当时一心在科举上，所以不曾用心学习刘氏之学，直到明亡，他因为曾参与抗清活动遭到缉捕，“殭饿深山，尽发藏书而读之”[②]，才开始对刘氏学说有较深的体认。不过这只是他自己所藏的部分，并不是比较完整的遗书，否则也就不会有后来在1668年左右一再提到的“子刘子遗书以次渐出”——当日受学于黄氏的李邺嗣在《黄先生六十序》中也有这样一段话：“及子刘子从容尽义，先生日侍其侧，年只三十有五耳。自后晦盲风雨，先生抱蕺山之遗书，伏而不出，更二十余年，而乃与吾党二三子重论其学，而子刘子之遗书亦以次渐出，使吾道复显于世，有以待后之学者，是则先生之功，固亦刘门之曾子也。”[③] 这证明遗书分成两次而出。等到1668年，基本上所有刘宗周的遗书，包括刘汋删削过的及刘氏的底稿都在黄宗羲手里了。所以在《南雷文定·附录》中，有汤斌给梨洲的一封信，上面说：“戊申（1668）承先生赐《证人会

① 见黄宗羲：《思旧录》，见《黄宗羲全集》第1册，338页。

② 黄宗羲：《恽仲升文集序》，见《黄宗羲全集》第10册，4页。

③ 《黄宗羲全集》第12册，206页。

语》，又得读蕺山遗书，知吾道真传实在先生。”[1]

此时黄氏大张旗鼓地复兴证人讲会，特别表显师门四项学说：“一曰静存之外无动察，一曰意为心之所存非所发，一曰已发未发，以表里对待言，不以前后际言，一曰太极为万物之总名。”[2] 引起同门学友们的注意，所以恽仲升才会专程访他，希望在对老师思想的诠释上取得一致。

恽仲升之同情朱子学风也不奇怪。由其族孙恽敬（1757—1817）所写《逊庵先生家传》（逊庵为恽仲升号）可以看出，他在成为蕺山弟子前本就是“尤喜宋儒书”的人。[3] 他一生以高攀龙与刘宗周为明代两位大儒，并修《东林书院志》，编《刘子节要》之体例又显然仿自《近思录》，则他对明季王学的放侈应是深所警惕，并同情于比较严整有序的朱子学。

前面大略讨论了刘门内部转向朱子学的倾向，接着谈当时外在世界由王返朱的压力，这可以分为两种。一种是官方的态度，一种是学术界返向朱学的倾向及对王学强烈的抨击。此处先述官方态度之转变。顺治十六年（1659），也就是恽仲升著《刘子节要》前十年，顺治帝便依杨雍建奏言，下令将民间有违朱子功令的《四书诸家辨》《四书大全辨》等书毁板，裨能“庶先贤传注，不为异说所夺”[4]。而康熙正式以“御纂”名义下令编朱熹理学

---

① 黄宗羲：《南雷文定・附录》，7b页，见《梨洲遗著汇刊》，台北，隆言出版社，1969。

② 黄炳垕：《黄宗羲年谱》，34页，北京，中华书局，1993。

③ 钱仪吉纂：《碑传集》卷一百二十七，29a页，《清代传记丛刊》本，台北，明文书局，1985。

④ 《大清世祖章皇帝实录》卷一二九，6b页，台北，华文书局，1964。

精义为《朱子全书》虽是康熙四十年以后的事，但是，他很早就受熊赐履（1635—1709）等人影响而亲近朱子学说。早在康熙十八年，他便与朝臣中王守仁学说的信奉者崔蔚林（1634—1687）有过激烈争论。崔蔚林与张沐（1630—1712）、耿介（1622—1693）等是当时思想界少数竭力撑持王学的大将。对此，清季李慈铭（1830—1895）曾有中肯的观察：

> 南方之学，经孝感（熊赐履）、平湖（陆陇其）二先生提倡，专以尊朱黜异为第一义，顾应之者多场屋科举之士，于说书评尾之外，茫然无睹也。北方风气朴质，士以和平笃实为务，奉夏峰为归宿。而先生（崔蔚林）与潜庵（汤斌）、起庵（张沐）、逸庵（耿介）诸公，群以躬行相饬厉，当世亦拱手宗仰，孰得孰失，必有能辨之者。[①]

崔蔚林与康熙帝的争论代表当时固守王学者与官方意识形态之冲突。崔氏主张“格物是格物之本，乃穷吾心之理也”，并质疑“朱子解作天下之事物，未免太泛，于圣学不切”。当康熙提出说“朱子解意字亦不差”时，崔提出异议说：“朱子以意为心之所发，有善有恶。臣以意为心之大神明、大主宰、至善无恶。”崔氏所表彰的，其实不是王阳明的意见，而是刘宗周“意”为纯善无恶及“意为心之所存”的思想，而康熙所主的正是正统朱子学的观点。十天之后，康熙反驳崔说：“天命谓性，性即是理。人性本善，但意是心之所发，有善有恶，若不用存诚工夫，岂能一

---

① 李慈铭：《越缦堂读书记》，433页，台北，世界书局，1975。

蹴而至。”数年后，崔蔚林被以言不顾行，居乡颇招物议，斥为“所谓道学未必是实”。在他疏请告病还乡时，康熙还向近臣说他是“直隶极恶之人”，“焉有道学之人而妄行兴讼者乎”?[①] 崔蔚林之丢官，实与他和皇帝之间对“意”的争论分不开。连皇帝都与大臣争“意是心之所发”，或意是“大神明”“大主宰”，足证这是当时知识界热门的问题，而且是当时各种朱、王之争的要点。

至于学术界的压力，尤以东林为其代表。顾宪成（1550—1612）在东林书院明定“恪尊洛闽”“以朱为宗”。高攀龙晚年归里，辑成《朱子节要》，以宣传朱学为己任。在顾宪成影响下，东林成员钱一本（1539—1610）、孙慎行（1565—1630）、史孟麟（1559—1623）等都排王而立朱，他们主张性即理，反对心即理，主张以性善为宗，反对无善无恶之旨，提倡工夫论，反对现成良知说。[②] 其中高攀龙在明季思想界影响力甚大，而且正是恽仲升所最心仪的学者。

在清初，对王学形成最大压力的是陆陇其。陆氏以近乎传教士的热忱攻击王阳明学，并极力想将明之覆亡归罪于阳明学中人。在这一番扫荡中，陆氏刻意把晚明王学后劲刘宗周拉进来。而他又刻意诉诸新朝大僚中倾向于朱子学的人，并随时向他们推荐两部反王学最力的专著：陈建（1497—1567）的《学蔀通辨》、

---

① 以上争论原载《康熙起居注》十八年十月十六日、二十六日，二十一年六月二日，二十三年二月三日，转引自陈祖武：《清初学术思辨录》，39～40页，北京，中国社会科学出版社，1992。

② 以上参考了葛荣晋：《东林学派和晚明朱学的复兴》，载《书目季刊》，22：4，1989年8月，41～52页。

张烈（1622—1685）的《王学质疑》。陆陇其对朱学并无任何特别的阐发，不过因他极力鼓倡亦步亦趋地追随朱子学真面目，所以自然会因刘宗周与朱子相违异而不满。他的尊朱言论随处可见，如《三鱼堂文集》卷五《答秦定叟书》：

今日起敝扶衰，惟在力尊紫阳。[①]

又说宗朱子即是正学，不宗朱子即非正学：

愚尝谓今之论学者无他，亦宗朱子而已。宗朱子者为正学，不宗朱子者，即非正学，……今有不宗朱子之学者亦当绝其道勿使并进。[②]

他并且认为朱子与阳明学是处于此消则彼长的关系：

必尊朱子而黜阳明，然后是非明而学术一，人心可正，风俗可淳，阳明之学不熄，则朱子之学不尊。[③]

而且他认为明的兴与衰，与程朱、陆王的起伏密切相关，故在《周永瞻先生四书断序》上说：

明之所以盛者，程朱之学行也，其所以衰者，程朱之学

---

① 陆陇其：《三鱼堂文集》卷五，21a 页，见《陆子全书》，清光绪十六年海昌许氏刊本。

② 陆陇其：《经学》，见《三鱼堂外集》卷四，4b～5a 页，见《陆子全书》。

③ 陆陇其：《上汤潜庵先生书》，见《三鱼堂文集》卷五，4a～b 页，见《陆子全书》。

废也。[①]

他对王学的肃清活动，还扩及到许多其实已对王阳明学说采取修正或批评态度的人，譬如高攀龙与刘宗周。[②] 只因为他们仍受王学的重大影响，又是明季思想界的领袖，便招致陆氏的激烈攻击。其中尤以刘宗周为主要目标。兹先引《三鱼堂日记》中数条为证。戊午年（1678）八月间，陆氏开始读刘氏的《学言》，便处处不满。后来又引宋昆友的话说蕺山之学太“僻”，只因“念台年少登科，无人敢驳他，故至于此”。陆氏《文集》中甚至说：

> 学术之害，其端甚微，而祸最烈，……当今之世，有能真实为阳明之学者，其贤于庸恶陋劣之徒，相去不万万耶，何为其议之也？至于阳明之后，如梁溪、蕺山，皆一代端人正士，而其学亦有不可解者，名为救阳明之失，而实不能脱阳明之范围，其于朱子家法，亦尽破坏，每读其书，未尝不重其人而疑其学。[③]

这里陆陇其说高攀龙、刘宗周名为救阳明之失，其实不能脱阳明之范围，尤其是破坏朱子家法，使他大为不满。在清初如想立朱子学为正统，主要的清除对象不是王阳明，而是高攀龙、孙奇

① 陆陇其：《三鱼堂文集》卷八，4b页，见《陆子全书》。

② 陈荣捷说：“陇其不仅攻击王学，即诸儒思想，依违两可于朱王之间，亦不肯假借。其时黄宗羲之学盛于南，孙奇逢之学盛于北，李颙之学盛于西，陇其皆不以为然。”见氏著：《朱学论集》，392～393页，台北，台湾学生书局，1982。

③ 陆陇其：《三鱼堂文集》卷五，5页，见《陆子全书》。

逢、李颙、刘宗周、黄宗羲等人，尤其是高攀龙与刘宗周。

在明清嬗代之际，蕺山一派独盛。而在陆陇其之前，王学早被攻击得体无完肤，应㧑谦（1615—1683）的《性理大中》将王阳明一生行迹逐细批评。孙承泽（1592—1676）更引阳明同时代人之说，责王氏一生皆是“作用”，也就是多机权而无大本大源。连刘门弟子张履祥也说《传习录》一整本是“骄”“吝”二字的表现。但是，攻击刘宗周则是一件新工作。一方面是因为刘氏一派独盛，另一方面是：刘氏其实已是王学转向的代表性人物，这个时候左派王学狂放之风早已不存在，刘氏身上表现的是艰苦修养的功夫，所以攻击他即代表不但是对王学，同时也是对王学修正派的彻底肃清。[①] 而攻击高攀龙则是对东林一派的整肃。东林顾宪成、高攀龙为批评王学之代表，一提性善，以破无善，一倡格物，以救空知。[②] 其中尤以高攀龙在清初思想界最有地位。[③] 但是在纯正朱子学者看来，他们仍未真正脱离阳明矩矱。

陆陇其辟阳明申朱子最重要的两件著作是《学术辨》及《与汤公潜庵（斌）书》。而在给汤斌的信（写于康熙二十二年〔1683〕）中他说：

> 盖天下有兴起之师，廉顽立懦，能拔人心于陷溺之中。

① 当时也有人反对陆陇其对高攀龙、刘宗周的攻击，汤斌及彭定求皆曾遗书争之，见彭绍升：《故四川道监察御史陆清献公事状》，见《二林居集》卷十五，16a 页。

② 唐鉴：《清学案小识》，91 页。

③ 譬如刁包（用六居士），便是因为笃好高氏之书而“遂置主奉之……偶有过举，必展谒悔谢，曰：某不肖，甚愧吾父师，不可为子，不可为人”。（孙静庵：《明遗民录》，15 页）

> 成德之师，切磨琢磋，能造人才于精粹之地。使以兴起之师，而遂奉为成德之师，则偏僻固滞，其弊有不可胜言者。故如梁溪、蕺山，以之兴起人心则有余，以之成就人材则不足，其学亦恐不可尽宗也。[①]

陆氏认为高、刘二人可以为兴起人心之师，但非成德之师。在高、刘二人中，陆氏专门攻击刘宗周的言论较多。如康熙十七年（1678），左岘对陆陇其说及江浙一带学者，皆宗山阴（刘宗周），陆陇其除嘉许左氏虽是鄞人，而能“不惑于山阴一派，可敬也”，并且说：

> 自罗整庵痛言象山、阳明之后，如高景逸、刘念台，皆不敢复指心为性，但心性之辨虽明，亦不过谓心为气而性为理，心之中有性，而性非即心云尔，其欲专守夫心，以笼罩夫理则一也。特阳明则视理在心外，高、刘则视理在心内，高则以静坐为主，刘则以慎独为主。

又说：

> 山阴之学，其病只在不知朱子所谓“析之极其精，合之尽其大”二语，故朱子分八条目，而山阴则以诚意为了义，曰“致知致此也，格物格此也”。朱子以主敬置八条目之外，而山阴则以诚意当主敬。[②]

---

① 《陆稼书先生年谱》卷上，见吴光酉等撰：《陆陇其年谱》，褚家伟、张文玲点校，99页，北京，中华书局，1993。

② 同上书，58页。

高、刘二氏被处处“求合于朱子”的恽仲升推崇为“正学”，但却被陆陇其一概否定，此间曲折只有从一个长程思想发展角度才能了解。对恽仲升来说，高、刘代表一种转向，但在陆陇其这位纯粹朱子学的捍卫者来说，他们是转步矣，但尚未移身。陆氏在《日记》中，又处处将对黄宗羲的不满与对刘宗周的批评联结起来。如：

> 阅黄太冲文，知山阴之学，其病只在不知。[①]

又说他阅读黄氏的《明儒学案》六卷，“而议论不无偏僻，盖执蕺山一人之说，以断诸儒之同异，自然如此”，并说：“太冲尊之（刘宗周）太过，所以多费周旋。”依《年谱》，这段话是康熙二十年（1681）对仇兆鳌（1638—1717）所说的。[②]

陆氏还针对黄宗羲作了很多批评：

> 阅孙征君年谱。叹近年来南方有一黄梨州，北方有一孙钟元，皆是君子，然天下学者，多被他教得不清楚。[③]

依《年谱》知这是陆氏在康熙二十六年（1687）的意见。他并且举黄氏在家乡“不满于众口”进行人身攻击。黄氏是与陆陇其同时代，而独领江浙一带学坛风骚的王学代表，所以陆氏以他为箭靶不是没有理由的。

在讨论过陆陇其对王、刘、黄之学的攻击之后，我们回过头

① 陆陇其：《三鱼堂日记》，66页，台北，台湾商务印书馆，1971。

② 《陆稼书先生年谱》卷上，见吴光酉等：《陆陇其年谱》，82页。

③ 陆陇其：《三鱼堂日记》，115页。

来检讨乾隆年间《国初人传》一书对于王、朱学术之更迭的观察是否正确。《国初人传》其书不传，其作者亦不详，照李慈铭说，应该是作于乾隆中叶。由于他是乾隆时人，故他的观察有一些值得商榷之处。此处将作一些辨证。李慈铭在读过《国初人传》后，说其论学“颇左右于阳明蕺山”[①]。该书在《刘伯绳先生传论》上说：

> 蕺山之学，大约圭臬文成，而时有匡拂，具补偏救弊苦心。至考亭一脉，要未尝规规也。坚守《集注》者，如孙退谷、陆稼书嫌其不合，即以张弧文成者，集矢蕺山，持锋甚厉。先生乃不能自信，阴加窜易，附合考亭，恽日初仲升助之，黄黎洲称为三家村学究定王会图，谅哉。[②]

作者认为孙承泽、陆陇其以朱子学为宗旨，攻刘宗周，引起刘汋及刘氏门人的恐慌，所以决定将刘氏文集中有违朱子的部分删去。

梁启超曾在《中国近三百年学术史》中说孙承泽是明清之交排陆王派的“头一个领袖”。[③] 孙承泽著作有百种之多，可是与思想有关者多极难得。“中央图书馆”藏有两种：《宋五先生学约》十四卷（共二册，系清康熙间北京孙氏清稿本）及《考正晚年定论》（一册，抄本）。前者是一部选集，他自道“余闭户十四年以来，无日不读五先生之全书，而于《近思录》《节要》（案：

---

① 李慈铭：《越缦堂读书记》，429 页。

② 同上注。

③ 梁启超：《中国近三百年学术史》，104 页，台北，台湾中华书局，1975。

高攀龙《朱子节要》）二书尤未暂时释手，虽间读吕仲木先生五子之《抄释》，张南轩先生二程夫子之《粹言》，丘文庄之朱子《学的》等编，然未及如《近思》《节要》二编之专而且久也。今行年七十有四，恐一旦风烛，乃合二编稍加裒益，为《学约》一书”。①

至于《考正晚年定论》，其宗旨在该书的《序》中已表达得相当清楚。他说：“考正者，考正其（王阳明）谬也。”“如谬以朱子为支离、为晚悔，则是吾夫子所谓好古敏求，多闻多见，博文约礼，删述《学》《易》俱早年之支离，必如无言、无知，无能为晚年自悔之定论也。”他又从心术上批阳明说：“继津王大司马则尝言之矣。继津嘉靖中为绍兴司理，备知阳明立身居家无实学，智术笼罩，每曰，此君只是作用。”“阳明有何不得已？甚哉！无所不用其作用也。学问而至于作用，陆子静狂率尚不屑为，而宗子静者肆然以为得计焉。”② 这两部文字一推阐北宋思想，一打击王阳明，而且下笔极不客气。③

当时与孙承泽相应和者有魏象枢（1617—1687），叶方蔼，熊赐履，张贞生（1623—1675）。但他们常聚在一起倡朱攻王的时间是康熙十七年（1678）前后。④ 当时《刘子节要》早已撰成，刘伯绳也已谢世。所以《国初人传》中说孙承泽“以张弧文成者，集矢蕺山”以致刘伯绳、恽仲升“不能自信”，乃对刘宗

① “国立中央图书馆”编：《“国立中央图书馆”善本序跋集录》子部第一册，206～207页，台北，“国立中央图书馆”，1993。

② 同上书，207～208页。

③ 讨论孙承泽思想的文字极少见，阎崇年有《清代史坛大家孙承泽述论》，见氏著：《燕步集》，179～198页，北京，燕山出版社，1989。

④ 《陆稼书先生年谱》卷上，见吴光酉等：《陆陇其年谱》，50～75页。

周的文集“阴加窜易”，是不可能的。孙承泽两份最有影响力的文字，《宋五先生学约》作于1666年，《考正晚年定论》作于1673年，[①] 这些文章虽出现较早，也不太可能影响到刘伯绳的编辑工作，及恽氏的《刘子节要》。

至于陆陇其，则不但年辈晚于刘、恽二人将近二三十年，而且当他思想成熟时，早已过了刘子文集之纂辑及《刘子节要》编定的时间了。虽然说陆氏从束发受书，即知崇尚朱子，并深恶讲学家之背《四书集注》[②]，但他坚定反王学是在四十岁左右（1670）的事。据私淑他的吴光酉所辑《陆稼书先生年谱定本》记载，直到四十岁左右，陆氏还在朱、王之间徘徊，到四十三四岁时因结识吕留良，受张履祥、吕留良之影响，才坚定对朱子学的信仰。这可以从他康熙二十二年祭奠吕留良的文字看出——“某不敏，四十以前，亦尝反复于程朱之书，粗知其梗概，继而纵观诸家之语录，糠秕杂陈，珷玞并列，反生淆惑，壬子、癸丑，始遇先生，从容指示，我志始坚，不可复变。”[③] 那么，他坚定排王之时，刘汋早已死了，而《刘子节要》也早已刊出，而他最早最重要的厘清学脉文字，如《学术辨》上中下三篇，作于1678年，正是恽仲升的死年，则刘、恽更不可能受其影响了。

孙承泽年辈较陆陇其为高，但是两人为了反王尊朱而声气相求，《国初人传》的作者说：“诋蕺山者，肇端于宛平孙承泽，前此未有也，而平湖继之。承泽行径不足道，平湖集中载有《上孙

---

① 以上参见王崇简：《光禄大夫太子太保都察院右都御史吏部左侍郎孙公承泽行状》，见《碑传集》卷十，14页。

② 《陆稼书先生年谱》卷上，见吴光酉等：《陆陇其年谱》，30页。

③ 同上书，95页。

退谷先生书》，尊之何啻硕儒魁德，岂喜其意见之同，忘其律身之污乎？”[①] 今本陆陇其文集中并无《上孙退谷先生书》，或许在原刊本中有这封信，而《国初人传》的作者读过它。俟考。[②]

刘门后学向朱子学的转向，不但反映在恽仲升所编的《刘子节要》，也反映在编纂刘宗周文集时的去舍上，不但发生在刘宗周儿子这一辈，也发生在他的孙子辈身上。刘宗周的孙子删节其祖父著作的情形，《国初人传》中《黄梨洲先生传论》描写道：

> 蕺山遗书，皆嗣君伯绳所缀辑，于蕺山之言有与洛闽龃龉者，辄加窜改，而其孙子志又甚之。予尝亲见藏稿本，三人之手迹画然，则伯绳父子不得为无过矣。先生（指黄宗羲）谓昔之人不敢以爝火之光，杂于太阳，今之人乃欲以天汉之水，就其蹄涔，不亦异乎？[③]

据该作者的报道，他亲见刘伯绳父子两代陆续删改刘宗周遗著以求合于朱子学说的原迹。由“而其孙子之又甚之”一句，正见刘汋之子比其父更为激进，删窜得更厉害。此处的子之是一个错误，应该是子志，即刘士林（1640—1721）。虽然他们删改的原稿已不得而见，但我们从另一条线索多少可以证实此说。

我很怀疑：世传刘伯绳死后，他所著刘宗周年谱有改本之事

---

① 李慈铭：《越缦堂读书记》，429页。

② 关于陆陇其文集，雷梦水说：“陆陇其所著《三鱼堂文集》以康熙间嘉会堂原刊初印本为最善。后印本因为文字狱的关系已经删掉《答吕无党》《与吕无党及附答》《祭吕晚村先生文》等篇。”见傅振伦：《邓师之诚先生行谊》，见《邓之诚学术纪念文集》，37页，北京，北京大学出版社，1991。

③ 此传不得见，转引自李慈铭：《越缦堂读书记》，432页。

也与刘士林有关。章学诚在《章学诚遗书》中的《刘忠介公年谱叙》中说“惟年谱草稿，成于先生之子伯绳，阅世既久，子孙家自为书，详略异同，未能画一”[①]。弟子董玚在编《刘子全书》后于卷首《抄述》部分中也说他见过两种年谱，是不懂得刘氏“意”之哲学的人所为。他说在刘汋殁后——

> 录得谱稿二本，一曰《先君子蕺山先生年谱》，中多窜抹，传自学人不会诚意宗旨者为之，至不可认。一曰《刘忠正公年谱》，与前本大同小异。[②]

董、章两人都在说年谱方面改窜之事。但董玚年代较早，他明白指出刘伯绳死后，出现两种年谱，而且内容基本上相近，其中一本名为《先君子蕺山先生年谱》，是刘汋所编，而另一本题《刘忠正公年谱》者，只是对前者稍加改变，故说是“大同小异”。至于章学诚所说的“阅世既久，子孙自为书”，显然他还见过另一本《刘忠介公年谱》，在原稿上有子孙自改的痕迹。刘汋并无兄弟，所以对于年谱的种种删改也只可能出自其子孙之手。

刘汋的儿子共有四人，刘茂林（子本）、刘士林（子志）、刘长林（1646—1733）、刘道林（1651—1723），而长子刘茂林是黄宗羲的次女婿。因为他是宗周长孙，故能拥有刘氏遗稿，而黄宗羲是从他手中取得原稿重新编订《刘子全书》。刘士林是另一位对其祖父思想感到兴趣的人。至于刘长林与刘道林，则没有任何相关文字留下来。我们有理由猜测，刘茂林兄弟对于其祖父思想

---

① 章学诚：《章学诚遗书》，207 页，北京，文物出版社，1985。

② 见刘宗周：《刘子全书》，123 页。

之诠释，至少应有两种不同的意见，一是遵循黄宗羲的途辙，刘茂林即是。《清史列传》中说他“幼侍宗周，闻慎独之旨，既长，移居证人书院，静验独体，阐用绝学，与外父黄宗羲复兴证人社，讲学不辍”①。因为他思想本来就与黄氏相近，后来又作了他的女婿，所以他会同意将刘宗周遗稿拿出来交给黄宗羲。另一派则反对黄宗羲的诠释，刘士林即是。他的思想和父亲刘汋较为相近，所以其父所整编的刘宗周遗书便交给他收存。②《刘忠正公年谱》或许即出自他的手笔。刘茂林与刘士林思想相左，关系也不睦，《陈确集》中有一封在刘汋初丧时写给张履祥的信间接说明了他们兄弟之不合：

> 子本兄弟间既翕与否，念之痛心。③

而他在给刘茂林的《与刘子本书》中也表示：

> 前辱手书，知友于之情，未甚和协。④

在这封信中，他又说：“祖父相承道统担子，在子本一人身上。”⑤足见他认为刘茂林应该是刘宗周思想的传承者。

刘士林卒年不详，其生年应为1639年，我们知道1709年时他还健在，如果说受陆陇其的影响而改窜刘宗周文字，也应该是刘士林这一辈，而不是刘汋及恽仲升。刘士林是否改年谱一事，

---

① 《清史列传》卷六十六，11b页，上海，中华书局，1928。
② 刘宗周：《刘子全书》，91页。
③ 《陈确集》，131页。
④ 同上书，134页。
⑤ 同上注。

目前只能推测，不过，他为其祖所写的《行实》(《先大父荣禄大夫太子太保都察院左都御史念台府君行实》) 确实将其祖思想中“意”与《人谱》两部分尽行省略。《行实》被收入《刘子全书》的《遗编》中，通读一遍，我们确实可以了然于他是如何地省略其祖父明显与朱子思想相违的部分。《行实》对这些问题通篇不着一字，使得读者并不觉刘宗周有这方面的思想。[①]

早在陆陇其以传教士般的热诚四处宣扬反王学的主义时，他便察觉当时有一修改王学以求合乎程朱的风潮了。《三鱼堂日记》中有一条说：

> 昔之为王学者，乐其病，今之为王学者，掩其病。[②]

他所描述的是一种自觉或不自觉地修改作品以求合于当时思想界主要趋势的举动。但是坚守刘氏之学的人，对这种做法并不满意，在刘伯绳、恽仲升殁后，黄宗羲与董玚、姜希辙三人重加编纂。黄氏的《先师蕺山先生文集序》中说：

> 王颛庵先生视学两浙，以天下不得睹先师之大全为恨，捐俸刻之，东浙门人之在者，羲与董玚、姜希辙三人耳，于是依伯绳原本，取其家藏底草，逐一校勘，有数本不同者，必以手迹为据，不敢不慎也。[③]

黄氏等依刘宗周原稿，将刘伯绳等所删改部分补正回去，而董玚

---

① 刘宗周：《刘子全书及遗编》，1299～1325 页，京都，中文出版社，1981。此文年代不可考。

② 陆陇其：《三鱼堂日记》，127 页。

③ 《黄宗羲全集》第 10 册，52～53 页。

是实际负责的人。[①] 董玚认为应该以刘宗周原稿为准，他并且认为黄宗羲真正能传其师之原旨。[②] 至于王颛庵是指王掞，江南太仓人，康熙庚戌进士，钱大昕（1728—1804）《潜研堂文集》、袁枚（1716—1797）《小仓山房诗文集》、王昶（1725—1806）《春融堂集》中都有他的传。他们都提到他曾视学两浙，钱大昕的《文渊阁大学士兼礼部尚书王公掞传》中还称道说他因在浙江取士公允，而有"穷通翁"之美称。不过，以上传文皆未提到他视学浙江的确切年代。但黄炳垕（1815—1895）所写《黄梨洲先生年谱》康熙二十六年（1687）条下则有"王颛庵督学刊《子刘子文集》"[③]。当时刘伯绳已卒甚久，故黄氏三人才可将他家家藏的

---

① 邵廷采《东池董无休先生传》："既国变，遂弃举子业，斫发，假缁衣，雠录蕺山《刘子全书》，诫其子：'学在居敬，能守《曲礼》，由是而之程朱之门不远矣。'作《记日书》念过，与《人谱》一编表里。自蕺山完节后，证人之会不举者二十年，先生谓道不可一日不明，后生生今日，不幸失先民余教，出处轻而议论薄，由学会之废也。善继述蕺山志事者，亟举学会，复请蕺山高第弟子张奠夫、徐泽蕴、赵禹功诸前辈集古小学，敷扬程朱王刘家法，于是余姚黄梨洲、晦木，华亭蒋大鸿，萧山毛西河，皆挈其弟子自远而至。""康熙甲寅（1674）避寇入郡，始谒先生，诏以'既宗蕺山之人，不可不知蕺山之学'，后数年负笈，喜读《全书》，见其楷书详注，条分眉列，惟恐有失师门之真，其庄慎如此。"（《思复堂文集》，354～356 页）

② 董玚是支持黄宗羲，并认为只有黄氏能传其师之原旨的。他说梨洲黄氏有《刘子学案》之刻。他作序，序曰："先师刘子，自崇祯丙子（1636）在京日始订诚意之旨以示人，谓意者心之所存，戊寅（1638）瑞生侍师，亲承音旨，时闻者谓与朱子王子不符，起而争之，其问答之语，往复之书，备载《全书》，瑞生心识是说，未敢有所可否，一时门人后学，亦未有会之者。先师没后，梨洲黄子特阐其义，见于序牍，余亦不敢出一词以应，逮先师辞世三十八年，得一庵王氏栋《遗集》，内有《会语》及《诚意问答》……不知前此已有不谋而同焉……而学者顾无真诣，援而他附，黄子于生平所得，合之《全书》，精讨而约收之，总以标挈斯旨，此真先师不绝之微言也。"（董玚：《抄述》，见刘宗周：《刘子全书》，155～157 页）

同文中又说："黄子之有功于师门也，盖不在勉斋下矣！世有愿学先师者，其于此考衷焉。"（董玚：《抄述》，见刘宗周：《刘子全书》，158 页）

③ 黄炳垕：《黄宗羲年谱》，45 页。

稿子取来逐一校勘，重新补入。黄炳垕在《年谱》上说：

> 公取家藏底草与伯绳先生原本，公次女婿茂林，念台先生冢孙也，家藏此本。逐一校勘，必以手迹为据。①

当时黄氏已七十八岁，编校刘宗周文集，算是晚年最重要的事业之一。这个新编本是对刘汋本的一次大反攻，除了言“意”等哲学上的论辩外，对刘宗周一生事迹的诠述也不放过。据亲见“录本”的董玚说，刘汋之“录本”原有恽仲升所撰的刘子行状，董氏在编全书时，却易之以黄宗羲的一篇《子刘子行状》②，这自然是有特殊用意的。因为恽氏所撰的行状并不忠于刘氏的意之哲学，而黄宗羲的《子刘子行状》中对刘宗周“意”的哲学作了非常忠实的阐发。全祖望《题恽氏刘忠正公行实后》说：“《行实》一篇最详尽，惟言意为心之所存，则逊庵有不尽守师说者，故梨洲别撰《行状》一篇。”③

即使连刘汋所作年谱，董氏也“以《忠正谱》为正，而注以《先君子谱》之不同者，间有一二隐而未揭，散而无纪者，小为订之，亦即伯绳氏未发之意也”。④ 所谓“隐而未揭，散而无纪”者，主要的一个便是“意”方面的哲学。我们已不能得《先君子谱》及《忠正谱》两种年谱合并而观之，不过根据看过它们的董玚的评断是“不善会诚宗旨者所为”，我们可以推断，《年谱》中是模糊或竟不谈“意”方面的哲学。在《年谱》崇祯九年条下，

---

① 黄炳垕：《黄宗羲年谱》，45 页。

② 刘宗周：《刘子全书》，121 页。

③ 全祖望：《鲒埼亭集》，1083 页。

④ 刘宗周：《刘子全书》，124 页。

这样的形迹尤其明显。董氏在《抄述》中说：

> 崇祯丙子（1636）在京日，始订“诚意”之旨以示人。[①]

可是《刘子全书》中的《年谱》崇祯九年丙子条下却将刘子“意”方面的哲学阐发得相当清楚[②]，此应即“小为订之”的部分了。

董氏在编书时，极为小心，而且显然处处想昭信于天下读者，所以他对刘氏遗稿情形提供了一篇极为清楚的第一手报道，现在读来，几乎便是一篇手稿状况的报告。他处处谈到“录本”——即刘汋所编定本，及他所编本子之间取舍的不同，以及“录本”与“底本”——即刘宗周之原稿本之间的出入。这些出入有些在后人看来极为细琐，可是在当时却关涉到刘蕺山学派内部的争论。

由这篇报道中，可以略知刘汋如何删去其父诚意的宗旨。董玚在《抄述》——也就是校订文稿的记录中，做了一些比较。如说：

> 《学言》底本五百七十余条，而录本缺二百余条。底本于录本未收者，额志以朱，是分识之，将并存之也。而录本以“只此一心”条为冠，此《心论》也。[③]

又说：

> 如子以意为心之所存，其论似创，当时学者如董标、史

① 刘宗周：《刘子全书》，155 页。
② 同上书，3607 页。
③ 同上书，98 页。

孝复辈惊为异说。然朱子尝有“意是情专所主时”语，敬斋胡氏亦云“心有专主之谓意”，《大学》解以为心之所发，恐未然，特语焉不详，瑞生守其说不敢以告人。距子辞世三十八年，得泰州王氏门人王一庵先生栋《遗集》二册读之，内有《会语》及《诚意问答》，所言与子恰合。子曰：“意者心之所以为心也，止言心只是虚体耳，着个意字，方见下了定盘针，有子午可指。然定盘针与盘子终是两物，意之与心，只是虚体中一点精神，仍只是一个心。”①

又说：

今为更正，而照底本补存九十二条，订十二条，……并证以一庵氏之说，使知意之所存一语标揭尼山秘旨，于二千一百余年之后，又有遥相契合者，非为异说，子之苦心，庶不终晦。②

由以上几条可见董氏在校勘时，把原先被窜改的部分再度改回来。③

---

① 刘宗周：《刘子全书》，99页。

② 同上书，103～104页。

③ “如答董生心意十问之第四条底云：心不可以已发言，而《大学》之言心也则近之。上既有已发字，故下但言近之。且近之字法甚活，而改之则云‘多从已发’，重出而又死煞矣。”（见刘宗周：《刘子全书》，147页）

“又云正之为义如云方方正正有伦有脊，与中字不同。中以心言，正以事言也。借中字以通解正字、心字，对事字非对意字也，而改之则云与诚字不同。诚以体言，正以用言，故正心先诚意，由末以之本也。”（见刘宗周：《刘子全书》，147页）

他又说：“忆子辞世后，有持子书欲为更定句字者，商于埽云徐氏。埽云曰：‘如此则是君之书，非先生之书矣。’”（见刘宗周：《刘子全书》，148～149页）

现在行世的董玚所编《刘子全书》本，即是就王掞所资助，黄、姜、董三人所编的四十卷本加以重订后的本子，不过重订的时间已不可考。一般认为，它比王掞刻本更加详慎，这个订本应是在清代文网已开始之时，故凡提及明末清初史事者，多予删削。①

值得注意的是：删改文献以求合于新复兴的朱子学，不只发生在对刘宗周思想系统的诠释与取舍上。张履祥辑刘宗周修正阳明的话为《刘子粹言》，这是由王转朱之第一步，而张伯行更把陆世仪（桴亭，1611—1672）这位王学修正派的《思辨录》“删订一番，必须与程朱相合的话始行录入”，则是更进一步了。②

以上论述大致可分成两部分。第一是《刘子节要》的编集工作所反映的思想史意义。第二是刘汋及他的子辈就刘氏遗集及年谱所作的改削所反映的意义。我反驳了乾隆中期无名氏《国初人传》中的推断，在作了若干厘清之后，我们应说，发生在恽、刘二人身上的，代表刘门内部当时之分化（也就是王门之分化），可以约略分成五派。第一是自认忠实于蕺山之学的黄宗羲一派。第二是走入狂禅一派。第三即是恽、刘所代表的修正派。第四是张履祥所代表的由王返朱派。第五是陈确，他根本不认为以上诸派所争的问题有任何意义。第三、四是比较相近的两派。而由蕺山的儿子带头将他们老师最大的思想创获删除，以求合于朱子学，最值得注意。这一派受晚明东林顾、高之学影响甚大，能欣

① 詹海云：《刘蕺山的生平及其学术思想》，231页，硕士学位论文，台湾大学，1979。

② 梁启超：《中国近三百年学术史》，99页。

赏朱子学，不过思想底子仍不出王学范围。他们与孙奇逢、李颙等相近，虽然修正了王学，但并不断然主张朱子学独一无二的排他性地位。一直要到蕺山另一弟子张履祥，才于数次转变之后，决定独宗朱子。

清代士人攻击朱子的风气甚盛①，这一方面讨论者已多。本文想指出的是在恽、刘二人之后，学界有两种发展，第一，是激烈攻击王阳明及刘宗周的文字大量出现，而反王学的人集结在一起，既有皇帝的支持，又有科考宗朱注的帮助，他们四处与人争论，务必要使反朱子学的人放弃原有的观点，同时，对朱子学直接孔孟正统地位作了最突出的宣扬，将之推尊为独一无二的、具有排他性的圣道代表。在树立朱子排他性地位与彻底打垮王学的过程中，他们对王学修正派，或依违两可，主张调停朱王的人，发动激烈的攻势，所以一批在清初极有势力的思想家都遭池鱼之殃，这是孙承泽与陆陇其的贡献。他们辞锋极厉，几乎不容对方有反驳的余地。第二，思想之外还挟功名之诱惑，而当时几位尊朱的思想家又是有名的治臣，所以朱子学兴起，非常之快。理学大儒中只有孙奇逢、崔蔚林、汤斌、耿介、张沐、彭定求（1645—1719）等人还为王学说话，但声光已淡。到了康熙十八年，康熙皇帝与崔蔚林的一次公开辩论之后，这一派的力量被官方重挫。这时对刘宗周批评得相当厉害，可能逼使刘氏后代改削刘氏文集，及刘汋所编的刘子年谱，删去“蕺山之言有与洛闽龃龉者”，以合时风众势。清代统治者在经过多年的摇摆之后，决

---

① 何佑森：《近三百年朱子学的反对学派》，载《幼狮学志》，第16卷第4期，1981年12月，25～35页。

定以朱子作为官方意识形态的根据，康熙帝对王学阵营的敌对态度，一次比一次坚决，对朱子的崇信，也愈来愈具有排他性。这一发展过程，其实是与思想界一步一步肃清王学并凸出朱子排他性地位的趋势平行发展。由此可略窥清代官方意识形态成立的大概。

潘平格与清初的思想界

潘平格（用微）是浙江慈溪县文溪人，我们对他的生平所知甚少，只知他甫出世即丧父[①]，靠着寡母扶养长大.（《录》，622页）育有二子一女，次子名潘烈。（《录》，577页）对于他的出处行止，我们只知道他有很长的时间离开故乡，住在绍兴，后来又移居昆山，最后回到慈溪，殁于其地。由于目前尚未见到任何潘氏的年谱，也未见到详细的传记，此处只能依据毛文强《潘先生传》（《录》，564页），及《昆新两县续修合志》卷三十四《人物·游寓》[②] 编一简谱如下：

1625年，十五岁，以豪杰自命。

1627年，十七岁，有必为圣贤之志。

1630年，二十岁，从事于程朱之学。

---

① 潘平格：《求仁录辑要》，见《四库全书存目丛书》子部第19册，622页，台南，庄严文化事业公司，1995。以下凡属引《求仁录辑要》的文字皆简称《录》，并随文注页码。

② 金吴澜等修：《昆新两县续修合志》卷三十四，14页。

1635 年，二十五岁，从事于王、罗之学，后又从事于老庄之学者半载，从事于禅学者二年。

1644 年，明亡。

1648 年，三十八岁，冬十月，“因念程、朱、王、罗之学，既不合于孔孟，而二氏之学益不合于孔孟。竭力参求，惭痛交迫者四十日如一日，而亲证浑然天地万物一体，当下知孔、曾一贯之道，当下知佛老之异于孔孟，当下知程、朱、王、罗之皆不合于孔孟”（《录》，564 页）。此后有著作：《求仁录》十卷，《著道录》十卷，《四书发明》六卷，《孝经发明》二卷，《辨二氏之学》二卷，《契圣录》五卷。

1657 年，四十七岁，此后在昆山教馆。

1659 年左右，娄东陈瑚（1613—1675）招同讲学，移寓昆山荐岩寺，与朱用纯（1627—1698）、诸士俨为友。

1665 年，五十五岁，归庄称弟子，时归庄五十三岁。周同谷亦称弟子。同年九月，归庄改以兄弟称。此后回到慈溪。

1669 年，五十九岁，潘氏访证人书院，与陈赤衷（夔献，1622—1682）辩论。

1673 年，六十三岁，万斯同（1638—1702）访潘平格于慈溪，录书数帙归，毛文强读而信之。

1677 年，卒于故乡慈溪，年六十七。

一、潘平格与清初两股思想趋势

潘平格的《求仁录》相当冗繁，黄宗羲说“用微之言，不过数句而尽，而重见迭出，惟恐其不多”确是事实。[①] 不过它系统完足，前后十卷密切贯串。《求仁录》是一部相当难读的书，因为他太求贯串所以许多概念缠绕在一起。大体而言，潘氏建构了一个体系，用“仁者浑然与天地万物为一体”将宋明理学以来一切的问题装进去，并加以改造，使得宋明理学与“保天下，救四海”的哲学结合起来。

潘平格的思想反映了当时思想界的两股趋势。

第一股趋势是“破”的，是对宋明理学进行深刻反省，剔去其形而上化玄远的成分。第二股是“立”的趋势，是随着内外政治社会问题日渐兴起的治平天下之学。治平天下是传统士大夫最为普遍的一个理想，但明代心学中有越来越重视个人内在世界的探索而忽略了一己之外社群、国家事务的倾向，所以不断有人大声疾呼治平天下之学。

目前为止，对潘氏思想中“破”的方面介绍较多。梁启超并未见到《求仁录》，不过却根据唐鉴《清学案小识》作了简短的叙述，盛道其反宋明理学思想。钱穆因只见《求仁录》的一、二卷，故在《中国近三百年学术史》中所介绍的只限于《辨清学脉》中对宋明理学之批判，所重仍在“破”的一面。容肇祖的文章则是以潘氏破除玄虚，反对朱王二派为主，并辅之以对平格

① 黄宗羲：《与友人论学书》，见《黄宗羲全集》第10册，144页。

“恕”的哲学之阐释。[①] 本文则想尽可能对“破”“立”两方面皆有所分析，尤其着重在他如何建立一套积极救世的哲学，使得原来有关个人修养的措辞，突然有了全新的意义，所有限于修身的东西，全变成治国平天下的概念。

《求仁录》翻来覆去地讲同一个道理，引来引去只是《四书》中的话。有意思的是，我们所习知的“朱子道，陆子禅”一语并未出现在《求仁录》中，而是《著道录》中的话。而此书世已不传，我们基本上是从归庄等人不经意的引用而得知。本文讨论的根据是《求仁录》。如果直接读《求仁录》，便会发现黄宗羲在《与友人论学书》中，对潘平格声色俱厉的批判，有时并不忠实。黄氏指摘潘平格灭体、灭心、灭气，使得我们几乎要以为潘氏是彻底与宋明理学传统决裂的人。[②] 但是只要细读《求仁录》，便可以发现潘氏基本上是对心学体系进行改造，来提倡他的治国平天下哲学。所以清代的唐鉴（1778—1861）在撰写《清学案小识》时会自然而然将潘氏列入“心宗学案”，作为阳明学的继承人。[③] 唐鉴对潘氏的分类，与梁启超、钱穆以来所给予我们的潘平格印象相当不同，这也使得后人对潘氏“破”的层面应该再作深入的分析。

虽然说“朱子道，陆子禅”不足以完全概括潘氏，不过他对宋明理学的批判是非常明显的，他尤其不满意《四书》的朱子注

① 见梁启超：《中国近三百年学术史》，155～156页。钱穆：《中国近三百年学术史》，52～69页。容肇祖：《潘平格的思想》，见《容肇祖集》，456～478页，济南，齐鲁书社，1989。方祖猷《论潘平格的求仁哲学》是对潘氏详细的分析，见《朱子学刊》第二辑，121～136页，合肥，黄山书社，1991。

② 黄宗羲：《与友人论学书》，见《黄宗羲全集》第10册，146～148页。

③ 唐鉴：《清学案小识》，462～467页。

（《录》，636 页），要人径读本文，不宜看晦庵注，“一经晦庵注，则宋贤之《四书》，非孔孟之《四书》”（《录》，635 页）。因为学者读书先入于宋儒或阳明之说，“未尝读孔门经书，故意见偏陂，窠臼难拔”（《录》，636 页）。孔孟之道遂被埋没了二千年。（《录》，644 页）“今人敢于悖先圣，而不敢以悖后世诸贤，明道、伊川改《大学》，则信为实然；象山、阳明谓颜子殁而圣学亡，则尊为确论。若指程朱与象山、阳明之学未契合于孔孟，则必目为狂妄，反疑其非正学矣，总因学者读注听讲先入于宋贤之说，或又入于阳明、龙溪之说，而未尝读孔门经书，故意见偏陂，窠臼难拔。某之所以说不得看注，不得看诸贤语录，盖尝深中其病，确知其害，故不惜痛切言之。”（《录》，636 页）

他对罗汝芳有所批评，（《录》，641 页）对现成良知说也有不满——

> 生有向余问学者，每欲辨明心性，或疑性善之即性空，灵知之即良知，再四辨析，终不能信。夫性善之非性空，灵知之非良知则不能信；圣学以求仁为宗，亦不能信乎？（《录》，629 页）

对于“良知”他只主张最朴素的解释：

> 孟子良知，即是仁义，其根则性善，后世之言良知者，曰“无有本体”，曰“当体本虚空”，而其根则无善无恶。一为吾儒之道，一为佛氏真性，相去不啻天渊。（《录》，596 页）

他用“求仁”来涵括心性的一切学问，使不必再在心、性间题上嚣嚣置辩，因为“求仁”是“爱亲敬长”（《录》，630 页），只是一些日常行为。所以他对内本论的哲学基本上持批判态度，反对分“膜内”“膜外”，更反对专重“膜内”之学（《录》，573 页）。

（一）什么是儒家的传统

潘平格这一代的思想家有一个普遍的特质，即他们所反对的，从其中解放出来的，大半都是宋代理学、朱注四书。至于他们对整个儒家的传统及其方向重作诠释时，却纷纭百态。由于他们多是在重新塑造儒家传统，并认为自己所阐发的是二千年所未发之论，所以此时常出现“二千年不传”“绝学”这样的字眼。

一群亡国的士大夫反反复复地使用一些虽然平常，但是本来并不如此通行的词汇，显示他们有一种新的关怀，对什么是“道”，什么是学问，皆有新的诠释。《求仁录》第一、二卷便是“辨清学脉”，也就是想厘清什么是真正的孔孟之学。潘平格得到的结论是，真正的孔孟之学不是内本的，不是心性修养，或追求形而上化玄远之学，而是一种治平之学。

潘氏同时代人对他最深的印象是他到处劝人，好似有极大的不传之密要授予人，他自己表示那是因为他重新发现了孔孟的真学脉，与经宋明儒以佛老之说加以遮蔽污染的大不相同，故不顾太露锋芒，到处游说：

> 生云锋芒太露于笔端。呜呼！此则非某之过也，盖孔孟之道昭如日星，坦如大路，自诸贤以佛老之说乱之，以杜撰之学障之，遂使世之学者以圣贤之书就诸贤之说，以后贤之宗旨摄前圣之真诠，而孔孟之学脉遂不可复问。淬其坚志，策其毅力，辛苦一生而终成违孔悖孟之学术。呜呼，岂不可

痛乎！岂不可伤乎！吾实痛之，吾实伤之。故不觉锋芒太露于笔端也……若能宽其途径，大其心胸，与某商至一月，商至半年，或至终岁，则是非可见，黑白自明，自知愚之为千圣学脉之苦心，为天下万世学者之苦心。见吾之辨一句一泪，一字一血，读吾之辨，句句痛其肝肠，字字伤其肺腑，尚见以为锋芒太露乎？尚以为锋芒太露而为吾罪乎？（《录》，644 页）

在这一段文字中他说只要人们肯花一月、半年、甚至一年和他一起探讨这真“学脉”，则孔孟之学可以复兴。他的口气、及他宣称自己对孔孟之学的新发现，皆与北方的颜元非常相似。

在通读潘平格的《求仁录》之后，读者会很快发现潘氏之所以会以近乎传教士的热诚到处劝人讲求治平救世之学，与明清之间的世变有极密切的关系，他动辄表示痛悔三十八岁（1648）以前之学（《录》，610 页），大抵即他在明亡之前的学问方向，所以外在环境的变化对他思想方向的转变有极大的影响。

明清间的兵灾祸乱，对他的刺激异常之大，这场千古少有之祸使他认清自己的学说的目标应该是“回万世之杀运，开万世之太平”——

呜呼！自有祸乱以来，杀人盈城，杀人盈野，予与诸友皆目击之。回万世之杀运，开万世之太平，在于今日。回天下之杀运，开天下之太平，在于一方。回一方之杀运，开一方之太平，在于一人。一人回杀运开太平，在于一念。

只此一念悚切，塞天地、通神明、扩四海，诸友毋轻失

此一念。（《录》，624 页）

而“回万世之杀运”的最原始起点便是人人的最初一念，所以他要人勿忽视“今日当下一念”。这一场亘古以来之杀局，也使他憬悟到明代学问与现实脱节无用。因为修身的事业是局限在个人的，而决不是社群的，是道德的，不是政治的，所以即使能达到理想的遏念制欲，把握操持，也只能独善其身，无益天下：

某少读《五代史》，叹彼世界不知余几百姓，作何过活。读《孟子》父子不相见，兄弟妻子离散，老弱转乎沟壑，壮者散而之四方，即恻然伤心，今日世界恰是如此。乱离之惨，杀戮之痛，不知多少无辜，死于兵刃，死于蹂践，死于水火，死于饥寒，死于恐怖。父子兄弟夫妻老幼，或死或掳，不得一见。言念至此，锥心刺骨，泪出痛肠。而举世之人，或争一时之名者研举业；争久远之名者醉诗文；自好者以高尚为奇行；混迹者以清浊为得策；学仙者辟谷清净求长生；好佛者看教参宗了生死；即自谓有志正学者，亦不过遏念制欲为克己、提醒把持为操存，闭户于穷巷、独善于闾里为修身，又或以活泼自在为受用，识取光景为妙悟，卜度于书理、采择于见闻为学识，而绝不以天下生民为念，治道学脉为心，亦太忍哉！（《录》，662 页）

他要提倡的是豪杰之学，要将儒家改造成豪杰之学说：

世界有此豪杰，方能昌明二千年不续之圣学，方能拯救数百万涂炭之生灵，此个担子是吾性分中具足，不是外来，是人人具足，不是他能我不能。虽然，岂概责之农工商贾与下流小人，大约是吾辈事，若吾辈不担当，圣学何时明？人心何时正？生民涂炭何日起？天下泰平何日见？岂不诚可哀哉！痛哉！诸君子担当世界，即是担当圣学，担当圣学，即是担当世界。千古圣人，只担此担子；千古圣学，只为此担子。担上此担子，才是学问，肯担此担子，方是豪杰。（《录》，662 页）

潘平格在《求仁录》中，谈立志的文字非常多，令人觉得他基本上继承王阳明讲“责志”的传统。潘平格要人立大志，“志小则工夫便不精神”（《录》，670 页）。又说：

人若知得宇宙内事皆我分内事，家国天下俱系属在吾身，志愿焉得不大，自任焉得不重，力量焉得不厚，精神焉得不紧切。（《录》，669 页）

这一段话有点像王艮的“淮南格物说”。他又强调“吾立，则天地万物一齐俱立；吾放倒，则天地万物一齐俱放倒”（《录》，670 页）。认为治平天下的大事业，“非大器局，大志量，不能担荷”，“无此大胸襟，大力量，终担载此大道理不得，承受此大学问不得，虽然，无志则无力量，趋向小则力量小，有大志则有大力量”。（《录》，670 页）而大志向，大担当又与他的浑然天地万物一体相结合，故他接着说：“盖此本吾浑然天地万物一体之性也，吾性本浑然天地万物一体，吾器局本弘，吾力量本大，吾胸襟本阔，但能立志，则即吾本然之才，复吾本然之性，有何难哉！”（《录》，670 页）

潘平格提倡的是一种英雄儒，要人有“大气魄，大承担”（《录》，671页）。他提倡豪杰，鼓吹狂狷（《录》，664页），痛骂乡愿（《录》，665页），要士人“做个天地少不得的人”，要救“天下大困”（《录》，662页）。由“大人”是在道德修养上有成就的人，转为在事功上有成就的人，由道德的儒家转为事功的儒家（《录》，663页），如此方是“大人”，他说：“出则为天下师，处则为万世师，不太夸乎？曰：此圣人之本分，何夸之有。”（《录》，633页）

能发挥赤子之心即是能与天地合德的心，也即是能治平天下之心，也即是豪杰。这与宋明儒“赤子之心”几乎完全不同。（《录》，663页）他认为愿为凡民或愿为豪杰只在人自己的抉择：“心斋有云，凡民之与豪杰，只在肯不肯之间，诸友肯则是豪杰，不肯则是凡民。”（《录》，663页）

潘平格所提倡的理想人格，基本上是一个拯救天下的行动者，豪杰、英雄、武夫健卒之混合体：

> 有豪杰之心胸，有英雄之手眼，有武夫健卒之鸷悍，有愚夫愚妇之朴实，流俗不足以入其心，势力不足以动其念，贫贱不能使之忧，患难不能使之挫，誉不能使之喜，毁不能使之怒，盖有成童之年，而浩然塞乎天地者矣。其志之立，己亦不及知，而尚有待于人之使之立其志也耶？（《录》，664页）
>
> 须志大力量大，又朴直无机械，绝不自欺，方可与共学。（《录》，664页）
>
> 愚所喜者，朴朴实实，硬硬挣挣。以求于世，甚鲜其

人。（《录》，664 页）

今人俱被人管摄住，参禅便为禅管摄，习教便为教管摄，习老庄便为老庄管摄，习诸前贤之学便为诸前贤管摄，所以终不能知孔孟之学，凡被人管摄得住，只是无志，只是无力量。（《录》，664 页）

而潘氏认为以上种种阔大的理想必须从一件事做起，即是将倾全力于“治心之功”的内本论传统接引到先秦儒家比较素朴的哲学传统。也就是他一再强调的“求仁之学脉者，浑是平常，浑是平实……尽力于人伦，绵密于日用”（《录》，585 页），是至“迩”、至“易”（《录》，623 页）。他又说：“后世学者心巧而见小，故不能舍治心之功，顿悟之路，而专从事于孔孟。”（《录》，640 页）

譬如“爱亲敬长”这一素朴平常的观念，便是《求仁录》中不断出现的词汇——“农、工、商、贾皆圣贤之人，盖事有闲忙，而爱亲敬长无闲忙。”（《录》，623 页）他说“求仁之学只专力于孝弟而已无不尽，不必更觅工夫也”（《录》，630 页），“尽人子人弟之本分即是尽求仁复性之工夫也”（《录》，632 页）。潘氏甚至说“爱亲敬长”即是帝师王佐之学，能爱亲敬长即是格物，即是浑然天地万物为一体，说来说去，就是那样简单。他的意思应该是，只要由爱亲敬长一步一步往外推到陌生人，最后可以达到全世界的和谐。他说：

或问帝师王佐之学？曰：浑然天地万物一体。曰：从何入？曰：在格物。曰：如生愚钝亦可为否？曰：子知爱亲敬长乎？曰：知。曰：只此爱亲敬长达之天下而已矣。是为格

物，是为浑然天地万物一体。（《录》，633 页）

甚至认为爱亲敬长即“天下师”“万世师”之学：

> 又问：心斋言“出则天下师，处则万世师”，不大夸乎？曰：此吾人本分，何夸之有。曰：其道何如？曰：爱亲敬长，达之天下而已。曰：何易也。曰：子以为难耶？此孩提本然，愚夫愚妇本色。不然，则为贤知之师，不可为愚夫愚妇之师；为一方之风教、一代之时教，不可为天下师、万世师。（《录》，633 页）

（二）潘平格的几个重要概念

讨论潘平格的思想时必须先从几个重要概念着手。这里想先引一个故事，《慈溪县志》卷三十一 1 页记载这样一件事：

> 平格守身严毅，清修苦节，其学以浑然万物同体为宗。岁大旱，居民五更汲井，争一瓶水，致击伤数人。或强平格登坛祈雨，平格伏赤日中，诵《孝经》，忽阴云四合，大雨立沛。

这个故事至少有两方面的意义。第一，潘氏讲学多年，已经在当地人心中留下相当深刻印象，他讲“浑然天地万物同体”，讲救世、爱人，一腔子不容已之热情，所以当地人认为苦旱而民不聊生时正是潘氏印证其学说的时候。潘氏讲“浑然天地万物同体”时，似乎也曾暗示人可以与天地万物相感通，那么祈雨不是做不到的。第二，当潘平格被强拉登坛祈雨时，他口诵《孝经》，而《孝经》在当时士大夫，尤其是在潘平格的思想中，实占有相当独特的地位。在这里我想以这两点作为纲领来讨论潘氏思想。

潘平格思想的“血脉”即“浑然天地万物同一体”，他的《求仁录》反反复复地强调人类社会的最高境界就是要达到这一点，而想如此，必须打破人己之间“私”的隔阂，所以人与人之间的同情、感通是第一件工夫。故他对宋明理学中最关键的概念“格物”进行了全新的诠释，认为格者，通也，物，即物有本末之物，本是身，末是家国天下。格物是贯通家国天下为一事，贯修身齐家治国平天下为一事，能够如此，即所以复吾浑然天地万物一体之性也。

潘氏的浑然天地万物同体的思想，渊源甚长，宋儒以来便不断有造成类似“道德的社群”的想法，而以“浑然天地万物同一体”的思想表现出来，从程子《识仁篇》，到王阳明《大学问》，到王艮《淮南格物说》中强调的身同天下国家是一物，到杨起元（1547—1599）的“不容已”皆表达类似的想法。潘平格一方面强调“浑然身家国一体”，一方面又要强调一切皆自性所发，使得治平天下变成复性践性不可或缺的一环，如果治平的工夫有所不足就不是真正的复性践性。

潘氏特别强调对他人的体谅、感通。他说格物即“格通人我”，强调人与人互为主体，将尔我联成一个性体，所以对方的事即我的事，而如果对方陷于混乱痛苦之境，亦即是我陷于混乱痛苦；因为我与天下国家同一性体，所以如果真想复吾真性，则必须奋而将天下国家的混乱痛苦解除了，才算完足了我的真性。

潘平格也极度强调爱的哲学，认为只要能推一己对人的爱，由近而远，终可以建立一个和谐善意的道德社群。他讲“仁”，认为仁优先于一切，“性一仁而已矣”，“仁则礼在其中”（《录》，

613 页），“仁至礼尽”（《录》，613 页）。所以仁与礼的冲突在他看来是不存在的。“仁”只为“以不忍人之心，行不忍人之政治”（《录》，618 页）。由于他是以浑然天地万物一体代良知，所以有人论其学说为“恐同于兼爱”（《录》，611 页），也即是说有不分等差，一体皆爱之嫌。

潘氏以浑然天地万物同体解释“性”，对宋明理学中心性的概念作了政治化的诠释。在他的新解释中，这些原来是在讲个人内在生活的修省了悟的，全变成是保四海、治天下的思想基础。而且潘氏不惮反复，再三言之，并且将他们全贯串在一起，组合成相当圆整的体系。在这里我想进一步引证他的文字，作一说明。

潘平格强调关于大群的工作，故认为所有道德修养的工夫都离不开一个前提，即家国天下：

> 吾性浑然天地万物一体，故吾志必欲明明德于天下，而吾学无离家国天下以为工夫，格物与修身，皆不离家国天下以为工夫者也……呜呼！不离家国天下以为工夫，正复吾性浑然天地万物一体之实用力处也，学者其可不知乎？（《录》，573 页）

格物之对象便是家国天下：

> 格物则八目一齐俱到，盖所以格物者，心、意、知也，心、意、知并力于格，则自具致诚正之功候，所格之物，即身家国天下也。（《录》，573 页）

他有时将《大学》八步的顺序颠倒过来讲，认为“家国天下”是“身心意知”之必然归宿，他说：

无离家国天下之身心意知，无遗齐治平之修正诚至。盖浑然身家国天下一体之谓心，心运于身家国天下之谓意……若离家国天下，则失其所谓身心意知，为父子兄弟足法而藏恕絜矩之谓修，心复其浑然一体之谓正，意运于身家国天下而真实之谓诚。（《录》，572 页）

若二氏舍家国天下而为身心意知，遗齐治平而欲修正诚至，各自以为复性之学矣，而不知杳冥昏默者，道其所道，非吾之所谓道也。真空妙有者，性其所性，非吾之所谓性也。呜呼！此所以不可不知《大学》格物之道也。（《录》，573 页）

从宋明理学的传统看，他讲复性立体也是倒着讲的，不是由一己推扩出去，而是由外向内推。以下几条引文可以为证：

吾性浑然天地万物一体，则事事皆心，物物皆性，接物处事皆所以尽吾心，尽吾性。（《录》，575 页）

位天地，育万物，即是立体，尽人伦，敦日用，即是尽性。（《录》，576 页）

他强调力行实践以复性（《录》，576 页），认为心性的工夫其实是靠极素朴的日用人伦上的实践来达到：

古之君子但善其所以教民之道，出治之方，而吾之性已尽，不别有心性功夫也。（《录》，576 页）

本是一体之物，未有舍家国天下见在事使交从之实地，而悬空致我一体之知者。（《录》，570页）

过去，朱子训“格物”为“穷理”，阳明训“格物”为“正事”，潘氏批判宋明理学的“格物”是“绝远于圣人”（《录》，591页），因为他们不晓得“格物”是外向的、政治的、社群的。对此他作了全新的解释。他说：

格物之道，格通身家国天下，而身家国天下正非悬空无事而格之也。（《录》，567页）

又说：

格物全在强恕反求，全是爱敬恻隐之真心密运，强恕日笃，则所不欲处，愈见之细，愈不忍不体贴之尽，当下人己无间；反求日密，则有不得处，愈见之清，愈不忍使人有未慊之隐，当下人己浑然。如是深造，而一日自得之，则浑然身家国天下一体，齐家治国平天下浑然吾身之事，自不得不汲汲皇皇忧世忧民。故尧不容不以不得舜为己忧，舜不容不以不得禹、皋陶为己忧。溺由己溺，禹不容不八年于外；饥由己饥，稷不容不胼胝手足；民坠涂炭，汤不容不放桀；毒痛四海，武不容不诛纣；匹夫匹妇有不被其泽，若己推而内之沟中，伊尹不容不幡然应聘。（《录》，568～569页）

潘氏提出“物”是身家国天下（《录》，589页），“格”是功及百姓，保四海，治国平天下（《录》，588页）。以“物”为家国天下的看法与颜元相当接近。

潘氏说格物的“格通人我”，也是沟通性的，社群性的。潘氏常说：“格通人我则事自正，非但就事正事也”。（《录》，596 页）

潘平格对宋明理学中常谈的“一贯”也有新解。他认为“一贯”是以一身贯乎家国天下：

> 吾性浑然天地万物一体，故吾道一以贯之，一以贯之者，一身以贯乎家国天下，一修身以贯乎齐治平也。而其机在于格通人我，格通人我者，所以贯其不贯，而复吾浑然一体之性也。（573 页）

在宋明理学中，复心体之全量基本上也是内本论的，但是潘平格也将之阐释为能保四海、能修平家国天下：

> 必充之而至于仁义不可胜用，则心体之全量复矣，故曰，知皆扩而充之，若火之始燃，泉之始达，足以保四海，曰无为其所不为，无欲其所不欲，如此而已矣。（《录》，567 页）

又说扩充四端即在于格通身家国天下：

> 吾人之良知不过恻隐、羞恶、辞让、是非四端。恻隐、羞恶、辞让、是非之触发本在于身家国天下之物。则扩充其恻隐、羞恶、辞让、是非之良知，即在于格通身家国天下之物。宣王之不忍触发于觳觫之牛，今人之恻隐触发于将入井之孺子，四端触于身家国天下而发也。充不忍觳觫在于功及百姓，充乍见恻隐在于保四海，扩充四端即在于格通身家国

天下也。（《录》，567 页）

潘氏又说因为人的“真性”即是浑然天地万物一体，故扩充“真性”可以保四海：

今人乍见孺子将入于井，皆有怵惕恻隐之心，以非利害所涉之境，私意不作主故也。何不反而思之，吾人原有此真性，真性发见，恰恰浑然天地万物一体；则于分人分我，计较胜负者，岂非利害之私耶？一为利害即有所忍，岂不伤我真性耶？是有伤于人即有伤于我，且其人未必受伤，而吾之真性受伤已多矣。圣人尽性以成圣人，吾人伤性至于为小人。圣人扩充以保四海，吾人不能扩充，至于不足以事父母，不足以保妻子。呜呼，计亦左矣！（《录》，567 页）

潘氏心目中的道德实践，是动的，有事的；不是静的，无事的。他尤其反对宋儒“云须得一、二年闲饭吃”才能学道之说（《录》，623 页），反对有心慕道者欲待闲时方做（《录》，668 页），他认为真正有志治平之事的人，不可能过这样的生活。《求仁录》记有一生问：“今当湛然静定，一念不起时，正是心之本体，若于此时起念，欲明明德于天下，不是无事生事否？”潘平格回答说：

子未识心，何以知湛然静定一念不起为本体耶？不过看册子上语，信为实然耳，不知此正禅家所谓鬼窟里作活计，又所谓守静尘者也，岂堪遽信为心之本体？（《录》，668 页）

他说真正想明明德于天下的人，不能像旧学者向往“无事”的状态，而是要料理天下无限多事：“吾儒之学不是如此讨便宜的，古人欲明明德于天下，有多少事在。”（《录》，658 页）

所以他认为一个求道者理想的人生态度不是明儒理想中那种“不思不虑”或“何思何虑”，尽可能保持自然无失的境界。想保四海，想治平天下的人，不能再持这样的人生态度。他劝人要“勉强”：“慎毋蔑视困勉，妄希自然。”（《录》，568 页）

而且要人“强”“求”，这与先前心学家的态度何等不同。他说：

> 强与求皆圣人深细用功之言，学者当利害相干，人己相轧，凡情俗态相缠，非用勉强之全力，不能恕。强之之久则情渐平，不忍之心渐熟（《录》，568 页）。

他认为要真能放心，其前提是“强力反求”：

> 吾辈但安身勉强中，切莫妄希自然，一有希自然之心，即已不能勉强，终无自然之日，可不戒哉（《录》，664 页）！

又说：

> 若知吾性本然，学所以复性，则刻刻勉强，总归自然，勉强、自然之名亦可不立（《录》，664 页）。

所以他的工夫，如果用宋明理学家的眼光去看，是倒过来做的。在先前的传统中，总以为要先求得一个自然无失之心，然后应事。但潘平格说应整个颠倒过来，先强求，到处做勉强工夫，最后才能自然无失。

接着要谈《孝经》在潘平格思想中之位置。潘平格将《孝经》提到很高的地位，在四书之中，大概只有《大学》可以比拟（《录》，635 页）。

值得注意的是在这个时期《孝经》大量被提倡，而且带有一种神秘的味道。在汉代，《孝经》曾经被作过相当神秘化的诠释。而明代理学中，《孝经》的地位实值得进一步评估。[①] 在明末，尤其是清初李二曲提倡孝子之学，许三礼告天仪式中《孝经》的作用有点像宗教经典，被用来作诵念之用。[②] 以《治家格言》而闻名的朱用纯，他每天“晨起谒家庙，退即庄诵《孝经》”[③]，也是显例。

至于潘氏本人对孝之重视，可以引《求仁录》中的一段话为例：

> 一友引阳明先生语勖在座云，满堂皆是圣人，潘子曰，满堂皆是人子。友云，人人须为圣为贤，潘子曰，平格只愿人人为孝子悌弟，友又解《西铭》云，乾父坤母，人须识得天地是一大父母方能一体，潘子云，平格只愿各人识自己之父母，自能一体（《录》，625 页）。

---

① 譬如在颜钧、朱恕思想中，《孝经》便有相当重要的地位。见《颜钧集》，190 页。

② 许三礼：《丁巳问答》，见《天中许子政学合一集》，见《四库全书存目丛书》子部第 165 册，526 页。

③ 谢正光、范金民编：《明遗民录汇辑》，138 页。

又说“浑然父子一体”“浑然母子一体”“浑然兄弟一体”（《录》，626 页）。

潘氏哲学之血脉是浑然天地万物为一体，其起点便是从人对其父母的孝开始，其他那些讲得太玄太高的理论，他都不欣赏。

但是潘平格翻来覆去地讲治平天下，却只停留在不得不如此，不容不为此（《录》，569 页）的理论阶段，只是提口号，未曾在礼乐兵农等实践上有任何探究。论到工夫，则只是讲格通人我。[①] 好像只要能格通人我，达到人与我之间的同情理解，互相感通，则家国天下便不容不治了。他的《求仁录》结之以“笃志力行”，除此之外，并无实际内容，后来终至引起归庄的不满与李塨的批评。（详后）

二、潘平格与清初思想界

前面所述是潘平格思想之大概，接着谈他与当时思想界的关系。

潘氏以独特的思想崛起于江浙，迅即吸引了一批信徒。我个人感到兴趣的是何以潘氏一时吸引这么多思想活跃的人，而且到处引起冲突、辩论。受他吸引的人有一个共同特征，即他们都突然为其所说服，似乎他的思想击中人们心中关怀之点，故能很快

① “工夫只在格通人我，子若格通人我工夫不切，全是一腔有我之私，截断家国天下在膜外，将一个大同世界横自隔截，但知有六、七尺之躯，将本来浑然天地万物一体之性枉自缩小，枉自失丧，还成甚人在，只此思惟，只此惭愧，即不容有我，即格通人我工夫不容不切，苟能知此，又问甚明明德于天下之欲有与无耶?”（《录》，662 页）

俘获对方。究竟当时思想界有何共同关怀，使得潘氏之说有瞬间的吸引力？此外，被他吸引的人，也多欣赏陆世仪、颜元、李塨，似乎这两者之间有某种平行关系。为什么？此处将钩索一些零散的数据，对其在当时江浙思想界的举动作一说明。而由他之所以吸引时人之处，也可以确定当时人所认定他的思想的特色。

（一）甬上弟子

潘平格吸引走了黄宗羲最为赏识的几个学生，万斯同、毛文强、郑性、颜长文。他们终其一生对于潘氏都保持欣赏的态度。潘平格究竟传达了什么信息，使得黄宗羲阵营中人对他特别着迷？

（1）颜长文、毛文强

潘平格为了推广他的治平之学，一向是主动出击，访求信徒。他常常在风闻某人之名后，便主动拜见。[①] 潘氏曾于1669年至鄞，走访甬上证人书院，当时甬上讲经会正在进行，思想气氛非常活跃。他与讲经会弟子陈赤衷为了“格物”问题发生了激烈的争辩。颜曰彬（长文）当时亦在证人书院中学习，“始读其（潘平格）书，真性勃发，举十年来之疑而未信者，一旦豁然有会，遂北面执弟子礼焉”[②]。当潘平格前来甬上证人书院论辩时，万斯同正在会稽姜希辙家中授书，回到甬上，听人说及潘氏与陈赤衷辩论之事“往诘而信，录其书数帙而归”[③]，而这几帙书又影响了证人书院的学友毛文强。毛氏从此成为潘氏终生的信徒。

---

① 吕留良：《吕晚村文集》卷一，13a页。

② 转引自陈训慈、方祖猷：《万斯同年谱》，113页，香港，中文大学出版社，1991。

③ 同上注。

《求仁录》卷首毛文强的《潘先生传》也成为唯一一篇潘氏传记。毛氏说：

> 余少受业于南雷黄先生，学蕺山刘子之学，癸丑（1673）岁，馆于宁城，因万季野得先生书数帙，一见而嗜之，同志者皆非余，余信之益笃。后过慈水颜长文（名曰彬），求其全书。长文者，先生之高第弟子也。①

颜长文事迹不详。不过从《求仁录》书后毛文强的一段跋语，可知他原来也是黄宗羲证人书院的学生。颜氏与潘平格是慈溪同乡，但“彼此出游，未及追随聆教”，“及至己酉岁，与先生会于证人书院，始读其书”（《录》，687 页）。己酉是康熙八年（1669），也就是万斯同信服潘氏学说之同年。

颜长文没有留下任何资料说明他为何受潘氏所吸引。不过他表示自己读了潘氏著作之后“真性勃发，举十余年来之疑而未信者，一旦豁然有会”②。（《录》，687 页）他十余年来疑而未信的是什么？他说是“因于程朱王罗之书无不体究力行，但合之孔孟学脉窃有疑焉”（《录》，687 页）的地方。“真性”二字固非难见，不过，在潘平格思想中却有一定的意义，因为《求仁录》中反复讲“真性”，而此“真性”二字在潘氏思想系统中，便是指人浑然与天地万物同体的本性，必须能切实实践治平天下的责任，才真正体现了“真性”。那么颜长文之所以被潘氏所吸引，正是潘氏将治平天下视为一己不容已的责任这一点。颜氏后来成

① 转引自陈训慈、方祖猷：《万斯同年谱》，111 页。

② 同上书，113 页。

为潘氏最忠诚的信徒，故潘氏死时将遗稿托付给他。

毛文强原是黄宗羲相当欣赏的弟子，在《陈夔献墓志铭》中，黄氏历数甬上讲经弟子的成就时，躬行方面将张汝旦与毛孝章并列。有关张汝旦的材料不多，毛孝章也几乎没有材料。毛氏的名字在现存黄氏全部文字中只出现过三次。除了前引之外，另一次是在为毛孝章之父毛雷龙所写墓志中。[①] 此外，在《顾君荣生六十寿序》中，黄氏说顾在瞻到余姚拜访黄氏问学时，是毛孝章陪着他前来的。[②] 我们知道的毛氏事迹，如此而已。

有意思的是，“躬行则毛孝章”的名字在别版的黄氏文集中，被黄宗羲换掉，改成蒋弘宪。[③] 这一个有意的替换，用意颇可玩味。毛孝章背叛师门投向潘平格后，并不像万斯同，在经过老师一番训斥之后，表示从此不谈理学，一意经史。毛氏后来成为潘平格忠心耿耿的弟子，在潘氏殁后还带着他的著作到处请人刊刻，黄宗羲对他的嫌恶，自然反映在这有意的改动中。

除了《求仁录》的一篇短序及短传外，毛文强未留下任何东西给我们。不过，从其师评价他能“躬行”这一点看，他的特色是能身体力行义理之学。而他在为《求仁录》所写的序中反复强调其师的“治平之实学”（《录》，562 页），那么他之所以被潘平格所吸引，应与其“治平”之学有关。

（2）万斯同

万斯同是黄宗羲最为出色的学生之一。在讲经会中，他虽然

---

① 《黄宗羲全集》第 10 册，448～449 页。

② 同上书，673 页。

③ 见《黄宗羲全集》编者在《陈夔献墓志铭》一文后面写的校记，见《黄宗羲全集》第 10 册，442 页。

年纪较轻，但表现卓荦，同学在经学上的问题争持不下时，常要等万氏出来作最后的结论。

在接触潘平格的学说之前三年（1666），当时甬上讲经会尚未开始，二十九岁的万斯同心中被一个重大问题困扰着，那就是修身与治平天下之学是矛盾的还是连续的？何以天下如此憔悴，而世人仍只汲汲于讲求一己的修养之学，而无人出面宣讲经世之学？《石园文集》卷七《与从子贞一书》中说：

> 历观载籍以来，未有若是其憔悴者也。使有为圣贤之学，而抱万物一体之怀者，岂能一日而安居于此。夫天心之仁爱久矣，奚至于今而独不然？良由今之儒者皆为自私之学，……苦无与我同志者，……夫吾之所为经世者，非因时补救如今所谓经济云尔也。将尽取古今经国之大猷，而一一详究其始末，斟酌其确当，定为一代之规模，使今日坐而言者，他日可以作而行耳。若谓儒者自有切身之学，而经济非所务，彼将以治国平天下之业非圣贤学问中事哉！……吾窃怪今之学者，其下者既溺志于诗文，而不知经济为何事，其稍知振拔者，则以古文为极轨，而未尝以天下为念；其为圣贤之学者，又往往疏于经世，见以为粗迹而不欲为，于是学术与经济遂判然分为两途，而天下始无真儒矣，而天下始无善治矣。①

将万斯同当时心中的焦虑放在心上后，我们再看万氏怎样描述他与潘氏的关系。在“破”除宋明理学的方面，据《李恕谷先

① 万斯同：《石园文集》卷七，8～9页，收入《四明丛书》第四集。

生年谱》记，万氏告诉他："某少受学于黄梨洲先生，讲宋明儒者绪言，后闻一潘先生论学，谓陆释朱羽，憬然于心。既而黄先生大怒，同学竞起攻之。某遂置学不讲，曰：予惟穷经而已。"[①]足见潘氏将当时理学的两大派一起批判是吸引万氏的主因。在"立"的方面，万氏觉得学者分内有比一己的修身更为重要的、属于国家社会的事。这个部分潘氏的治平之学自然可以符合他的需求。其实不管是"破"或是"立"，黄宗羲的思想都可以相当程度地满足他，但黄氏毕竟仍然守住心学矩镬，又不像潘氏那样张皇地鼓吹治国平天下的哲学，所以不如潘氏那样吸引他。而且潘氏将两者结合起来，以治平之学乃人性之真体，能实践治平之学即能践性，是将心性之学与经世合为一途，所以对万氏说服性非常之强。

（3）郑性

郑性（1665—1743）原是景仰黄宗羲之学的人。他的父亲郑梁（1639—1713）在第一次见过黄宗羲之后，便将自己往后所写文章称为《见黄稿》[②]，郑性则承其父命，专门建"二老阁"以贮其祖郑溱及黄宗羲的书。此外，黄氏文集的汇刊工作也出自郑氏之手，连《明儒学案》部分卷帙第一次刊印的工作也是他做的。

但是郑性对潘平格思想的态度却与黄氏大相抵牾，而且遭到黄氏严格的批驳，郑性不但不改，最后还出资刊刻《求仁录》。全祖望《鲒埼亭集》卷二十一《五岳游人穿中柱文》这样记：

---

① 冯辰、刘调赞：《李塨年谱》，83页。

② 案：黄氏当时学术地位甚高，故张锡璁亦称黄氏所过之堂屋为"黄过草堂"。

“而先生（郑性）于用微求仁宗旨，许为别具只眼。”[①] 全祖望曾举平格之学的瑕疵向郑性问难，“先生（郑性）不以予为非，而论近世士不悦学，苦心如此人者，正自不可泯没”[②]。

郑性的文集尚未寻获，无法深入了解他心仪潘氏之因。不过稿本《南溪公诗集》中有一首《题潘用微先生〈求仁录〉》，说：“没世惟充恻隐心，十编藏此一枚针；空门若问谁相似，定是慈悲观世音。”[③]

诗中以救世的观世音喻潘平格。黄宗羲的七世孙黄炳垕想必知道郑氏以观世音喻潘氏，故在《南雷学案》中记：“而（郑）先生于用微求仁得仁宗旨，许为在儒门不能磨灭，儒门之有潘子，犹释氏之有观世音也。”[④] 黄炳垕又引郑氏的话说：“性生平失学，寡师鲜友，年至五十，尚不自知立志，迨阅潘子《求仁录》，嗣从王丰川闻二曲孝子之学，然后顽稍廉，懦稍立。”[⑤]

由以上两段数据可以推测，郑氏对潘氏慈悲救世之学特别倾心，或许还特别注意潘氏《求仁录》中特别提倡之“孝”的哲学。

（二）昆山弟子及讲友

（1）归庄

昆山归庄是崖岸自高之人，可是他在康熙三年（1664），也就是五十三岁那一年，突然拜在昆山教馆、籍籍无名的潘平格为师，使得当地之人为之骇异不已。依归庄年谱所记，康熙三年二

---

① 全祖望：《鲒埼亭集》，251页。

② 同上书，252页。

③ 郑性：《南溪公诗集》，见徐时栋编：《四明丛集》，无页码。该集并未付刻，此处参考史语所收藏的稿本。

④ 黄嗣艾：《南雷学案》，499页。

⑤ 同上书，500页。

月十二日以前寓西寺，晤潘平格。三月，至常熟，四月寻牡丹于江阴，以无向导，废然而返。四月十五日，拜潘氏为师。六月三日，与潘氏同居东寺。是年中秋，至钱塘访友，寓慈云寺，月余而归。九月二十四日，归庄突然决定与潘氏为朋友关系。

从三月到九月，归庄由突然拜潘平格为师到突然要求改以朋友相称，短短半年之间竟有那么大的变化，关于这一过程，归庄曾撰有一篇《叙过》以道其经过。而《归庄集》中也收有一封给潘平格表示希望断绝师弟关系、改称朋友的信，还有一封信给吴修龄，表达他后来对潘平格之愤怒。[①] 仔细阅读这三篇文字，吾人可以稍稍推知其中梗概。

前面已经说过，潘平格宣道的方式一向是主动出击。康熙五年，他与归庄的交谊也是由潘氏主动，甚至“连访六七次”[②]，归氏答访，“于案头见其所著《著道录》者，袖以归，读之，其识甚高，目中前无古人，甚惊讶！稍稍就听其言论，其言曰：周、程、张，朱、象山、阳明学皆杂佛老，无一真儒，吾之学乃孔孟正脉。从吾之教，圣贤可一蹴而至。”[③] 归氏自认少有求道之心，却苦无师友，年逾五十而未闻道，“闻其言，惊且喜”，遂于四月中北面称弟子，而“潘生亦不让，遂南面受余四拜，授以授学券一纸”。他于六月初与潘平格同寓东寺，“所以事之者不遗余力”，“既月余，见其徒逞笔端，全无实学，平日言动，多违于礼。时邑中友人，见余平生岳岳，忽师事一寻常无闻之人，皆以

---

① 梁启超《中国近三百年学术史》误以为这两封信都是写给潘氏的，见该书156页。

② 《归庄集》，500页，上海，上海古籍出版社，1962。

③ 同上书，500～501页。

为怪；且闻其诋毁先儒，谋檄讨之而逐之境外，余竭力挽回，笔舌俱敝，仅乃得止。既外弭其谤，复内规其失”。等到他游钱塘月余而归后，潘氏“不自安，有改师为友之说，余亦实见其不足师，遂从其命，以九月廿四日，废师弟之礼，正朋友之称”。[①]归庄指摘潘氏每向人讲《孝经》，又有《孝经发明》之作，但他母丧既毕却不思祭，其弟规之以礼，强而复祭，“则置其母之位于北面，又科头短衣而上香，弟（归庄）从旁窥之，为之掩口”。[②] 又记他出妻事，“渠方自矜为孔氏家法，但不知孔子、子思曾日夜鞭挞其妻，遍体流血，逼之招承淫行否？系其长子亲向余说”[③]，并说“潘生二子一女，现与既出之母同居”[④]：

> 然潘生尝议孔子不得明师指示，至于歧路回车，迷途顾盼，以故十五年、十年而后进一步……至于周、程、张、朱、象山、阳明诸大儒，无不痛加诋毁，以为皆丧其良心，又指孔庙两庑先儒，目之曰一群僧道，其诞妄邪悖又如此。[⑤]

---

① 《归庄集》，501 页。当两人决定仍以朋友相称后，潘平格突然将归庄过去质疑潘氏久置未答的，“忽作答书五十余叶，余所质者、学问之疑，彼乃妄自矜夸，力加诬诋”。（《归庄集》，502 页）来年，归庄在给吴修龄的信中用最重的话痛骂潘氏：“如潘生者，小人也，妄人也，何足与较哉。”（《归庄集》，333 页）“弟尝谓孔氏之书，言小人者数处，潘生乃兼而有之：以其妄自尊大，则为骄而不泰之小人；以其好与人竞，则为同而不和之小人；以其惧人攻击，谋遁谋徙，则为长戚戚之小人；以其毫无实学，专务夸诩，则为的然日亡之小人；以其自以为是，巧于饰非，则为过也必文之小人；以其全不自反，惟知责人，则为不求诸己而求诸人之小人；以其力诋先儒，肆言谤讪，则为反中庸而无忌惮之小人。小人之情状，小人之肺肠，至潘生而极其量，尽其变矣。”（《归庄集》，333～334 页）

② 同上书，334 页。

③ 同上注。

④ 同上注。

⑤ 同上注。

问题是何以归庄这样一位“一世岳岳”之人会在康熙三年顿时被潘平格所吸引？这一“改宗”的过程与归氏先前在顺治十年拟拜陆世仪为师相似。

归庄信从陆世仪是在顺治十年（1653），他读了陆氏《思辨录》，想拜之为师，但陆氏婉拒，只约为兄弟。[①] 归氏之所以欲拜陆世仪为师，是因为“近见陆道威兄，读其著述，体用俱备，文武兼长，不觉爽然自失”[②]。可见他内心中之理想是像《思辨录》那样“体用俱备，文武兼长”的东西。他的《赠陆桴亭》诗中也有这样的句子：“八阵纵横天下奇。”“壁上看他建鼓旗。”[③] 足见他特别欣赏陆氏礼乐兵农中“兵”方面的素养，所谓“八阵纵横天下奇”，当指他读过陆氏的《八阵发明》。至于《思辨录》一书，归氏在《陆道威〈思辨录〉序》中说“已而（陆世仪）出其著作甚多，皆经济文字，余益叹服，及得《思辨录》读之，未终卷而惊骇”[④]，“今《思辨录》乃修身治世之书”[⑤]。那么他之所倾心者，必在礼乐兵农、经济、治世之上。而他之所以在十三年后被潘氏所吸引，虽未说出原因，但主要应是被其苦口婆心提倡治平之学所感动。但又随即发现潘氏徒讲治平，徒讲救世，实际上没有任何内容，任何作为，即使在《求仁录》中讲读书，讲来讲去也没有什么真学问，所以很快就不满意了。

（2）陈瑚（招潘氏一同讲学）

陈瑚曾经招潘平格一起讲学，此举一定是因他觉得二人的讲

① 赵经达：《归玄恭先生年谱》，见《归庄集》，547 页。
② 《归庄集》，134 页。
③ 同上书，136 页。
④ 同上书，180 页。
⑤ 同上书，181 页。

学宗旨有相近之处。陈氏著作《确庵文稿》[①] 中并未提潘平格，不过文集中讲习兵农，尤其是讲地方建设的文字，很容易让人想象他何以会与到处劝人讲治平之学的潘氏共同讲学。据光绪《昆新两县续修合志》，则陈氏“精研性理，以修齐之责自任，旁及律历兵农”，他在明亡之后奉父隐居昆山之蔚村，“以孝弟、力田、为善三章与众约，众皆悦从”。[②]《明遗民录》中也说他所立的讲会专注于“身心性命之奥，天文、地理、河渠、兵法之学”[③]。由此看来陈瑚所提倡的与陆世仪所谈的很相似。在这里可以见到陆、陈、潘之间有一种连环的关系。

潘氏在昆山与诸士征、朱用纯为友。如以我目前所能找到的诸士俨著作《勤斋考道日录·续录》的内容来看，诸氏对蕺山《人谱》之学奉行甚谨，他对程朱、陆王虽都有批评，但是终以批陆王为多，尤其对“无善无恶”之攻击不遗余力，甚至认为陆、王皆不应从祀，且大力称扬陆陇其，认为他辟阳、辟王，功劳极大。最值得注意的是，全录中未见一语提及潘平格或与潘氏有关的思想。[④] 朱用纯的《愧讷集》中亦未提及潘平格[⑤]，不过朱氏与陈瑚、陆世仪组考德谋业会，同时致力地方小区性建设工作，可能就在这一点上，与潘氏的治平之学能相契合。

清代的《初月楼闻见录》中记昆山多平格弟子。[⑥] 而光绪《慈溪县志》卷三十一中，也依据雍正府志说“至今门人在昆山

---

① 我所用的《确庵文稿》是日本浅草文库藏本，这部文集编辑颇为零乱。

② 金吴澜等修：《昆新两县续修合志》卷三十四，12b 页。

③ 孙静庵：《明遗民录》，215 页。

④ 诸士俨：《传》，见《勤斋考道日录·续录》，1 页，《太昆先哲遗书》本。

⑤ 朱用纯：《愧讷集》（民国十八年刊本）。

⑥ 吴德旋：《初月楼闻见录》卷四，5b 页。

者尚守其师说”[1]。可惜在相关的志书中还查不到更进一步资料。但既然雍正年间所编的府志用“至今”二字，则显见在雍正年间潘平格一派在该地尚有势力。

（三）金华弟子

我们基本上是从《求仁录辑要》书后所附的一篇金华赵忠济的《广丽泽约》才知道潘平格之学曾西传金华。赵忠济生平资料只见其门人王崇炳（1653—1739）的《学耨堂文集》卷四中的一篇传记，该文集未见，不过钱仪吉《碑传集》中所收王崇炳《赵先生忠济传》当即文集之文。

这一篇传记中并未提到潘平格，文中说赵氏学宗姚江，以致良知为主：

> 先生教人，独揭良知之旨，接引之心甚坚，曰，教人非止成物，乃成己事，傥云学可不讲，便同自弃。甲寅之乱，人有流离之患，犹与韩国辅先生讲学不辍。其言有曰，求性命不出尽伦物，伦物恳切处……即性命纯亦不已处。此学明，而平日浮泛之言尽涤，而反诸切实平易，当下便可着脚。从善信以及圣神，只此一条鞭做去，其理则先圣后圣所不易，其心则天地鬼神所同契，其事则愚夫愚妇所共能，以之修身齐家治国平天下，俱不外此。[2]

从这一段描述，还不能非常清楚明白金华赵忠济与潘氏思想的关联。

---

① 杨泰亨等纂：《慈溪县志》卷三十一，1页，清光绪二十五年刊本。

② 见《清代碑传全集》，634页。

不过从赵氏所写的《广丽泽约》中却可以看出赵忠济等人所组的的广丽泽会受到潘平格之影响。赵氏说："慈邑潘先生皇然忧之，提出真性命，指破真工夫。其云万物一体者，即孟子万物皆备之旨也。其云格通人我者，即孟子强恕而行之旨也。"(《录》，688 页)

究竟潘氏如何影响他们，在这段话中并未直接说出，但是从"皇然忧之""指破真工夫"等语看来，他们受潘氏感召最深的，是目睹晚明以来，天下大乱，百姓流离，转徙沟壑，故以救世、治平天下为个人性体中所不容已的这一点。

虽然说潘平格学说对当时思想界之影响南至金华，西至苏州、昆山、常州，东至宁波[①]，不过我们毕竟没有多少材料来描述其实况。

（四）平行的现象

前面已提到过，受潘平格吸引者，同时也受颜、李及陆世仪的吸引。这一平行现象也可以透露一些讯息给我们。信潘氏又信颜、李的有万斯同及郑性。信潘氏又信陆世仪的，如归庄。此处先谈前者。

万斯同自言因信潘氏学说而引起老师及同学大怒，此后遂置理学不讲，专力经史。忽忽过了将近四十年，在北京读到李塨的《大学辨业》，得悉颜元的学说，乃感动"下拜"，"不谓先生示我正途也"。[②]

---

① 方祖猷：《黄宗羲与潘平格》，见《清初浙东学派论丛》，142 页，台北，万卷楼图书公司，1996。

② 李塨：《万季野小传》，见《恕谷后集》卷六，71～72 页，见《丛书集成初编》第 2489 册。

万氏之所以“感动下拜”，其因畅发于万氏为《大学辨业》所写的《序》中：

> 《大学》一书，见于戴氏之《礼记》，非泛言学也。乃原《大学》教人之法，使人实事于明亲之道焉尔。其法维何？即所谓物也。其物维何？《周官》大司徒之三物是也。三物者，一曰六德：知、仁、圣、义、中、和。一曰六行：孝、友、睦、姻、任、恤。一曰六艺：礼、乐、射、御、书、数……当是时，上无异教，下无异学，其为法易施，其为事易行也。降及春秋，世教渐微，而《大学》三物之法，或几乎衰矣。然教虽衰，其成规未尝不在，固人人之所共知，此作《大学》书者所以约其旨于格物，以见三物既造其至，则知无不致，而诚、正、修、齐、治、平之事，可由此一以贯之矣。后之儒者，不知物为《大学》之三物，或以为“穷理”，或以为“正事”，或以为“扞格外诱”，或以为“格通人我”，纷纷之论，虽析之极精，终无当乎《大学》之正训，非失之于泛滥，则失之于凌躐，将古庠序教人之常法，当时初学尽知者，索之于渺茫之域，而终不得其指归，使有志于明亲者，究苦于无所从入，则以不知“物”之即三物也。蠡吾恕谷李子，示予《大学辨业》一编，其言物，谓即大司徒之三物，言格物，谓即学习礼、乐、射、御、书、数六艺之物。予读之击节称是，且叹其得古人失传之旨，而卓识深诣为不可及也。夫古人之立教，未有不该体用、合内外者。有六德、六行以立其体，有六艺以致其用，则内之可以治己，外之可以治人，斯之谓大人之学。而先王以之造士者，即以

之取士，其详见于《周礼》，其法实可推行乎万世，惜乎后之儒者不知也。独程子谓《大学》之道，古之大学所以教人之法，而朱子引之。夫既知为大学教人之法，何不即以三物之教释之，而乃指之为穷理。夫言学习三物，则穷理在其中，但言穷理，则言学习三物之事或未实矣。李子本其躬行者，著为是编，乃述古人之成法，非创为异途以骇人，而格物之正训实不外此。[①]

由这一篇序，可以看出他早年欣赏潘平格的，也正是晚年欣赏颜、李之学的地方。颜、李是朱、王两派一齐撕破的，对训格物为“穷理”（朱），或“正事”（王）都不满意，改以乡三物释格物之“物”字，也就是以家国天下之事为所当“格”之“物”。而潘平格之“物”也正是“家国天下”，清吴德旋的《初月楼闻见录》上便直截了当地说潘氏以“物者，身家国天下也”。[②] 不过，经过四十年，万氏显然认为潘氏不如颜、李。万斯同的同学郑性也是先受潘氏吸引，而后来又被颜、李学说感召的人。他的经历与万斯同如此相似，颇可玩味。

万斯同在京师表示拜服颜李之学是康熙四十年（1701），这时他对潘氏学说有所不满意，觉得他所“立”的部分只“立”了一半——他认为潘氏以“格通人我”释“格物”还不是《大学》正训，也就是少了《大学辨业》中“言格物，谓即学习礼、乐、射、御、书、数六艺之物”。这一个不满足的心情与李塨在康熙五十年读到潘氏著作的评论是一样的，李塨说潘氏讲朱子近羽，

① 万斯同：《石园文集》卷七，11b～13a 页，收入《四明丛书》第四集。

② 吴德旋：《初月楼闻见录》卷四，4b 页。

陆子近缁与习斋之说不谋而合[①]，也就是在一齐撕破方面与颜元相近，但在“立”的方面便不然了，既倡家国天下为一体之学，却置礼乐兵农不讲。[②] 也就是说，潘氏虽到处鼓吹治国平天下之学，但倡导有心，实践无功，在实学的层面上完全不曾用功，这与归庄之不满潘氏之处亦有相仿佛之处。归庄的《叙过》中说他在向潘氏北面称弟子后，过了一个多月，便“见其徒逞笔端，全无实学”[③]。

由万、颜二氏的话，可以发现，在治平之学方面，潘氏是大胆指出一个方向，表示这才是孔孟的正脉，可是在这个大风气下，他只是转步，并未移身，未能在礼乐兵农的问题上有任何实质建树。我们今天读《求仁录》，也有这种感觉，觉得全书只到“笃志力行”而止，但并未指导人力行些什么。

（五）黄梨州对潘平格之批判

黄宗羲之所以要用力批判陈确[④]与潘平格，其实有相当值得注意的思想史意义。

凡是黄宗羲认为潘平格抄袭前人思想之处的，大抵是他并不大反对的。而这些地方主要是治国平天下的哲学。在明亡之后黄宗羲本人也表现出相当强烈的经世意愿，并以将理学、气节、经济、文章给合在一起为傲。不过他不满意潘平格处处倒着讲，

---

① 李塨：《醒莽文集序》，见《恕谷后集》卷十三，162 页，见《丛书集成初编》第 2490 册。

② 冯辰、刘调赞：《李塨年谱》，165 页。

③ 《归庄集》，501 页。

④ 参考王汎森：《〈中国近三百年学术史〉中一件公案：再论黄宗羲与陈确的思想交涉》，见《钱宾四先生百龄纪念会学术论文集》，241～260 页，香港，香港中文大学新亚书院，2003。

“必欲从家国天下以致知，是犹以方圆求规矩也”，也不满于潘氏思出其位，“使举一世之人，舍其时位，而皆汲汲皇皇以治平为事，又何异于中风狂走”。[1]

凡是黄宗羲所反对的，尤其是斥为受禅学影响的部分，即是他所最不能忍受的，而这些都是有终结宋明理学之倾向的思想。[2] 但是，令我们这些后代读者感到兴趣的是，潘氏常只是比黄宗羲更为激烈而已，如果只将某些字句孤立来看，人们甚至会感到两人之间有惊人的相似性。譬如有关“体”的问题，黄宗羲指控潘平格要“灭体”[3]，而黄宗羲不是也说过“心无本体，工夫所至即其本体”吗？黄氏当然不是真的不要本体，只是认为没有工夫的本体是探之冥冥、索之茫茫，没有工夫而只讲识认本体，是惝怳恍惚。但无论如何，到了最后，工夫还是要和本体两相凑泊，也就是内与外究竟要合一才行。潘平格不一样，黄宗羲说他是“必欲合内于外，归体于用”[4]。从这一点看，黄宗羲还是站在心学旧典范，抱持着无论如何“规矩”必先于“方圆”的想法。但潘平格较为激烈，他们两人的差别常只有一线之隔。这一线之隔对黄宗羲来说非常关键，但是对受他教导的下一代而言，可能就没什么了。就是因为这个原因，黄氏的几个得意弟子，在受了他的熏陶之后，便跟随他走到旧典范的终点。所以他们竟成了最容易受潘平格吸引的一群人。

本文一开始时已提到过，潘平格之所以吸引人，一方面是因

① 黄宗羲：《与友人论学书》，见《黄宗羲全集》第10册，145～146页。
② 同上书，150～151页。
③ 同上书，148页。
④ 同上注。

为“破”，一方面是因为“立”，同时他又将心性与治平之学做了巧妙的结合。而从上述诸人与潘氏交往的蛛丝马迹中，可以看出潘氏之所以吸引人，是因为他在“破”与“立”两方面都击中了这一代人共同的焦虑与关怀：旧的传统需要改进，而治平之学亟须倡导，这两点其实便是清初思想中最重要的特征。

清初的下层经世思想

晚明清初昆山太仓一带文化活动异常发达，当地的“娄东四友”特别引起人们的注意，这四友是陆世仪、陈瑚、盛敬（1610—1685）、江士韶（1612—?），其中陆、陈两人在清初思想史中都得到相当的重视。盛敬与江士韶的著作绝少留传①，陈瑚的文字也非常零乱，并未得到系统的整理。② 只有陆世仪有完整的著作传世。

一般是将陆世仪与陈瑚等人放在明末清初理学思想的发展史来看，本文则是想将他们放在地域性的小区建设的脉络中来看，故讨论的主题不是他们的理学思想，而是他们的下层经世思想及他们与一个村庄的关系。

但是此处必须强调：描写士人与一个村庄的故事是一件相当

---

① 吾人只有在《娄水文征》中见到几首盛敬及江士韶的文字（《娄水文征》卷五十所收）。盛敬的是《〈形胜要略〉自序》《〈续高士传〉自序》《樊村先生传》《郁存斋传》，江士韶的是《答确庵问》《与陈确庵书》《思辨录辑要总序》。

② 目前我所见到的是日本浅草文库的简本，无卷次，无目录，无页码，只是依文章的类别收在一起，看起来是初刻未完成的本子。

困难的事。传统史料中关于村庄的本来就非常稀少，所以有一大部分的活动只能靠诗文酬唱的材料去加以重建。

一

首先，我想谈陈瑚与陆世仪小区工作的思想背景。

陆世仪与陈瑚都是以提倡治平之学而闻名的士人，但他们又是遗民，不能入仕清朝，使得他们的治平之学无处发挥。他们很快地将效忠对象转到老百姓身上，致力于下层的小区建设工作。这是一个相当值得注意的趋向。《思辨录》卷二十中有一条陆世仪夫子自道之问：

> 历观古今以来，大抵经时变革，一时贤者不死于忠节，则归于隐遁，其或去而入于空释者，更多有之。盖君臣之义已定，改节易操，固无其事，而夙有抱负者，又不甘与齐民同老，共逃于禅悦，而更为主张门庭，亦士君子不得志于时之所为也。然而圣道自此日晦，世界自此日坏矣。[①]

陆世仪是不逃禅的。至于陈瑚，他曾作有《逐僧徒檄》，所以更是不逃禅的。[②] 陆世仪认为，“道乃天下后世公共之物，不以兴废存亡而有异也”[③]，又说“不能致君，亦当泽民，盖水火

① 陆世仪：《思辨录辑要》上册，402～403 页。

② 陈溥：《安道公年谱》卷上，10b 页，清光绪十八年刊本。

③ 陆世仪：《思辨录辑要》上册，403 页。

之中，望救心切耳”[①]，所以他自然而然地走向下层经世运动。

陈瑚也有亡国士人那种满腔志气无处发挥的不得已之叹。他在一次演讲中充分道出这种苍凉之感，那次演讲留有非常浅白的记录文字：

> 当初吾辈讲学，岁有岁会，月有月会，旬有旬会，季有季会，大家考德课业，严惮切磋，……那时节觉得此心与天地相通，与千圣百王相接，未免起了妄想，出则致君泽民，做掀天揭地事业，处则聚徒讲学，得天下英才而教育之，如濂洛关闽诸儒一般，不想时异势殊，两愿都不得遂，只得杜门息交，著书立言，已是十余年了。[②]

他没有像陆世仪那样说出“不能致君，亦当泽民”的话，但在明亡之后的作为，则可以断定他所从事的也是一种下层经世工作的想法。

除了亡国这个原因外，他们的下层经世工作还有一个与明末清初思想发展密切相关的背景。

在明代后期昆山、太仓一带已经形成相当强的地域意识，至少，在归有光的文集中便看得到一种关注地域性文化的倾向[③]，这与当时思想界的发展也颇相一致——那即是对普遍全天下的“理”的兴趣趋于淡化，而对私的、情的、欲的、下的、部分的、

---

① 陆世仪：《答徐次桓论应试书》，见《论学酬答》卷三，5b页，见《陆子遗书》。

② 陈瑚：《白鹿洞规讲义》，见《确庵文稿》，无页码，日本浅草文库本。

③ 佐藤一郎著：《中国文章论》，99页，赵善嘉译，上海，上海古籍出版社，1996。

个性的具有较大的兴趣，充分注视地域性的传统与人民权利的培养，与这股思潮应当有关系。它同时也在相当程度上反映了地方士绅拥有大量土地和财产，地方力量兴起，而且具有相当自主性的历史事实。

这股风潮似乎还反映了另外一个事实，即政府与社会之间日渐分道扬镳，政府那种粗节阔目，基本上只到县为止的行政机构（当然有些镇派有巡检司），已经不能与日渐商业化，日渐复杂化的地方社会合拍，而里甲制的崩溃，更使得如何在农村中建立规范与秩序的问题变得异常之迫切。乡约与讲圣谕是当时两种非常常见的活动，理学家中尤多提倡者，颜钧、罗汝芳等左派王学家对一般百姓所作的演讲中，圣谕、教民榜文、乡约便频频出现。是这些道德教化文字，而不是法律，成为他们所能想到最能维持一个变化万状而又有土崩瓦裂之可能的下层社会的良方。陆世仪在明末所写的《治乡三约》及陈瑚在清初所讲的《蔚村三约》中也都可以清楚看到乡约及圣谕的影子。

此外，晚明思想家对政治社会的批判，尤其是对君权、对封建郡县、对胥吏的评议，也与本文的讨论有关。我们有必要将陆世仪、陈瑚等人“乡为王道之所由基”的思想放在这个脉络下看，才能较清楚地把握其思想史意义。

一般讨论明末清初封建郡县之争时侧重在两点：第一，受章太炎（1869—1936）的影响，认为主张封建者希望借由推行封建以分清朝中央之权，最后使其分裂覆败。这是太炎在晚清革命宣传进行得如火如荼时所发之论，有强烈的现实政治意涵。不过如果说明遗老们完全没有一点阴谋也非实情，以顾亭林为例，他在给朋友的一封信上说：“引古筹今，亦吾儒经世之用，然此等故事，不欲令在位之人知之。今日之事，兴一利便是添一害，如欲行沁水之转般，则河南必扰，开胶、莱之运道，则山东必乱矣。”[①] 不过，他信中所指的“河南必扰”“山东必乱”之计策，与他花大力气结构的《郡县论》等大文章无关。

关于封建郡县之争的第二种意见是以为所争在中央集权或地方分权。但事实上，当时提倡封建者并不是真想完完全全回到封建，而且他们所着重的不是如何分君主的权或提倡自由民主，他们的关心另有所在。最要紧的是，他们一方面不满意于胥吏对地方的干扰，同时也受到明末天下大乱的刺激，觉得行某种程度之封建，可以一贯而有效率地经营下层，并可以厚植地方的实力，形成一个一个堡垒，足以对抗兵乱的侵扰。他们一致认为在郡县制之下县令成为流官，如走马灯般，一方面是对当地没有了解，另一方面是不能用较长的时间，甚至是世世代代的力量去累积地方建设，也不能放手用人作事，总之，不能经营出“小而好”的地方社会。

此处我要摘述他们讲封建但其实是在强调厚植地方力量的话。先谈顾炎武。顾炎武的《郡县论》共有九个短篇，作于明亡之后，带有深刻的反省性：

> 然则尊令长之秩，而予之以生财治人之权，罢监司之任，设世官之奖，行辟属之法，所谓寓封建之意于郡县之中，而二千年以来之敝可以复振。[②]

① 顾炎武：《顾亭林诗文集》，93 页。

② 同上书，12 页。

他主张任命县令，第一任为“试令”，三年后如觉称职，则真除，又三年，如仍称职，则封父母，又三年，仍称职，皇帝以玺书劳问，又三年，仍称职，则“进阶益禄，任之终身”，其老疾乞休者，可以举子弟或他人自代。一旦有人代其职，则旧县令“处其县为祭酒，禄之终身”，而被前任县令所举之人重新成为“试令”，进入另一个循环。[①] 在这篇长文的第四段中他提到用这样的制度可以“使县令得私其百里之地，则县之人民皆其子姓，县之土地皆其田畴，县之城郭皆其藩垣，县之仓廪皆其囷窌。为子姓，则必爱之而勿伤，为田畴，则必治之而勿弃，为藩垣囷窌，则必缮之而勿损，自令言之，私也，自天子言之，所求乎治天下者，如是焉止矣”。总之，他认为这是建设“小而好”的地方的办法，而且他认为如果实行此制，则一旦有战争，也不致“横行千里，如入无人之境也，于是有效死勿去之守，于是有合纵缔交之拒，非为天子也，为其私也。为其私，所以为天子也。故天下之私，天子之公也”。[②]

接着谈黄宗羲。黄宗羲未刊残稿《封建》一篇中，论调与顾炎武极为相似。他认为自秦到他为文时共一千八百七十四年，中国被夷狄所割者四百二十八年，被夷狄所据者二百二十六年，即使是号称全盛的时期，也常耗国家赋税的十分之三于岁币，十分之四于戍卒，但是“自尧以至于秦二千一百三十七年，独无此事”，其关键便在于是否行封建。他说：“若封建之时，兵民不分，君之视民犹子弟，民之视君犹父母，无事则耕，有事则

---

① 顾炎武：《顾亭林诗文集》，13 页。

② 同上书，14～15 页。

战。”[①] 又说“春秋江、黄、陈、蔡之属各足自守，使其为兵者仰食于上，则国非其国矣”[②]。黄宗羲特别着眼于军事防御，他认为古代的一国约等于当代一县，而古代的国因为封建之故，所以力量完足稳固，足以应付外敌，如果像当代的郡县，一切都由中央调派，遇战便不可能自守了。

至于王夫之（1619—1692），我想引他在《读通鉴论》卷十九讨论隋代职田制的一段话。他提到：“三代之国，幅员之狭，直今一县耳。仕者不出于百里之中，而卿大夫之子恒为士，故有世禄者有世田，即其所世营之业也，名为卿大夫，实则今乡里之豪族而已。世居其土，世勤其畴，世修其陂池，世治其助耕之氓，故官不侵民，民不欺官，而田亦不至于污莱。”郡县则“官无定分，职无常守，升降调除，中外南北，月易而岁不同”。[③] 王夫之本人并不赞成完全恢复封建，不过这段文字却也透露出他对厚植地方力量的认识；而且认为要有类似封建时代“卿大夫”那样的制度才可能达到这一目的。[④]

最后谈陆世仪。陆世仪的口号非常清楚而简洁——“乡者王化之所由基”。他说天下不可不以三代之法治之，以三代之法治之则必须复封建：

> 天下不可不以三代之治治也。不特天下为然，即郡邑且然矣。以三代之治治天下，其要在于封建，以三代之治治一

---

① 《黄宗羲全集》第1册，419页。

② 同上书，420页。

③ 王夫之：《读通鉴论》，640页，台北，河洛出版社，1976。

④ 有意思的是清代几次重大的文字狱案，如曾静、陆生楠案中，案主对封建的向往也是与前述诸人大体相近的，而他们也一无例外地遭到严酷的镇压。

> 邑，其要在于画乡，乡者王化之所由基也。有民人焉，有社稷焉，故孔子曰吾观于乡而知王道之易易，欲治一邑，亦治一乡而已矣。①

周代“乡大夫”是这时提倡乡治的人所常挂在嘴边的。王夫之说这等于是乡里宗族，但陆世仪却认为乡大夫等于是乡约的约正。陆世仪在《思辨录》卷十八中有一段话说：

> 贾谊云“众建诸侯而少其力”，此语最妙。今之州县大者方百里，小者不下五十里，此古诸侯之地也，愚谓今之封建者，当循古五等之爵，列为定制，凡治一州者为子爵，治一县者为男爵，此则有分土，有分民，权位爵禄一如古诸侯制。②

他所向往的仍是有分土、有分民的制度。在这一点上他与顾炎武等人想法相当近似，不过陆氏更为深入地考虑县以下的组织。

不管顾炎武、黄宗羲或王夫之都清楚意识到传统郡县制中，“地方”完全是一个空洞的间架，县以下的政治等于是无治，只有胥吏偶尔下乡，侵扰之事甚多。这里牵涉到一个中国政治史上的根本问题。传统的政治建构在县以下的层次基本上不存在，故实际上是无治状态，成了传统政治中的“不安定层”。清末的思想家刘师培（1884—1919）有这样的观察。他认为，因为中国传统下层社会是近乎无治的社会——这是因为中国几千年政治的理想是被儒家与道家的“无治”的倾向所影响——所以传统中国的

---

① 陆世仪：《治乡三约·自序》，1a页，见《陆子遗书》。

② 陆世仪：《思辨录辑要》上册，360页。

专制政治的实质是：官吏几乎未下达到百姓，县以下的社会始终是近于无政府状态，而百姓也不信任他们的长官，法令近乎是空文，没有人真正拥有任何权力，也没有人真正遵循法令。所以传统中国虽然有政府，但实际上等于所有国家建制都被摧毁后的无政府状态。[①] 在民国初年，毛泽东（1893—1976）也这样形容中国下层政治的“无治”状态：

> 中国之大，太没有基础，太没有下层的组织。在沙堵〈渚〉上建筑层楼，不待建成，便要倾倒了。中国二十四朝，算是二十四个建在沙堵〈渚〉上的楼，个个要倾倒，就是因为个个没基础。四千年的中国只是一个空架子，多少政治家的经营，多少学者的论究，都只在一个空架子上描写。每朝有几十年或百多年的太平，全靠住一个条件得来，就是杀人多，流血多。人口少了，不相杀了，就太平了，全不靠有真实的基础。[②]

这一段话中一再说中国太没有下层组织，又强调过去二三千年多少政治家的经营，多少学者的论究，却只在一个“空架”上描写，也就是说他们全未在下层社会组织上用心。他接着说：

> 因此我们这四千年文明古国，简直等于没有国。国只是一个空的架子，其内面全没有什么东西。说有人民罢，人民

---

① 王汎森：《刘师培与清末的无政府运动》，载《大陆杂志》90：6，1995年6月，5页。

② 毛泽东：《反对统一》，见《毛泽东早期文稿》，530页，长沙，湖南出版社，1990。

只是散的，“一盘散沙”，实在形容得真（不）冤枉！中国人生息了四千多年，不知干什么去了？一点没有组织，一个有组织的社会看不见，一块有组织的地方看不见。中国这块土内，有中国人和没有中国人有什么多大的区别？①

他们所谈的虽是清末社会，但用来批评明末清初的地方社会亦不太离谱。顾炎武等人都警觉到地方之无组织、无力量，但却未讨论县以下应该有什么组织。他们的考虑也大致到县令这一级，思索究竟应如何以封建的办法加以补益而已，但是县以下仍是一个空洞的间架。陆世仪则积极地考虑到乡这一个阶层，并考虑如何以“联社”——一种人民自发性组织来代替保甲系统，如何以儒生的力量取代胥吏，而最终的目标是将乡间社会用儒家的理想组织起来。

陆世仪《思辨录辑要》卷十八有几段话讨论“乡”这个层次的问题：

治天下必自治一国始，治一国必自治一乡始，治一乡必自五家为比十家为联始，予尝作《治乡三约》，先按地势分邑为数乡，然后什伍其民，条分缕析，令皆归于乡约长，凡讼狱、师徒、户口、田数、繇役，一皆缘此而起，颇得治邑贯通之道。②

他说欲行王道，一定要自分乡开始，并说分乡是“小封建法”：

① 毛泽东：《反对统一》，见《毛泽东早期文稿》，530～531 页。
② 陆世仪：《思辨录辑要》上册，370 页。

> 分乡是小封建法。今之为县官而欲行王道者，必自分乡始。[1]

他认为好县令，好乡长是治天下之基础：

> 治天下须用得几个县令，好县令，古诸侯也；治州县须用得几个乡长，好乡长，古乡大夫也。得其人则治，不得其人则乱。[2]

但他又认为一般所常实行的乡约是不行的：

> 今之为治者动行乡约、社仓、保甲、社学，纷纷杂出，此不知为治之要也。乡约是个纲，社仓、保甲、社学是个目。乡约者约一乡之人而共为社仓、保甲、社学也，社仓是足食事，保甲是足兵事，社学是民信事，许多条理曲折都在这一日讲究，不然，徒群聚一日，说几句空言，有何补益。[3]

陆世仪在《治乡三约》中系统地提出一套办法。陆氏的《治乡三约》并未完全脱离乡约的间架，不过他认为其他人所实行的，是定期召集一群人说几句空话而已，他不一样。他是以乡约为纲，将常平仓与社学等民生实务结合起来。而且在乡约见面那一天，要将这些日常生活中的实际事务都拿出来讨论，故带有乡民会议的性质。他的《治乡三约》不是只计划精神教化的部分，

---

① 陆世仪：《思辨录辑要》上册，372 页。

② 同上注。

③ 同上书，371 页。

而且还要把地方日常实务及社会救济都包括进来。将过去那种以道德教化为主体的乡约组织变成一个兼顾日常经济、社会、军事生活的组织。

二

《治乡三约》中规划的乡民组织与过去流行的各种乡约不同，除了约正之外，它很清楚地规定设立教长、恤长、保长三职，将教化、武力防御与小区的社会救济看作同等重要的项目。对社会救济的重视尤其与陆氏及陈瑚等组织“同善会”的想法相符合。

此处我要将《治乡三约》中的规划大致作一叙述。

首先陆氏说：“夫何以谓之乡约也？约一乡之众而相与共趋于社学，共趋于保甲，共趋于社仓也。四者之中，乡约为纲而虚，社仓、保甲、社学为目而实。今之行四法者，虚者实之，实者虚之，纲者目之，目者纲之，此其所以孳孳矻矻而终不能坐底三代之治也。”[①] 这也就点明了他所重视的不只是乡约之人聚会那一天的作为，而是平时的组织和工作。

“治乡之法，每乡约正一人”，“乡无长不可治”，“以本乡中廉平公正宿儒耆老为之，凭一乡之公举”。[②] 约正掌管三件事：“一曰教约以训乡民，一曰恤约以惠乡民，一曰保约以卫乡民。”“教约即社学之意，恤约即社仓之意，保约即保甲之意”，而且每一种约都要设长，且设簿籍以明确管理——“教长”有户口秀民

① 陆世仪：《治乡三约·自序》，2a页，见《陆子遗书》。

② 陆世仪：《治乡三约》，1页，见《陆子遗书》。

之籍，“恤长”有常平役米之籍，“保长”有役民之籍。[①]

“三约”对于官府属于补助性地位，也即是说它是补官府力量所到不了的“乡”这个层次，将过去由官府派胥吏偶一行之的权力转由士人所领导的村民自己组织起来管理自己，故它并不是要形成任何有组织的社会力量与政府并立或相抗衡。除了每月初一，由约正率其所属乡民在该乡村较为宽大的空间讲约外，每年正月及春秋两次大会时，约正必须率三长听官府讲约。

在全乡聚会的场合，首先教民读法饮射。陆世仪不满意历来乡约中只讲明太祖圣谕六条，他认为还应该将大诰、律令及孝顺事实、浅近的格言，由社师逐次讲演，使百姓熟悉，并有所警惕。此外，还要行乡饮酒，并教导人民习射，各类武器的费用由恤长负责拨给。

此外便是吕氏乡约以来基本上不曾改变的“彰善纠过”的活动。有大善大过要向官府报告，小善小过则于会中称奖训诫。这一点倒是与陆世仪在《思辨录》卷十八中的一段话相矛盾，在那一段话中，陆氏说“乡约中止宜赏善，不宜罚恶，盖辱之于大众之中，使人无自新之路”[②]。

前面曾提到《三约》对于官府是居于辅助性地位，所以它明白规定，凡钱粮户役等地方公事由官府下于约正，约正会三长议行之，凡民事亦上于约正，由他转呈官府。人民如有诉讼，大事决于官府，小事则由官府授权约正，由约正与“教长”评量，他表示这是明初设立申明亭、里老人之制的遗意，比缠讼不休更能

① 陆世仪：《治乡三约》，1页，见《陆子遗书》。

② 陆世仪：《思辨录辑要》上册，371页。

有效地化解地方问题。

所有乡民之事到了年终之时，要上报之于官府，尤其是约中的图册，约正留下副本，将正本送之于官府——“官府受而藏之，以周知各乡之事”①。岁终，人民的表现由“三长书之”②，三长的表现由约正考核。不过三长的黜陟不是约正所得而专，他还需要向官府报告才行。此下分述三长的角色和地位。

三长皆是约副。“教长”以知书义者为之，由约正与一乡之人公举之，他负责一乡之“教事”。所谓“教事”包括《周官》中的六行，即教孝、教友、教睦、教姻、教任、教恤，教长还掌管全体人民的户籍，将人民以十家为联组织起来，每联有“联首”，十联为社，社有“社师”。社师是一个特殊的设计，“社师以学究知书者为之”，立联社，是为了行教化，补救社学空洞化的问题。当时社学“多教之作文，诱之考试”，但他要乡村中小孩“于每月朔望赴本社社师处，择宽大处所，歌诗习礼，拜先圣先贤，其有声容端好威仪闲习者，注善。有举止疏忽跳踉不驯者，注过。习礼既毕，教长即以孝友睦姻任恤之道约举故事，随宜讲导，遇讲约大会，则社师各举其善者进之于会所，官府试其善否而记注之”。③

教长也负责绘制当地地图，当百姓有争讼之时，教长要与联首及社师辩论双方的曲直。

“恤长”职掌一乡之社会救济，凡是周贫乏恤死丧的工作都由他负责。他也负责常平义仓粟米出入的记录，这份记录必须不

---

① 陆世仪：《治乡三约》，4a 页，见《陆子遗书》。

② 同上书，4b 页。

③ 同上书，6b～7a 页。

时呈于约正。凡地方上有鳏寡孤独的案子也由恤长报告给官府，因为政府的养济院专为上述情形而设。官府一向不知道本乡之中还有此等人，所以必须由恤长专门负责申报，由约正核实，报之官府，然后可以将他们送入养济院。“恤长”的另一个重要责任即遇灾害时设粥赈济，过去这种事因无专责管理之人，而且每县只设一、二处，所以不但是消极性的，弊端也很多。陆世仪认为应该落实到乡的层次，平时即由恤长负责，且一乡之粥厂只供该乡之灾民食用，如有流民就食，必须由官府接手，或是由官府安排分食于各乡。

陆世仪认为每乡都应有一支地方武力，而且这一股兵力之形成，不能像保甲法那样由各户出壮丁，而应该是从“恤长”平时对贫寡之人所作的调查记录中选取，大致是“菜佣及担夫仆役之类”，统称之为“役民”，由保长率领。这一支武力基本上照军队的方式编制，平时也负责筑城浚隍修葺庙宇之类工作，农功之隙则负责兴修水利，在灾荒发生之时，这一支力量拨归恤长暂领，以应付突发状况，闲暇时则习射及击刺，凡作战及盗贼水火之事，皆由他们负责。

陆世仪总结说：“凡乡之教事责教长，恤事责恤长，保事责保长，三长非其人责约正，约正之邪正，官府治之。”“三长不称职，则于年终之时约正白于官府而请易，至于约正，则必俟岁终，合一乡之公评而诛赏，不得数数废置也，此亦久任之意也。”① 这里的“久任之意”深值玩味。这是陆世仪一向的主张，即乡大夫之职应该久任，以便能切实谋求这个地区的真正长远的利益。

① 陆世仪：《治乡三约》，14～15页，见《陆子遗书》。

三

陆世仪的《治乡三约》并未得到过实践的机会，所以只是思想史的文献，不过他数十年的密友陈瑚却在明亡之后在昆山附近的一个小村落中实行过类似的组织。

陆世仪与陈瑚的一生有相当清楚的平行性，他们年岁相仿佛（陆长陈两岁），早年的老师是一样的，连不约而同实行功过格也在同年，后来他们在1637年立修身日记，并组织考德课业会，考德的部分是以日记的方式，详记每人每日反省身心的记录，课业的部分则是以研究讨论儒家的经典为主。他们旬有旬会，月有月会，岁有岁会，持续了相当长的时间。

明亡之前，他们都预觉天下将要大乱，而有寻地避居之举。亡国使得这两位原先怀抱天下之志的青年过着遁迹息影的生活，但也使他们体认到，国家亡了，但百姓还一样是自己的百姓，所以他们的“忠”由上转移到下。入仕新朝为异族效命是不义的，但是为百姓谋福利的地方性工作却仍是一个“士”所应负起的，故他们一面抗拒新朝，一面到民间去，转向最基层的工作。与传统士人一样，陆世仪与陈瑚有关心全天下国家的著作，譬如陆世仪的《思辨录》、陈瑚的《治纲》。但是特别突出的应该是他们对地方，对一个小地区的设计与筹谋。

以陆世仪为例，他在1637年二十七岁时写了《治乡三约》，1640年作《桑梓五防》。其中自设问说“不忧天下而忧一邑，何子之迂”[1]？其实正充分体现出他只爱一邑的特色，他说：“盗贼之起必先于乡，而防盗之法亦莫难于乡。”[2] 1641 年上《救荒五议》，组织同善会，1644 年写《筹改折议》希望政府变漕税为改折，使太仓百姓大为得利。此外，如疏娄江，如讲求三吴水利（1671 年），如考究区田法，甚至教人民如何使用新农具，皆是专注地域性问题，也都是把注意力由天下国家放到一个小乡的表现。

陈瑚所做的文章，所从事的工作，与陆世仪都若相仿佛。陆世仪有《治乡三约》，陈瑚有《蔚村三约》，陆有治河方面的论述，陈也有这方面的著作，陆有改革赋税的建言，陈瑚也有相似的建言，陆主持新刘河的工作，陈也主持了蔚村的水利工作。[3]

陆世仪与陈瑚平行的生涯中，以在昆山附近的蔚村推行“村约”为高峰，这也是本文的重点。在这件工作上，陈瑚是主，陆世仪是客。陆世仪在明亡之后曾经遁居于一个乡村，可是因为村民暴乱，所以又躲回城市，充分印证了所谓“大乱逃乡，小乱逃城”之俗谚。他此后便住在太仓。陈瑚不一样，他遁居在一个荒僻的村庄——蔚村，后来虽有几度在外，但基本上以蔚村为乡井。

陈瑚之避地蔚村是一件偶然的事，在明初亡那几年，他转徙各地，想寻找一个地方躲避弥天战火，先到任阳然后才到蔚村。蔚村在昆山东北三十里，水道曲折，是一个七十二个左右小潭连

---

① 陆世仪：《桑梓五防》，1a 页，见《陆子遗书》。

② 同上书，6b 页。

③ 即使是在生活的细节上，两个人交光互影之处也极多。吾人今日打开两人的诗集，可以发现他们的交往，所吟咏的场合、主题相重叠之处非常之多。

成的荒村，带有相当程度的隐蔽性，据陈氏说如果不熟悉当地地理，不易得其门而入。[①]

这里必须强调的是关于蔚村本身及陈瑚与蔚村的材料极度稀少，在今天的地图上也找不到这个地名[②]，我们已经找不到任何材料说明陈氏移居此村后，何以马上成为当地小区改革的领袖。零零碎碎的材料只是告诉我们，他很快地在当地成为精神领导并实地规划农田水利等方面的工作。

陈瑚在蔚村从事工作一事常被后人提到，并作为一种楷模性的工作。[③] 可是从来没有人提及，他除了在蔚村讲“孝弟、力田、为善”三约外，还做了些什么事，所幸陆世仪一首诗的序中保留了陈氏在当地所从事的组织工作之大概。《陆子遗书》诗集卷三《打乖吟戏赠确庵》：

确庵于蔚村结四大会，大会之中又分四小会，一讲会，

---

① 陈瑚《蔚村八胜诗同石隐寒溪桴亭作》一诗诗序上说：“蔚村在昆城东北三十里，地远而僻，水道纡折，无乡导则不得人焉。相传为有唐鄂公尉迟敬德躬耕处，陈顽潭即其故宅趾。潭之阳有鄂公祠，土人奉为社，以祈风雨赛祷，每着灵异。士风俭陋，荐仅蔬菜，予至，易以血食，更谋鼎新之祠。前双柚树作门，祠下有井，甃砖为黄苔所蚀，苍碧粼粼，井中有神瓷，一时浮沉水间，人欲取，卒隐不可得。村田修广千亩，洼而颇腴，作堤四围之，水旱蓄泄是赖。内为潭七十二，悉种荷花，而陈顽潭为之长。其大滨则村潭之不税者，故土人不种荷。公取鱼虾之利，秋夜玩月，于此为胜……杨氏宅即今予遁迹读书处也。嘉靖中倭寇海上，凤里周公钖避兵居此宅，周为名贤，土人谓此宅前后居停隐者，亦宅相之善。”见陈瑚：《确庵文稿》卷一诗歌《顽潭集》，无页码。

② 我所使用的是1974年台湾“联勤总司令部”测量署所发行的五万分之一尺昆山县地图。这幅地图由范毅军先生提供。

③ 晚清《国粹学报》中常提到陈瑚，到了民国时代唐文治等人在文章中也有意复兴陆、陈等人的传统，见唐文治：《陆桴亭先生遗书研究法》，载《学术世界》，1卷1期，1935，3～5页。又如孙静庵：《明遗民录》，21～22页。

> 与同志讲《易》，一忏会，以合蔚村奉佛诸公，一乡约，以和村众，一莲社，以联诗文之友。戊子十二月朔同人四集，时予徒舜光、范先皆在，二子不好佛，确庵恐其惑，作诗解之。[①]

陈瑚移居蔚村是在1647年秋天，很快的陆世仪便在来年四月前往拜访陈氏。[②] 前面所提到的四个会，便是当时观察的记录。

从这四个会的安排，可以看出陈瑚并未僵化地坚持以儒家思想来改易村民的佛教信仰，故特别组织了一个忏会来安顿村民百姓。陆世仪为了怕他自己在当地的两个学生会对这样的安排感到不满，故特别做一首诗讽谕之。陈瑚显然把蔚村人分为读书识字的士人及一般村民两种。士人参加《易经》的讲会，莲社是诗文之友的集会，而村约则是“村众”们的组织，陈瑚的后人陈溥仍居蔚村，他便清楚记载其祖将村民分成两个层次“以讲会淑君子，仿蓝田规以乡约教野人”。[③] 不过这一分野只是大概的，因为我们从陆世仪及陈瑚在《易经》讲会演讲的记录看来，一般村众也参加讲会，否则不会有百余人参加，而且从讲演者的口气中可看出在场听众显然包括村民。“莲社”是因为蔚村七十二潭悉种莲花而得名。莲社的社友不一定是蔚村居民，陈瑚在陆世仪《行状》中说他的一批朋友是“岁一入社”[④]。陆世仪有一首诗提

---

① 陆世仪：《诗集》卷三，11a页，收入《陆子遗书》。

② 《蔚村八咏》序曰：“戊子四月，同石隐、寒溪过蔚村访确庵，凡三夕。”见陆世仪：《陆子遗书·诗集》卷三，2b页。

③ 陈瑚：《蔚村三约》，见《娄东杂著·石集》，4b页，清道光十三年刊本。

④ 陈瑚：《尊道先生陆君行状》，见《桴亭先生行状行实》，5b页，收入《陆子遗书》。

到“（诸）鼎甫、（诸）惠甫、（黄）幼玉、（陆）鸿逸，皆子莲社友也”[①]，以上诸人皆是蔚村当地的士人。

“讲会”则显然是延续他们一班友人在明亡之前常举行的考德课业会。《安道公年谱》顺治四年条：

> 频年丧乱，诸子皆播迁无定，讲会之废有年矣，至是复举讲会，有书一首约王石隐、钱蕃侯、陆鸿逸、陆桴亭、曹尊素、江药园诸人集村中讲学。[②]

由上面引文可以看出讲会常有太仓、昆山等地的士人前来参加。

我们并未见到村约举行实况的材料，只知道尉迟庙是村约所，该庙是这个村的信仰及文化中心。该庙在蔚村的宗教功能，《从游集》中顾湄在《蔚村四首竹枝词》的一条双行夹注说：“相传尉迟忠武为此方土神，每岁元宵，村人至庙卜岁事，谓之作阄。”[③] 这个庙更是当地各种活动的公共空间，陈瑚在《重建尉迟土地庙序》中描述村民们在新翻修的尉迟土地庙中“与诸君子歌诗习礼弹琴学道于其中，则请以此为古人之讲堂”，“庙成，与野人燔黍捭豚，蒉桴土鼓，置社仓，行保甲，饮射读法于其中，则请以此为古人乡约所”。[④]

村约中最重要的安排便是约村人记日记，为改过迁善之学。而每天日记中所反省的便是陈瑚所立的种种规条。《安道公年谱》顺治四年条，说陈氏与村民立“莲社约法”五章：父子有亲，君

---

① 陆世仪：《诗集》卷三，15a页，收入《陆子遗书》。
② 陈溥：《安道公年谱》卷上，15b～16a页。
③ 陈瑚辑：《从游集》卷上，11b页。
④ 陈瑚：《确庵文稿》，无页码。

臣有义，夫妇有别，长幼有序，朋友有信。还立有“会戒”四条：不谈非礼，不发人隐私，不谋利欲事，不作无益会。可以举会的“会期”有四种：“论道之举，景物之举，燕享之举，过从之举。”[①] 他还替蔚村的讲会立了四项讲规“端心术”“广气类”“崇俭素”“均劳逸”，替当地的小学生立了“习礼、受书、作课、讲书、歌诗”五条规约。[②]

最值得一提的当然是陈瑚在1647年对村民讲《蔚村三约》了。由于没有其他更进一步数据，所以保留在《娄东杂著》中的这一篇《蔚村三约》便是难得一见的材料了。[③]

首先他点明这“三约”即是“孝弟、力田、为善”。他先说了一点客气话，说“吾村素多善人，不佞特以三条相约，自今以往，遵此者为顺德，与众人共奖之，反此者为悖德，与众人共罚之”。[④] 严重犯错者，则与众共逐出村约。他吟了一首诗，特别强调“神明”会在暗处起监督作用：

一门和气生千福，力种勤耕到及时。
惟有善人心最乐，神明暗里自扶持。[⑤]

这一首诗其实将孝悌、力田、为善三约都涵括进去了。陈瑚表示，这其实就是圣谕的道理，然后反复用最浅白的话讲这三条。由于原文相当浅白，故此处直接抄录。譬如“孝”，他说：

---

① 陈溥：《安道公年谱》卷上，16b页。

② 同上书，17a页。

③ 收入《娄东杂著·石集》。案，这一篇村约未见于浅草文库藏本《确庵文稿》中。

④ 陈瑚：《蔚村三约》，1a页。

⑤ 同上书，1页。

如何是孝，世上人不论贵贱贫富，这个身子那一个不是父母生的，孔子说：子生三年然后免于父母之怀。为汝父母万苦千辛，不知多少忧惊，多少劳碌。未曾吃饭先怕汝饥，未曾穿衣先怕汝寒，把得成人，便与汝定亲婚配，教汝兴家立业。这个恩真是天高地厚，如何报答。只是随你力量，饥则奉食，寒则奉衣，早晚殷勤伏侍，有事便须代其劳，有疾请医调治，倘或父母所行有不是处，须要委曲解劝，使父母心中感悟，不致得罪于乡党亲戚，父母殁后，须要及时殡葬，四时八节以礼祭祀，这都是孝的事。今人做儿子多不知孝其父母，及至为父母便要责备儿子不孝，不知自己先不孝，儿子看好样学好样，自然习成不孝了。①

陈瑚还立下一条规定，他每年要送一定布给该村七十以上的老人，作为孝敬长上的示范。他说这一点小东西“何足挂齿，也只要感动各位的孝心”。②

他解释“弟”字说：

如何是弟？凡人一家则有一家的兄长，一族则有一族的兄长，出外则有亲戚的兄长、乡党的兄长，都该去尊敬他，行则让他先行，坐则让他先坐，当揖就揖，当拜就拜，守了名分尽了礼节，不要争地争产有伤和气，不要撺哄外人反欺骨肉，以至乡党之间凡事皆要谦谨一分，古人说得好，爱人者人恒爱之，敬人者人恒敬之。我今日虽是子弟，将来也要

① 陈瑚：《蔚村三约》，见《娄东杂著·石集》，1b～2a 页。
② 同上书，2 页。

受别人的尊敬，今日我为卑幼，若不肯尊他人，后日我为兄长，人亦决不肯尊敬我，所以要尽一个弟字。[1]

他解释“力田”说：

如何唤做力田？一身之计惟在于勤，试看世间人那一个不从勤俭中起家的，从来说士之子恒为士，农之子恒为农，读书的要立身行道、显亲扬名，种田的要仰事父母，俯畜妻子，皆少不得这个勤字。古人云三年耕余，一年之食，九年耕余，三年之食，今人不但不能有余，即支持一年亦不可得，未免要去借债，借债未免要起利息，所以饥寒困苦，日甚一日，况今钱粮重务不可迟缓，田主收租亦不能十分宽假，不是刻苦勤俭，何以完公私两项。即看目前凡是男勤女俭，早起夜眠，父母兄弟同心协力的，毕竟成家立业，若是勤吃懒做，早眠晏起的，毕竟一败涂地，卖男鬻女。所以春耕、夏耘、秋收、冬藏，步步要及时，尽有错了一日，便差至几日的。故力田是农人的根本事，果然勤苦耕种，完了几石租，落了几石米，虽是粗茶淡饭，倒也吃得有味，虽是粗布衣裳，倒也穿得温暖，妻子也不骄奢惯了，儿孙也不游荡惯了，却有许多好处。此是力田的效验。[2]

他解释“为善”时将鬼神报应全引进来：

如何是为善？大抵做人只有善人恶人两路，然只在始初一念，一念而善，则所为无不是善，日复一日只管做了善

① 陈瑚：《蔚村三约》，见《娄东杂著·石集》，2b～3a页。
② 同上书，3页。

人，一念而恶，则所为无不是恶，日复一日，只管做了恶人。古人云，人间私语，天闻若雷；暗室亏心，神目如电。凭你瞒得人，瞒得官，瞒不得自己的心，自己的心明明白白，这便是瞒不得天地，瞒不得鬼神了。自古及今作善作恶，那一个放过不曾报应，只争个来早与来迟。所以要做好人，行好事，一村之中出入相友，守望相助，疾病相扶持，患难相救援，不可以强凌弱，不可以富欺贫，不可奸淫，不可赌博偷盗，愿大家安分，不犯王法，不见官府，各人自有受用，所以说要为善。①

从以上看来，他强调向村民灌输完粮纳税，安于本分的道理。他要各人记着孝悌力田为善三件事，回去还要对妻子兄弟提醒一番，一日如此，日日如此，一人如此，人人如此。如有能够行此三件事的，便是一乡中善人，便该赞扬他，扶助他，不能行这三件事的，便是一乡中恶人，便该惩治他，驱逐他。

值得特别注意的是，陆世仪、陈瑚等士人在明季为了砥砺志行学问而成立的“考德课业会”，尤其是每位会友俱立日记，时时省心，每十日作一总结算的办法，也推广到村民之中，由于没有进一步的数据，故无法仔细勾勒出村民如何实行这么高层次的修身日记。陆世仪有一篇《乾卦讲义》，光从篇名并看不出它与蔚村这一个小村庄有任何关系，但吾人只要细加阅读，便发现它是一篇上元节对村民们的演讲，其中提到“在会诸公又各各修身砥行，奉行日记，精者究极于身心性命，粗者用心于务本力

---

① 陈瑚：《蔚村三约》，见《娄东杂著·石集》，3b～4a页。

农"[1]，又说"学问之道无他，只今所行日记善过者是，知日记善过是学问，则日日记，日日进，日日变，日日化，乾坤六爻，正好体认，假如今日时势正当退隐，便是潜龙一爻，既是潜龙一爻，便当思何以为勿用，凡不易乎世，不成乎名，遁世无闷等句，俱要一一体认过，必无愧于潜，无愧于龙，无愧于勿用，然后可以谓之学《易》，然后可以完日记善过之分量"[2]。所以，他是将宣讲《易经》乾卦与村民实行日记的道理结合起来谈，像在这里，他就用《易经》中潜龙勿用的道理告诉村民们，在这个改朝换代的时候，应当退隐勿用，才合于圣人的道理。[3]

1648年四月间，陈瑚请原考德课业会的会友入蔚村讲学。前面已经提到过，明亡后三四年，会友散落，讲学中断，而此时陈瑚在蔚村经过一年的经营后，根基粗定，所以决定以蔚村为基地，请同学来"复举讲会"，陈瑚发出一道约书，约王石隐、钱蕃侯、陆鸿逸、陆桴亭、曹尊素、江药园诸人集村中讲学。[4] 在这一首约书中，他用了一个笑话说，因为经济条件艰难，所以并无鸡豚，拟学摩尼教"吃菜事魔"之故事。

村约的会是每月初一举行，考察的重点即是"孝弟、力田、为善"三点，除此之外，以农渔为生的人不可能有太多闲暇来听哲学性的演讲。不过1649年元旦，陈瑚合一村邻里皆参与讲会。[5]

---

① 陆世仪：《乾卦讲义》，见《文集》卷一，2页，收入《陆子遗书》。

② 同上书，2b～3a页。

③ 陈瑚的《顽潭诗话》（昆山赵氏峭帆楼校刻本）卷上《晚香亭集》序说："戊子同人举讲学会，每月朔必考德课业。"（3b页）

④ 陈溥：《安道公年谱》卷上，16a页。

⑤ 同上书，18页。

在这个会上，陈瑚讲乾坤二卦及迁善改过之说。[①]

陈瑚之外，陆世仪也讲了一段《易经》的乾卦，我们可以确定听众中有读书人，也有一般村民，所以这份讲义中提到“合一村邻里皆与斯会”，并说参与讲会的诸位“各各修身砥行，奉行日记，精者究极身心性命，粗者用心于务本力农”。[②]

看来鼓动蔚村读书或务农之人立日记，是陆世仪用来教化一般民众的利器，是他在蔚村的重要工作，而且也有相当成效，否则讲会中不会提到他们“各各修身砥行，奉行日记”，而且整篇讲义其实就是处处将《易》理与日记联起来，譬如他强调“学问之道无他，只今日所行日记善过者是，知日记善过是学问，则日日记，日日进，日日变，日日化，干卦六爻，正好体认”[③]。

同年夏天，因为蔚村大饥，陈瑚办“周急法”及社仓以救济当地百姓。[④] 陈瑚分析村人财务上的困难说，村人向富家借贷，有“轻出重入，余费重息”的情形，往往去掉了所借款的十分之七八，可是想济一时之急的人又不得不借，所以陈瑚特地从魁地

① 案，一般认为《娄东杂著·续刊》中的《蔚村讲义》是陈氏这次讲演的记录。但陈瑚所作陆世仪《行状》中提及“己丑元夕予以昆山诸君合甫之意，请君入村讲《易》”（《桴亭先生行状行实》，6a页，收入《陆子遗书》），陆世仪的年谱亦有同样的讲法。陆世仪另有《乾卦讲义》一篇，经过比对，这两篇文字除了讲者的自称之处有异外，内文可以说完全相同。所不同者，陈瑚的《蔚村讲义》末有一段诸士俨的跋语，提到这是陈氏告别蔚村讲会之讲稿，陆氏的《乾卦讲义》后面有《附讲易余义》。看来此文应该断归陆世仪，因为讲《易》在元月，陈瑚离蔚村在同年秋天，告别讲会亦应在秋天，则诸士俨的后记应是为另一篇讲义而写，编《娄东杂著》的人误以《蔚村讲义》为陈氏所讲，又误收诸氏的跋语于其后。

② 陆世仪：《乾卦讲义》，见《文集》卷一，1～2页，收入《陆子遗书》。

③ 陆世仪：《蔚村讲义》，见《娄东杂著·续刊》，18a页，道光乙巳年竹西锄蓿馆刊本。

④ 陈瑚辑《离忧集》：“确庵近置社田，周急村民。”（卷下，3页）

赶回来立了一个“周急法”，规定八条，主要意思便是春夏米贵之时发给秋冬米贱之时所收成的粮米五斗，用这个简单的办法来帮助春末乏粮的人。陈瑚自己形容这个办法说：“此法较之社仓为尤易，盖社仓有积聚，则生觊觎，而此则无积聚之患。社仓有出入则有耗损，而此则无出入之烦。社仓难在择人，而此则无怨无德，则任事易矣……本人所借，即本人自领，则不忧中饱。本家所出仍本家自收，则不虑那移。敛本蠲息便可施仁，则惠而不费，斗粟斛米即可见德，则广而不穷，盖一举而数善备焉。”[1]这五斗米是平时自己存进去的，等到灾歉时由自家领用，不会因向富人借贷而背负重息。同时在急用时由本家直接借出，亦由本家自收，中间不会被中饱，道理相当简单，但是人们先前并不这样做，陈瑚只是以一个公正而在当地具有声望的外来人出而规划提倡此事。“周急法”的办法很简单，但结果相当成功。由这个实例可以看出小区的建设工作，贵在有出面领导的人，只要有自发的领袖用一点心思便可以得到很大的结果。

陈瑚在蔚村三年，但最后却决定离开，原因至少有三个。第一是困于催科。但他为何困于“催科”已经不清楚了，不过陈氏在当地生活必定甚苦，故他决心离去时，当地有人愿意每年提供固定粟米加以挽留。第二个原因是蔚村为低洼之地，村庄比外围的水潭还要低，所以每逢大雨，不但访客阻不能入，住在村中的陈瑚也常要抱膝坐床上不能下地。第三个原因是与其父远隔，不

① 陈溥：《安道公年谱》卷上，19b 页。

能尽孝养之道。[①] 陈瑚离蔚村后在隐湖汲古阁主人、大刻书家毛子晋家就馆，一定有其现实经济上的考虑。

陈瑚也将蔚村的经验推广到别处。他于1650年到常熟隐湖毛子晋家教馆后，也在当地实行类似的工作，在《娄东杂著》中刻有一份他的《讲义条约》，其中的《圣经讲义》，便是他在隐湖讲演的记录，由这份记录看来，他是将当年考德课业会中立“日程”的办法推广到隐湖的村众身上。从《圣经讲义》可以看出这一延续性：

> 某当初十年前，也与同志数人力行此道，十日便考课一次……两年在潭上，也曾劝勉友人用力于此。今来湖上，复得同志如诸子辈。[②]

此后他在各处的讲会，也都一无例外的提倡他的“日程”，譬如顺治十三年讲学于诸庸夫草堂，再三强调的也是改过，痛自刻责如惩治犯罪。[③] 又如顺治十七年他入楚学使王长源之幕，到任之后便说“不佞莅任以来，刊布大小学日程”。[④]

在1650年隐湖这个会中，他说因为一般人看《大学》八条目看得太平常，“故又分出几条，作为日程，定一个迁善改过的

① 参见陈溥：《安道公年谱》卷上，21页。案陈父于明亡后遁居沙溪，《离忧集》卷下《温如先生》条龚挖序云：“乙酉夏秋之交，先生转徙波涛，目击锋镝之惨，裹足城阙，避地眉溪，里人重先生，恐旦暮去之，为结一草庵，树为榱柱，斧凿不施，蓬门圭窦，以馆先生，先生安焉。”（37b页）但龚挖也表示陈瑚曾对他说：“先生（陈瑚父）饭糗茹草，穷愁万状。”陆世仪在《陆子遗书·诗集》卷三也有“蔚村讲学之会，确庵尊人湄川先生在沙溪闻而乐之”之语。（16b页）

② 陈瑚：《圣经讲义》，见《娄东杂著·续刊》，4a页。

③ 陈溥：《安道公年谱》卷下，9b页。

④ 同上书，16b页。

法则。盖自己能迁善改过，便是明德，能劝人迁善改过，便是新民”[①]，每日的“日程”分“敬胜怠胜分数于每日之首”[②]，据当时笔录这场演讲的人说他要人们奉行“日程”，并教他们“日程”记法[③]，每天定时反省一些固定的条目。在蔚村，他要人们每天反省的事是有没有“孝弟”，有没有“力田”，有没有“行善”三件事？在隐湖，组成分子知识程度较高，所以他取《大学》中的八条目作为“日程”中反省的根据。他的理由是，如果未将古书中的道理归纳成一条一条的格言，基本上无法推广，百姓也不知道怎么样下手。他后来在一篇《时习讲义》中将这个道理说得比较清楚。他说：“既说读书，则凡天文地理兵农礼乐十三经二十一史，那一件不当读？既说做人，则凡为孝子、为悌弟、为忠臣、为信友，那一项不当做？然也不是空空去读，空空去做的，须有一个规矩准绳，须有一个法则。”所以他参考了袁了凡《功过格》、刘宗周《证人社约》、文介石（祖尧，1589—1661）的儒学日程定为《大学日程》。[④]

来年，因为蔚村水灾，陈瑚从毛子晋家匆匆赶回蔚村，率领村民筑堤。《安道公年谱》说，蔚村洼下多水，连年仍潦，村民饿死或逃到他乡者不少。但蔚村周围有十五里长，筑圩的工作，费大工劳，而且没人出面领导。陈瑚乃先进行勘查，定成条例，率领村民动手，前后只花五日即告竣事。[⑤]

陆世仪与陈瑚可以说都是当地的水利专家，在1657年时，

① 陈瑚：《圣经讲义》，见《娄东杂著·续刊》，2页。
② 同上书，3b页。
③ 同上书，5a页。
④ 陈瑚：《时习讲义》，见《娄东杂著·续刊》，11b～12a页。
⑤ 陈溥：《安道公年谱》卷上，22b～23a页。

陆世仪也曾经发帖号召，在十日之内挖浚新刘河，不靠官府，却作成了官方积久年深无法完成的工作。① 而他们也将这方面的经验写成理论性的著作，陆世仪的是《娄江条议》，陈瑚的是《筑堤书》。陈瑚在该书的序中说，低田之赖圩岸甚于都邑之赖城郭，而人们每每惜小费而误大计，以蔚村为例，花三十石的工费可以换得千石的收成，但是过去人们就是不肯动手去做。陈瑚说他在领导兴筑这十五里“高广坚厚屹然如城”的土堤时，“阴用军法部署于派工拨夫之中”。蔚村从此成为良田，土圩之功持续很久，直到清代，陈瑚的后代在编他的年谱时还说“至今百年有余利焉”。②

在周急法之外，他还在蔚村立“私社仓法”，提倡人们平时少吃几口，将余米存在私社仓中，等到春夏米贵时再取出应急。③ 陈瑚本人并把他在毛子晋家所得的馆谷发给贫穷的村民。④

陈瑚颇为顾念他在蔚村所营造的地方性事业，当他准备到毛子晋家时，蔚村的人极力加以挽留，陈瑚则介绍昔日考德课业会的会友贵州文介石继续在蔚村负“教铎”之职，并表示他会继续引进太仓昆山等地的学友们给蔚村的工作指导与支持。⑤ 文介石

---

① 葛荣晋、王俊才：《陆世仪评传》，33页，南京，南京大学出版社，1996。

② 陈溥：《安道公年谱》卷上，23a页。

③ 陈溥：《安道公年谱》卷上，19页。

④ 同上书，19b页。

⑤ 《辞玉峰澜溪诸君援留书》中说：“滇南介石文先生，当今后学之表帅也，……仆将为诸君子延之尉迟庙中秉一村之教铎，而东娄有数君子，则又仆数年来相与问道考德者也，倘得文先生讲论于前，东娄君子严惮切磋于后，仆亦雍容揖让，奔走周旋于其侧，……仆之愿也。”见陈瑚：《确庵文稿》，无页码。

在明亡前曾任太仓学正，风评极佳[①]，亡国之后阻留太仓一带不能回家，而且听说故乡在兵乱中已经全毁，故亦未作归计，此时生活备极困苦。陈瑚介绍他继自己掌一村之教铎，后来的发展似未如其所愿，不过至少在1654年，我们看到文介石曾一度在蔚村登台讲三约。[②] 文氏未留下文集，不足以深论其详。[③]

当陈瑚不在时，蔚村的村约究竟如何维持，前后维持多久，也未见记载。我们可以确定的是，黄幼玉继续了莲社的组织工作。黄幼玉是蔚村人，也是陈瑚在蔚村事业的最主要支持人，除了黄氏外，陈瑚还得到本村其他士人的支持，但因为这是一群乡间的读书人，事迹非常不清楚。此处先谈黄幼玉。《确庵文稿》中有一首诗，前有长序说道：

> 蔚村，今之桃花源也，其中居民百余户，以船为家，以鱼为食，其俗敦庞而淳固，以耕钓为业，予僦居者三年，始以孝弟、力田、为善三约约其村人，又一年筑岸塍，修陂塘，御水患，又一年行周急法济饥者，众利赖之，然非予一手一

① “明之崇祯癸未迁太仓州学正，时纲纪废，师道坏，学宫颓圮，祀典荒芜，师弟子相视非仇雠则路人，先生至，扫文庙，修尊经阁，整祭器，躬自拮据，不惮劳瘁……娄人士大感动，乃颁诸生《儒学日程》书善过，月朔集明伦堂考其进退……吾友盛敬、陆世仪、江士韶辈有讲经会，先生数过而教之。”见陈瑚辑：《离忧集》卷上，1b～2a页。

② 陈瑚说：“予居蔚村，以孝弟、力田、为善三章约其村人，甲午元夕，先生（文介石）过予，予乞先生登台讲约，圜坐而听者三百余人。”（《离忧集》卷上，2页）陆世仪《陆子遗书·诗集》中亦有《甲午元夕同人集尉迟庙文介石先生讲蔚村三约》一首。

③ 对于这一次讲约，文介石留下了一首诗将蔚村形容为当时的桃花源，见《安道公年谱》卷下3b页所引。

足之烈也，黄君幼玉实相予，而比年以来，则有钱君中野。[①]

钱中野也是他的重要干部。钱氏在明亡之后从凤里避居蔚村，而钱中野的儿子钱梅仙后来又成了陈瑚的学生，他从陈氏读书，不求应举，而钱中野亦毫不介意。[②] 当地的诸庄甫（士俨）、诸合甫、诸鼎甫、诸晋甫兄弟也都是陈瑚的重要支持者，譬如当年约陆世仪入村讲《易经》，便是出自诸合甫的建议，许多来蔚村访问的人的诗中也不断提及他们在蔚村与诸氏兄弟相过从的情形。[③] 诸氏兄弟中只有诸庄甫（士俨）有一部薄薄的《勤斋考道日录》及《续录》存下来。这部日录是修身反省的一些心得，应该是从他的日谱中摘取下来的，其中并未提及蔚村的事情。[④] 依据《昆新两县续修合志》，诸氏于崇祯间补诸生，曾纠合同志实行刘宗周的证人之学[⑤]，虽然《昆新两县续修合志》中说他明亡后隐居嘉定，但至少陈瑚在蔚村的那几年中，他似常居蔚村。[⑥] 蔚村有不少活动都看得到他的影子，譬如当陈瑚决心离蔚村就馆于毛子晋家时，曾作过一次告别演讲，《蔚村讲义》的后记便是

---

① 陈瑚：《和钱中野五十自寿诗》，见《确庵文稿》卷二诗歌《隐湖集》，无页码。

② 陈瑚：《和钱中野五十自寿诗》，见《确庵文稿》卷二诗歌《隐湖集》。又《离忧集》卷上有《钱梅仙隐于蔚村从师确庵读书不求应举诗以怀之》（25 页）。

③ 譬如《顽潭诗话》卷下《澜漕雨雹辍饮》有小序："三之日，澜漕黄幼玉知村中有佳客，冒雨治具相招，遂同确庵、桴亭、寒溪偕往，至则诸鼎甫、晋甫，暨其坦君已在门相候矣，俟坐定，出所著《蔚村八胜诗》相示。"（42a 页）该书卷上又有《玩月称觞》一首，是陈瑚贺诸鼎甫五十岁而作（16a 页），又有《中秋诸同社举鼎甫五十觞兼玩月赋诗并序》，其中提到诸鼎甫"近以浮屠氏隐"（17a 页）。

④ 诸士俨：《勤斋考道日录·续录》，太昆先哲遗书本。

⑤ 金吴澜等：《昆新两县续修合志》卷二十六，10b 页。

⑥ 陈瑚《诸湛庵悼亡诗序》中提到"乙未秋，予偕湛庵诸子散步澜溪之上"。（《确庵文稿》，无页码）

诸士俨写的。[①]

诸氏兄弟中诸庄甫、诸鼎甫都有遵循陈瑚立日记行迁善改过的记载。陈瑚《不欺录序》中说诸鼎甫“自戊子、己丑，予在蔚村，相约澜漕诸友为迁善改过之学，月朝十五则考其进退而劝戒之，鼎甫与焉。亡何，予徙隐湖，诸友各散去，遂以中辍。今春鼎甫感于凶岁，重理前业，名其所日记曰《不欺录》”。陈瑚也提到过“湛庵（士俨）迁善改过，惟日不足”。[②] 而《昆新两县续修合志》中也提到陆陇其称《迁改录》等书，可以看出诸士俨修身工夫极为“刻厉”[③]。

除了蔚村的读书人外，陈瑚每每提及他可以引进一批娄东读书人来村帮忙，他甚至表示这批读书人是当今一流人物。[④] 他们确也进出蔚村，使得蔚村俨然成为一个文化网络的中心点。当地的钱嘏甚至称自己为“蔚村学者”，似乎表示他们已发展出一种

---

① 《蔚村讲义》有一段诸士俨的跋语说：“蔚村讲《易》学、修祀事，甚盛举也。确庵居蔚村三年，客冬，谋将东徙澜溪，从游者慰留弗克，夕关乃赋诗四章，予作序数十言以泥其行，确庵从之，故有是会。是会也，远近毕至，纪其地则槜李、瞿水、娄上，玉峰；纪其人则徐楮崖、陆默庵、侯纪原、华天御、王石隐、盛圣传、王登善、徐文若、李三有、顾麐士、陆鸿逸、黄幼玉、江虞九、陆重威、陆子就、许舜光、李丹山、李湛明、钱梅仙；纪我宗人则俊甫、且了、嵩叟、庸夫、孟云、三钖、孟肤、夕关。里民环而听者无算，呜呼，盛矣！湛庵诸士俨识。”（《娄东杂著·续刊》，19 页）

② 以上见陈瑚：《确庵文稿·不欺录序》，无页码。

③ 金吴澜等：《昆新两县续修合志》卷二十六，11a 页。除了以上诸人外，蔚村中还有李莩青是陈氏弟子，《顽潭诗话》卷上陈瑚说：“丙戌之春，予逋迹蔚村，得接吾莩青李子。李子居澜漕之上，结茅三楹。”（63a 页）但是他的生平事迹就不详了。

④ 如陈瑚《简黄幼玉》提到他准备离开蔚村就馆于毛子晋家时，诸氏兄弟有出粟相饷之说，但是他不是有所为而为的人，故未接受，但是“鹿城诸君，皆当今第一流也，明岁定当延致村中，谈心论道”。见陈瑚：《确庵文稿》，无页码。

小村庄的自觉意识。他们常只留下与蔚村有关的诗，而从这些材料我们也可以勾勒出这个大致以一天路程或水程可以到达的同心圆文人网络。①

结　论

明代士人的群体性活动非常多，所以社约、会约举目皆是，但这些都是士人之间的组织，真正为一群村民而设计的"村约"，则很少见到。② 蔚村的村约是士人与村民自发性的活动，在实行的过程中也与官方没有多少关系。而陈瑚在蔚村所结的四个社，既有用儒家的精神去转化村民的措施，也在相当程度上适应老百姓的喜闻乐见，同时他所组织的"忏会"以念佛为主，这是因为

① 《顽潭诗话》卷下有《村访》一首，提到陈瑚甫于蔚村住定，与当地人有莲社之约，"寓礼教于杯酒之会"，"约言甫就，寄书招王生与桴亭、寒溪"，而他们依约前往，"薄暮抵村"。（39b～40a 页）是证大约一日之程。照《顽潭诗话·附录》中吴誉诗《娄东十老图诗歌》一诗，这个圈子至少包括如下诸人：

陈确庵"讳瑚，字言夏，年五十九岁，家住七十二潭"。

宋菊斋"讳龙，字子犹，年六十四岁，家住东皋"。

陆桴亭"讳世仪，字道威，年六十一岁，家住九龙潭"。

郁存斋"讳法，字仪臣，年六十五岁，家住锦云溪"。

顾樊村"讳士琏，字殷重，年六十四岁，家住樊村泾桥"。

盛寒溪"讳敬，字圣传，年六十二岁，家住红栏干桥"。

王随庵"讳撰，字异公，年五十岁，家住海门第一桥"。

陆鸿逸"讳义宾，字素朴，年七十一岁，家住吴塘曲"。

王庄溪"讳育，字石隐，年八十岁，家住庄溪之阳"。

江愚庵"讳士韶，字虞九，年六十岁，家住陈门泾之新桥"。

以上见陈瑚：《顽潭诗话·附录》，1b～2a 页。

② 仁井田陞《中国法制史研究》（东京，东京大学东洋文化研究所，1962）第十三、十四两章讨论元明时代农村之规约，但并未见到"村约"。见该书 741～829 页。

当时佛教的势力非常之盛，在从事下层小区工作时，决不容掉头不顾。

陈瑚在蔚村并不只进行村约与讲会，他还成为这个村的公共工程及灾荒救济的主持人。像蔚村这一类的小村庄，原来是胥吏擅其威权的地方，而且最多只是在与税及法律两件事有关时公权力才会出现，所谓统治，其实是“无治”，但是陈瑚等人以儒生的力量在这样一个百户左右的村庄中负起领导的工作，不只从事精神教化，还主持公共事物，其意义便相当特殊了。

遗憾的是，受到史料的限制，我们没有进一步的数据可以建构陈瑚在蔚村事业的详细状况，而且所有的材料都来自士人之手，没有下层民众的记述留下来，使得我们虽然花了很大的力气去勾稽材料，所得仍然限于思想的层面，而不能有进一步的了解。因为我们对这个时代士人与地方的关系了解不够，所以还不能对这一波下层经世活动有更深广的描述，相信如果深入史料，一定会有许多意想不到的发现。

从明代中期王阳明心学流行以来，以泰州学派为代表的一群儒者，便不断地从事于平民讲学，或地方性的小区营造工作。《颜钧集》的出现，使我们更加了解他们从事地方工作的实况，此外，江右王门学者在江西所做的地方性事业，包括作为组织者、启迪者、精神领袖，以及地方社会福利事业的领袖，还有何心隐的“聚合堂”，都表现了一股重视地方的特色，不过他们都不像陆世仪、陈瑚那样形成一套专注于乡及村的思想。

陆、陈两人不但勾画蓝图，同时也领导实务。他们由“乡为王化之所由基”的思想，落实到村治的实际工作。从他们的言论和工作中可以看出，晚明思想中的种种特质，尤其是重“私”重

“下”，都不只是思想上的论辩而已。陆世仪在理论层次上不断地强调只要能完足了地方上的“私”，最后便成就了天下的“公”，提倡一种专注在每一个地方的营造，最后可以造成一个太平的天下国家的观念。足见当时这些思想概念与现实之间是密不可分的。

县以下的政治社会究竟应该如何组织，是从明清一直到近代不少思想家共同关心的问题。王学中的平民工作，以及明末清初思想家对这个问题的注意，尤其是陆世仪、陈瑚的乡治村治思想与工作，当然是对传统中国行政思想中最为薄弱的一环提出了一套办法，他们想用自发性的儒士组织去领导地方，用儒生去取代胥吏，并想在地方上恒久地维持教育、军事、社会福利与社会救济事业。他们似乎认为只要有理想的士人主动介入，在当地读书人的辅助下组织、领导、教化百姓，费很少的精力，费很少钱，在很短的时间内，便可以把一袋一袋马铃薯般的村民组织起来，建立一个理想的小区。

在正文中我已经提到，陈瑚的后人曾说，清代蔚村的居民仍受惠于陈氏的工作。在一份现代人所做的调查中，仍赫然发现安道书院在蔚村的记载。[①] 明清时代自然是书院如雨后春笋般兴起的时候，不过，在一个村落中能够拥有一个书院的现象却极为少见。虽然我们在今天的地图上已经找不到蔚村这个名字了，不过由“安道书院”的存在似乎不难想象当地所形成的一个地方性文教传统。

---

① 魏嵩山：《太湖流域开发探源》，276 页，南昌，江西教育出版社，1993。案：安道书院建立于康熙年间，据《安道公年谱》卷下有康熙二十四年汤斌令建立安道书院以纪念陈瑚的记载。

附录一　晚明文人文化的若干面相

对我而言，在这个以“生活美学”为主的大会中主题演讲，既令人兴奋也感到惶恐。我个人没有任何文物收藏，所以在这里谈这方面的问题，可以说是“对塔说相轮”——即很多人在外面围着看，猜测塔中的相轮长成什么样子，我就属于在塔外面的那些人。虽然我做的是思想史，但是“明代生活美学”又好像跟我的研究略有关系，且我一直对明代中期以后社会的大变化感到兴趣，所以不揣浅陋作以下的讨论。

我本来准备了三个子题，可是我觉得四十分钟大概没有办法说完，所以我就择要地说一些晚明的文人文化。但因为美学和文人文化有很密切的关系，因此，我的演讲主要有两个部分：一部分是背景，即晚明文化的背景，另一部分是我注意到晚明文人的许多特色。[①]

我认为这些特色体现了两个重点："个体的自觉"与"日常生活的形而上化"。我所讲的这些事情，在南宋以后多少都有一些迹象，可是我想北宋《东京梦华录》以及南宋的情形，在幅度、深度、广度上都还是跟晚明不太一样的。很多学者一直论证说宋代以后到元、明、清应该是成一整体的，但我认为这之间还是有所不同的。

席勒（Schiller，1759—1805）有一首诗，大意是说："通过美的晨门，我们进入真的领域。"这"真的领域"哪怕是数学、物理，也不是直接就能进去，你必须要通过文学、透过美、透过对大自然的想象，才能进入真理。所以我觉得"美"使得我们不只是生存、我们还有生活，生存不需要美，但是生活需要"美"跟文学这些东西，不管是物质的或是文学的，"美"使得我们由生存变为生活。

20 世纪 80 年代，在我还很年轻的时候，我觉得台湾有一个"文人品味"的运动。因为我来自南部，我看到台北人摆放的一些器具，日常生活中所欣赏的美，那些文人的美学品位，大部分都跟晚明有关。有许多可以在《闲情偶寄》等书中找到，这些品位跟汉唐时代不太一样，跟宋元也不太一样。主要都还是与明代后期《闲情偶寄》《遵生八笺》《长物志》等书中所描述的文人生活的情趣有关。我感觉那个品味到现在多少都还延续着，也使得

① 本文是 2018 年 10 月于台北"国家图书馆"举行的"中华文物学会四十周年庆论坛"中发表的主题演讲。当主办单位将记录稿交到我手上时，正逢离台长期访问在即，仅能匆匆将文章改正一过。在文中我提到原想谈到的许多现象，将在另一书稿中讨论。

我们今天日常生活中所经验的一些美感和今天讨论的问题——明代生活美学有若干的关系——有一种延续性的关系。

从朱元璋建国到明代后期，在文化等各方面变化很大。在座一定有很多人读过瞿同祖（1910—2008）的《中国法律与中国社会》，这本书对西方世界颇有影响，诺贝尔经济奖得主哈耶克（F. A. Hayek，1899—1992）有一本书，讨论到中国的等级社会时便是用瞿同祖这本书。当然每个朝代都有等级，可是把等级跟所有的生活器用连在一起，最严格的就是明太祖。什么品级用什么样材质的东西、坐什么样的车、住什么样的房子，都规定得清清楚楚，令人大为吃惊！《明大诰》中严格禁止许多东西，譬如用右脚踢球斩断右脚，用左脚踢球斩掉左脚，踢毽子也不行，武官踢毽子，用左脚踢斩左脚，用右脚踢斩右脚。唱曲要割掉上嘴唇和舌头的前面，警告你不可以随便做。然而，这个东西到底延续了多久？我想在一两代之后，人们便不可能过那样的生活了。

到了晚明，一切都变得相反，日本明清史家森正夫教授有一篇文章《明末社会关系中的秩序变动》，他说晚明所有的秩序都在变。尊跟卑、贵跟贱、长跟少、前辈和后辈、上等和下等、富跟贫、强跟弱、主跟仆、尔跟我（你、我）、官宦和编民、乡绅跟小民的关系都变了。森正夫教授这篇文章语气稍微强了一点，但是这些东西确实都在变，所有的尊卑等级关系的变化，刚好都和明太祖的规定相反。在明代的最后一百年左右，尊卑、长少、前辈后辈、官僚老百姓、主仆的关系都变了。各位如果看看那些记载晚明奴变的书（如《两须眉》），里面描述的那种奴仆起来指挥主人、斗地主、斗主人的场面，就知道晚明的奴变有多严重。

我个人认为，从明代中期以后有一个大变化。我们读明代的史书里，经常出现的隆万（隆庆、万历），嘉隆（嘉靖、隆庆），即表示这是很多方面变化最大的时代，文学、思想、人的财富、习俗、尊卑等级等，都在这个时候开始变了，而这个变动的影响是非常广泛的，很多现象一起改变，使得明代后期的生活富厚、生活的美，很多精美的器物和很多艺术品的专门化等，跟这些都有关。所以，我要介绍明代中晚期“大变”之后几个明显的部分，这些和收藏都没有关系，但如果没有这些背景文化的支持，我想晚明的艺术文化美学等，可能不会那样流行。

但是我在这里要特别强调，我对历史的观念是认为历史中所有时代都是多元、多层次在竞争着，不是只有一元，所以晚明的生活美学勃兴，在个体的自觉、生活非常解放、非常活跃的时候，我们同时也应注意到当时有很多人非常反对这种变化，像我研究的那些理学家就有很多人非常反对这个时代的某些风气。这时候有好几种力量、好几种层次在竞争着，不是像进化论里讲的，好像一时之间全部都进化了。像台湾现在也有好几股力量在竞争，到最后谁胜出还很难说。但我们在史书里常常只侧重描写其中的一股力量，而忽略了还有很多力量在跟它竞争，而且不同层的内容也不全然一样。晚明王学中，像江右王学就异常反对这些东西，可是在江南，王阳明的后进们，可能就比较亲近这些东西。所以，这是一个非常动荡、非常多元、非常有趣的时代，却也是很多正统士大夫非常讨厌的时代。

我认为“商业化”是造成时代变化的重要因素。当然每个时代都有商业，但是幅度、广度有些不同，综合吴承明等人的研究，可以知道有五个因素使得明代后期的商业和别的朝代不能完全一概而论：

第一个是各级市场，从地方到整个区域的各级市场之间有些变化，而且贸易的幅度大增，买卖不再是以物易物，而是以金钱来买卖经济作物等。

第二个是运河，运河的疏通使得南北的长程贸易变得顺畅，所以明代三十三个钞关，有好多是在运河边，包括临清钞关，有一些地方原来在元代的时候都不算什么，可是在明成祖时疏通运河后，都成了重要的商业城市。以临清为例，《金瓶梅》里描绘的那种混乱、那种财富、那种享受、那种淫欲，是发生在运河旁边的城市。而且当时只要有官员坐在漕船上，船上的东西就免税，所以很多货物都可以趁着这个势头南北流通。而东西的流通，主要是靠长江。宋代在长江下游以及沿海有很多重要的贸易城市，像明州等。可是到了明代以后，感觉大城市有往长江中游发展的趋势，往长江上游真正大发展是在清朝。长江中下游以及南北运河的重要性，就像台湾盖完高速公路前后是不一样的，我亲自经历过这个时代，这一条道路之后，很多东西都变了，这里面当然还包括商业和物品的交换。还有很多江南商业市镇的崛起，起了非常重要的作用。譬如位于江苏南部的盛泽镇，原来在明初只有不多的人家，后来变成了灯火万家。我因为研究别的题目，把《盛泽镇志》看了一遍。中国古代一般地方志中很少把有钱人写进列传里，不是没有，但幅度不是那么大，而《盛泽镇志》里，虽然含含糊糊、闪闪烁烁地讲，但其中在明代后期的那些传有很多都是商人，即使是一两句话带过，也都显示盛泽镇的商业文明。陈寅恪（1890—1969）的《柳如是别传》里讲，晚明很多有名的妓女，栖身于盛泽镇一带，盛泽镇一方面是商业的，一方面是文化的，同时也是妓女、名流来去的地方，像这样的小镇在当时有很多。明清的市镇研究已经非常多，但往往只是写“灯火万家”，但“灯火万家”是什么？没办法写得非常清楚。但是我们可以感觉到，在这些地方，因为丝和棉以及各式各样专门生产而形成大小不等的市镇。

第三，当时还有长程贸易，而且这些买卖的东西有很多都是和艺术品的材料相关，像金属等。以前大部分都是盐、粮食，可是到明代后期，纸也成为贸易的项目，还有金属器、铜、锡等其他东西，交易的种类热闹起来、商业也发达起来，使得江南很多小镇可以养得起艺术家，也可以有人买卖这些东西，大量的画作开始作为商品流通等。我讲的这些背景，都尽量和今天的主题相关联。

第四，是明代后期城市化的现象，这也是很多人研究的问题。到了城市之后，生活各种方面的性质跟在农村不一样，对礼仪伦常的态度都会有所变化。城市有很多来自各地的人，在一个移民社会里，人对传统和道德的看法会因此有所松动，产生一些新的解放的可能性。

第五个是王阳明的心学运动，我认为在中国思想史上像阳明心学这样下及草根的思想运动不多，这是一个非常大规模的思想运动。清代 17、18 世纪考证学这么兴盛，也只能停留在士大夫阶层，为什么？因为清代流行的考证学需要的基础知识、技术条件太高，跟心学不一样，心学是几句口号就可以影响人们。鲁迅有一篇小说讲，清代在考证学最盛的时候，人们出门要炫耀“我很有学问、我今天读很多书”，要把嘴唇涂黑，表示我今天用毛笔写了很多字，一面写一面舔笔尖，这是学问的时代。可是晚明心学不一样，围绕着阳明心学编了各式各样的小册子，就像今天在庙前发的善书一样，其中有不少即明白宣传“开口即得本心”。阳明的“心即理”学说，只要不违反自己的良知，你做的事就合乎道理。当时西方传教士来到中国，看到阳明的弟子在宣传“心即理”，觉得非常不可思议，这个世界上怎么有群人这么狂妄？人要靠上帝的帮助才有可能得救，怎么可能每个人只要信你的良知就是合乎“天理”了呢？当时利玛窦（Matteo Ricci，1552—1620）及很多传教士，对于“心即理”的说法就觉得是狂妄自负，可是阳明说你的良知只要不被蒙蔽、不被遮蔽，那么你所做的事都是合乎“天理”！

我常觉得阳明把良知讲得像测谎器一样，为什么我说阳明的“良知说”像测谎器？阳明的“良知说”，意思是你即使做了违反良知的事情，你自己的良知都知道。就像你说假话，你的血液等各种反应就变动了，测谎器就马上感知了。所以，人是没有办法欺骗自己的良知的，阳明说良知你欺它不得，它什么都知道。譬如抓到小偷，如果你叫他小偷，他还扭捏不安，这表示他的良知还在。所以良知是知天知地，它是你欺骗不了的。譬如警察抓到一个罪犯，测谎器一测，就知道他有没有讲假话，即使你想讲假话，可是你的血液等各方面还是透露你讲的是假话，这不等于是说人不可能欺骗自己的良知吗？

阳明的良知说带有相当大的解放的可能性。王阳明《答罗整庵少宰书》中说：“夫学贵得之心，求之于心而非也，虽其言之出于孔子，不敢以为是也，而况其未及孔子者乎？求之于心而是也，虽其言之出于庸常，不敢以为非也，而况其出于孔子者乎？”为什么呢？因为你的良知决定事情的对错，孔子依其良知所判断的对错，不能用来规范你的良知对事情的判断，因此不以孔子之是非为是非。后来继承阳明学说的李贽（1527—1602），在他的《藏书》中评论古往今来人物的序里说，他反对古往今来，“咸以孔子之是非为是非，故未尝有是非耳”！这一类的思潮造成多大的心理解放之可能性，当然也有一些人因自信自己的良知而变得更保守。如果各位对这些问题有兴趣，可以看看我发表过关于晚明思想的论文。

阳明本人的弟子，在各地能算出来的就有五六百人，至于再传弟子就更多了。明代后期许多县的地方志，如果仔细把它列传的部分翻一翻，往往可以找到三五十个自认为是服膺阳明思想的人。当时全中国有一千多个县，当然不是每个县都有心学家的足迹，《明儒学案》里讲得很清楚，北方大概到山东这一带，就是到傅斯年家乡那一带，南方到两广、云贵，西边也有个界限，故不是全中国都在内。但这样加起来的，一代又一代，一直传下去，人数非常多，所以我说它是一个下及草根的思想运动。心学盛行时，许多地方都有讲舍，有名的大师们到处去讲学，他们宣讲的道理可以很简单，往往用几句话来开发你的心灵，所以它可以传得非常远。像有一本书是安徽歙县的《歙志》，这本书是我见过非常特别的地方志，这本书要正式刊行之前，编者把地方的乡绅都找来，一起拜天，表示这里面讲的都是真的，要天来作证。《歙志》中有很多王阳明心学的后学的传记，可以看出在安徽歙县这个地方，心学的影响有多大。

像泰州学派的王艮（1483—1541），民国时期有人编了一个王艮的弟子和再传弟子的系谱，人数多得不得了。所以这个草根运动是非常强大的，它决定了晚明文化的性格。因为它认为人的本心才是最“真”的，所以对“真”、对“趣味”、对“个体”

等，都给予相当大的重视。像公安三袁，他们的思想多少也都受到心学的启迪，在艺术上、在文学上等各方面都有许多受到心学启发的例子。一直到明末清初的黄宗羲（1610—1695），他已经算是对阳明心学有所修正的人，他编《明文海》的时候，在序里便提到：我以什么标准来选这些文章？以“情真”两个字为宗旨选文章。“情至”的觉醒便多少和阳明心学所启发的趣味有关，文学上喜欢“情至”的东西，艺术上喜欢能表达“真趣”的东西。

在这样一个气氛之下，一个商业非常发达、城市相对繁多、心学遍天下的背景之下，加上晚明山人、党社等之活跃，产生了一个天下到处“游”的风气。明太祖刚起兵得到天下的时候，对人的活动管制非常严，不可以随便离开居住的地方。吴晗（1909—1969）的《朱元璋传》中提到，他对人的活动规定这么严，可能和元朝后期的制度有关。可是到了明代后期，很像德川后期兴起的一种新风气，跨越各藩、到各地去走动游玩的风气。尤其到晚明，党社活动很盛的时候，可称得上是千里邮信，要招募社员，常是跨省、或跨很长的地方去招收各种社员，哪怕是一些乡下的地方都有人要来为复社招社员。这种跨越空间性的活动也是当时很重要的现象。

晚明时期，突然出现一大堆模仿《论衡》《世说新语》的书，这些书的性质，基本上就是解放、突出个人的性格。譬如《世说新语》有三十六类，晚明就有许多书模仿《世说新语》的三十六类来编纂当时的人物志，或者是编历史上人物传记的风气。我目前看到的就有几十种书，它们的编排都是按照《世说新语》的分类，也就等于是用《世说新语》的三十六种类型在取人。而《世说新语》的时代——魏晋，就是个人的自觉最繁盛的时代。《论衡》虽然不及《世说新语》那样突出个人风格、标榜自由，可是《论衡》与很多议论平稳的古书很不一样，《论衡》好作种种尖新之论，而且对当时流行的知识或历史做各式各样大胆的批评。模仿《论衡》，也代表明代士人世界的一股新风气。

晚明有个张献翼（1534—1604），史书里说他每天要把《世说新语》里各种任诞的故事，在路上表演一遍。《孟子》里有一句话是“为长者折枝”，以前的人都将它解释得非常抽象难懂，但张献翼的解释是“这就是为长者按摩”，非常的简单、易懂。这一个解释虽然在以前出现过（汉代赵岐注），但是在朱子注长期流行之后，人们并不熟悉，或是不敢大胆称说，可在明代后期，这一类很特殊的，带有个体自我色彩的对古书的解释，甚至对古书做各种大胆的删节，变得非常流行。譬如袁了凡（袁黄，1533—1602）对《论》《孟》所做的删节和重新解释。还有当时很多用禅宗、用道家的方法来解释《四书》的书，像张岱的《四书遇》、像《论语小参》等，用顿悟的道理来解释《论语》。有一次我在加利福尼亚大学洛杉矶分校偶然谈到晚明流行用“公案”的方式讲《四书》，有一个听众跟我讲《论语》和禅宗的顿悟性质这么不同，怎么可能用“公案”的方式讲《四书》呢？我说晚明很多人都在做这样的事。所以从许多层面上说，这是一个非常自由、解放，可以容纳各式各样新东西的时代。

此外，我认为这个时代还有“日常生活形而上化”的倾向。在晚明，“百姓日用之谓道”一句非常流行，在王阳明的圈子里更是流行，道不在远处、不在高处、不在抽象、不在圣贤，道在百姓日用。日常生活中的东西，得到非常强大的重视。所以，我在这里称这种现象为“日常生活的形而上化”。当然，这也有着抬高庸俗的日常品味的危险，关于这个问题应该深入探讨，此处没能深谈。譬如晚明许多精致文化的生活品味，每每以“道”为名（如“茶道”）。又如晚明日常生活的东西每每有“经”，看看当时出版的书名，养鱼有《养鱼经》，养花有养花的“经”，各式各样的都有“经”，类似的现象当然不始于明代，但晚明许多这方面的现象，意味着把日常生活的事物提高到“道”的层次，喝茶、焚香等日常生活中的东西，好像都得到了一种形而上的意义。以前不是这样的，在宋朝，理学家不会认为“百姓日用”和形而上的“道”是可以等同的东西。可是在明代，好像要把日常生活中的东西，赋予它一个形而上的意义，所以才无不有“经”。“经书”的“经”字以前不能乱用的，可是看明代的乱七八糟的书里，各种“经”都有。

我对这段历史的兴趣，有一部分来自于跟文艺复兴意大利的比较。我们学生时代时很受一部书的影响，这部书就是雅各·布克哈特（Jacob Burckhardt，1818—1897）的《意大利文艺复兴时代的文化》。书里面提到了文艺复兴是一个“个体自觉”的时代，我觉得跟晚明实在非常相像。在意大利文艺复兴时代，画家开始在画上签名，表达“这是我的创作”（当然也有人反驳，认为这可能不一定是“个体自觉”），个体自觉这个主题贯穿在这本经典之作中。这本书里面所谈到的趣味、生活、自由、解放等各方面，我觉得都跟晚明非常像，但是仔细看还是有不同。《意大利文艺复兴时代的文化》基本上有好几层东西套在一起，其中有一层是古典文化的复兴，这也是本书最重要的部分之一，它是跟生活、个体自觉、群体自觉套叠在一起的，要在古希腊罗马文化中找到一种公民生活的德性作为他们那个时代的引导，这一层跟晚明不同，晚明是“好古”，中国没有一个时代不“好”古代的，只是“好”的方式不一样、强度也不太一样，而且在晚明比较没有公民生活的德性这一层。晚明体现更多的，是解放的、享受的，执念日常生活，使得生活品味化、日常生活的东西形而上化的时代。

有人在他们的谈话中曾经表示，如果能再活一次，他愿意活在晚明，我想也跟这个时代的多彩多姿、丰富有关。但是在清代的正统知识分子和乾隆的眼里看起来，这是个混乱的时代。《四库全书总目提要》中，对这个时代中那些我们认为很有创意的、很独特的东西，每每作负面的批评。很多这方面的书是列入存目或者是禁毁的。那些被保留下来的，有一些是因为作者在明末殉国，乾隆认为殉国的是好人，所以他书的内容虽然是令人讨厌的，但允许被留下来。文震亨（1585—1645）的《长物志》之所以能够被《四库全书》留下来，恐怕是因为文震亨后来殉国了，乾隆四十一年编录《钦定胜朝殉节诸臣录》，把殉国者的姓名尽量保留下来。乾隆不是不喜欢美，他很喜欢美的东西，但他喜欢的是另一种品味的东西。

晚明文人文化千态万状，是一道非常丰盛的习题，从上面简短的讨论中，可以看出后来清朝盛世，尤其是乾隆时期的文化品味，基本上与晚明颇不相同。我们因此可以大致区分出“明型文化”与“清型文化”的不同。关于这个问题，因为时间有限，一时不能深入，比较详细的讨论，只有俟诸他日了。

附录二 《明夷待访录·题辞》中的十二运[①]

一

曩读黄宗羲（1610—1695）《明夷待访录》（以下简称《待访录》）的《题辞》，觉其文义大多明白易解，唯有“乃观胡翰所谓十二运者，起周敬王甲子以至于今，皆在一乱之运。向后二十年，交入大壮，始得一治，则三代之盛犹未绝望也”[②]，意思比较曲折。

所谓胡翰（1307—1381）的十二运，是指胡氏《衡运论》（附件一）一文中谈到的“十二运”。此文可以在许多地方寻得，譬如《胡仲子集》，《宋元学案》卷八十二《北山四先生学案》介

---

① 本文之得以完成，要特别感谢杨正显博士、张永堂教授、朱鸿林教授及审查人的宝贵意见。同时也要谢谢张艺曦教授、林胜彩博士。

② 黄宗羲：《明夷待访录》，见《黄宗羲全集》第1册，1页。

绍胡翰时亦曾全文抄录。[①] 胡翰在《衡运论》结尾的地方说，他这篇文章中所讲的“十二运”是从秦晓山得来的——“余闻之广陵秦晓山，乃推明天人之际，皇帝王伯之别，定次于篇”。[②] 秦晓山是元代大德年间广陵地方人。

《待访录·题辞》写于康熙二年（1663），当时黄氏五十四岁。黄氏第一次提到“十二运”是前年，即顺治十八年（1661），《南雷诗历》卷二《次韵答旦中》一诗云：“一生甜苦历中边，治乱循环岂偶然。曾向晓山推卦运，时从拾得哭苍天。”[③] 诗中显示有些重大刺激，使他特别留心甚至相信十二运之说，故有“治乱循环岂偶然”之句，或许这个重大刺激是该年桂王被吴三桂（1612—1678）所擒。三十余年后，八十五岁的黄宗羲在《破邪论·题辞》中又一度提及十二运。不过此处他径用秦晓山之名，而不用胡翰的《衡运论》，他说：“秦晓山十二运之论，无乃欺人。”[④] 由笃信十二运之说，认为“向后二十年，交入大壮”到“无乃欺人”，表示黄氏在三十余年间对十二运之预言由充满期望到失望。

十七八年前，我曾一时兴起，希望对秦晓山十二运之说有所了解，主要是想了解“气运”与“历史”这个问题。中国士人意识深层中有一种难以说清的、对于“气运”“运数”的信仰。而这一信仰时隐时现，往往与理智的层面，或现实的遭际交迭互

---

① 黄宗羲：《宋元学案》卷八十二《北山四先生学案》，见《黄宗羲全集》第6册，266～268页。

② 同上书，268页。

③ 黄宗羲：《南雷诗历》，见《黄宗羲全集》第11册，241页。

④ 黄宗羲：《破邪论·题辞》，见《黄宗羲全集》第1册，192页。

用，时伏时出。此外，我希望对黄氏的政治态度有比较深入地了解，并进一步探索《待访录》一书的性质——究竟是对谁而说，乃至于黄氏的遗民认同是否曾经动摇等问题。这些都是老问题，人们也做过各式各样的解释。[①] 我个人认为此事最直截了当的解释，就是字面上的解释。黄宗羲写《待访录》时，清朝的统治已过了将近二十年了。二十年不是一段很短的时间，顺治十八年明代王室的最后一线希望桂王被擒，康熙元年（1662）桂王被杀，郑成功（1624—1662）也在同年病死，鲁王亦死，其他遗民亦转消沉，如屈大均（1630—1696）即于是年改回儒服。对黄宗羲而言，这是一连串重大的打击，于是他开始写《待访录》。《题辞》中说："向后二十年，交入大壮。"依当时的情势而言，"交入大壮"只可能指清朝，不会是其他。但是我当时最感兴趣的是从胡翰的《衡运论》，如何推出"向后二十年，交入大壮"一说，如果这个推算没有根据，那么黄宗羲"造"出十二运之说，是不是为了合理化其向清转变的一种借口？

我于是取来金华丛书的《胡仲子集》及《宋元学案》中所载《衡运论》，将其中所述的十二运之说以及每一运所统活的年数与《题辞》相比对。这是一个失败的经验，因为我始终遇到两个难解的问题：第一，推算十二运最重要的是始点何在，如果始点不

---

① 譬如梁启超说："章太炎不喜梨洲，说这部书是向满洲上条陈。这是看错了。《待访录》成于康熙元、二年，当时遗老以顺治方殂，光复有日，梨洲正欲为代清而兴者说法耳。他送万季野北行时，戒其勿上河汾太平之策，岂有自己想向朝廷讨生活之理？"见梁启超：《中国近三百年学术史》，50页，北京，中国社会科学出版社，2008。

清楚，便套不上十二运的架构。黄宗羲说是“起周敬王甲子”，但此一语究竟出自何处？《衡运论》中并未提到这句话。第二，依照《衡运论》，则交入“大壮”之前的年数并无着落。《衡运论》的第一运“天地否泰之运”共七百二十年，接着是“男女交亲之运”。我所见到的《衡运论》在这一个运上都没有年数，一直要到第三运才说：“六卦统一千一百五十有二年，是为阳晶守政之运。”而依《题辞》文义，即将交入“大壮”的时代即在此一千一百五十二年之中。不管对《衡运论》中所出现的那个数字做何种推算，都无法符合“起周敬王甲子”至于“今”之年数——周敬王甲子是周敬王四十三年（477B. C.），而“今”是康熙二年（1663），共二千一百四十年，而不是一千一百五十二年。

我当时曾经将解答这个问题的机会寄望于秦晓山十二运的原文，但是遍查文献，从未见到有关的线索。即使利用“中央研究院”历史语言研究所的“汉籍文献数据库”，也找不到有用的材料，深入了解这个问题的想法，遂告停歇。据我所知，目前为止也没有人能解开这个谜题。因为推算上的困难，我一度怀疑这个论据是黄宗羲含糊其事的说法，目的是用来合理化他所宣称的“向后二十年”将“交入大壮”，而他自己便能如“箕子之见访”。

直到最近，杨正显告诉我《四库全书存目丛书》中《太乙统宗宝鉴》的作者晓山老人即是秦晓山。在明清两代，大部分的人都不知道“晓山老人”就是“秦晓山”。许多书目中提到晓山老人时，都注“不知何人”。[①] 详细阅读晓山老人的《太乙统宗宝鉴》，则十二运的问题便迎刃而解。案《太乙统宗宝鉴》撰于元代，在明清两代是一部相当流行的易数之书，反复出现在许多藏书目录中。[②] 在清代禁书运动之高潮时，它一度被收入禁毁目录[③]，后来收入《四库存目》中，这部书钱大昕（1728—1804）、阮元（1764—1849）皆得见，可见清代乾隆之后，这本书仍在

---

① 阮元《文选楼藏书记》提到此书时说：“系大德七年晓山老人自叙，不详姓氏。”（93页，上海，上海古籍出版社，2009）徐乾学的《传是楼书目》中则说：“元晓山老人太乙三才宝鉴二十卷，太乙统宗宝鉴局法。”（见《海王邨古籍书目题跋丛刊》第1册，337页，北京，中国书店，2008）此处牵连到另一个问题，文献的性质、文献与作者。在《太乙统宗宝鉴》这部书中，我们看到各种年代的各种版本中，每每有若干出入，尤其涉及推测年代时，常见后人续增之情形。又，清初黄虞稷《千顷堂书目》载：“吴琉太乙统宗宝鉴二十卷。”（黄虞稷撰：《千顷堂书目》卷十三，365页，瞿凤起、潘景郑整理，上海，上海古籍出版社，2001）《明史·艺文志》沿其说，则《太乙统宗宝鉴》一书作者有另外一说。案，吴琉，字汝秀（1449—1521，或云汝美），浙江长兴人，生于明正统十四年，卒于正德十六年，生活年代在胡翰之后，应非《太乙统宗宝鉴》一书作者。然钱大昕《跋太乙统宗宝鉴》云：“其算积年至明正德丁丑（十二年）止，则后人续增，非元本也。”（钱大昕撰：《潜研堂集》，535页，吕友仁标校，上海，上海古籍出版社，1989）王重民《中国善本书提要》云：“按卷一开句云‘置演上元甲子距大明崇祯十三年庚辰岁’云云，则此本为崇祯间所重修者。而《求岁计入门略例》载至康熙二十三年，《明太乙入计年之法》载至乾隆九年，则崇祯以后，又有增益。然观其不称宋为大宋，而称元为大元，则是书始撰于晓山无疑也。《千顷堂书目》卷十三有吴琉《太乙统宗宝鉴》二十卷，吴琉疑为增益是书者之一。”（王重民：《中国善本书提要》，287页，上海，上海古籍出版社，1983）则其疑可解。钱大昕所见之抄本，或为明人吴琉增补者，故算积年至明正德十二年，在吴氏卒前四年。又，钱大昕、王重民所见抄本，与《续修四库全书》《四库全书存目丛书》所影印者不同。

② 清代许多藏书目录皆有此书，如钱谦益《绛云楼书目》说：“太乙统宗宝鉴六册。”（见《海王邨古籍书目题跋丛刊》第1册，33页）钱曾《读书敏求记》中亦记其有两种抄本：“吾家藏旧抄《统宗宝鉴》有二，前俱有大德癸卯哓山老人序。”（289页，上海，上海古籍出版社，2007）

③ 姚觐元《清代禁毁书目四种》：“太乙统宗宝鉴，无名氏。”（见《续修四库全书》第921册，447页，上海，上海古籍出版社，2002）

流传。

秦晓山的十二运之说主要散见于《太乙统宗宝鉴》的十四、十五两卷中，其说是以太乙统十二运分属六十四卦，历一万一千五百二十年，终而复始。每一运统若干卦，每一卦下积若干年，积所统之卦的年数，即该运的年数。而每一爻即可有对应之历史年代，由各该爻之爻象即可推知时运以及人君当有何作为。①

16世纪的黄佐（1490—1566）在他的《庸言》卷十中便说黄香的《九宫赋》、胡翰的《衡运论》："近时士夫每神其术。"②黄宗羲显然受到这种流行的影响。黄宗羲的前辈黄道周（1585—1646）在崇祯年间的《易象正》中也提出一种与十二运相类似的格局。③ 他以西周末（781B. C. ）到永乐年间（1402）的二千一百二十五年形成一个运势，并将历史上的年代一一加以配拟，形成一种"易历相追"的格局。司徒琳（Lynn Struve）认为，黄氏相信十二运之说，可能是受到黄道周的影响。④

黄道周说自己自少学《易》，以卦值年，"考其治乱，百不一

---

① "以卦值年"是汉代以来即已有的。请参见刘增贵：《历数与汉代政治》（未刊稿）。

② 黄佐：《庸言》，见《续修四库全书》第939册，365页。

③ 晚清邹伯奇致陈澧的一封信中说："至邵康节以下至黄石斋，各立法以卦配年，谓某年当某卦。"陈澧：《陈澧陈璞等手札》，见《三编清代稿抄本》第106册，239页，广州，广东人民出版社，2010。

④ Lynn Struve, "Enigma Variations: Huang Zongxi's '*Expectation of a New Age*'," *Ming Studies*, No. 40, 1998, pp. 72-85。关于黄道周《易象正》的讨论，可参见馮錦榮：《明末における易学の展開—黄道周の『易象正』をめぐって—》，载《中国思想史研究》（东京），第12号，29～61页。

失”，并据此为洪武元年及崇祯即位之年作了相当斩截的论断。[①]崇祯十三年，五十六岁的黄道周因事被逮下狱，在狱中作《易象正》。[②]根据黄氏自述，三月十九日燕都之变，已经在他的历算中得到预测，他说自明太祖开国的戊申年（1368）迄崇祯自杀的甲申年（1644），共为二百七十五年，在他的《易象正》中早已预测到明朝“同历西周”，也就是说明王朝二百七十五年的年数与西周一样，因此黄氏接着预测道：既然明朝“同历西周”，那么明朝也可能接着有“东周”。[③]既然从历数上推测会接着有一个“东周”，也等于是为南明政权作了保证。这个推算支持了他矢力为南明政权奔走的热情。明末清初漳浙地方人士认为，黄道周决定自杀之年（1646），也是黄氏自己曾推算出来的，黄氏自言命绝“丙戌”，故而在丙戌年决定绝食。[④]

---

① 《漳浦黄先生年谱》中记载黄道周四十八岁，亦即崇祯五年时，在《放门陈事疏》中陈述自己“以卦值年”，而能预测未来史事。他说：“臣自少学《易》，以天道为准，以《诗》《春秋》推其运候，上下载籍二千四百年，考其治乱，百不一失。其法以《春秋》元年己未为始，加五十有五，得周幽王甲子。其明年十月辛卯朔，日食。以是上下中分二千一百六十年，内损十四，得洪武元年戊申，为大明资始。戊申，距今二百六十四年，以《乾》《屯》《需》《师》别之，三卦五爻，丁卯大雪，入《师》之上六，是陛下御极之元年，正当《师》之上六，其辞曰：‘大君有命，开国承家，小人勿用。’自有《易》辞告诫，未有深切著明若此者也。”庄起俦：《漳浦黄先生年谱》，见洪思等撰：《黄道周年谱》，61页，侯真平等校点，福州，福建人民出版社，1999。

② 《黄道周志传》中说：“所著《易象正》一书，直于血肉淋漓、指节垂断时成之。二十图，六十四象，正天心、出月窟，自二三高足外，鲜能传其学者，董生《繁露》、邵子《皇极》，方之褊矣。”见黄景昉：《黄道周志传》，见洪思等：《黄道周年谱》，122页。

③ 同上书，123页。

④ 黄景昉说：“又丙子赐环入都，梦于关神庙见文皇帝，帷卧拥被，屈指者再，云：‘三九四七，诚如所云。’意指《易》象中命历也。公自系宗庙社稷之身，陟降有灵，不尽为末造二主，漳人因言公有小册子，自推年历至丙戌止，早悟夙因。”（黄景昉：《黄道周志传》，见洪思等：《黄道周年谱》，123页）此处之“丙戌”，即黄道周绝食之年，意思是说漳人传说黄道周决定绝食是因为推算自己的命运只到丙戌年为止。

司徒琳在她的一篇文章中提醒我们注意，黄宗羲为道周门人朱朝瑛（1605—1670）写的《朱康流先生墓志铭》中提到："屯、蒙而下，两济而上，二千一百二十五年之治乱。"① 黄宗羲确实对道周的运数说非常了解，当然可能受到感染而更加相信秦晓山、胡翰之说。不过黄道周《易象正》中提出的这个格局只到永乐年间，不似秦晓山的十二运，不但可以推到"向后二十年"，还可以推算未来几千年的运数。

当然在国家面临严重危机的时代，各种运数、图谶之说往往更为流行。在晚明清初，如林时对（1615—1705）抄传"图谶"②、如"午运"③、如"阳九百六"之论④、或如《冬明历》之流行⑤都是例子。

不是所有气运之说皆与政治有关，有一些甚至与文化有关，"午运"论的流行即是一例。"午运"通常指尧舜之治或吉运，尤其是主文治之盛。明末许多士人认为学术文化处于严重混乱之局，而寄望于"午运"之到来。方以智（1611—1671）《浮山集》中的《游子六天经或问序》可以为例。方氏说："今属午运，万

① 黄宗羲：《朱康流先生墓志铭》，见《黄宗羲全集》第10册，355～356页。

② 陈学霖：《明末林时对抄传〈图谶〉资料考释》，见《明代人物与史料》，363～415页，香港，香港中文大学出版社，2001。

③ 十二运可能并不只有政治的意涵，其中也有可能有文化的意涵，如"午运"般。

④ 王世贞在《湖广第二问》《宛委余编》中皆有谈到"阳九百六"，收入氏著：《弇州四部稿》，见《景印文渊阁四库全书本》第1280册，806～807页，第1281册，566～567页，台北，台湾商务印书馆，1986。

⑤ 《冬明历》、"十八子之谶"，原本是宣扬"排胡复汉"的历数，但在民间宗教，它也出现一种版本，认为它预言了进入清帝统治之盛世。相关讨论请见李浩栽、梁景之：《明末清初民间宗教的民族观析论》，载《民族研究》，2006（3），78～85页。

法当明。”并驳斥万历之时的西学，认为俱皆是“圣人之所已言也”。[①] 而当时学风出现由虚到实，心与气合，藏经学于理学的发展，是可能宣说他们那个时代及可见的未来将进入“午运”。[②]

接着让我们再回到十二运。《太乙统宗宝鉴》在晚明流行的情形，还可以从江西南昌涂伯昌（？—1650）在《涂子一杯水》中的文字为例，涂氏读过《太乙统宗宝鉴》，他在《太乙统运四计钤式序》中说，十二运的神妙之处是“主客胜负，千古上下，若数计不爽焉。推之往古，验之将来，岂复怀疑于在中之事”[③]。此文应该写于崇祯末年。

在“十二运”中，历史的历程与运数的历程，合而为一，因此可以推算每个时代的运势。譬如在《太乙统运入卦行爻编年》中，秦氏历举历史上的重大事件来证明他运数论的正确性，甚至说出“国之兴衰有数存焉，岂人力所能致”这样的话。[④]

由于秦氏《太乙统宗宝鉴》中把十二运的论述杂在许多卷中，如果不细心勾稽，是不大容易得其要领的。“附件二”即是

---

① 方以智：《游子六天经或问序》，见《浮山文集》后编，收入《四库禁毁书丛刊》集部第113册，679页，北京，北京出版社，2000。

② 温纯（1539—1607）的《赠辛君景虞乡荐序》中说：“余惟国家文运若历壬午而更盛。”这“壬午”之时包括洪武三十五年，“我国家文明之运于此焉再启”，此后每逢壬午皆有吉运，“今主上乘午运，不啻尧舜禹更生”。见温纯：《温恭毅集》卷八，见《景印文渊阁四库全书》第1288册，586～587页。因此也可运用到清代，张廷玉（1672—1755）《古风七首》中说：“斯文统绪寄，午运数恰中。”见陈廷敬、张廷玉等奉敕续编：《皇清文颖》卷十九，见《景印文渊阁四库全书》第1449册，358页。

③ 涂伯昌：《涂子一杯水》卷二《太乙统运四计钤式序》，见《四库全书存目丛书》集部第193册，389页，台南，庄严文化事业公司，1997。

④ 晓山老人撰：《太乙统宗宝鉴》卷十六，见《四库全书存目丛书》子部第67册，825页，台南，庄严文化事业公司，1995。

从《太乙统宗宝鉴》第十四、十五卷中节录出来与十二运直接相关的文字。将十二运的文字与《衡运论》相比对，便会发现在秦晓山的十二运原文中，第一运“天地否泰之运”共七百二十年；而第二运“男女交亲之运”，共二千一百六十年；第三运“阳晶守政之运”共一千一百五十二年。“男女交亲之运”的原文说：

> 继之以男女交亲之后，天地判而男女生，夫妇交而万物成。男治世于先，女理事于后。男之治也，从父之道，故为阳晶守正之运。自大壮至遯，统六卦，历一千一百五十二年，卦体阳晶守正之象焉。此运大壮、无妄，长男从父。①

此处“第二运”的二千一百六十年，正是周敬王甲子以迄康熙二年的二千一百四十年、再加上向后之二十年，故《题辞》中所指“向后二十年，交入大壮，始得一治”，即是指康熙二年以后的二十年是十二运中第二运“男女交亲之运”的最后二十年，接着便要进入第三运“阳晶守正之运”，而第三运的第一卦即是“大壮”，“大壮”是“男治世于先，女理事于后”的治世。故黄氏会说从康熙二年算起，之后的二十年就会进入“大壮”的“治世”。而他的《待访录》正是总合先前的教训，为这即将来到的治世献策。所以《题辞》说元末的王冕（1310—1359）曾经模仿《周礼》，成书一卷，且自言“吾未即死，持此以遇明主，伊、吕事业不难致也”。但黄氏批评说：“冕之书未得见，其可致治与否？固未可知。然乱运未终，亦何能为大壮之交?”他最后说：

---

① 晓山老人撰：《太乙统宗宝鉴》卷十五，见《四库全书存目丛书》子部第67册，761页。

“吾虽老矣，如箕子之见访，或庶几焉!”这几句话是很有讲究的。他的意思是王冕仍在十二运中的“男女交亲之运”，即二千一百六十年间的“乱世”，所以即使王冕所著的那一卷书确有高明的道理，因为运数未到，也不可能致新朝于治世。[①]

黄氏认为自己所处的时代不同，依十二运之说，则“大壮”之治世即将到来，所以他的《待访录》是可能落实的。他期待“箕子之见访”，并希望万一新朝明主前来向他请益时，《待访录》能成为开太平之政典。

但是为什么黄氏会认为十二运是“起周敬王甲子”呢?胡翰《衡运论》并未提及这一点，读到《太乙统宗宝鉴》后，我才知道秦晓山在《太乙统运入卦行爻编年》上有“其始曰天地否泰之运，其次曰男女交亲之运。(天地否泰之运)自周文王在乾卦之首，至周敬王四十三年”一段话。[②] 秦晓山原书中以周文王之年为卦象第一运之始，到周敬王四十三年，总计七百二十年，正是“第一运”的年数。周文王拘羑里时演《周易》，因此秦氏把他放在第一运之首是经过深思熟虑的，现在一般认为文王可能是公元前十一世纪的人，与十二运中第一运的年数有出入，不过秦晓山恐怕也不敢确定文王的年代，只是约略而言。《太乙统宗宝鉴》卷十三的《明太乙统运入卦纪年术》上说:“考自上古甲子，积

① 王冕著书之事见《明史·文苑一》:“尝仿《周官》著书一卷，曰:‘持此遇明主，伊、吕事业不难致也。’太祖下婺州，物色得之，置幕府，授咨议参军，一夕病卒。”见张廷玉等:《明史》，7311页。

② 晓山老人:《太乙统宗宝鉴》，见《四库全书存目丛书》子部第67册，799页。

年幽远，故不取焉，截至周敬王四十三年甲子。”[①] 在《明太乙行运八卦纪年术》上又说：“上元甲子开辟以来，历代幽远，积数太繁，难究其实，故不取焉。”[②] 足见秦晓山对第二运的开头为春秋的最后一年是确定的，但对第一运的开头，时而说上古年数幽远，“难究其实”，时而说以周文王为始，终是未定。所以他只是约略地表示，从周文王到周敬王四十三年大概等于第一运这七百二十年。周敬王甲子之年是春秋的最后一年[③]，此后进入战国时代，这是一个富含重大历史意义及道德意义的年代，而周敬王甲子之后，到黄宗羲写《题辞》的康熙二年是二千一百四十年，正好可以套进十二运中“第二运”的年数。上述年数若合符节，配合时势的发展，恐怕是使得黄宗羲开始深信“十二运”的关系。

这里还有一个值得讨论的问题，即《宋元学案》中所录的《衡运论》，以及金华丛书本《胡仲子集》中的《衡运论》因为漏了“十二卦统二千一百六十年”这一句，且文章段落混淆，脉络大乱，是一个无法推算的版本，但黄宗羲的《易学象数论》卷六中所录的《衡运论》，却是有“十二卦统二千一百六十年”的正

---

① 晓山老人撰：《太乙统宗宝鉴》，见《四库全书存目丛书》子部第 67 册，735 页。

② 同上书，738 页。

③ 春秋最后一年有以孔子作《春秋》绝笔的公元前 481 年为结束，也有以公元前 476 年为春秋之末。公元前 475 年为战国之始者，是《史记・十二诸侯年表》：“敬王四十三年甲子崩。”秦晓山似以此为准。敬王死年有不同记载，《史记・周本纪》作四十二年崩，《周本纪》集解引皇甫谧作四十四年，《竹书》作四十四年，详参方诗铭、王修龄：《古本竹书纪年辑证》，274～275 页，上海，上海古籍出版社，2005。以上材料承邢义田教授见赐，附此致谢。

确版本。最近我清查了明代各种版本的《衡运论》，发现有的漏去这关键性的一句，有的完整保存[1]，何以如此，目前尚无法解答。不过我们从黄宗羲《待访录·题辞》中对十二运的推算，以及《易学象数论》中收录的版本，知道他熟悉正确的版本。[2]

值得注意的是，黄宗羲在秦晓山十二运中读出了一些超出秦晓山原有的文义。黄氏表示十二运中的第一运为“治世”，第二运为“衰世”。事实上秦氏在讨论十二运时，虽然对每一运有所抑扬，但是并未如此断然地说“男女交亲”的第二运即是“衰世”，也并未断然地说前七百二十年即是“治世”。否则他对自己所处的元代，恐怕不会用喜悦堂皇的话形容说“国朝四海一宇，非如战国三分，五代拒土之比”。[3]

经过前述讨论之后，我们仍然不能不怀疑黄氏将国运及个人的期待委诸气运，似乎是在无奈的世局中找到出路。在此之前十年，他仍在《留书》（成书于 1653 年）中振振有词地提到宁可亡于晚明的流寇，因为那是亡于汉人自己之手，甚至认为与异族相

---

① 以《衡运论》而言，参考《皇明文衡》（嘉靖刊本），缺“二千一百六十年”一句，万历刊本《荆川稗编》也缺这一句。但四库本《周易函书约存》卷十五收的《衡运论》则有此句。

② 查《宋元学案》卷八十二《北山四先生学案》，胡翰传末有一小字“补”字，《衡运论》后有：“梓材谨案：谢山《劄记》云：‘长山载入《衡运》诸篇。’”（《黄宗羲全集》第 6 册，266、268 页）。案，胡翰，字仲申，号长山先生。据王梓材案语，则胡翰《衡运论》等文字，有可能是全谢山或王梓材等人所补，并非梨洲原稿，此或为传世本《宋元学案》所收《衡运论》与《待访录·题辞》与《易学象数论》所述，文字存在异同的原因。

③ 晓山老人：《太乙统宗宝鉴》，见《四库全书存目丛书》子部第 67 册，682 页。

处不必讲仁义道德。[①] 可是在康熙元年桂王被杀，明朝再兴显然没有希望时，他借着“十二运”之说来合理化自己的转向，并期待新朝明主之见访。在无奈、自解，甚至自欺中，还有一些值得玩味的心曲。而委诸预言或气运，正是当时及后来许多人在解释明清递嬗时，常常引以自解的说法，因此我们当然不能忽视象数、气运对古往今来人们具有极深的影响力量。

接着我们考虑一下文章一开始提到的，黄氏晚年在《破邪论·题辞》上所写的：

> 余尝为《待访录》，思复三代之治。昆山顾宁人见之，不以为迂。今计作此时，已三十余年矣，秦晓山十二运之言，无乃欺人。方饰巾待尽，因念天人之际，先儒有所未尽者，稍拈一二，名曰破邪。[②]

显然八十二岁的黄宗羲对康熙朝的统治仍然不满意，所以才认为秦氏“欺人”。从这里似乎可以看出黄氏原先相当真心地相信“十二运”的预言，同时也反映他后来对新朝不能实现他的“三代之治”，或是他未能如“箕子之见访”而感到失望。[③]

在清代流行的版本中，《破邪论·题辞》中的“秦晓山十二

---

① 《留书·封建》：“夫即不幸而失天下于诸侯，是犹以中国之人治中国之地，亦何至率禽兽而食人，为夷狄所寝覆乎!”《留书·史》：“以中国治中国，以夷狄治夷狄，犹人不可杂之于兽，兽不可杂之于人。”见《黄宗羲全集》第11册，6、11页。

② 黄宗羲：《破邪论·题辞》，见《黄宗羲全集》第1册，192页。

③ 在《易学象数论》中，黄氏提到：“今定天元至壬子。”“壬子”下注“作《象数论》之岁”；“积年上元甲子至今壬子”，“壬子”下注“作《象数论》之年”（《黄宗羲全集》第9册，140、276页）。足见《易学象数论》作于壬子，即康熙十一年。这里提供了一条证据，说明至少到康熙十一年，他仍坚持这个想法。

运之说，无乃欺人一语”被偷偷删去[①]，《待访录·题辞》上的十二运之语却未有任何改动，主要是因为后者对清廷寄予厚望，前者对清廷表示失望，所以删前留后。

值得一提的是，清初还有些人用别种气运论来证明身丁盛世，希望大家为圣主效命，共同完成圣业的期待。清初河南李来章（1654—1721）便是一个值得注意的例子。在一封李氏给窦姓友人的信中即说“今兹干与支皆值建元，天下即自此升平乎”，希望友人追随几位得到康熙眷顾的河南士人的脚步积极奋起。他在《与窦敏修书》中说：

> 来章白：忆甲子岁，有日者语仆曰，十干十二支相配，数穷六十，周而且复。其始也，气数当其盛，人事因之以修，其终也则否。今兹干与支皆值建元，天下即自此升平乎。仆株守蓬门，于当代庙廊之所以图治与夫四方风俗之渐进于淳朴者，不能周知，然以吾乡卜之日者之言，何确而可信也。乙丑，睢阳潜庵汤先生以苏松中丞超拜宫尹，圣天子特命坐讲，恩礼备至，而先生亦严毅端方，以道自持……丁卯，嵩阳逸庵耿先生又以潜庵荐，诏特起之林泉，有司张饮，祖道北门。天子方将虚前席而询天人性命之旨，一时称为盛事。[②]

在这封信中，李来章不但以算命先生的预言来证明身丁盛

---

① 王汎森：《权力的毛细管作用——清代文献中的“自我压抑”的现象》，见《权力的毛细管作用：清代的思想、学术与心态》，393～530页，台北，联经出版事业股份有限公司，2013。

② 李来章：《礼山园文集》卷五《与窦敏修书》，见《四库全书存目丛书》集部第246册，456页，台南，庄严文化事业有限公司，1997。

世，而且还举了康熙皇帝最近（1685）优礼汤斌（1627—1687）及耿介（1622—1693）的例子证明其言不虚。信末还说："雕虫末技绝无益于身心，仆乃复区区以此就正者，亦自比于日者之言，为二先生与年兄志乘时建业赞襄升平之喜。"①

清初阎若璩（1638—1704）不但注意到秦晓山即晓山老人②，在《潜邱札记》卷六《与戴唐器书》中说："《明文衡》有胡翰《衡运论》，即万一千七百八十年分为十二运，今交入大壮卦之说。"③ 足见注意到"今交入大壮"的，不只是黄宗羲一人。后来全祖望（1705—1755）《鲒埼亭诗集》卷五中有："绝学空传秦晓山，弄丸贯穿古今间。可怜直自西周后，男女交亲未转环。"④ 全氏有可能是透过梨洲而接触秦晓山之说，他的诗中说："可怜直自西周后，男女交亲未转环。"认为从东周即进入"衰世"，照黄宗羲的说法，则东周的春秋时期仍在"治世"，战国才进入"衰世"。甚至到了晚清，平步青（1832—1896）还不无感叹地认为依照秦晓山十二运推算，清末仍在治运中，何以被西方列强打得七零八落，实不可解。⑤

---

① 李来章：《礼山园文集》卷五《与窦敏修书》，见《四库全书存目丛书》集部第246册，456～457页。

② 阎若璩在《与戴唐器书》中说："云九兄止见其书元大德间晓山老人撰，不知晓山广陵人，姓秦氏，弟以仲申论证之耳。"见氏著：《潜邱札记》卷六，见《景印文渊阁四库全书》第859册，535页。

③ 同上注。

④ 全祖望：《东城作小秦淮道古诗来索佚事答以五绝》，见朱铸禹汇校集注：《全祖望集汇校集注》下册，2163页，上海，上海古籍出版社，2000。

⑤ 平步青说他自己受到黄宗羲《明夷待访录·题辞》中对"大壮"之诠释的影响，感叹："以胡翰之说推之，康熙甲子至今，仅得二百三年。治运未艾，拂菻薩宝，犯顺胡为。"平步青：《十二运》，见《霞外攟屑》，176页，上海，上海古籍出版社，1982。

二

以下要再对前文中所提到的两个问题：即《待访录》究竟为谁而作以及黄氏后来何以发出“无乃欺人”之叹做进一步讨论。

中国通俗思想中本来就喜谈术数、气运，它是百姓与士大夫思想世界中一个内隐的层面，在有意识与无意识之间，理性与不理性之间转换着，且常常与其他层面的考虑转换应用或互相支持，也常常作为预测或合理化局势发展，作为行动、抉择时之参考，甚至作为自解、自欺的理据。

在明清之交，许多人常常将局势的变迁委诸“天命”，或说“天命”有归[①]，究竟哪些现象可以显示“天命”的归属？灾异、天象、瑞应以及十二运之类的气运说显然也是显现“天命”的一部分。

值得注意的是，“委之天数”有许多种涵义，其中最为常见的一种即是不想挣扎奋斗或愿意合理化现状。此处随举数例，如史书中常说“天之所命，人不能违也”[②]，通俗文学中也常宣扬这类观念。如《水浒传》第七十一回，石碣天书上有天罡是三十六员，地煞是七十二员，强调“天地之意，理数所定，谁敢违拗”[③]；《封神演义》第一回中有“我想成汤伐桀而王天下，享国六百余年，气数已尽”[④] 等等。一直到近代这一类思想还是很普

① 姜胜利：《清人明史学探研》，68～72页，天津，南开大学出版社，1997。

② 司马光编著：《资治通鉴》，唐太宗贞观二十二年，6259页，北京，中华书局，1956。

③ 施耐庵：《水浒传》，804页，香港，中华书局，2002。

④ 许仲琳：《封神演义》，5页，台北，台湾书局，2009。

遍，如“所无可如何者，运会也”[①]，或动辄说“不能不归咎于气运风水矣”[②]。

黄宗羲研究象数，显然也在某种程度上相信象数、气运之说，本文最主要的目的即是想解答一个相关的谜题：黄宗羲在《待访录·题辞》中提到，依照胡翰《衡运论》的预言向后二十年“交入大壮”，究竟是如何推算而得的问题。我个人过去曾从当时能找到的各种《衡运论》版本进行推算，但是因为语意不清、年数不合，故而不得要领。因此一度怀疑黄氏造言欺人，曲解《衡运论》以支持自己转向清朝。

但是从《太乙统宗宝鉴》中勾稽出十二运的文字并加以推算，正好完全符合《待访录·题辞》中之所言，证明黄氏所言不虚，并且解决了“起周敬王甲子”的思想意涵。黄氏依十二运推算，确信新朝马上交入昌明太平之“大壮”；而且他用十二运去讲元末明初王冕的故事，认为王冕所处的时代是“男女交亲之运”，故王冕仿《周礼》所成之书，不可能致“新朝”于太平。

事实上，王冕欲仿《周官》致太平这个典故是有其意指的，它意味着既具有遗民的身份又关心当世之务，譬如邓之诚（1887—1960）在他的日记中曾讨论清初田兰芳（1627—1701）的案例，他说这位明遗民“不求仕进，而未尝忘世，其诗《阅自著文稿漫书》云‘偶翻《元史》惭王冕，欲仿《周官》致太平’”[③]，认为田兰芳用这个典故表示他既是遗民却又关心当世之

① 谭嗣同：《谭嗣同全集》，289页，台北，华世出版社，1997。

② 张棡：《张棡日记》，39页，上海，上海社会科学院出版社，2003。

③ 邓之诚著，邓瑞整理：《邓之诚文史札记》，690页，南京，凤凰出版社，2012。又见邓之诚：《清诗纪事初编》，174页，上海，上海古籍出版社，1984。

务，故惭愧未能提出“致太平”之策。这个例子与黄氏《待访录》的例子正相仿佛。从《明史》王冕传看来，王冕是为新朝致太平而写，那么黄氏的《待访录》也是一样的情形。

明清易代之际，人们的态度千差万别。[①] 有的像陈洪范那样逢人劝降，以至于被称为“活秦桧”。[②] 也有人谈起自己在明清两朝的生活时，像是谈互不相涉的两段日子，完全没有任何断裂之感，如王崇简（1602—1678）《青箱堂文集》中的许多篇文章都呈现这个特质。[③] 但更多人对亡国有着天崩地坼之感，黄宗羲便是其中之一。黄氏虽然自认为坚守遗民的立场，其实际态度仍然有各种转换，从《留书》到《待访录》，黄氏删去那么多反满或极端种族性的言论，即表示他已经有了转变，但这并不表示他放弃遗民的身份。这里牵涉到一个重要的问题：即遗民与新政权之间究竟可能有什么样的关系？遗民与新政权之间可以有各式各样的关系，由浓到淡，色差无限。可以是不入城、不出仕、不应考，也可能是不与清廷官员交接、一纸不入官府等种种“不”[④]，也可以是宣称遗民不世袭，或对清廷官员“顿首复顿首”，但最后仍然不愿出仕，仍然自认为是一个明遗民。

---

① 请参见何冠彪：《生与死：明季士大夫的抉择》，台北，联经出版事业公司，1997。

② 林时对说：“陈洪范为全浙总兵。洪范先镇蛟川，奉使至燕输款，放回为反间，逢人劝降，名活秦桧。”林时对：《荷牐丛谈》，见台湾银行经济研究室编辑：《台湾文献丛刊》卷四，130页，台北，台湾银行，1962。

③ 王崇简：《青箱堂文集》，见《清代诗文集汇编》编纂委员会编：《清代诗文集汇编》第16～17册，上海，上海古籍出版社，2010。感谢何冠彪兄告诉我王崇简的案例。

④ 参看拙著：《清初士人的悔罪心态与消极行为——不入城、不赴讲会、不结社》，见《晚明清初思想十论》，187～247页，上海，复旦大学出版社，2004。亦见本书。

另一方面，遗民与新朝的关系并非既定就不再变，而是随着时局的变化而有高昂或低回的变化。当新朝政权已经稳固时，荐子弟入学，或是褒扬新朝明主，但仍自觉地与新朝保持距离感的情形是存在的；甚至于在保持距离感的同时，仍可以在具有普遍意义的万民之忧乐或“治平天下”的层次上对新朝提出建言。

从《题辞》看来，黄宗羲在对新朝的态度当然与顾炎武（1613—1682）、王夫之（1619—1692）等人不同。而且从新材料中可以看到黄氏《与徐乾学书》中歌颂康熙帝的话。[①] 黄氏友人中已经有人不满他谄媚清廷官员，吕留良（1629—1683）《管襄指示近作有梦伯夷求太公书荐子仕周诗戏和之》一诗甚至刻薄地说：“顿首复顿首，尻高肩压肘。”[②] 黄宗羲家乡一位比全祖望早一辈的黄姓小读书人，对年青的全祖望说《待访录》“是经世之文也，然而犹有憾。夫箕子受武王之访，不得已而应之耳。岂有艰贞蒙难之身，而存一待之见于胸中者？”[③] 当时遗民世界中有许多人对黄氏的晚节表示不满，然而以上种种并不影响黄宗羲始终认为自己是坚持不出仕的“遗民”，从他处理博学鸿儒科及明

① 相关讨论可参见黄宗羲：《与徐乾学书》，见黄宗羲撰：《南雷杂著真迹》，吴光整理释文，233～235 页，台北，台湾学生书局，1990；吴光：《〈与徐乾学书〉的考证与说明》，见《古书考辨集》，181～185 页，台北，允晨文化实业公司，1989。

② 吕留良：《管襄指示近作有梦伯夷求太公书荐子仕周诗戏和之》，见《吕留良诗文集》，371 页，杭州，浙江古籍出版社，2011。吕留良弟子严鸿逵评此诗云：“太冲求姜希辙书荐子馆于周亮工家。”（372 页）

③ 全祖望：《续耆旧》卷百三十二，见《续修四库全书》第 1683 册，97 页。据谢国桢《黄梨洲学谱》，这位黄姓读书人为黄子传（144 页，台北，台湾商务印书馆，1971）。全氏《续耆旧》卷百三十二《诸韦布诗之一》黄氏小传云：“黄布衣之传，字筑隐，一字肖堂。”《鲒埼亭集》卷十七《黄丈肖堂墓版文》：“先生讳之传，字筑隐，一字肖堂。”（朱铸禹汇校集注：《全祖望集汇校集注》上册，399 页）可见黄氏应名“之传”，非“子传”，谢氏之说误。

史馆之征召的许多书札往返都可以看出这一点。[①] 这种自居“遗民”的态度没变过，故他安排后事时要求在石上刻“不事王侯，持子陵之风节；诏钞著述，同虞喜之传文”。[②]

为了了解黄宗羲既自居为遗民，又为了万民忧乐、天下太平而献策的立场，可以引用刁包（1603—1669）对遗民所作的四种区分：第一种是“从君父起见，日抱慚负天地不可以立于世之心，而慨然以斯道自任，为天地立心，为生民立命，为往圣继绝学，为来世开太平，此方今第一流乎”；第二种是“从苍生起见，饥溺而切繇己之私，锐意问学，矢心经济，自天文、地理、人物，以至出奇制胜之策，扶危定倾之略，縻不有以自命，此其次也”；第三种是“从时势起见，明哲而得保身之道，厌嚣就寂，去危即安，放浪于山水之间，流连于诗酒之内，视富贵利达若将浼焉，此又其次也”；第四种层次“若夫名则不为，实则不能，偷安藏拙，窃附隐逸，吾不知之矣”。[③] 刁包以第一类遗民为高，他们既守住遗民的身份，又关心当世之务，寻求“为来世开太平”之道。

晚年的顾炎武对这一路思考也是赞成的，他说：“今日者拯斯人于涂炭，为万世开太平，此吾辈之任也……今既得生，是天以为稍能任事而不遽放归者也，又敢怠于其职乎。”这是他在康熙二十年（1681，病故前一年），对蓟门（北京）官员提出如何达到“治世”之建议说的，在这封信中提出一个贮粮于官仓以备

① 李广柏：《导读》，见《新译明夷待访录》，7～10页，台北，三民书局，1995。

② 黄炳垕：《黄梨洲先生年谱》，见《黄宗羲全集》第12册，55～56页。

③ 刁包：《用六集》卷三《与史子敏论史书》，见《四库全书存目丛书》集部第196册，271页。

青黄不接时可以卖出之办法，认为“始行之于秦中，继可推之天下”。[①]

有了上述的分疏，则可以进一步看黄宗羲的案例，他显然认为自己是属于刁包四种分类中的第一种，既是遗民又关心治平天下的大问题。黄氏在《谢时符先生墓志铭》文中说：“遗民者天地之元气也，然士各有分，朝不坐、宴不与，士之分亦止乎不仕而已。”[②] 又如在《宪副郑平子先生七十寿序》中说王炎午（1252—1324）为宋室遗民之最，但说王氏与当路之交际未尝绝，“士之报国，各有分限，炎午未便为失，而先生（郑平子）绝匿名迹，当路投分无所，可不谓过乎？”[③] 在黄氏的认知中，不出仕，朝不坐，宴不与，即是遗民了（当然，在坚持较严格遗民志节的人看来，黄氏自己的认知是站不住脚的），但不表示不能为

---

① 顾炎武：《病起与蓟门当事书》，见《顾亭林诗文集》，华忱之点校，48～49页，北京，中华书局，1983。亭林曾致书梨洲云：“炎武以管见为《日知录》一书，窃自幸其中所论，同于先生者十之六七。”（238页）并未如同黄之传与全祖望一般，对《待访录》书名及梨洲此时的政治态度有所怀疑。又于《初刻日知录自序》云：“若其所欲明学术，正人心，拨乱世，以兴太平之事，则有不尽于是刻者。须绝笔之后，藏之名山，以待抚世宰物者之求。”（27页）《与杨雪臣》：“向者《日知录》之刻，谬承许可。比来学业稍进，亦多刊改，意在拨乱涤污，法古用夏。启多闻于来学，待一治于后王。自信其书之必传，而未敢以示人也。”（139页）《与友人论门人书》云：“所著《日知录》三十余卷，平生之志与业皆在其中，惟多写数本以贻之同好，庶不为恶其害己者之所去，而有王者起，得以酌取焉。其亦可以毕区区之愿矣。”（47页）《与人书二十五》云：“别著《日知录》，上篇经术，中篇治道，下篇博闻，共三十余卷。有王者起，将以见诸行事，以跻斯世于治古之隆，而未敢为今人道也。”（98页）可见在亭林此时的认知中，两人著书的用意与态度都是相近的，期待己书有助于斯世复返“三代之治”，且其所待非今之人，而在“后王”。不过，亭林与梨洲仍有基本的不同，亭林基本上不认同清朝统治。

② 黄宗羲：《谢时符先生墓志铭》，见《黄宗羲全集》第10册，422页。

③ 黄宗羲：《宪副郑平子先生七十寿序》，见《黄宗羲全集》第10册，691页。

天下太平而向新朝进言。[①]

有了前面的讨论，对“无乃欺人”的了解可以分成三个层次进行理解。第一，“大壮”是为清而言；第二，“大壮”是为汉族可能的复兴而言[②]；第三，“大壮”是以万民之忧乐，及治平天下的理想而言。

如果只是为了清，那么康熙二十一年（1682）三藩平，康熙二十二年（1683）台湾郑氏政权灭亡，从清廷的角度看康熙二十二年可以算是进入“大壮”之运了，但黄氏在《破邪论》中却说“无乃欺人”。如果说是为了汉族复兴，则三藩及台湾郑氏的灭亡，与“无乃欺人”是可以有关联的。方祖猷先生的研究指出在三藩起事期间，从黄氏自署及年号的使用上可以看出，他对吴三桂虽然始终持否定的态度，但不表示他内心中不认为因局势动荡而存在某种复汉之希望。黄宗羲这个时候的文章署名改称“洞主”，一如当年在四明山抗清的军队首领也称“洞主”般。康熙十三年（1674），耿精忠（1644—1682）向郑经（1642—1681）求援，郑经渡海攻福建，自称“永历二十八年”，这个动作对明遗民是一种强烈的暗示，黄宗羲当时在另一篇文章中即自署“前兵部职方司郎中兼监察御史”，明白将自己在鲁王监国时期的官职亮出来。从康熙十五到十七年（1676—1678），即使三藩之势一年不如一年，黄氏这三年所写的墓志中，对墓主的生卒年皆不书清廷年号等。[③] 时局的动荡确实牵动人们内心中的变化。但是

---

① 清初遗民亦多有与清朝官吏交往，而不认为如此便损其遗民志节者，与黄氏的态度相近。谢正光《清初诗文与士人交游考》（南京，南京大学出版社，2001）一书讨论顾炎武、曹溶等论文，可以参考。

② 参见方祖猷：《黄宗羲长传》，329～337页，杭州，浙江大学出版社，2011。

③ 同上书，287～296页。

方祖猷的研究也发现，在康熙十九年之后，黄氏已经倾向正视清朝统治的合法性，不但顺治、康熙的年号经常出现在他的文章中，甚至有“王师下江南”这样的字眼出现。康熙三十年还有“方今礼乐将兴”的话。[①] 但在同一个时期，他笔下也常出现亡国的仇恨与感叹。这两个同时存在的情感状态，提醒我们应对黄氏在康熙三十三年写下“无乃欺人”一语作深一层的理解。此时黄氏一方面承认亡国，一方面承认清朝的合法性，但仍说“无乃欺人”，可见其感叹是针对另一个旨趣而发。更何况黄宗羲在康熙二年写《待访录·题辞》时，并不能预见三藩起兵及后来其他的动荡。若是从第三个层次，也就是比较具有超越性的万民之忧乐及治平天下的层次去看，则依《待访录》中所树立的种种标准来看，当时已建国近半个世纪的清廷仍未能落实黄氏《待访录》中“三代之治”的理想。“三代之治”是黄氏之最高标准，所以早年黄氏在《易学象数论》中对《衡运》稍有批评的那一段文字中说，如果以“汉唐宋之小治，衡之三代而上，是为亵天”。因此，《破邪论》的《题辞》中的“无乃欺人”，恐怕应从能否复“三代之治”的标准来理解。[②]

结　论

传统士人与运会、术数本来就有密切的关系，只是这个内隐世界的运作机转较少受到学界的关心与研究。黄宗羲不但研究术

---

① 方祖猷：《黄宗羲长传》，368 页。

② 而《破邪论》中的几篇文字中所阐述的、讨论的，主要也是比较带有普遍原理性的主题，包括君权与土地等方面的问题。

数，而且也在某些程度上相信术数，学界研究黄宗羲的论文很多，却很少谈到这个层面。读过黄宗羲《待访录》的人很少不知道《题辞》中提到的“十二运”，但是迄今学界却几乎没有论文探讨“十二运”的来源，以及“十二运”之说对黄宗羲政治立场的影响。

如前所述，如果“十二运”所说二十年后会进入“大壮”找不到根据，就很可能是黄氏自己编造出来以合理化自己政治立场的转变，但在找到晓山老人的《太乙统宗宝鉴》以后，我们发现黄宗羲的“十二运”确实是根据元代以来便广为流传的一个文本《太乙统宗宝鉴》。这个已经流传数百年的文本中①，居然清楚载明康熙二十二年将进入“大壮”，它所带给人们心理上的震动力量是不可忽视的。

找到十二运的来源是本文重要的目的，但除此之外尚有一些问题值得讨论。

向来对于术数预言的解释往往因为解释者而有很大差异，但是这种差异正可反映解释者的思想。前面提到秦晓山的第三运确实是好时代，但不一定就是“三代之治”。秦晓山第三运的第一卦“大壮”，除了时间点落在黄宗羲可预期的有生之年以外，其实并不容易看出“复三代之治”的必然时间点。而且秦晓山描述此运的内容时在乐观之外尚有若干保留的话：“六卦太乙行至其运，在年月则天多亢极，少雨泽之降，五谷焦枯，荧惑昼见，旱

① 王肯堂《郁冈斋笔尘》云：“太乙之术，所从来最久，世俗流传，往往失其真。今所宗尚，大率是《统宗宝鉴》……行之数百年。”见《续修四库全书》第1130册，109页。案，王肯堂是明嘉靖至万历年间人，其云《统宗宝鉴》“行之数百年”，若其说可信，则可见此书流行的时间及受重视的程度。

风鼓飞，口舌繁乱，火灾为乱。”① 看来此运仍有不少灾难，而黄宗羲却毅然断言第三运是“治世”，可见黄宗羲对于此运的诠释，正好反映了他对三代治世的强烈期望。换言之，黄宗羲这样的解释可能正是要加强或合理化“待访”与“复三代之治”的信念。而且这种跨越式的“复三代之治”的强烈期望，正是顾、黄、王这一代政治思想的新动向。

黄宗羲至少在自我认知上始终认为自己是一个“遗民”，但《待访录》的成书，以及“如箕子之见访”一语，使他的遗民立场备受质疑。然而就遗民们与自我认知上，他们与新政权之间是可以有各式各样的关系，由浓到淡，色差无限。在本文中，我主要引用了刁包对“遗民”的四种区分，并辅以顾炎武、黄宗羲的文字说明遗民可以是既坚持身为遗民的身份，同时也可以为致天下于太平之事务提出建言，而且在刁包的标准中，这是四种遗民中最高的层次。儒士有一个与“国家治乱之原，生民根本之计”密切相关，且具有普遍性意义的世界要关心，在这个层面效力时，“大壮”的意义应是“复三代之治”。所以随着清朝的日渐稳固，当时士人隐隐然形成一种独特的认同的层面，即士人有一个比较具有超越性的治平天下的任务，有时人们容许它在现实实践上超越朝代的异同。

对于黄氏的《待访录》究竟是为“待清”或“反清”，历来争论不休，在经过细审之后，我们知道不管是“待清”或“反清”，都只是一般政权意义中的“清”。对黄宗羲而言，“十二运”

---

① 晓山老人：《太乙统宗宝鉴》，见《四库全书存目丛书》子部第 67 册，761 页。

这种无特定朝代指涉的预言，带有一定的抽象性。所以《明夷待访录》是“待清”，但却是在十二运的预言架构，及待“后王”的意义下的“清”。至于，黄宗羲在康熙三十三年所撰的《破邪论·题辞》中说十二运“无乃欺人”，表示黄宗羲对十二运之说由始信而终疑。但是何以黄氏这么快就失去耐心，致疑于十二运，则目前仍然没有较好的解释。

“十二运”对不同时代的人有不同的意义。黄的“十二运”挂搭在他自著的《待访录》之上，而该书《题辞》中说的是“三代之盛”，所以他的失望应联系着《待访录》中三代的理想来了解。对于光绪年间的平步青而言，十二运之说使他对身当治运的大清竟然惨遭西方帝国主义的欺凌，感到大不可解。

此外，从本文所引用的若干材料，如《冬明历》由攘胡转变成以清为得正统、张廷玉以康熙朝正当“午运”、李来章亦以康熙二十三年甲子为圣运之时，再加上黄宗羲的“交入大壮”之说，零星线索都集中在康熙朝，它们是不是产生过什么现实影响，也值得进一步探索。

宋明理学虽以义理为主流，但是邵雍（1011—1077）的象数派仍不失为一个潜流。这个潜流常常为人们所忽略，黄道周的《易象正》、黄宗羲的《易学象数论》即接此传统，而“十二运”亦复如此。

此外，这个文本不只在中国流传数百年，在一份清代越南重印中国书籍的书单中也出现了《太乙统宗宝鉴》[1]，可见它也曾

---

① 慈乌陈氏藏“北书南印版书目”中著录越南重印中国书679种之一。请参考陈益源：《中国汉籍在越南的传播与接受》，见《越南汉籍文献述论》，66页，北京，中华书局，2011。

在越南流传；在韩国也有流传，由此可以推断《太乙统宗宝鉴》是近世东亚相当流行的一个文本。

附件一：

胡翰《衡运论》[1]

皇降而帝，帝降而王，王降而霸，犹春之有夏，秋之有冬也。由皇等而上，始乎有物之始；由霸等而下，终乎闭物之终。消长得失，治乱存亡，生乎天下之动，极乎天下之变。纪之以十二运，统之以六十四卦。

乾，天道也，健而运乎上；坤，地道也，顺而承乎下。天地既判，其气未交为否，既交为泰。始乎乾，讫乎泰，四卦统七百二十年。（阳爻三十六，阴爻二十四，每卦所积之数后仿此）是为天地否泰之运。乾一索得男而为震，坤一索得女而为巽。震，长男也，巽，长女也，夫妇之道也。始成为恒，既交为益。乾再索得男而为坎，坎，中男也；坤再索得女而为离，离，中女也。中男中女，夫妇之道成为既济，既交为未济。乾三索得男而为艮，艮，少男也；坤三索得女而为兑，兑，少女也。少男少女，夫妇之道成为损，既交为咸，（十二卦统二千一百六十年）是为男女交亲之运。

男治政于先，女理事以承其后。男之治也，从父之道。大壮

[1] “附件一”以金华丛书本《胡仲子集》（台北，艺文印书馆，1968，《原刻景印百部丛书集成》据清同治光绪间胡凤丹辑刊本影印）中的《衡运论》为底本，见该书1～2页。()中字句是对照黄宗羲《易学象数论》中的《衡运论》后发现金华丛书本《衡运论》中所无之文字，见《黄宗羲全集》第九册，269～272页。

也、无妄也，长男从父者也；需也、讼也，中男从父者也；大畜也、遯也，少男从父者也。六卦统一千一百五十有二年，是为阳晶守政之运。

女之治也，从母之道。观也、升也，长女从母者也；晋也、明夷也，中女从母者也；萃也、临也，少女从母者也。六卦统一千有八年，是为阴毳权衡之运。

坤，阴也，得（阳）育而生男；乾，阳也，得（阴化）而生女。男归于母，女应于父。豫也、复也，长男归母者也；比也、师也，中男归母者也；剥也、谦也，少男归母者也。六卦统九百三十有六年，是为资育还本之运。

小畜也、姤也，长女应父者也；同人也、大有也，中女应父者也；夬也、履也，少女应父者也。六卦统一千二百二十有四年，是为造化符天之运。

乾、坤，父母之道也，必有代者焉。代父者长男也，从长男者中男、少男也。解也、屯也，中男从长者也。小过也、颐也，少男从长者也。四卦统六百七十有二年，内外以刚阳治政，是为刚中健至之运。

阳刚之极，阴必行之。代母者长女也，从长女者中女、少女也。家人也、鼎也，中女从长者也；中孚也、大过也，少女从长者也。四卦统七百九（六）十有二（八）年，内外以阴柔为治，是为群（愚）位贤之运。

阴随于阳为顺。丰也、噬嗑也，中女从长男者也；归妹也、随也，少女从长男者也；节也、困也，少女从中男者也。六卦统一千八百年，是为德义顺命之运。

阳随于阴为不顺。涣也、井也，中男从长女者也；渐也、蛊也，少男从长女者也；旅也、贲也，少男从中女者也。六卦统一千八十年，是为惑妬留天之运。

长男既息，为男之穷也；长女既息，为女之穷也，于是中男与少男相搏焉。蹇也、蒙也，二卦统三百三十有六年，是为寡阳相搏之运。

阳之搏也，阴必随之，于是中女与少女会焉。睽也、革也，二卦统三百八十有四年，是为物极元终之运。

十二运上下万有一千七（五）百八（二）十载。阳来阴往，太乙临之。不浸则不极，不极则不复。复而与天下更始，非圣人不能也，圣人非天不生也。天生仲尼，当五伯之衰，而不能为太和之春者，何也？时未臻乎革也。仲尼没，继周者为秦、为汉、为晋、为隋、为唐、为宋，垂二千年犹未臻乎革也。泯泯棼棼，天下之生欲望其为王、为帝、为皇之世，固君子之所深患也。余闻之广陵秦晓山，乃推明天人之际，皇帝王伯之别，定次于篇。

附件二：

（元）晓山老人，《太乙统宗宝鉴·明太乙统十二运卦象之术》（节录）①

其一曰天地否泰之运。夫易有太极而生两仪，乾，天之体也

---

① 晓山老人撰：《太乙统宗宝鉴》卷十四、十五，见《四库全书存目丛书》子部第67册，748～798页。《四库全书存目丛书》中的版本系抄本，抄本上有修正的痕迹，抄本直接删除的文字以双删除线表示，增补之处则以（）标示。感谢张永堂教授及朱鸿林教授提供的标点建议。此外还要特别感谢张永堂教授根据“国家图书馆”所藏《太乙统宗宝鉴》的清初抄本（缩影卷片），针对本附件抄本中的缺漏及错误之处有所订正，衍字以［］标示，误字以〈〉改正，漏字以【】标示。

而运乎上。坤，地之质也而止乎下。天地既判，其气未交而为否，~~泰未地之~~（其）气既交而为泰，故为天地泰否之运。始于乾，终于泰，四卦七百二十年。卦体天地否泰之象焉。每卦之内，上九下六，有四五二六之灾。当此之时天下为凶，至交运首尾之年〈际〉、月行其运，过〈遇〉乾卦偏阳，坤卦偏阴，否卦极爻多旱，泰卦【则】阴阳和、风雨时也。

其二曰男女交亲之运，继之以天地交泰之后。天地交泰，而男女生焉。乾一索而得男曰震，为长男。坤一索而得女曰~~选~~（巽），~~又~~为长女。长男、长女而夫妇成恒，夫妇既交而益。乾再索而得男曰坎，~~又~~为中男。坤再索而得女曰~~禹又~~（离），为中女。中男、中女而夫妇成为既济，夫妇既交为未济。乾三索而为男曰艮，~~又~~为少男。坤三索而得女曰兑，~~又~~为少女。少男少女而夫妇成为损，夫妇既交为咸。男女各归其亲，故受之以男女交亲之运。始自震，终于咸，统一十二卦，历二千一百六十年。卦体男女交亲之象焉。震、巽为长男长女之成，恒【益】为长男长女之合。坎、离为中男中女之成，既济、未济为中男中女之合。艮兑为少男少女之成，损【咸】为少男少女之合。太乙行之，虽忌凶害，唯运度上九上六之际为甚焉，岁月行其运，遇内外极爻无应失位为凶，日时遇之，阴阳【和而】雨露均。

其三曰阳晶守正之运，继之以男女交亲之后。天地判而男女生，夫妇交而万物成。男治世于先，女理事于后，男之治也，从父之道，故为阳晶守正之运。自大壮至遯，统六卦，历一千一百五十二年，卦体阳晶守正之象焉。此运大壮、无妄，长男从父；需、讼，中男从父；大畜与遯，少男从男［男］父也。六卦太乙行至其运，在年月则天多亢极，少雨泽之降，五谷焦枯，荧惑昼见，旱风鼓飞，口舌繁乱，火灾为乱。日时行其运，多阳少阴。虽太乙行至阴阳相应处，有动妄〈妄动〉之咎。理九三之爻，内极，亦阳居阳故为触藩而羸其角，格对掩迫之年而有凶。太乙理上六之爻，则为壮极而有独〈触〉藩之象，遇关囚迫掩格对之年而有凶变，各如其占。更逢阳九百六祸乱尤深，筭和则灾患浅矣，仍宜修德。大乙理九二之爻，行于中道，以阳居阴而得中也。太乙理九四之爻，阳居阴位，能以难而应吉，贞吉悔亡。太乙理六五之爻，居尊得中而无悔，以阴居阳者也。由此观之，人君值斯，其所慎壮也哉！其或用壮，则在过咎之祸矣。

其四曰阴毳权衡之运。自观至临，统六卦之地后，【继之以阳晶守政之后】女子之治也，从母之道，为阴毳权衡之运。自覩〈观〉至临统六卦，历一千单〈零〉八年，象（卦）体阴毳权衡之象焉。此运观与升长女从母，晋与明夷中女从母，萃与临（少）女从（母）。六卦太乙行其运，年月至此，则人主失国，忌大水。太阴尽〈昼〉光，鸟〈乌〉鸡夜啼，阴毒鬼怪以辅灵祠。日时行其运，多阴而少阳，虽行至阴阳相应处，亦多风雨而少晴明也。

其五曰资育还本之运。继之以阴毳权衡之运（后）。坤阴也，是阳育而生男，乾阳也，得阴化而生女，男归于母，故有资育还本之运。自豫至谦六卦，历九百三十六年，卦体资育还本之象焉。此运豫与复，长男归母；比与师，中男归母；剥与谦，少男归母。六卦太乙行至其运，年月值此，丰稔在前，兴师在后，四夷朝服，德化清平。日时行其运，为丰和泰稔之限，至剥、谦之卦，天气多昏，日月失气也。

其六曰造化符天之运，继之以资育还本之后。坤阴也，得阳育而生男；乾阳也，得阴化而生女。【女】应其父，故为造化符天之运。自小畜至履六卦，历一千二百二十四年，卦体造化符天之象焉。此小畜与姤，长女应父；【同人也大有也，中女应父】夬与履，少女【应父。此六卦也。太一行至其运，年月值之，先治后乱，君臣上下皆未安，内多媵妾】而倾国，有驾幸西方，涉于险阻。于日时行其运，多狂风蓬勃而伤草木禾稼也。

其七曰刚中建〈健〉至之运，继之以造化符天之后。乾、坤父母之道既息，必有相代者焉。代父者，长男也；从长男者，中男、少男也。内外以刚阳治政，故为刚中建〈健〉至之运。自解至颐四卦，历六百七十二年，卦体刚中建〈健〉至之象焉。此运解与屯，中男从长男；小过与颐，少男从长男。四卦太乙行其运，年月值此，天道顿与〈兴〉，君圣臣贤，民惟纯和。惟忌运度交换出入首尾之年，日时行其运，至解也〈屯〉则霖雨大作，至小过与颐则光惟〈怪〉之时见，蝗灾为虚害之时也。

其八曰群愚位贤之运，继之以刚中建〈健〉至之后。阳刚之强极，阴必行之。代母者长女，从长女者中女、少女也。内外以阴柔为治，故为群愚位贤之运。始自家人中〈终〉于大过，统四卦，历七百九十二年〈七百六十八年〉，卦体群愚位贤之象焉。此运家人与鼎，中女从长女；中孚与大过，少女从长女。四卦太乙行其运，年月值此，愚者当贤，尊卑失节，小人在位，君子在野。算和居正则吉，不和乱则凶。日时行其运，天地阴沉，日月无光，妖邪之气行也。

其九曰德义顺命之运，继之以群愚（位）贤之后。阴随于阳则顺，臣随于君则忠，子随于父则孝，故为德义之顺。自丰至困统六（卦），历一千八十年。卦体德义顺命之象焉！此运丰与噬嗑，中女而随长男；归妹与随，少女而随长男；节与困，少女而随中男。六卦太乙行其运，年月至此，君臣反身修德，进退往来以礼，则为顺道。若君臣左右事乖，奸邪更乱为政，则为逆道。德政以随，则相通，以则节相止〈以节则相止〉。于如〈知〉于持满，则百岁而位固，不知行止，则困且殆矣。日时行其运，节困二卦，阴极之爻，【有】风灾，【其余】则阴阳和、雨露均、时丰稔。

其十曰惑姤留天之运，继之以德义顺命之后。阳随（阴）之时也，群英致政，礼乖义悖，而违不顺〈违而不顺〉，故为惑姤留天之运，自涣至贲【统】六卦，历千八十年，~~时~~（卦）体惑姤留天之象焉。此运涣与井，中男随于~~中~~（长）女；渐与蛊，少男随于长女；旅于〈与〉贲，少男随于中女。六卦太乙行其运，年月值此，主君昏臣庸，阴人贵戚秉政，上下潜姤渐成蛊毒，石中出火，为怪甚哉，金土焦赤，播毁谷〈穀〉帛，山溶海渴，和〈禾〉稼不生，火旱灾伤，人民热损，民皆散失，流死道涂，高原之地灾重，下湿之地灾轻。日时行其运，阴阳不和，时多亢旱，蛊毒为害，蛊卦尤甚、尤深，天时行也。

其十一曰寡阳相搏之运，继之以惑姤留天之后。长男既息，为~~女~~（男）之穷也，（长女既息，为女之终也），中男与少男相搏，故为寡阳相搏之运。自蹇至蒙二卦，历三百三十六年，~~时~~（卦）体寡阳相搏之象焉。此运中男少男治政之世，太乙行其运，年月值此，天下失常，日月不终其经，气侯〈候〉不依月令，风云乱发，四时万物不生，人民相食，兵戈竞起，盗贼纷纭。日时行其运，风雷霜雹不以时，万物不成实之时也。

其十二曰物极元~~中~~（终）之运，继之以寡阳相搏之后。阳之搏也，阴必随之，中女、少女以相会，故为物极元终之运。此天地之机息，阴阳之偏胜也。自暌至革二卦，历三百八十四年，~~时~~（卦）体物极元终之象焉。此运中女少女治政理世。太乙行其运，年月值此，天地乖戾，日月失昏，星辰错乱，山崩海竭，地震天裂，人鬼混淆，大水时行，兵戈四起，万国侵伐，飞蝗遍野，妖异纷纭，得度者，其唯圣人乎？尽革之上六之时，大周已毕，天道复初，天生大贤，大圣出焉。革故从新，扫除积涝，日垂异光，海宇清彻，天下复治矣。日时行其运，天地不和，雷电不常，水火刀兵，灾振寰宇也。

附录三　经学是生活的一种方式

——读《吴志仁先生遗集》

“中研院”史语所于2014年开始刊印傅斯年图书馆所藏的罕见抄本，在首批刊出的“集部”中，有清抄本《吴志仁先生遗集》。[①] 这部《遗集》少了四、五两卷，我于2014年前往北京国家图书馆抄录了这两卷。

吴志仁（裒仲，1631—1659），即吴谦牧，浙江海盐人，一生只活了二十八岁，是明清之交海盐地方上的读书人。这样一位居处地方的读书人，其视野与思想带有一定的闭塞性。但我个人认为这种闭塞性也有其历史意义，它可以提供我们一个机会，观察明清易代，阳明心学退潮之余，在海盐这样一个地方，一个下层士人的动向。

吴谦牧的身世比较特别，其父吴麟瑞系明都察院右佥都御史，其叔吴麟征（1593—1644）于崇祯十七年（1644）自杀殉国，翌年其父因过度哀伤而辞世。这个家庭悲剧使得吴家在海盐

① 《吴志仁先生遗集》抄本系李宗侗先生所收藏，由其岳丈易培基交予其女易淑平，即李宗侗夫人。

地区拥有很高的道德声望。[①] 吴蕃昌（1622—1656）的《祇欠庵集》在嘉庆二十五年（1820）间还有刊刻，吴谦牧的遗集则过了几百年都不曾刊刻，所以从未引起注意。[②]

明朝灭亡时，吴谦牧只有十四岁。亡国是一件大悲剧，但是我们也注意到有两种相反的方向正在酝酿。第一，新朝正在一步一步赢得人们的忠诚，建立新秩序，地方上也出现了一批人，他们以新的方式，在形塑自己的社群与认同，并逐渐从新的国家逸离出来，成为一种多层存在的现象。也就是说"遗民"并不是明朝的残余物，他们也有其主体性及变动性，会以新的方式集结，形塑、定义自己。第二，旧政权的崩溃或旧思想权威崩溃之时，同时也是摆脱原先层层束缚、重新洗牌，形构新方向的时机。他们可能有较多的自由去生产他们所要的规则，尽管这些规则可能是以更严格或陈旧的道德标准作为基础。

一

而这种在严格的道德文化标准基础下重新集结的行为，往往带有两方面的要素。这两个要素包括拒绝被编入新的帝国系统，其中最重要的是拒绝考试，甚至尽量避免成为教导科举文章的塾师；第二是以"礼"作为再聚合的共同基础。清初"礼治"社会

① 吴谦牧堂兄吴蕃昌（仲木）著有《祇欠庵集》，在文集中对其父吴麟征自杀殉国及当时周围的事件有详细的记述。

② 我之所以注意到吴谦牧，全是因为他跟吴蕃昌参与了当地的一场丧礼改革运动，请见拙文《清初"礼治社会"思想的形成》，收入陈弱水主编：《中国史新论·思想史分册》，台北，"中央研究院"、联经出版事业股份有限公司，2012。

思想的兴起，当然与广大的思潮变化有关，但各地以“礼”为基础重新塑造的遗民社群也起着不可忽略的作用。以下将分述之。

首先，吴家在明代是地方上的世家，而在明清之际，吴家人物的表现从传统的道德标准来看，可说是达到很高的标准。这个时候，为了维系家族的地位，可以有两种选择，一种是努力参加科考，试着加入帝国的新精英行列，但吴氏选择脱离它。吴谦牧成为一个“道德镇守使”，紧紧盯着一批堂兄弟是否应试，如“家四兄遂能幡然从事于学问，于出处之事亦已决绝”。[①] 但是管了四兄，还要管二兄，而且其中涉及各种现实的酌量。吴氏对其二兄于应试一事举棋不定，最为揪心，书信中一再劝阻，认为他失信于已逝的父亲，“乃兄今日之事如此，弟何忍言，何忍不言”。[②] 当然，不赴科举考试在当时是引人注目、甚至有危险的。[③]

这一类的情形在当时并不罕见，我所关心的是一个两难之局。吴谦牧的信中曾对其堂兄吴蕃昌说：“眼中止看得一四兄矣。若渠复有变易，吾真无望于世人，不愿生矣。”[④] 能否决绝不与科试，与地方上尚存的一种文化标准有关。“取重于世”有两个途径，一个是“世荣”，一个是“礼义”，用吴谦牧的话说：“世荣之求，不可必者也；礼义之求，可必至者也。吾家累世先人，

---

① 吴谦牧：《吴志仁先生遗集》卷三《与张考夫》，见刘铮云主编：《“中央研究院”历史语言研究所傅斯年图书馆藏未刊稿钞本》集部第六册，128 页，台北，“中央研究院”历史语言研究所，2015。

② 吴谦牧：《吴志仁先生遗集》卷六《与从兄季融》，见刘铮云主编：《“中央研究院”历史语言研究所傅斯年图书馆藏未刊稿钞本》集部第六册，218 页。

③ 《与从兄仲木》中说：“即为不赴试一事，乡里无不以怪者”。见吴谦牧：《吴志仁先生遗集》卷五，无页码，北京，中国国家图书馆藏本。

④ 吴谦牧：《吴志仁先生遗集》卷六《与从兄季融》，见刘铮云主编：《“中央研究院”历史语言研究所傅斯年图书馆藏未刊稿钞本》集部第六册，219 页。

虽多至大官，而其所以取重于世，固有不独以爵位者，至于今日门户之衰微，吾辈之寂莫，爵位固未得有于身，而即求之亦有不可必者。然则所以重吾门户，惟有益勉于礼义而躬行不怠，使人视吾家无异前日，视其人无愧前人，……惟愿自此益勉进乎礼义之途。”[①] 我们可以觉察到清初海盐地区的地方舆论标准区分成两块，一是传统的文化标准，一是在新朝建立之后逐渐形成的国家功令。

值得注意的是，在传统文化标准方面，当明清易代之际，地方上每每存在一种强大的舆论力量，对于投降李自成或清朝的官员，自力加以惩戒。不时见到有人在北京投降李自成的消息传来时，家乡的人主动扑毁其家，或是当事人作宣传文字向乡人解释的例子，如江西熊文举的《南还邗上与同乡诸老书》，或如钱谦益，他在投降清军之后，回到常熟作了一篇文字向乡人解释自己的行为，特别是辩解自己并非引清军进常熟的人。[②] 足见在世局大变之后不久，地方上是存在几种不同的行为标准。

而吴家所享有的正是传统文化标准下的声名，所以吴谦牧认为不能失了这个面子。可是这里有一个两难：吴家不与试，科甲无人，则吴家原先由科甲所积成的地位亦从此没落。事实上，晚明以来许多世家大族在明清之际破败，与殉节及拒绝科考很有关系。当然从《阅世编》等书看来，鼎革之后，有些门第骤衰，但其中仍有一部分宗族后来又出现成功活跃于科举的后代，因而家

---

① 吴谦牧：《吴志仁先生遗集》卷六《与从弟慎虚》，见刘铮云主编：《“中央研究院”历史语言研究所傅斯年图书馆藏未刊稿钞本》集部第六册，264 页。

② 方良：《钱谦益年谱》，138～139 页，北京，中国书籍出版社，2013。

族复振的例子。[①] 但吴谦牧坚决选择操之在己的“礼义”，而不是操之在人的“世荣”，以“礼义”作为突出自我（self-distinction）之道。吴谦牧在《与从兄仲木书》中说：“弟家于夏至行时祭礼，一时人情颇相信从，不意其能如此，殊为大快。”[②] 即是一例。

拒绝科考是一件危险的事，所以他们常需技巧性提出各种不让人起疑的借口。拒绝科考以显耀自己的“礼义”，也是用一种新的对（自我生活）界域的经营与掌控，借此塑造一个专属于他们的“道德社群”。这个社群中尽量使用明代的礼仪来互相对待——吴谦牧在安排一位族人的婚礼时一再强调要与另一个遗民家庭缔亲，因为这样“既便行礼”。[③]

他们坚持用来突出自己的是两种礼，一方面是以《大明会典》为中心的一系列日常生活中的仪则，一方面是古礼，尤其是以《仪礼》为中心的日常生活仪节。吴谦牧在给他从兄季融的信中提到说：“仪仗一节终不能无疑，须更考之《会典》。京官及外官四品以上，止许用引导三对，谓锡槊、钢叉、藤棍也。”[④] 这

---

① 如《阅世编》中说“云间望族，首推陆氏……可谓一时极盛。自鼎革后，日渐中落。顺治己丑，族子兰陔振芳复成进士，官至少参。丁酉，裔孙庆曾，顺天中式，未几谴谪，以后未有达者”。见（清）叶梦珠撰：《阅世编》，130页，来新夏点校，北京，中华书局，2007。同书又云：“许都谏霞城，名誉卿，故通政司惺所先生讳乐善从孙也。历万、泰、启、祯四朝，给事黄门，好直谏，屡罢归，居乡侃侃，郡邑长及缙绅俱惮之。鼎革后，削发为僧。从弟鹤沙缵曾，惺所曾孙也。中顺治己丑进士，改庶常，历官宫允，出为臬宪。康熙十二年癸丑，请告回籍，门第犹盛。”（135页）

② 吴谦牧：《吴志仁先生遗集》（国图本）卷五《与从兄仲木书》，无页码。

③ 吴谦牧：《吴志仁先生遗集》卷三《与张考夫》，见刘铮云主编：《“中央研究院”历史语言研究所傅斯年图书馆藏未刊稿钞本》集部第六册，110页。

④ 吴谦牧：《吴志仁先生遗集》卷六《与从兄季融》，见刘铮云主编：《“中央研究院”历史语言研究所傅斯年图书馆藏未刊稿钞本》集部第六册，236页。

是《大明会典》卷五十九中之规定，故此信中所提及之《会典》即为《大明会典》。[①] 这时已经是顺治十几年了，仍然想以《大明会典》为依据。这个现象在当时并不罕见，如吴谦牧的朋友祝渊在自杀前的《临难归属》一文中说的："凡我子孙，冠婚丧祭，悉遵大明所定庶人之礼行之，……违者即以逆论。"[②] 从这里可以看出，他主张要与遗民结亲以便"行礼"，主要是指什么样的礼。

另外是古礼，我曾在《清初"礼治社会"思想的形成》一文中引了《燕行录》中的一次对话说缠小脚是为了"耻混鞑女"，或是如祝渊所说的，坚持古礼是为了维持汉族的自我认同，在吴谦牧的文集中随处可见这一现象。推敲他文集中的种种细节，可以看出实行及研究古礼（尤其是《仪礼》），一方面是思潮内部变化的结果，另一方面是人们利用古礼来维持身份认同及社会声望的一种方式。张履祥（1611—1674）在一封信中提到说，在浙江湖州地区也有人营造礼仪社群，而当地人视这群人为"不降社"——他说："湖州诸兄，各率子弟至于一家，解经习礼，以观所业之进退。亦何与人事？而嫉之者辄以不降社题之，流言籍籍。"[③] 可见上述情形不是很孤立的现象。

---

① 关于仪仗的规格，《大清会典》虽有康熙、雍正、乾隆、嘉庆等不同时期的刊本，但它们对外官四品以上仪仗的规定与《大明会典》不同。依《大明会典》行事在当时并不寡见。

② 祝渊：《月隐先生遗集》卷四，9a页，收入《丛书集成续编》第188册，据《适园丛书》影印，台北，新文丰出版公司，1989。

③ 张履祥：《答吴仲木十一》，见《杨园先生全集》上册，58页，陈祖武点校，北京，中华书局，2002。

二

前面提到，在这个大解体的时代，人们有机会重组、重塑其方向。而这时一种新的，有别于晚明心学讲会中的教导方式，乘势而出，在海盐附近一个地带，对于吴氏兄弟而言，是桐乡的张履祥在扮演指引者的角色。

明亡之前，吴家子弟曾经亲近过刘宗周（1578—1645）的学问，明亡时，吴氏虽然才十四岁，但多少已经濡染了一些这方面的言论。刘宗周虽然是王学修正派，但仍然是王学。从吴谦牧成年开始，有一股新的思想势力正在崛起，即批判阳明学、甚至还不满意于刘宗周、批判晚明思想中释氏影响的趋向，改以程朱为宗的新思潮。刘宗周的弟子张履祥即是这股新风气的代表人物。但是吴谦牧显然比张履祥还要激烈一些。一直到了顺治十年，吴谦牧还在张氏的《初学备忘》这一本具有里程碑意义的书中发现张履祥不脱刘宗周的习气，他批评说："山阴不脱姚江习气，吾是以不敬山阴。看来考夫不脱山阴习气。"[1]

前面提到，张履祥原来服膺刘宗周，甲申年渡江拜师刘氏，自言："尝为良知之学十年。"但是后来发现"一部《传习录》，只骄吝二字可以蔽之"。从顺治六年（1649）起，他开始一意为程朱之学，自称书桌上只放"朱集"一本而已。[2] 改弦易辙之后

① 苏惇元：《张杨园先生年谱》，见张履祥：《杨园先生全集》下册，1500 页。

② 以上引文依次出自苏惇元：《张杨园先生年谱》，见张履祥：《杨园先生全集》下册，1513～1514、1499 页。

的张履祥，批判王学及于刘宗周，说时人“非信姚江也，信其言之出入于释老，而直情径行，可以无所顾忌，高自许可，足以目无古人也”[①]。又说每读《传习录》一二条，则“心绪辄复作恶，遂尔中止者数四”[②]。又说其师刘宗周平日文字中，多有“释氏字面”[③]。所以他指点人学问之途时，“惟相劝以日读程朱之书，而相戒以阳明之说”[④]。

除了转向程朱理学外，张履祥鼓吹礼学，尤其是《家礼》，而且组织社团推行以《家礼》为准的葬礼。[⑤] 当时有不少信从者，如吴蕃昌便以《家礼》为思想指导完成规范自家，以日、月、岁为条目的《日月岁三仪》，及规范女眷的《阃职三仪》。[⑥] 当吴蕃昌因为守丧，敬守《家礼》而大病时，张履祥极感慨地

---

① 张履祥：《与吴裒仲四》，见《杨园先生全集》上册，287 页。

② 张履祥：《答张佩葱》，见《杨园先生全集》上册，318 页。

③ 张履祥：《答吴仲木六》，见《杨园先生全集》上册，49 页。

④ 张履祥：《与吴裒仲四》，见《杨园先生全集》上册，286 页。

⑤ 张履祥：《答吴仲木四》，见《杨园先生全集》上册，57 页。

⑥ 吴骞说：“《阃职三仪》，以训闺门。三仪者，盖日仪、月仪、岁仪也，言皆有俾于内则。《岁仪》有云：‘岁有禁约之礼，一日不守先人之戒，非礼也；一日不体先人之志，非礼也。’若无禁约之严，礼教何自而起？主人主妇，必先自禁非礼。今姑言其粗者，主人不得湛酒渔色、贪财使气，不得交一淫邪佞谀、博奕好游之友，不得接见一巫觋术数、奸妄诱惑之人，不得买一无益玩好之物，及邪僻淫亵之书，不得助一异端祠宇、土木形象之费，不得设一优伎男女，丝管俗乐之席。主妇不得容一尼僧道姑入门相见，及卖绢、穿花、施药、算命、唱盲词、做中保、闹杂走动，妇女皆当痛绝。【其害不可胜言，更有不忍言者。】不得与一看花看灯之会，烧香入庙之事。【虽有尊长严命，断不可从。】不得妄祀徼福，祭一野鬼邪神，及布施分文升合乞食僧道，并拜斗诵经、斋佛求子等事。【若有疾病大故，止可焚香祷之于天，及祠堂先人而已。世俗即以鄙吝讥之，然亦何伤！家贫故当节俭，况我至亲宗党，所当竭力周急者甚多。此而不勉，乃以赠漠不相关之匪人，妖淫邪佞之异类，愚妄无知，莫此为甚。】”吴骞：《桐阴日省编上》，见《愚谷文存》卷十二，12～13a 页，收入《续修四库全书》第 1454 册，据清嘉庆十二年刻本影印，上海，上海古籍出版社，1997。

对吴蕃昌说，如果他就这样死去，“是使东海之人终以由礼为戒也”①。

接受了张履祥思想的指导，其实也是接受一种异于前人，或异于当时大多数人的生活态度——一种异于晚明心学、党社、文风影响下的生活态度。此前复社声名远播于乡下，人们争赴张溥（1602—1641）、周钟（1614—1644）之门，复社领袖周钟便曾经来到桐乡、海盐一代主持社事。② 现在吴谦牧宣示的是“一惟程朱之是遵”③。从吴氏此时所读的书也可以看出时代思潮的转向，这些书大多是以程朱为代表的理学著作，而且多为张履祥所提到过的，如周、程、张、朱四子书，《程朱文录》《朱子大全》《朱子语类》《近思录》（吴说“至粹之书，莫如《近思录》矣”）、《仪礼经传通解》《南轩先生集》《上蔡语录》《读书录》《居业录》《吴康斋日录》等④，尤其是张履祥转向朱子之后所辑的书《初学备忘》。

思想是生活的一种方式，吴谦牧在转向张履祥，且独尊程朱之后，生活态度有了很大的转变。晚明王学把全天下弄成都是自负的圣人，但在新的思想倾向之下，有了新的生活态度，一言以蔽之，是把自己抽象化为非自然人格，将自己二分，而成为一个

---

① 张履祥说：“礼废久矣，仁兄力行之，时俗骇笑，虽弟辈犹将分罪，……弟与知己言：‘仲木若遂不起，是使东海之人终以由礼为戒也，而岂天地之心乎？’”见《杨园先生全集》上册，卷三《与吴仲木二十》，70页。

② 《张杨园先生年谱》，见《杨园先生全集》下册，1496、1492页。

③ 如同他信中所说：“（沈甸华）又约谦牧相与从事于《近思录》及程朱之书，此深有足望者，可为敬叹。”《吴志仁先生遗集》卷三《与张考夫》，13b、18b页。

④ 吴谦牧：《吴志仁先生遗集》卷三《与张考夫》；卷六《与从兄季融》。见刘铮云主编：《“中央研究院”历史语言研究所傅斯年图书馆藏未刊稿钞本》集部第六册，130、180、189、256页。

自责、自我要求的“对象”，时时以先人著作，与自己的身心状态相对照。

宋明理学的概念与日常生活中的实践是分不开的。譬如在《吴志仁先生遗集》中，吴氏用理学思想来考虑任何政治举动，他说想参加科考，或做官都是违犯了理学的道德标准，是“利禄”之念，“此是吾兄受病最深之处，日常要将此事作一大项目功夫，专一痛加克治。吾人小小妄念，尚须铲除，今欲为此事，乃是无父无君，至大之恶念”。[①] 这些道德概念可以用来指日常生活中对利欲无节制的追求，也可以用来指政治中的重大抉择。吴谦牧将之彻底政治化，以对旧朝尽忠作为天理，以向新朝靠近为“人欲”，而不是像当时许多人一样，逐渐以为新朝忠诚为天理的一方，以欺慢其官职责任为“人欲”的一方。而这些都要交织在生活中才能见其真正的意涵。

在顿除之法与积渐不间断的打磨之法之间，吴氏选择的是后面一路。[②] 他主张从事为己之学，不断向内面下功夫，“须是全用向里功夫，一毫向外不得”[③]、“外面增一分则内面功夫减一分”[④]。并且要在“根源处”下功夫，“根源处”才有用[⑤]，功夫

---

① 吴谦牧：《与朱子令》，见《吴志仁先生遗集》（国图本）卷四，37a 页。

② 吴谦牧：《吴志仁先生遗集》卷三《与张考夫》，见刘铮云主编：《“中央研究院”历史语言研究所傅斯年图书馆藏未刊稿钞本》集部第六册，121 页。

③ 吴谦牧：《与朱子令》，见《吴志仁先生遗集》（国图本）卷四，35b 页。

④ 吴谦牧：《与沈甸华》，见《吴志仁先生遗集》（国图本）卷四，19b 页。

⑤ 《吴志仁先生遗集》（国图本）卷四《与沈甸华》：“要在根源处分得清楚，若里面有丝毫夹带，外面纵使得十分是好，终不济事，终无自家受用处也。”（1a 页）“真使人一毫向外之心皆着不得。”（22b 页）认为一种比朱子容易入手，朱子便不肯专以此教人（22a 页）。

要不间断。[①] 实际反映在生活中的抉择是痛恨城市、痛恨流俗[②]、“入山唯恐不深”[③]、“悔”“改过”之语满纸。[④] 他也反对“文辞之习”，要尽量不著述、少讲话，因为多言害道。在日常生活中讲究的是键户敛迹、是庸言庸行，素位、中庸，是朴、厚、重。这一种转变，使得桐乡、海盐地区从王学及禅学的波涛中走出，将天地平静下来，指出一个以程朱为主轴，以礼为准则，向内向里的自我修养之途，而这也是吴谦牧承受自张履祥的影响。

前面已经提到过，借着行古礼来与时流、尤其是趋附新朝的人区隔开来的情形。而行使古礼最为关键的场合是丧礼。当时关于丧葬有《家礼》或古礼两种选择。张履祥一切以《家礼》为准，而陈确（1604—1677）认为应该回到古礼。吴蕃昌是张履祥的信徒，他以《家礼》为基础，发展出“三仪”，深深得到张氏的赞赏。[⑤] 吴谦牧的文集中，则不时可看到讨论“礼”的文字，显示他一切以礼为准，以礼来与流俗划分出一条清楚界限的决心。[⑥]

---

① 《与朱子令》云：“鞭辟功夫，勿为旧习所间断。”见吴谦牧：《吴志仁先生遗集》（国图本）卷四，36、35a 页。

② 吴谦牧：《与沈甸华》，见《吴志仁先生遗集》（国图本）卷四，23a、24b 页。

③ “近来城市转有难处，人间机事，日深一日，迂僻之踪，动与世违。”“近则门庭之间，几有网罗矣。”见吴谦牧：《与沈甸华》，见《吴志仁先生遗集》（国图本）卷四，25a、1a 页。

④ 吴谦牧：《吴志仁先生遗集》卷三《与张考夫》，见刘铮云主编：《“中央研究院”历史语言研究所傅斯年图书馆藏未刊稿钞本》集部第六册，124 页。

⑤ 张履祥：《与吴仲木》，见《杨园先生全集》上册，57 页。

⑥ 如他劝吴季融在丧礼时“毋复为灭性之举”；如新生之子满月是否不便行庙见礼等等。按，《礼记·曾子问》中有关“庙见”礼的文字，指婚礼时新妇祭祖、舅姑的礼仪，新生儿庙见礼由此延伸。他又说：“我家今日行事既尽斥流俗，所为必当以典礼制度为依据。”见吴谦牧：《吴志仁先生遗集》卷六《与从兄季融》，见刘铮云主编：《“中央研究院”历史语言研究所傅斯年图书馆藏未刊稿钞本》集部第六册，242、251、237 页。

除了古礼，另外还“须更考之《会典》”“遵《会典》所有而可用者”。[①]

我们过去讨论思想史或学术史时，往往还想到应该思考社会或经济史的层面。思想的社会经济层面自然极为重要，但是思想的生活层面却被严重忽略了。从吴志仁遗稿中，我们可以看出，热切的经学问题讨论中带有最鲜活的生活性，它们是与日常生活融为一体，而不是不同接口的叠压或集合而已。

从《吴志仁先生遗集》的许多实例中，我们可以看出礼学不只是一种客观知识，同时也是生活的一种方式。譬如他的堂兄吴蕃昌守母丧时严格遵守《家礼》，弄到重病缠身，吴谦牧认为依《礼经》“丧有疾”，应该安排荤食，在给张履祥的信中说，他劝吴蕃昌“稍从肉食，而俟疾止复初”，但吴蕃昌“坚执不肯。然今疾已深矣，不加调治，恐益至大困”。他请教张履祥，这样劝吴蕃昌“不识先生以为无害于礼否?”[②] 并希望张履祥如果认可他的劝告，能够写一封信给吴蕃昌。此处所谓“礼经”，是《礼记·檀弓上》曾子曰：“丧有疾，食肉饮酒，必有草木之滋焉。”[③] 可见他是因为在日常生活实践上遇到了困难，才促发他脱离《家礼》走向古礼。

吴蕃昌因坚行《家礼》最后大病殒身，他的例子使我们想起颜元（1635—1704）的故事，颜元在服亲丧时，牢守《家礼》。颜元后来跟门人说：“初丧礼，‘朝一溢米，夕一溢米，食之无算。’宋儒《家礼》删去‘无算’句，至当日居丧，过朝夕不敢

---

① 吴谦牧：《吴志仁先生遗集》卷六《与从兄季融》，见刘铮云主编：《“中央研究院”历史语言研究所傅斯年图书馆藏未刊稿钞本》集部第六册，235、238页。

② 吴谦牧：《吴志仁先生遗集》卷三《与张考夫》，见刘铮云主编：《“中央研究院”历史语言研究所傅斯年图书馆藏未刊稿钞本》集部第六册，129页。

③ 孙希旦集解：《礼记集解》，沈啸寰等点校，191页，北京，中华书局，1989。

食，当朝夕遇哀至，又不能食，几乎杀我。”[①] 不过根据四库版《家礼·丧礼》的“朝夕哭奠上食”[②] 部分删掉的是“朝一溢米，夕一溢米，食之无算”这一整句。[③] 所以颜元跟门人所说的应该是指《家礼》删去以上整句话，而不是只删“食之无算”四个字，但这个改动，却几乎害颜元丧命。无论如何，后来颜元批判《家礼》转向古礼，与实行《家礼》有关。而吴谦牧也主张直接行古礼。由此可见经学是生活的一种方式，它不可能不与日常生活中的践履相关。在《吴志仁先生遗集》中，我们还可以看到其他例子。譬如他在与从兄吴蕃昌的信札中讨论婚礼，内容非常详细，而且坚持如果“一一合礼无媿，则世俗之议，可以不问”。[④] 还有一个例子是讨论某人就婚外家（招赘）时，到底未见“舅姑”之前是否可以先拜见“外父”，此外，应该在何处设“哭位”？[⑤]“题主”应如何进行？是否举行“禫祭”[⑥] 的问题，还有是否可

---

① 李塨：《颜习斋先生年谱》，丙寅，见《颜元集》，759 页。

② 丧礼在大敛之后，每日之朝及暮哭。《仪礼·士丧礼》：“朝夕哭。”郑玄注：“既殡之后，朝夕及哀至乃哭，不代哭也。”（郑玄注，贾公彦疏：《仪礼注疏》，821 页，彭林整理，北京，北京大学出版社，2000）朝夕哭表示在大敛之后，哀须略加节制，故仅朝暮哭之。与代哭不同，代哭者整日须轮换哭之，哭声不绝。

③ 朱熹：《家礼》卷四《丧礼三·朝夕哭奠上食》，15b～16a 页，收入《景印文渊阁四库全书》第 142 册。

④ 吴谦牧：《吴志仁先生遗集》（国图本）卷五《与从兄仲木》，无页码。

⑤ 哭位分两种情形，一就单独的当事者来说，视其与死者关系为何而处以不同的哭位，大抵双方愈是亲密，则哭位就愈近于丧礼空间的核心——丧主之位。二就成群的与丧者来说，哭位仍依彼此班辈，形成位次上的差序。参见彭美玲：《凶事礼哭——中国古代儒式丧礼中的哭泣仪式及后世的传承演变》，载《成大中文学报》，39 期，2012 年 12 月，22～24 页。

⑥ 《仪礼·士虞礼》：“期而小祥，……又期而大祥，……中月而禫。”郑玄注：“……与大祥间一月，自丧至此，凡二十七月，禫之言，澹澹然平安意也。”（《仪礼注疏》，964～965 页）禫祭之后丧家生活归于正常。

以由侄儿为三献礼[①]等。吴氏都斤斤置辨。[②]

其他关于行冠礼时是否需要“特宾”[③]，神主老旧是不是可以“粉涂”[④]，葬礼时的仪节“如赠币埋帛之类”[⑤]，也是焦灼地想在礼上得到一个指引。[⑥] 如吴家堂兄弟分田、过继赠田之事，显然非常难处理，吴氏也都想要在礼上求个恰当的答案。由此可见礼学之为生活的一种方式，同时也可以看出在日常生活中是否“合礼”，尚需地方上精熟学术的“智者”的指导；而张履祥的角

---

① 古代郊祭时，陈列好供品之后，行三次献酒，即初献爵、亚献爵、终献爵。《仪礼·特牲馈食礼》：“主人洗角，升，酌酳尸……主妇洗爵于房，酌亚献尸……宾三献如初。”郑玄注：“亚，次也。次犹贰。主妇贰献。”（《仪礼注疏》，997、1000、1002 页）凌廷堪《礼经释例·祭例上》：“凡卒食酳尸，皆主人初献，主妇亚献，宾长三献。”（276 页，北京，中华书局，1985，《丛书集成初编》本。）

② 吴谦牧：《吴志仁先生遗集》卷六《与从兄季融》，见刘铮云主编：《“中央研究院”历史语言研究所傅斯年图书馆藏未刊稿钞本》集部第六册，232、234、243 页。

③ 《礼记·冠义》：“古者冠礼筮日筮宾，所以敬冠事。敬冠事所以重礼，重礼所以为国本也。故冠于阼，以着代也；醮于客位，三加弥尊，加有成也。已冠而字之，成人之道也。见于母，母拜之；见于兄弟，兄弟拜之；成人而与为礼也。玄冠、玄端奠挚于君，遂以挚见于乡大夫、乡先生；以成人见也。”（孙希旦集解：《礼记集解》，1412～1413 页）

④ 神主的形式是两层，外面先用粉涂，以便将来得赠的官衔再改。《大明会典》卷九十五《群祀五·品官家庙·神主式》：“剡上五分为圆首。寸之下、勒前为额而判之、一居前、二居后。【前四分。后八分】陷中以书爵姓名行。【书曰故某官某公讳某字某第几神主。陷中长六寸阔一寸】合之植于趺。【身出趺上一尺八分、并趺高一尺一寸】窍其旁以通中、如身厚三之一。【谓圆径四分】居二分之上。【谓在七寸一分之上】粉涂其前、以书属称。【属、谓高曾祖考。称、谓官、或号。行如处士秀才几郎几公】旁题主祀之名。【曰孝子某奉祀】加赠易世、则笔涤而更之。【水以洒庙墙】外改中不改。”（见《续修四库全书》第 790 册，646 页，上海，上海古籍出版社，1996）

⑤ 送葬之前，国君和卿大夫、亲朋等人赠与币帛、马匹等物，以帮助丧家安葬灵柩。《仪礼·既夕礼》：“凡赠币，无常。”注：“宾之赠也，玩好曰赠，在所有也。玩好者，谓生时玩弄之具，与死者相知，皆可以赠死者。”（《仪礼注疏》，912 页）

⑥ 吴谦牧：《吴志仁先生遗集》（国图本）卷五《与从兄仲木》，无页码。

色之一，便是在“礼无明文”时，对某事是否“合礼”代作裁断，等于是“道”在人世间的“肉身”代表。关于这一点，我们接着还要谈到。

三

接着我要讨论：在明帝国崩溃之后，星罗棋布的一些“智者”（wise man）或“能人”的角色。我们日常生活的四周中，往往会有几个“智者”或“能人”，他可能是一个泥水匠，即使是大学教授也要向他请教日常生活的许多实用知识。但我们这里所要提到的“智者”与前述有些不同。在明帝国没落之后，道德生活中的“精神货币”（spiritual currency）失效，社会生活中对道德或其他准则逐渐失去共识，或旧的标准失去权威，而新的标准尚未建立，人们特别期待地方生活中“智者”或“能人”的指引。

当然，谈到“精神货币”的危机时要特别强调一点。对于一般人而言，当“精神货币”失效之后，只要跟着流俗走就是了，他们并不一定感到任何不便。但是对于不愿认同流俗，或具有反思倾向的人而言，这个问题变得复杂起来。

前面提到张履祥扮演一种地方上“智者”的角色，这里要针对这一点再稍作探讨。当晚明天下到处流行的心学讲会逐渐归于消歇时，讲会那种一对多，或动辄百人、千人、甚至万人的传授方式逐渐消退时，转变为一种在特定地方围绕着一位或多位智者形成节点（nexus）式的传习方式。这些“智者”是思想教导者、也是日常事务的指引者、仲裁者、心理导师。尤其是在具有遗民倾向的社群中，有些人以不进官府为誓[①]，那么这些“智者”或“能人”往往也肩负起“仲裁”或“评公道”的角色。

是这些星罗棋布的“智者”“能人”在生活与思想中发挥指导，使得大明帝国规范与权威退潮之后，帮助维持地方上日常生活的规范，有时带进一种新的思想方向。这种思想方式从一开始即是与日常生活的细节交织在一起的。时代风气的转变往往从一个一个小地方开始的，而透过在日常生活中的指导，同时也体现一种不同以往的思想色彩、思想倾向，这与思潮之更迭起伏相关。张履祥是这个地区争相延请的“智者”。[②] 在《吴志仁先生遗集》中比例最多的文字是想请张履祥来教书，并且就近指导生活学习的知识与事务。[③] 从张履祥年谱看来，他虽然只来吴家就馆过一年，但吴氏从健康、饮食、田产的处理，冠婚丧祭等生活仪节，都想决之于张履祥。而张履祥文集中，共有十四卷是与各种人的通信问答，从中可以看出围绕一位智者所形成的网络，以及这个网络在生活与思想中发生的实际影响。

而前面提到的，吴谦牧对于是否继续管理义田、冠礼时是否需要“特宾”，老旧的神主牌是不是可以“粉涂”，葬礼时的仪节

---

① 参见拙文：《清初士人的悔罪心态与消极行为——不入城、不赴讲会、不结社》，见周质平、Willard J. Peterson 编：《国史浮海开新录：余英时教授荣退论文集》，367～418 页，台北，联经出版事业公司，2002。亦收入本书。

② 在《吴志仁先生遗集》中有一部分信是恳求张履祥前来坐馆，指导他们的，我引一些为例：“去岁则俟今岁，今岁复俟明岁，……是先生许之以异日者，亦犹告之终不出而已。”（卷三《与张考夫》，见刘铮云主编：《“中央研究院”历史语言研究所傅斯年图书馆藏未刊稿钞本》集部第六册，135 页）又如《与朱韫斯》：“恳考翁出，脯止二十四金”（国图本，卷四，32a 页）其余如傅斯年图书馆藏《吴志仁先生遗集》中，143、147、148 页也都有类似的记载。

③ 吕留良文集中亦见到此现象，吕氏原先请黄宗羲，之后改请张履祥，两人所学一主阳明、蕺山，一主程朱。

如“赠币埋帛”等事，一无例外的多说是“礼无明文”，都需“俟考翁来问之”“俟其（考翁）来请正”“有考翁在，临时尚可商定，弟亦不能断耳”。[①] 此外又如“题主”如何进行，也因“考翁急去”，未及商之。《大明会典》内提到的仪物，也是“欲问考翁”，但又猜度他“未必能详”。[②]

在这里，我们先稍稍罗列一下吴志仁向张履祥写信请教的题目或两人之间的问答。

首先，吴志仁在日常生活的各式各样场合、题目中，每每要张氏“示以至当之礼”[③]。这也扩及家族中的生活细节，如吴氏之次侄“狂悖不听命”，出而应科举考试，他在阻挠不成后，希望“此等事不知若何为妥，乞教以中正得宜之方”。[④] 此外，我推测他的侄儿受到晚明文学风气，或许还有李贽史论影响，为文喜欢尖新出奇，论史喜欢翻案，在晚明文人圈中这是长处，但在此时的吴谦牧看来却属不可救药。[⑤] 此外，对个人究竟应该入山还是住在城市，他也是“商之考翁”。[⑥] 关于义田管理中的大宗田、小

---

① 吴谦牧：《与从兄仲木》，见《吴志仁先生遗集》（国图本）卷五，无页码。

② 吴谦牧：《吴志仁先生遗集》卷六《与从兄季融》，见刘铮云主编：《“中央研究院”历史语言研究所傅斯年图书馆藏未刊稿钞本》集部第六册，28 页。

③ 吴谦牧：《吴志仁先生遗集》卷三《与张考夫》，见刘铮云主编：《“中央研究院”历史语言研究所傅斯年图书馆藏未刊稿钞本》集部第六册，110 页。

④ 吴谦牧：《吴志仁先生遗集》卷三《与张考夫》，见刘铮云主编：《“中央研究院”历史语言研究所傅斯年图书馆藏未刊稿钞本》集部第六册，162 页。

⑤ 《与张考夫》：“此侄有所作诗，皆怨骨肉尊长之薄恩，若以为弃绝而凌虐之者。其意方自处于苏秦、范雎，以为屈辱之余，必将有时得志，以自申其意气。”见《吴志仁先生遗集》卷三，见刘铮云主编：《“中央研究院”历史语言研究所傅斯年图书馆藏未刊稿钞本》集部第六册，153 页。

⑥ 《与沈甸华》：“弟去岁有入乡之意，商之考翁，以为未可，更尔因循，但城市相恩，转使人日不堪耳。”见吴谦牧：《吴志仁先生遗集》（国图本）卷四，23 页。

宗田之事都要向张氏“请决”。[①] 按：在《吴志仁先生遗集》抄本中，夹了一张纸，从其内容我们看出吴谦牧曾过继给其叔父吴麟征，后来因为叔母反对，所以又回宗。[②] 此事清代徐用仪（1826—1900）所纂《海盐县志》及民国朱锡恩的《海宁州志稿》中皆有记载。

因为过继，吴麟征分其产共二百三十余亩给吴谦牧，因叔母反对回宗，所以吴谦牧归返这批田产给堂兄吴蕃昌，但吴蕃昌拒收。后来遂以其中百亩为小宗义田，以百亩为大宗义田，以三十余亩为族人义塾之田。[③] 吴谦牧后来婉拒管理这些义田，他在一封信中说：“义田一事，弟所以力辞者，以原系弟归之田，今逐年仍自管去，族人解事识理者罕，将谓弟名去实存，或有需求不遂，亦不复知义不当与……于理虽当但求自信，而嫌疑之形迹亦有合避者。又况二兄立此，本欲倡明礼义，使人咸趋于大公至正之路，今终年使人蓄疑未信，即作事亦更无好气象矣。”[④] 他想将管理义田事交给堂兄季融，但来往推托不决，故拟待张履祥一言为决。不过张氏并未回答他，所以吴氏一再逼问说：“回书更冀详之。”[⑤] 此外，吴氏连先人文集何者应先付印，也要张氏“亦

---

① 吴谦牧：《吴志仁先生遗集》卷三《与张考夫》，见刘铮云主编：《“中央研究院”历史语言研究所傅斯年图书馆藏未刊稿钞本》集部第六册，140页。

② 夹纸在傅斯年图书馆印本，501页。

③ 王彬修、徐用仪纂：《（光绪）海盐县志》卷十五，见《中国地方志集成·浙江府县志辑》，总862页，上海，上海书店出版社，1993。

④ 吴谦牧：《吴志仁先生遗集》卷六《与从兄季融》，见刘铮云主编：《“中央研究院”历史语言研究所傅斯年图书馆藏未刊稿钞本》集部第六册，183页。

⑤ 吴谦牧：《吴志仁先生遗集》卷三《与张考夫》，见刘铮云主编：《“中央研究院”历史语言研究所傅斯年图书馆藏未刊稿钞本》集部第六册，143页。

祈确为酌示”。[①] 也希望张氏提供意见。连续娶、买妾之事也要请教张氏，信中说：“所谕续娶、买妾二说，于事亦各互有得失，韫老更欲卜以决之，不识先生以为可否?”[②] 与其卜卦不如问张履祥，这是值得注意的一个细节。

至于前面提到的，关于堂兄吴蕃昌丧礼有病是否可以吃肉的问题，更是希望张氏依《礼经》之意，代为决定。吴谦牧事事都希望张氏“示以至当之礼”，正因为他们不信流俗，既然不信流俗，则样样变得不确定起来。于是张履祥成为在地人的“师范”。他说一句，大家便可以有所遵从。故吴谦牧说：“方今远近得先生以为师范，可以无恨。”[③] 当张履祥终于应吴谦牧之聘来到他家乡时，他给学友们一封信：“考夫先生精深醇粹，正大光明之学，为吾鄙所首重，弟每自以不获居弟子列为恨……今喜约其来盘桓于此，又有同志之聚，……以观正学之大明，为吾党称庆。”[④]

从前面的讨论可以看出“引证”是一件大事，引证什么，引证何经或向谁引证，都与生活有关，也都与经学有关。而每一次引证都是一次建构，甚至影响着经学的方向，或使得某种思想在思潮转换时处于一个更有利的地位，同时也是对自己生命的一次建构。

最后，我要谈到一点，就学术史而言，《吴志仁先生遗集》

---

① 吴谦牧：《吴志仁先生遗集》卷三《与张考夫》，见刘铮云主编：《“中央研究院”历史语言研究所傅斯年图书馆藏未刊稿钞本》集部第六册，154 页。

② 吴谦牧：《吴志仁先生遗集》卷三《与张考夫》，见刘铮云主编：《“中央研究院”历史语言研究所傅斯年图书馆藏未刊稿钞本》集部第六册，115 页。

③ 吴谦牧：《吴志仁先生遗集》卷三《与张考夫》，见刘铮云主编：《“中央研究院”历史语言研究所傅斯年图书馆藏未刊稿钞本》集部第六册，112 页。

④ 吴谦牧：《吴志仁先生遗集》（国图本）卷四《与龙山诸友人》，无页码。

中最重要的部分是与陈确往来的十几封信，这些书信讨论的主题是陈确的《大学辨》。陈确也是这个地区的“智者”之一，但是从吴氏的书信中可以看出，他们拒绝陈氏而心向张履祥。张履祥曾说晚明禅学解经的风气激怒了陈确，陈氏愤而作《大学辨》。[①]从吴、陈二人来往的这十几封信中，陈确用尽办法想要吴氏与他讨论《大学辨》，并且印证他的大发现——《大学》是一部伪经。对于这一点，吴氏先是退缩、拒绝、逃避，好像是“但许相忘便是恩”似的，绝对抗拒进入思想的交流或论辩。后来实在禁不起陈确的一再纠缠，遂愤而痛骂陈氏。此事牵涉到陈确与张履祥在当地思想势力之消长，故吴的文字之间每以陈确与“炉溪先生”相对。语气最凶时，说“则未可以圣贤之经传如可尽排，流俗之议论如可尽忽，一己之意见如可尽信，而炉溪先生所云无天下皆此之理者”[②]，并且希望在程朱之学衰微之后五百年且异学纷炽之时，陈氏应该“阐扬正学，扶植人心”，而不是留下这个不决之公案，“以滋学者之惑也”。[③] 吴谦牧坚持认为陈确应该阐扬程

① 张履祥：《与吴仲木》，见《杨园先生全集》上册，65页。

② 吴谦牧：《与陈乾初先生》，见《吴志仁先生遗集》（国图本）卷四，12a页。

③ 除了正文中所引的部分外（卷三《与张考夫》，122页），吴氏反《大学辨》的言论甚多（卷四《与陈乾初先生》，国图本），谨抄录如下：“夫以先生之学固以深之于心，自信久矣。”“而又何取于小子之愚而勤勤使之言乎。”（5b页）“鄙人固无知不能辨，亦不敢辨，且不愿辨也。”（8b页）“夫义理者贵乎践履者也……今不患道之不明于己，而患道之不明于天下。一己之力未尝一入于道，而沾沾以明道于天下为事。明未及圣贤之万一，而任一己以正千古之是非，牧之陋，诚恐其为不知大小之量，而舍田以芸田也。”（9a页）“先生休矣，斯道甚大，宇宙甚宽……毋徒囿于一时拘泥之见，而终不能自拔也。”（9b页）“此事与天下万事无干，于斯道之是非明晦亦全无关系，只是先生错耳。然此事高明方自视以为一件大事，信其独得，方欲推倒千万载之圣贤，以自骋其前古，而后无今之意见，真不可一世之气如此。”（11a～b页）“故愿高明毋出而招人之辨，必也反自思我之聪明睿智果有能及于圣人已乎。”（11b页）

朱之学，而不是白花力气在辨《大学》，这与他的整体思想方向是一致的。

结　论

在传统中国，儒家基本上是一种践履之学，所以儒家知识的生活成分是异常浓厚的，另一方面我们也常常看到，在历朝各代中比较纯粹的学术讲论，或考证，也是一个不可轻忽的部分。一直要到近代，当儒家与现实生活逐渐脱节，或是当启蒙思想家锣鼓喧天地反对儒家时，经学逐渐成为只是被研究的客观知识。而近人又每每喜欢以今律古，以致于忽略了在近代以前经学也是生活的一种方式。

本文的标题“经学是生活的一种方式”，对“经学”取的是一个最宽松的定义，而不只是清代的经学考证。在这里，“经学是生活的一种方式”包括了许多面相，像吴蕃昌、吴谦牧那样巨细靡遗地践履《家礼》或古礼是比较极端的例子。此外，如实际应用古典特定场合，如《莫友芝日记》中说，同治六年，因为地方干旱，祈雨无效，官员萧廉泉希望向他借《春秋繁露》的《求雨》篇①，或是以阐发经典作为自己立身处世态度的表达，如明末景佑元年，钱谦益曾作《春秋五论》，即为还朝复职作准备。②更常见的是内化经典，或是形成一套新的经学语言，这一套原来可能是比较边缘性的，或没有重要意义的语言，转而居于核心，

① 莫友芝著：《莫友芝日记》，214 页，张剑整理，南京，凤凰出版社，2014。

② 方良：《钱谦益年谱》，53 页。

并成为日常生活中的有机组成部分。至于极端型的践履例子，即本文中的两位主角吴蕃昌卒于母丧，吴谦牧也在依礼办完母亲的丧礼之后病逝了。他们两人为古礼在明清社会中的一种严格的实践方式，作了悲凉的见证。

前面提过，吴谦牧区分两种维持家族门户的进路："世荣"与"礼义"。前者是操之在人的科举，后者是操之在我的"礼义"。坚持不与新朝合作，殉节、不应试、不出仕，这种作为之所以在争取家族声望时能与"世荣"相对抗，表示地方上仍有这个"文化标准"存在。但是这种操之在我的"礼义"或许康熙初年尚存，可是随着秩序稳定下来[①]，这种标准慢慢地被"世荣"取代，而坚持"礼义"的家族往往就此没落了。[②]

至于海盐地区，在 17 世纪前半当心性之学流行之际，由刘宗周之余绪如张履祥、陈确、吴蕃昌兄弟等形成了一个辐辏之区。张履祥在学问方面转向程朱，其影响由一地向外扩散，且在当地形成一个若隐若现的传统。张氏后来在同治十年（1871）间，还成功从祀孔庙。不过，随着考证学的兴起，这个地区也因为牢守心性之学的矩镬，遂不再具有重要地位了。

---

① 滝野邦雄：《蘇州における李延齡の傳說について》，载《經濟理論》，376 号，2014 年 6 月，163～183 页。

② 吴谦牧一支不同，相当平淡，由于史料阙如，我们仅能辗转根据清代盛世遗民陈梓未刊的《删后文集》中几篇有关其子吴晞渊的文章，略知其牢守杨学之学以行医而终。见梁绍杰：《陈梓年谱》，载《明清史集刊》，第 10 卷，2012 年 12 月，222～223 页。

图书在版编目（CIP）数据

晚明清初思想十论：增订版/王汎森著．—北京：北京师范大学出版社，2020.6
ISBN 978-7-303-25119-3

Ⅰ．①晚… Ⅱ．①王… Ⅲ．①思想史—研究—中国—明清时代 Ⅳ．①B248.05

中国版本图书馆 CIP 数据核字（2019）第 197621 号

营销中心电话 010-57654778
北京师范大学出版社谭徐锋工作室微信公众号 新史学 1902

WANMINGQINGCHU SIXIANG SHILUN（ZENGDINGBAN）
出版发行：北京师范大学出版社 www.bnup.com
北京市西城区新街口外大街 12—3 号
邮政编码：100088
印　　刷：北京盛通印刷股份有限公司
经　　销：全国新华书店
开　　本：880 mm ×1240 mm　1/32
印　　张：13.75
字　　数：300 千字
版　　次：2020 年 6 月第 1 版
印　　次：2020 年 6 月第 1 次印刷
定　　价：79.80 元

策划编辑：谭徐锋　　责任编辑：曹欣欣　王子恺
美术编辑：王齐云　　装帧设计：王齐云
责任校对：段立超　　责任印制：马　洁